变迁中的区域金融问题研究 2022

BIANQIAN ZHONG DE QUYU JINRONG WENTI YANJIU

◎主　编　陈建新　◎副主编　杜正琦

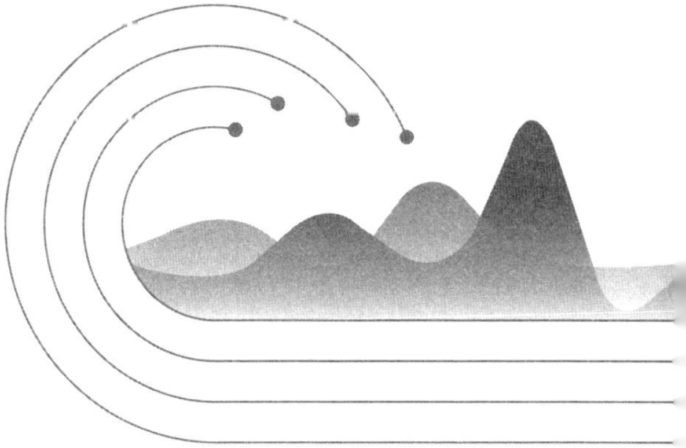

中国金融出版社

责任编辑：王雪珂
责任校对：李俊英
责任印制：陈晓川

图书在版编目（CIP）数据

变迁中的区域金融问题研究.2022/陈建新主编；杜正琦副主编.—北京：中国金融出版社，2023.6
ISBN 978-7-5220-1974-1

Ⅰ.①变… Ⅱ.①张…②杜… Ⅲ.①区域金融—研究—江西—2022 Ⅳ.①F832.756

中国国家版本馆CIP数据核字（2023）第062731号

变迁中的区域金融问题研究（2022）
BIANQIAN ZHONG DE QUYU JINRONG WENTI YANJIU（2022）

出版发行 中国金融出版社
社址 北京市丰台区益泽路2号
市场开发部 （010）66024766，63805472，63439533（传真）
网上书店 www.cfph.cn
（010）66024766，63372837（传真）
读者服务部 （010）66070833，62568380
邮编 100071
经销 新华书店
印刷 保利达印务有限公司
尺寸 169毫米×239毫米
印张 33
字数 490千
版次 2023年6月第1版
印次 2023年6月第1次印刷
定价 89.00元
ISBN 978-7-5220-1974-1

序　言

2021年以来，受新冠肺炎疫情、外部冲击等超预期因素影响，我国经济面临一些挑战和下行压力。从国际上看，全球经济增长放缓、通胀高位运行，地缘政治冲突持续，粮食和安全问题突出，外部环境动荡不安；从国内看，我国经济恢复的基础尚不牢固，需求收缩、供给冲击、预期转弱三重压力仍然较大。面对国内外风险挑战明显上升的复杂情况，以习近平新时代中国特色社会主义思想为指导，全面贯彻落实党的二十大和中央经济工作会议精神，按照党中央、国务院决策部署，中国人民银行实施稳健的货币政策灵活适度，进一步疏通货币政策传导机制，促进流动性合理充裕，保持货币供应量和社会融资规模增速同名义经济增速基本匹配，引导金融机构加大对小微企业、科技创新、绿色发展等领域支持力度。把实施扩大内需战略同深化供给侧结构性改革有机结合起来，着力稳增长、稳就业、稳物价，切实服务实体经济，有效防控金融风险。

区域经济发展方面，江西省面临疫情反复、抗旱救灾和经济下行等多重挑战，多措并举做好稳增长、防风险、保稳定、惠民生等各项工作。着力抗疫抗灾、稳定增长，坚持创新驱动、数字赋能，使产业发展迈上新台阶。全省经济运行恢复回稳快、动能后劲足、区域协调好，实现了稳中有进、稳中向好；金融服务实体经济、企业上市、金融改革创新、金融风险防范等工作也取得了成效。但区域经济金融发展的过程中还存在不少困难和问题：经济总量不大，结构仍需优化；科技创新能力不足，产业链、供应链韧性和安全水平不够强；营商环境需持续优化升级，市场主体发展活力有待进一步激发；防范化解风险隐患的体制机制仍需完善等。

面对新挑战、新要求，为更好地服务区域经济发展，激发经济金融工作者的研究热情，中国人民银行南昌中心支行聚焦经济金融中的重点、难点、热点问题，结合自身履职与辖区实际，从宏观经济与货币政策、区域经济金融、银行实务与金融管理、普惠金融与乡村振兴、绿色金融等方面开展了课题研究。本书汇编的31篇文章是2021年江西省金融系统重点课题的获奖作品，这些成果不仅是江西省金融系统研究人员在理论研究上的成果，也是工作实践中的宝贵经验，具有较高的理论价值和实践意义。

本书由陈建新同志任主编、杜正琦同志任副主编，参加编写的人员有曾省晖、彭岚、徐玉立、黄倩、朱子欣。

编者

2022年12月

目　　录

第一篇　宏观经济与货币政策

第二篇 区域经济金融

第三篇 银行实务与金融管理

第四篇　普惠金融与乡村振兴

第五篇　绿色金融

第一篇

宏观经济与货币政策

居民债务收入比的分布特征及阈值研究

——基于银行个人贷款调研数据

中国人民银行南昌中心支行调查统计处课题组

一、引言

近年来，我国居民部门债务规模上升较快，全国个人贷款余额从2004年末的2.8万亿元增加至2020年末的63.2万亿元，增长21.4倍，居民杠杆率从2008年末的18.2%上升至2020年末的72.5%。[①] 大量国际经验表明，居民部门债务的快速且过度累积会放大宏观经济的脆弱性，甚至可能引发系统性金融风险。张斌（2018）整理了36个国家在1951—2010年的经济危机，共计138次，发现其中由于居民部门债务主导的就高达100次。为此，及时了解和准确衡量居民部门债务状况变化对于防范化解相关金融风险至关重要。

国际上反映居民部门债务状况的指标通常包括居民杠杆率和居民债务收入比（Debt - to - Income Ratio，DTI）等指标。其中，居民债务收入比反映的是居民的债务偿还能力，是从微观角度评价一个经济体金融安全的重要指标。长期以来，我国围绕着居民杠杆率开展了大量的研究、监测和比较工作，为掌握居民债务的总体走势提供了重要支撑。但是囿于数据限制，对于能够反

① 资料来源：《中国金融稳定报告（2021）》。

映居民债务结构分布状况的债务收入比指标关注普遍不足。事实上，相对于居民杠杆率，居民债务收入比指标在监测、衡量居民部门债务状况方面具有突出优势。

一是居民债务收入比具有先行性。从债务供给角度看，居民债务收入比是金融机构或其他居民债务供给方是否提供债务的基本决策指标，通常居民债务供给方不仅会观察需求方的当前债务收入比情况，还会预测提供债务资金后的债务收入比情况。因此，居民债务收入比一般能够比居民部门杠杆率更快地反映居民债务状况。

二是基于居民债务收入比可以更好地分析居民债务的结构分布状况。全球金融危机的惨痛教训表明，汇总处理的宏观数据往往无法全面、真实地刻画指标的分布状况，会漏损大量有价值的信息，导致对形势、风险等重大问题产生误判。因此，国际上越发重视基于微观数据对居民债务的分布状况开展研究，如美联储的消费者金融调查（SCF）、居民经济与决策调查（SHED）和消费者信用面板数据库（Consumer Credit Panel）等。居民债务收入比就是一个基于微观家庭数据计算的指标。因此，只要掌握了借款人的年龄、学历、地区等相关属性，就可以开展不同层面的债务收入比分析测算，从而揭示居民债务总量所掩盖的结构风险问题。相比之下，居民杠杆率指标一般基于宏观统计数据，虽然能反映居民债务状况的总体趋势，但难以反映其结构特征。

三是居民债务收入比更适合作为监管指标。居民债务收入比作为一个微观指标，具有可操作性、可观测性等特点。根据国际货币基金组织（IMF）统计，目前全球有近 40 个国家和地区将居民债务收入比纳入宏观审慎政策工具箱。从国内看，居民债务收入比指标也逐步进入监管视野。2020 年 10 月 21 日，潘功胜副行长在 2020 金融街论坛年会上指出：将逐步实施房地产贷款集中度、居民债务收入比、房地产贷款风险权重等宏观审慎政策工具。

鉴于上述优势，在当前居民债务快速增长背景下，加强对居民债务收入比的测算研究，同时基于相关计量模型客观确定当前居民债务收入比的风险阈值范围，对防范和化解金融风险、提升宏观审慎政策成效都具有重要的现实意义。

为此，本文将基于中部某省份调研的个人逐笔贷款数据，对居民债务收入比开展实证研究。其他内容安排如下：第二部分为文献综述；第三部分为居民债务收入比测算的方法及数据基础；第四部分为居民债务收入比的分布特征分析；第五部分为我国居民债务收入比的阈值实证研究；第六部分为结论及建议。

二、文献综述

关于居民债务收入比的测算和阈值研究，国内外文献均作出了不少尝试。

（一）国外研究文献情况

国际上对居民债务收入比的研究文献较丰富，突出表现在居民债务收入比的监管有效性和阈值设置等方面。在债务收入比的监管有效性方面，Igan 和 Kang（2011）仔细考察了韩国的债务收入比情况，并进一步检验了债务收入比监管对于抑制韩国房地产泡沫的有效性，结果发现债务收入比限制改变了房价升值预期，降低了房地产交易热度，因此对抑制房价泡沫起到了关键作用。Mitra 和 Luis（2015）将样本扩大至巴西、中国香港、韩国、马来西亚、波兰和罗马尼亚六个国家（地区），研究了这些国家和地区的债务收入比的特征及有效性，结果发现，债务收入比能够降低这些国家和地区的贷款增长和改善借款人的偿债风险，但对在抑制房价上涨方面并未见效。

在债务收入比阈值设置方面，根据国际货币基金组织（IMF）的全球宏观审慎政策工具（GMPI）数据库资料，截至 2020 年 9 月，全球已有 38 个国家和地区对居民债务收入比设置了阈值并纳入监管（见表 1）。

表1　开展债务收入比阈值监管的主要国家和地区

区域	国家和地区
亚太地区	中国香港、韩国、新加坡、泰国、文莱、巴基斯坦、不丹
欧洲	荷兰、罗马尼亚、塞尔维亚、波兰、匈牙利、拉脱维亚、挪威、白俄罗斯、立陶宛、捷克、斯洛文尼亚、爱沙尼亚、塞浦路斯、斯洛伐克、科索沃、库拉索岛
中东和中亚	沙特阿拉伯、巴林、蒙古国、哈萨克斯坦、吉尔吉斯斯坦、阿拉伯联合酋长国、阿曼
西半球	巴哈马、美国、加拿大、哥伦比亚、厄瓜多尔
非洲	肯尼亚、毛里求斯、坦桑尼亚

资料来源：IMF Global Macroprudential Policy Instruments database.

这些国家和地区的债务收入比的阈值设定大致可以划分为三个档次：低容忍度（40%以下）、中容忍度（40%～60%）以及高容忍度（60%以上）。从分布情况来看，超过60%的国家债务收入比的阈值范围属于中容忍度，即在40%～60%，表明多数国家和地区对居民债务收入比的控制较严格。近十年来有18个国家或地区对债务收入比阈值进行了调整，调整情况见表2。

表2　部分国家或地区债务收入比阈值情况

国家或地区	债务收入比阈值	最新修订年份
美国	如果DTI最高43%被违反，则不能提供“合格抵押”	2014
荷兰	新住房抵押贷款的最大偿债收入比范围为10.5%～43.5%	2018
韩国	最高贷款价值比和DSTI比率以60%为上限	2014
中国香港	所有收入群体的偿债率（DSR）比率上限为40%；如果抵押贷款利率上升3个百分点，压力下的DSR将不超过50%	2015
匈牙利	10%～60%，涵盖所有类型的信贷和贷款业务	2016
塞尔维亚	抵押贷款的DTI设置为40%～60%	2010
坦桑尼亚	总抵押贷款还本付息与收入比率不得超过40%	2015
巴基斯坦	所有消费金融设施（包括住房金融）的月度摊销付款总额不得超过潜在借款人可支配净收入的50%	2009
阿曼	非住房个人贷款的偿债收入比（DSTI）上限为50%，每个借款人的住房贷款上限为60%	2012
毛里求斯	若月度总收入低于200000卢比，DTI不超过40%；若月度总收入超过200000卢比，则DTI不超过50%	2014

续表

国家或地区	债务收入比阈值	最新修订年份
科索沃	DTI 比率不得超过 60%，任何其他住房抵押贷款的 DTI 比率不得超过 70%	2016
哈萨克斯坦	最大债务负担率（DBR）为 0.5	2013
不丹	住房贷款和交通贷款与收入（LTI）比率上限均为 70%	2014
阿拉伯联合酋长国	最高 DSTI 比率为 50%	2011
沙特阿拉伯	对于低于 15000 SAR 的收入水平，适用 55% 的最大 DTI，对于高于 15000 SAR 但低于 25000 SAR 的收入水平，适用 65% 的最大 DTI。对于 25000 SAR 或以上的收入水平，没有具有约束力的 DTI 限制	2018
以色列	新贷款的债务收入比（DSI）上限为 50%	2013
爱沙尼亚	所有信贷机构都受到不超过借款人净收入 50% 的 DSTI 限制	2015
塞浦路斯	自然人贷款占净可支配收入比重的上限为 80%，外币贷款的上限为净可支配收入的 65%	2016
蒙古国	对抵押贷款引入了 45% 的偿债收入比（DSTI）限制；家庭消费贷款的偿债与收入比率上限为 70%	2018

（二）国内研究文献情况

从国内来看，关于居民债务收入比的测算和阈值实证研究文献较有限。谢保嵩等（2019）基于四川省样本数据测算发现，家庭债务偿付比（实质上是债务收入比）的中位数为 28.6%，均值为 32.9%，且分布特征为总体右偏，同时基于 Logistics 模型和 SCAD 惩罚性变量选择方法发现债务偿付比的风险阈值为 50%。谢绵陛（2019）将债务收入比定义为“债务余额/年收入”，基于中国家庭金融调查与研究中心（CHFS）于 2015 年开展的中国家庭金融调查数据测算发现，债务收入比的均值为 4.16 倍。韩冬萌（2020）对各国债务收入比的测算方法进行了系统梳理，但并未对债务收入比开展实证测算。

综上所述，国外关于居民债务收入比的研究较丰富，而国内研究相对薄弱。在现有的国内研究文献中，可能还存在两点需要改进之处：一是不同文献所使用的债务收入比的测算方法并不统一，例如一些文献使用需偿还债务与收入之比，而另一些文献则使用债务余额与收入之比，导致不同文献的测算结果无法有效比较，这对把握当前我国居民的债务状况和偿付风险极为不利。二是我国已将居民债务收入比纳入宏观审慎政策工具箱①，并将逐步实施监管，但国内关于居民债务收入比监管阈值的实证研究较少，很难对未来的实施调整②过程提供经验借鉴。

为此，针对上述问题，本文将开展两个方面的工作：一是进一步梳理居民债务收入比的测算文献，遴选出最合适的测算方法，并基于调研的银行个人贷款微观数据开展实证测算，系统地展示当前居民债务收入比的总体水平和结构特征，为准确把握居民债务状况提供更为细致的证据支持。二是基于面板门槛模型，对居民债务收入比的阈值开展实证研究，以期对未来监管阈值调整提供借鉴参考。

三、居民债务收入比的测算方法及数据基础

（一）测算方法

根据 Igan 和 Kang（2011）的研究，居民债务收入比是反映居民债务偿付能力的核心指标，其含义为需偿还债务与同期收入的比值。但从相关文献来看，债务收入比存在两种测算方法：

第一种测算方法采用还本付息额与同期收入之比进行衡量，即

$$\text{债务收入比} = \frac{\text{年度或月度还本付息额}}{\text{同期收入}} \times 100\%$$

① 根据《2016 年第四季度中国货币政策执行报告》，我国已将债务收入比（DTI）指标纳入住房金融宏观审慎政策框架中，但关于 DTI 具体设定与实施仍在探索中。

② 根据《商业银行房地产贷款风险管理指引》，我国在 2004 年提出过债务收入比的一般性指导值，不过一直未作调整。

第二种测算方法则采用债务余额与年收入之比进行衡量，即

$$债务收入比 = \frac{债务余额}{年收入}$$

可见，如果以年度为测算单位，第一种测算方法和第二种测算方法的区别主要在分子部分。为了便于区分，我们把第一种测算方法称为还本付息额形式的债务收入比，第二种测算方法称为债务余额形式的债务收入比。相比之下，还本付息额形式的债务收入比在反映居民债务状况方面有明显优势：一是具有全面性。由于要计算还本付息额，因此它必须综合考虑债务的规模、利率成本、还款期限（发放日期和收回日期）和类型（因为不同类型的债务还款方式不同），而债务余额形式的债务收入比仅仅反映了债务规模。事实上，债务规模大小不一定会引发风险，而只有债务到期后不能偿付才会引发风险，因此，还本付息额形式的债务收入比能够更全面、准确地反映居民债务状况和债务偿付风险。二是具有直观性。还本付息额形式的债务收入比的分子、分母口径一致，都是流量指标，反映的是借款人当月收入中有多少比例用于偿还债务，具有简单直接的特点。而余额形式的债务收入比的分子是存量，分母是流量，与居民杠杆率类似，直观性不强。

综上所述，本文采用还本付息额形式的债务收入比作为观察指标，同时以月度作为观察期。即将债务收入比定义为借款人的每月还本付息额与平均月收入之比，下面进一步介绍该指标的分子、分母的测算方法。

（1）每月还本付息额。在获得借款人的贷款余额（LB）、还款剩余期限（DD）、年利率（RA，百分比）的情况下，则可利用等额本息形式计算每月还本付息额（LA），计算公式如下：

$$LA = \frac{LB \times \frac{RA}{1200} \times \left(1 + \frac{RA}{1200}\right)^{DD}}{\left(1 + \frac{RA}{1200}\right)^{DD} - 1}$$

（2）平均月收入。采用借款人本人的过去一年的平均月收入作为该指标的分母。本文没有采用借款人家庭收入，其原因在于：一是借款人家庭其他

成员的收入获取难度较大，且并不准确；二是借款人收入是债务的第一还款来源，其收入状况基本能反映该笔债务的偿付风险状况；三是《商业银行房地产贷款风险管理指引》中所要求的债务收入比主要指借款人本人收入，因此本文指标与监管标准具有可比性。

为了更好地反映借款人对不同债务的偿付负担情况，本文区分两类债务收入比：一是住房债务收入比，即住房债务的每月还本付息额与借款人的平均月收入之比；二是全部债务收入比，即全部债务的每月还本付息额与借款人的平均月收入之比。因此，住房债务收入比与全部债务收入比的区别集中在分子部分，分母部分是相同的。

（二）数据基础

为了加强房地产贷款集中度管理，人民银行某分支机构针对中部某省份的有住房贷款的人群开展了个人逐笔贷款调研，调研数据共包括 2020 年 12 月、2021 年 3 月和 6 月三期数据。对于每笔贷款数据均包括 14 个指标，分别是发放贷款的金融机构名称、金融机构类型、金融机构所在地区代码、借款人代码（已做脱敏处理）、借款人年龄、借款人受教育程度、借款人最近一年的年收入、贷款余额、贷款类型、贷款年利率、贷款发放日期、贷款到期日期、贷款是否逾期、贷款五级分类等。这一调研数据为本文测算居民债务收入比奠定了坚实的基础。

经过数据清洗，本文共获得 198.2 万名借款人的有效贷款数据样本，这些人群均为有住房贷款的人群，其贷款数据除了住房贷款外，还包括消费贷款、经营贷款以及信用卡透支。截至 2021 年 6 月末，该数据样本涉及总贷款余额为 8274.87 亿元（人均贷款余额为 41.8 万元），其中，住房贷款余额为 7957 亿元、消费贷款余额为 98.72 亿元，经营贷款余额为 183.14 亿元，信用卡透支余额为 35.87 亿元。借款人的年收入合计为 1712.28 亿元，即平均每人年收入为 8.6 万元，与该省公布的 2020 年城镇就业人员年平均工资（7.8 万元）大体一致。综上所述，本文的样本数据具有较好的代表性，能够反映借款人群的债务和收入状况。

表 3　本文数据样本的描述性统计

指标	合计值（亿元）	平均值（万元/人）
年收入	1712	8.6
年还款	1016	5.1
其中：住房贷款	739	3.7
消费贷款	74	0.4
经营贷款	166	0.8
信用卡透支	36	0.2
贷款余额	8275	41.8
其中：住房贷款	7957	40.1
消费贷款	99	0.5
经营贷款	183	0.9
信用卡透支	36	0.2

注：表中数据时期均为 2021 年 6 月。

四、居民债务收入比的分布特征

（一）居民债务收入比的总体特征

基于调研数据，本文对 198.2 万名有房贷人群（以下简称样本人群）的债务收入比开展了测算，结果见表 4。

表 4　居民债务收入比的总体特征

指标	2020 年 12 月	2021 年 3 月	2021 年 6 月
住房债务收入比（%）	43.2	42.6	43.1
全部债务收入比（%）	59.4	59.1	59.5
月均收入（元）	7207	7302	7195
全部贷款月还款额（元）	4278	4318	4284
住房贷款月还款额（元）	3111	3108	3098
其他贷款月还款额（元）	1167	1210	1186

住房债务收入比为 43.1%，低于监管上限。截至 2021 年 6 月，样本人群平均月收入为 7195 元，每月的住房贷款还款额为 3098 元，据此测算的住房

债务收入比为43.1%。由于观察期较短、住房贷款在观察内变动不大，该比例自2020年12月以来基本保持平稳，2020年12月、2021年3月样本人群住房债务收入比分别为43.2%、42.6%（考虑到样本中三期数据总体平稳，下面将主要基于2021年6月数据开展分析）。根据《商业银行房地产贷款风险管理指引》，商业银行应将借款人住房贷款的月房产支出与收入比控制在50%以下（含50%）。据此，当前样本人群居民住房债务收入比低于监管上限6.9个百分点，显示住房债务的偿付风险尚在警戒线之内。

不过，从人群分布看，近10%的样本人群住房债务收入比已超过监管上限。根据表5，在样本人群中，住房债务收入比在0～30%的人数为88.7万人，占比为44.7%，这一人群还贷压力处于“舒适区”；住房债务收入比在30%～50%的人数为90.0万人，占比为45.4%。总体来看，有90.1%的样本人群的住房债务收入比低于监管上限，有9.9%的样本人群的住房债务收入比高于监管上限；其中，8.2%的样本人群的住房债务收入比在50%～100%，1.7%的样本人群的住房债务收入比高于100%。

表5　2021年6月住房债务收入比的分布情况

住房债务收入比区间	人数（万人）	占比（%）
0～30%	88.7	44.7
30%～50%	90.0	45.4
50%～100%	16.2	8.2
100%以上	3.4	1.7
合计	198.2	100.0

全部债务收入比达到59.5%，已超过监管上限。根据表4，在考虑消费贷款、经营贷款以及信用卡透支等其他债务的情况下，样本人群的债务偿还压力大幅上升。截至2021年6月，样本人群的全部贷款的月还款额达到4284元，比住房贷款月还款额高出38.3%，据此测算的全部债务收入比高达59.5%。根据《商业银行房地产贷款风险管理指引》，商业银行应将月所有债务支出与收入比控制在55%以下（含55%）。因此，当前全部债务收入比的平均值已经突破监管上限4.5个百分点，显示当前居民部门的全部债务偿付压力较大。

从人群分布看，超过15%的样本人群的全部债务收入比高于监管标准。根据表6，在样本人群中，全部债务收入比低于30%的有82.3万人，占比为41.5%；在30%～55%的有84.9万人，占比为42.8%；在55%～100%的有27万人，占比为13.6%；而高于100%的有4.0万人，占比为2.0%。总体来看，有84.4%的样本人群的全部债务收入比在监管标准之内，有15.6%的样本人群的全部债务收入比超过监管标准，该比例较住房债务收入比超过监管标准的样本人群占比高5.7个百分点，说明全部债务收入比的超标情况更为严重。

表6　2021年6月全部债务收入比的分布情况

全部债务收入比区间	人数（万人）	占比（%）
0～30%	82.3	41.5
30%～55%	84.9	42.8
55%～100%	27.0	13.6
100%以上	4.0	2.0
合计	198.2	100.0

综合上述结论，需要重视以下问题：

一是评估居民债务偿还能力，需综合考虑居民的所有债务情况。近年来，随着移动支付和互联网金融的快速发展，居民部门的非住房债务大幅上升，已经成为居民债务的重要组成部分。因此，尽管当前居民部门的住房债务收入比还低于监管标准，但仍应关注其他债务所引发的衍生偿付风险。

二是房贷仍然是个人债务的主要形式，房贷偿付压力也是居民部门面临的主要债务压力，因此须关注房贷负担对居民消费形成“挤出效应”。在居民全部贷款月还款额中，住房贷款月还款额占比为72.3%，说明月收入的很大一部分用于偿还房贷，这将在很大程度上影响居民部门的消费升级能力。

三是房贷压力过大可能对区域经济发展形成制约。一段时间以来，部分中心城市经济发展程度较高，在各区域中形成“虹吸效应”，吸引大量优秀人才落户发展。不过近年来的高房贷压力已逐渐成为人才吸引的掣肘因素，如果高房贷压力持续得不到缓解，很可能会逆转人才流向。长期来看，人力资本流失将对部分中心城市经济发展形成制约。

（二）居民债务收入比的分年龄特征

本文进一步测算了各年龄段的居民债务收入比情况，结果见表7，主要得出以下结论。

表7　2021年6月居民债务收入比的分年龄特征

年龄段	住房债务收入比（%）	全部债务收入比（%）	两者之差（个百分点）
“60后”	23.6	38.2	14.6
“70后”	32.2	49.3	17.1
“80后”	42.4	54.1	11.7
“90后”	49.6	66.5	16.9
“00后”	60.9	70.5	9.6
合计	43.1	59.5	16.4

年龄越小、债务收入比越高。2021年6月，“90后”“00后”的住房债务收入比分别为49.6%和60.9%，全部债务收入比分别为66.5%和70.5%，两个指标均显著高于所有人群的平均水平，同时也基本高于监管上限。“80后”是债务收入比分化的关键年龄阶段。“80后”的住房债务收入比为42.4%和54.1%，均大幅低于“90后”和“00后”的债务收入比。随着年龄的增长，借款主体的收入水平稳步提升，偿债能力持续增强，债务收入比总体下降，“70后”“60后”的住房债务收入比分别为32.2%和23.6%，全部债务收入比分别为49.3%和38.2%。不过值得关注的是，“70后”虽然全部债务收入比不大，但全部债务收入比与住房债务收入比的差额最高，达到17.1%，即“70后”收入中用于偿还非住房贷款的比重偏高，原因是“70后”群体的经营类贷款较多。

年轻人债务收入比偏高的原因：一是收入水平较低。“90后”“00后”就业时间较短，收入层次还远未达到其他年龄段的收入层次，月均收入分别为6183元和6695元，均低于样本人群的平均收入水平。二是年轻人是房贷的主体人群。年轻人住房拥有率较低，普遍以借款方式买房，同时购房时间较晚，单套房屋价格较高、借款量大，这些因素共同造成年轻人的房贷持有量较高。在样本人群中，不同年龄群体的住房贷款发放总量总体呈倒“U”形，在30岁时达到顶峰。总体来看，“90后”人群的人均住房贷款余额达到57.3万元，在所有人群中最高，高于全部人群平均水平17.0万元。三是年轻人的借贷消费意识较强，消费贷款和信用卡透支量较高。“90后”“00后”的人均消费贷款和信用卡透支量均高于全部人群的平均水平，这也是导致其债务收入比偏高的重要因素。

（三）居民债务收入比的分学历特征

表8列示了各学历人群的债务收入比情况。

表8　2021年6月债务收入比的分学历特征

学历	住房债务收入比（%）	全部债务收入比（%）	两者之差（个百分点）
研究生	48.6	61.2	12.7
大学本科及专科	46.2	62.3	16.1
高中	33.2	54.7	21.6
初中	30.5	50.1	19.6
小学及以下	32.1	46.3	14.2
合计	43.1	59.5	16.4

总体来看，高学历人群债务收入比明显偏高。从住房债务收入比看，截至2021年6月，研究生学历人群住房债务收入比为48.6%，高于所有人群平均水平5.5个百分点，在所有人群中最高；其次是大学学历人群，其住房债务收入比为46.2%，高于所有人群平均水平3.1个百分点。相比之下，高中、初中、小学及以下学历人群的住房债务收入比均大幅低于所有人群平均水平，分别为33.2%、30.5%和32.1%。从全部债务收入比看，大学学历人群的全部债务收入比最高，达到62.3%，其次是研究生学历人群，为61.2%，这两类人群均高于55%的监管上限。而其余学历人群的全部债务收入比均低于监管上限和所有人群的平均水平。综合来看，研究生和大学学历人群是债务高偿付压力的主要群体。

两大因素推动高学历人群的债务收入比较高：一是高学历人群主要聚集

在中心城区，房贷总额较高。高学历群体是经济建设、社会发展的原动力，经过较长时间的人力资本累积后，多数留在经济发达、职业空间较大的中心城市，而这些区域大多为高房价地区，相应的房贷也就明显较高，导致这一人群承担了较重的住房债务负担；二是高学历人群获贷能力较强，能够获得更多的贷款。高学历人群往往具有稳定的工作和收入来源，受到银行等借款机构的青睐。平均来看，研究生和大学学历人群的人均住房贷款余额分别为61.7万元和59.8万元，人均全部贷款余额分别为66.3万元和68.7万元，均大幅高于所有人群的平均水平。

（四）居民债务收入比的分地区特征

表9列示了各设区市的债务收入比情况。总体来看，各地区债务收入比的分布符合经济和房地产发展特点。

表9　2021年6月债务收入比的分地市特征

各设区市	住房债务收入比（%）	全部债务收入比（%）	两者之差（个百分点）
A	46.9	63.2	16.3
B	46.7	55.5	8.9
C	38.9	54.7	15.9
D	45.5	60.5	15.0
E	39.4	54.1	14.8
F	42.3	52.2	9.9
G	45.6	63.5	17.9
H	43.2	61.2	18.1
I	40.4	55.6	15.2
J	38.7	56.4	17.6
K	44.8	58.1	13.3
合计	43.1	59.5	16.4

区域经济越发达，债务收入比越高。从住房债务收入比来看，截至2021年6月，A、B、G、D城市的住房债务收入比位居前四位，分别为46.9%、46.7%、45.6%和45.5%，其中A、G、D城市属于全国70个房地产重点监测城市；而B城市近年来房价快速上涨，涨幅持续位居全省前列，因此上述四个

城市的住房债务收入比较高。从全部债务收入比来看，G、A、H、D 城市的全部债务收入比也明显偏高，分别为 63.5%、63.2%、61.2%和 60.5%，均高于全省平均水平和监管上限，导致其全部债务收入比较高的原因主要有：一是住房债务较高，四个城市住房债务收入比均超过全省平均水平；二是这些城市的经济体量相对较大，推动其个人消费贷款和经营贷款发展较快、规模偏大。

中心城区债务收入比明显高于非中心城区。本文进一步测算了各设区市的中心城区和非中心城区（主要是县域）的债务收入比情况，结果见表 10。无论是住房债务收入比还是全部债务收入比，中心城区均明显高于非中心城区，中心城区的住房债务收入比和全部债务收入比分别为 46.0% 和 62.5%，分别高出非中心城区 7.6 个和 11.2 个百分点，其中 A、G、D 等城市的中心城区债务收入比尤其较高。上述结论表明，当前债务偿付的高风险区域主要集中在重点城市的中心城区，这对把握并化解区域性风险具有重要的参考意义。

表 10　2021 年 6 月债务收入比的中心城区和非中心城区分布特征

城区类别	住房债务收入比（%）	全部债务收入比（%）	两者之差（个百分点）
非中心城区	38.4	51.3	12.9
中心城区	46.0	62.5	16.5
其中：A 城区	47.5	63.7	16.2
G 城区	47.0	64.7	17.8
D 城区	45.7	61.3	13.6
合计	43.1	59.5	16.4

五、我国居民债务收入比的阈值实证研究

为了研究最适合我国的居民债务收入比阈值水平，本文借鉴 Hansen（1999）的面板门槛模型，实证测算居民债务收入比的风险阈值水平，即当居民债务收入比高出某一水平后，贷款违约风险会急剧上升。下面首先介绍基于面板门槛模型测算债务收入比阈值的实证思路，具体包括面板门槛模型的设定和本文的数据基础，后一部分则对实证结果进行分析。

（一）实证思路

1. 面板门槛模型和相关变量的设定

由于引起贷款违约的直接原因是借款主体的月还款额偏高，因此贷款违约概率与月还款额之间存在因果关系。不过，两者之间可能不是线性关系，因为月还款额越大，贷款的违约概率不一定越高。相反，贷款违约概率与月还款额之间可能是非线性关系，两者之间的关系可能主要受借款人的偿债能力影响，当借款人的偿债能力较好时，两者之间的关系可能较弱，即月还款额对贷款违约概率的影响较低；而当借款人偿债能力较差时，两者之间的关系可能较强，月还款额对贷款违约概率的影响较高。因此，如果以债务收入比衡量借款人的偿债能力，则可以构建以债务收入比为门槛变量的面板门槛模型。本文拟选择两个门槛变量：住房债务收入比和全部债务收入比。为此，相应地构建两个面板门槛模型，分别是住房债务收入比的面板门槛模型和全部债务收入比的面板门槛模型。

对于每一个面板门槛模型，根据门槛变量的门槛效应个数，可分为单门槛面板模型、双门槛面板模型以及多门槛面板模型。按照一般做法，应首先构建单门槛模型，检验该门槛变量是否存在一个门槛效应；如果存在，则建立双门槛面板模型，再检验是否存在第二个门槛效应，如此下去，直到第“$n+1$”个门槛值检验不显著时，就可以确定有 n 个门槛效应，下面分别是住房债务收入比的单门槛面板模型和全部债务收入比的单门槛面板模型。

$$\begin{aligned} Risk_{it} = \alpha_i + \beta_1 \cdot Payment_{it} \cdot I(H\_DTI_{it} \leqslant \gamma) \\ + \beta_2 \cdot Payment_{it} \cdot I(H\_DTI_{it} > \gamma) + \beta_3 \cdot X_{it} + \varepsilon_{it} \end{aligned} \tag{1}$$

$$\begin{aligned} Risk_{it} = \eta_i + \theta_1 \cdot Payment_{it} \cdot I(A\_DTI_{it} \leqslant \nu) \\ + \theta_2 \cdot Payment_{it} \cdot I(A\_DTI_{it} > \nu) + \theta_3 \cdot X_{it} + \tau_{it} \end{aligned} \tag{2}$$

为了便于表述，将式（1）命名为模型一，将式（2）命名为模型二。上述两个模型中，被解释变量 $Risk_{it}$ 表示第 i 个样本在第 t 期的贷款违约概率，即在第 i 个样本的所有贷款中属于违约贷款的比重。所谓违约贷款，是指逾期贷款以及五级分类中非正常贷款之和；$Payment_{it}$表示第 i 个样本在第 t 期的月还款额，计算方法可参见本文的第三部分，这里我们区分两种还款额：一是住房贷款月还款额；二是全部贷款月还款额。X 表示控制变量，具体见表 11。$I(\cdot)$ 为示性函数，满足括号内的条件，则 $I=1$；反之，$I=0$。模型一中的 H_DTI_{it}表示住房债务收入比，是模型一的门槛变量；模型二中的 A_DTI_{it}表示全部债务收入比，是模型二的门槛变量；α_i、η_i 是指对每一个个体都是固定效应，ε_{it}、τ_{it}为随机扰动项。本文涉及的变量见表 11。

表 11　研究变量

序号	变量属性	变量名称	变量代码	变量取值
1	被解释变量	贷款违约概率	*Risk*	单位为%，该值越大，贷款违约概率越高
2	核心解释变量	月还款额	*Payment*	取对数
3	门槛变量	住房债务收入比	*H_DTI*	不良 =1，正常 =0
4		全部债务收入比	*A_DTI*	依次赋值为 1，2，3，4，5
5	控制变量	借款人平均年龄	*YA*	该分类中借款人的年龄均值
6		借款人平均受教育年限	*IE*	按研究生、大学、高中、初中、小学对应的受教育年限进行平均
7		贷款余额	*LB*	分类求和的贷款余额合计
8		贷款平均利率	*LL*	该分类中的贷款利率的加权平均值
9		贷款平均期限	*QX*	该分类中的贷款期限的加权平均值
10		借款人是否属于中心城区	*CQ*	1 = 是；0 = 否
11		借款机构类型	*FOT*	1 = 国有商业银行、2 = 股份制商业银行、3 = 城市商业银行、4 = 农村商业银行、5 = 村镇银行、6 = 开发性金融机构及政策性银行、7 = 民营银行、8 = 外资银行、9 = 财务公司、10 = 金融租赁公司

2. 面板门槛模型的数据基础

本文面板门槛模型的数据基础主要涉及三个时期，分别是 2020 年 12 月、2021 年 3 月和 6 月。为了取得适合 Stata 软件安全运行的样本量，本文对调研获得的个人逐笔贷款数据进行分类汇总，汇总主要依据金融机构、地区（具体到县区）和年龄段三个指标进行。汇总后每一期数据样本量为6849个，因此本文数据总样本量为20547个，数据形式为6849×3的宽面板形式。其中，每一个样本均是多个借款主体的多笔贷款汇总值，因此，可以计算出该样本中的“违约贷款占全部贷款的比重”，我们将其定义为贷款违约概率。相应地，也可以计算出每个样本的平均年龄、平均受教育年限、平均利率以及平均期限等。总体来看，该数据能够支撑本文实证分析需要。

（二）实证结果及分析

根据 Hansen（1999）的研究，实证过程主要分为三步：第一步，检验门槛模型的类型，即确定是单门槛、双门槛，还是多门槛，据此也就确定了门槛的数量；第二步，当门槛模型的类型确定后，则可求解对应门槛变量的门槛值，以及该门槛值的置信区间；第三步，根据门槛模型的类型和门槛值对上述模型一和模型二进行参数估计。第一步和第二步的检验结果见下面的第1小部分，第三步检验结果见下面的第2小部分。

1. 门槛模型的选择和门槛值检验

根据模型一和模型二，分别将住房债务收入比（H_DTI）和全部债务收入比（A_DTI）设为门槛变量，利用 Stata15 进行数据分析。依次在单门槛和双门槛假设下进行门槛自抽样检验，根据F统计值和P值判断门槛数量（结果见表12）。由表12可知，住房债务收入比（H_DTI）通过单门槛检验，未通过双门槛检验；而全部债务收入比（A_DTI）也通过单门槛检验，未通过双门槛检验。为此，本文选择单门槛模型进行分析。

表12　门槛效应检验结果

门槛变量	模型	F值	P值	自举抽样次数	结论
住房 DTI	单门槛	50.3782	0.0000	500	通过
	双门槛	9.6031	0.4202	500	未通过
全部 DTI	单门槛	37.8102	0.0070	500	通过
	双门槛	4.0365	0.6903	500	未通过

注：本文以P值<0.01为拒绝原假设。

表13报告了单门槛模型的门槛值估计结果：住房债务收入比的门槛值为46.83%。以住房债务收入比（H_DTI）为门槛变量时，对应的门槛估计值为0.4683，此时，似然比值小于5%显著性水平下的临界值，处于原假设接受域内，即住房债务收入比的门槛值与实际门槛值相等。

全部债务收入比的门槛值为53.21%。以全部债务收入比（H_DTI）为门槛变量时，对应的门槛估计值为0.5321。同样，此时似然比值小于5%显著性水平下的临界值，处于原假设接受域内，即全部债务收入比的门槛值与实际门槛值相等。

表13　单门槛模型门槛值的估计结果

门槛变量	门槛值	95%置信区间
房贷DTI	0.4683	[0.4594，0.4783]
全部DTI	0.5321	[0.5287，0.5509]

2. 门槛回归结果分析

确定了门槛模型和门槛值之后，接下来对模型一和模型二进行回归（见表14）。

在模型一中，门槛变量——住房债务收入比划分出两个门槛区间。在第一门槛区间时，也即住房债务收入比小于等于46.83%（相当于债务收入比处于较低水平时），月还款额对贷款违约概率的影响系数为0.0058，但是此时的影响系数显著性程度较弱，仅在10%的显著性水平下显著，也即月还款额的增加对贷款违约概率的提升影响作用不大。当住房债务收入比进入第二门槛区间时，月还款额对贷款违约概率在1%的显著性水平下影响显著，影响系数为0.0179，该影响系数是债务收入比在第一门槛区间时的影响系数的2倍多，也即月还款额每提高1个单位，将导致贷款违约概率上升0.0179个单位，说明在这个区间内贷款违约概率对月还款额的敏感度开始变得非常显著。

在模型二中，门槛变量——全部债务收入比在第一门槛区间时，也即全部债务收入比小于等于53.21%，月还款额对贷款违约概率的影响系数为0.0126，此时的影响系数不显著。当全部债务收入比跨过第一门槛区间，进入第二门槛区间时，月还款额对贷款违约概率的影响同样在1%显著性水平下影响显著，影响系数为 0.0165，也即月还款额每提高 1 个单位，将导致贷款违约概率上升 0.0165 个单位，表明当全部债务收入比高于 53.21%，须关注月还款额对贷款违约概率的影响。

表 14　单门槛模型参数估计结果

	模型一（门槛变量为住房 DTI）	模型二（门槛变量为全部 DTI）
常数项	1.1083 * (0.5855)	1.0455 *** (0.0385)
$Payment_{it} \cdot I(H\_DTI_{it} \leqslant 46.83\%)$	0.0058 * (0.0031)	
$Payment_{it} \cdot I(H\_DTI_{it} > 46.83\%)$	0.0179 *** (0.0042)	
$Payment_{it} \cdot I(A\_DTI_{it} \leqslant 53.21\%)$		0.0126 (0.0098)
$Payment_{it} \cdot I(A\_DTI_{it} > 53.21\%)$		0.0165 *** (0.0061)
控制变量	控制	控制
observation	20547	20547
adj · R^2	0.2252	0.2105

注：括号内的值为标准误，*、** 和 *** 分别表示在 10%、5% 和 1% 的水平下显著。

综合来看，无论是将住房债务收入比作为门槛变量，还是将全部债务收入比作为门槛变量，均得到相似结果。即住房债务收入比和全部债务收入比均存在两个典型区制，处于较低区制时，居民的偿还能力较强，此时月还款额的提升不会对贷款违约概率产生较大影响；而当处于较高的区制时，居民的债务偿还能力面临较大挑战，此时，月还款额的上升，将对贷款违约概率产生显著正向影响。

六、结论及建议

（一）主要结论

居民债务收入比是国际上重要的宏观审慎监管指标之一，掌握居民债务收入比对于了解居民债务偿付能力、防范金融风险具有重要意义。微观调查数据能够更为深刻地揭示居民债务收入比的分布特征和阈值情况。为此，本文基于中部某省份调研的198.2万有房贷人群的微观贷款数据，对居民债务收入比开展了实证研究，主要有三点结论：

第一，当前居民债务收入比总体较高。住房债务收入比为43%，略低于50%的监管上限，不过在考虑其他债务的情况下，全部债务收入比达到59%，已超过55%的监管上限。特别是从人群分布结构来看，9.9%的被调查者住房债务收入比高于监管上限；15.6%的被调查者全部债务收入比高于监管上限。为此，评估当前居民部门的债务偿付能力，需要综合考虑居民部门的所有债务情况，尤其应关注非住房债务可能引发的衍生偿付风险。

第二，居民债务收入比的结构性特征突出。分年龄看，年龄越小、债务收入比越高，“90后”“00后”的债务收入比均显著高于所有人群的平均水平，同时也基本高于监管上限。分学历看，高学历人群债务收入比明显偏高，研究生和大学学历的人群债务收入比居于所有人群的前两位，是债务高偿付压力的主要群体。分区域看，经济越发达的地区，债务收入比越高，特别是这些地区的中心城区的债务收入比明显高于非中心城区，因此当前应主要关注重点城市的中心城区的高债务偿付风险。

第三，反映贷款违约风险的面板门槛模型显示，当前中部某省的住房债务收入比的阈值为46.8%，全部债务收入比的阈值为53.2%。当债务收入比高于阈值时，随着月还款额的增加，贷款违约风险将显著上升。

本文研究结论对把握当前居民部门的债务水平、偿付能力以及完善宏观审慎监管框架具有参考价值。

（二）政策建议

一是合理设定债务收入比阈值。鉴于当前债务收入比最佳阈值可能发生明显变化，建议通过充分调研等方式，详细论证新的债务收入比阈值。同时，由于不同人群的债务收入比差异较大，建议设立差异化监管阈值。

二是加强多部门债务收入比监管协调机制。借鉴国外经验，债务收入比监管涉及多个部门的数据，要做好分工协作，加强货币政策、财政政策的协调配合，充分利用一切可挖掘数据，丰富债务收入比监管内涵，确保数据准确性，增强债务收入比监管的权威性和有效性。

三是综合运用多种配套指标。借鉴国际监管经验，深化对相关配套指标的研究，综合应用资产负债率、贷款价值比等指标，发挥宏观审慎政策的协调性和配合性，形成政策合力。

课题组组长：陈锋

课题组成员：张婷婷、黄琦华、谢云峰、刘梦佳

宏观杠杆率变动的风险及应对策略研究

中国人民银行南昌中心支行招标课题组

一、引言

2020年面对突如其来的新冠肺炎疫情，我国出台了多项逆周期调节支持政策，有效缓解对冲了不利影响，维护了经济金融稳定，但也使宏观杠杆快速上行。随着国内经济逐步恢复，自2020年第四季度起宏观杠杆率单边快速上涨的趋势已经改变。但2021年全球流动性依旧泛滥，国内宏观杠杆率走势仍有一定的不确定性和不稳定因素，江西省宏观杠杆率相较于全国更是"高位震荡"，下降趋势尚不明显，其中蕴含的风险值得我们警惕。因此，研究宏观杠杆率未来的变动趋势及可能产生的风险，提前拟定应对策略，有助于有效落实中央和总行"稳杠杆"决策，为后续外部冲击风险的应对、经济结构深度调整提供更多可选路径。

二、研究综述

（一）国内外关于宏观杠杆率的理论基础和研究文献

（1）宏观杠杆率指标的研究。宏观杠杆率反映了宏观经济总体的负债水平与债务的可持续性。现阶段，宏观杠杆率指标研究通常分为两大类：一是"存量/流量"指标。如国际清算银行（BIS）发布的"非金融部门信贷/GDP"、麦肯锡（McKinsey）推算的"总债务/GDP"、麦氏指标"M2/GDP"、戈氏指标"FIR＝（M2＋L＋S）/GDP"等。二是"存量/存量"指标。如

“债务总量/GDP”“负债总额/资产总额”“非金融部门信贷/GDP”“金融工具发行净额/GDP”等。

（2）宏观杠杆率合意水平的研究。宏观杠杆率合意水平的研究基础理论源自古典宏观经济学和货币经济理论等。国外较为经典的有：Cecchetti 等（2011）发现，当政府部门和居民部门的债务占比超过 85%、实体部门超过 90%时，债务的增长会拖累实际经济增速，杠杆率对经济增长的影响存在显著的门限效应。国内如王朝阳（2019）提出，对发展水平较高的经济体而言，其本身流动性过剩，过低的杠杆率将会导致大量闲置资源的过度浪费，造成社会低效或无效；对于发展水平较低的经济体，过高杠杆率又易使经济陷入“债务—通缩”困境。

（3）宏观杠杆率影响因素的研究。国内外对影响因素的研究较丰富，如 Jensen（1986）认为，由于“加杠杆”可提高企业净资产收益率，因此对资产收益率目标的追求有可能会引发企业杠杆率失衡。周广肃、王雅琦（2019）发现，房价过快上涨改变了居民家庭风险偏好，增强对住房的刚性与投资性需求，从而引发居民部门杠杆率过快增长。王宁远（2020）提出，储蓄率和家庭、企业部门的杠杆率均是负相关关系；储蓄率和家庭杠杆率占比是负相关关系。

（二）国内外关于宏观杠杆率与金融风险关系的研究文献

国外对于宏观杠杆率与金融风险之间作用关系的研究起步较早，如卡斯特伦（Castren，2009）指出，欧元区一些国家较高的宏观杠杆率会引致资产负债不匹配的风险，尤其是金融部门的高杠杆率会导致脆弱性增加、风险传染速度加快，可能造成严重的金融危机。Adrian（2015）发现，风险在约束中引发了金融杠杆的顺周期波动。近年来，国内对宏观杠杆率与金融风险之间作用关系的研究逐渐兴起。如陈雨露等（2016）认为，金融杠杆波动程度加大会对金融体系的稳定性产生负面影响，金融周期的过热和过冷都会导致金融体系的不稳定性明显上升，只有当金融周期处于正常期时才有助于经济增长和金融稳定。方芳和黄汝南（2017）指出，我国宏观杠杆率快速上升之后，处于金融风险累积阶段的一些资产价格的波动幅度显著强于金融风险释放阶段。夏越（2019）指出，金融杠杆和系统性风险呈“U”形关系，不合理的金融杠杆会推升系统性金融风险发生的可能性。

综上所述，尽管当前国内外关于宏观杠杆率变动及风险的研究已经较多，但仍未有研究从经济运行角度分多部门对宏观杠杆率变动影响机制进行系统梳理分析，更鲜有研究分析省一级的杠杆率变动影响，因此本文的研究从理论和实证角度均具有十分重要的意义。

三、宏观杠杆率的现状分析

（一）全国宏观杠杆率分析

2021 年第二季度末，我国宏观杠杆率为 265.4%，较年初下降了 4.7 个百分点，环比下降 2.6 个百分点。其中，非金融企业部门、居民部门、政府部门杠杆率分别为 158.8%、62.0%、44.6%，分别比年初降低了 3.5 个、0.2 个、1 个百分点，分别环比下降了 2.6 个、0.1 个、0.1 个百分点。从长期走势看，我国总宏观杠杆率自 2009 年第一季度末开始显著攀升，到 2020 年第三季度末达到最高点 271.2%，2020 末开始逐步回调，经历三个季度共下降了 5.8 个百分点，整体去杠杆的力度较大。主要是债务增速基本回归常态和名义 GDP 的快速增长的双重作用。横向对比来看（见图 1），我国宏观杠杆率在 2009 年以前均远低于其他发达国家，截至 2020 年 3 月，接近美国、英国和意大利水平。但自 2021 年起我国宏观杠杆率攀升速度下降，绝对值水平仅高于德国。

（二）江西省宏观杠杆率总体水平分析

2021 年第二季度末，江西省宏观杠杆率为 218.53%①，较年初提高 0.2

① 本文根据中国社会科学院国家金融与发展实验室关于宏观杠杆率的计算方法，结合人民银行宏观杠杆率监测办法，收集整理了 2015 年以来江西省住户、非金融企业、政府部门各项债务的季度数据，对江西省宏观杠杆率的季度数据进行了较长期的测算和补足，其中整体宏观杠杆率和居民部门、非金融企业部门杠杆率口径较官方数据略小，政府部门杠杆率略大，但整体走势基本一致，可以用来进一步分析。

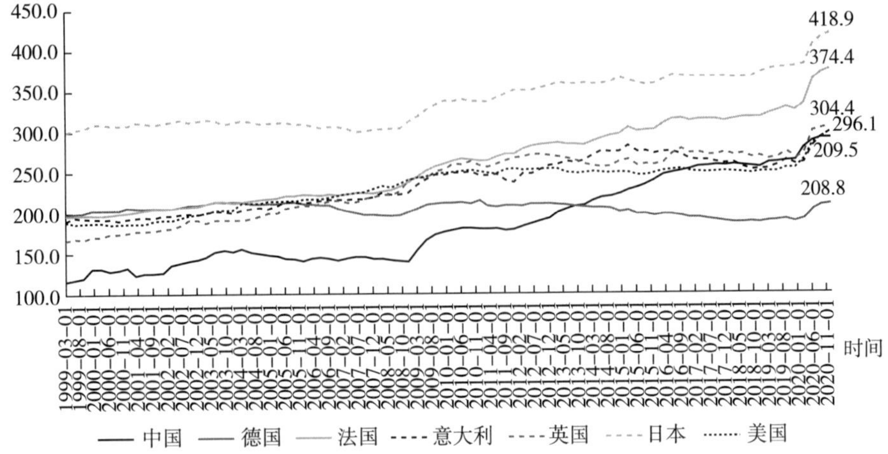

图 1　我国与发达国家宏观杠杆率比较

（资料来源：BIS）

个百分点，环比提高 2. 7 个百分点。从长期走势看，江西宏观杠杆率 2015 年第一季度后基本处于持续攀升阶段，2018 年第一季度到 2019 年第三季度有过较长时间的震荡调整，到 2020 年第三季度末达到最高点 219. 58%，2020 末开始反复震荡，最终维持在 218% 左右，2021 年第二季度略呈下降趋势。从江西省宏观杠杆率略有下降的因素来看，一方面是第二季度实体经济债务余额增速从 5. 44% 下滑至 3. 21%；另一方面是上半年经济持续恢复，名义 GDP 增速 19. 55%，两年复合平均增速也达到了 8. 04%。

与全国平均水平相比（见图 2），江西省宏观杠杆率自 2015 年起历年均要低 50 个百分点左右，整体走势基本保持一致，但也表现出一定的区域特征：一是在 2018—2019 年表现更为波折，主要是由于 2018 年第三季度江西政府性债务余额增长较快，新发行了 696. 92 亿元的债券；二是在 2020 年第三季度后，虽然止住了继续上涨的趋势，但未像全国水平那样出现明显的下调，主要是 2021 年第一季度债务水平增速仍然较高。

（三）江西省宏观杠杆率结构分析

2021 年第二季度，江西省非金融企业部门杠杆率为 116. 00%，比年初提

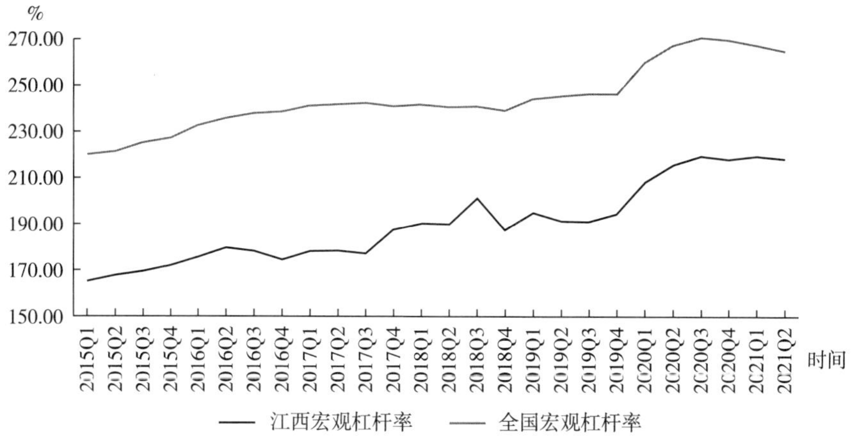

图 2　江西、全国宏观杠杆率对比

（资料来源：NIFD、本文测算）

高了 0.79 个百分点，整体趋势震荡向下。一方面，由于防疫支持政策，企业部门账面上积累了较多资金，企业 2021 年的融资需求减少；另一方面，企业部门投资需求不旺盛，企业获得利润后不愿意增加投资，而是优先偿还存量债务。居民部门杠杆率为 62.82%，比年初下降了 0.63 个百分点，2022 年走势基本平稳，说明居民债务增速仍保持了与名义 GDP 相近的增速。政府部门杠杆率为 39.72%，比年初上升了 0.05 个百分点。2021 年江西省上半年发行地方债券 999 亿元，其中新增债券发行额 618 亿元，再融资债券发行额 381 亿元。

从图 3 可以发现，江西非金融企业部门杠杆率和全国整体结构一样，远高于居民部门与政府部门杠杆率，其中居民部门杠杆率和全国平均水平十分接近；政府部门杠杆率略小于全国平均水平，但整体走势基本一致；非金融企业杠杆率要比全国平均水平低 40% ~50%，一方面由于江西省非金融企业整体发展水平较低，负债能力较有限；另一方面是我国非金融企业杠杆率中包含部分地方政府融资平台企业，但本文在测算江西非金融企业杠杆率期间进行了剔除。

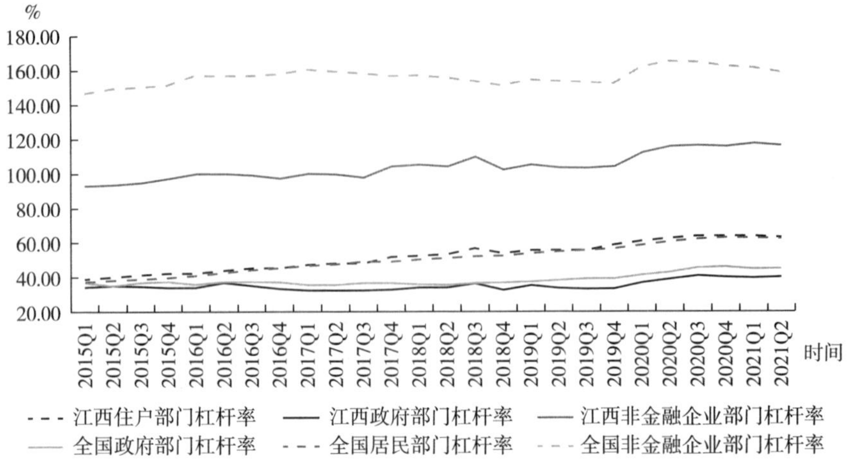

图3 江西、全国分部门宏观杠杆率比较

（资料来源：NIFD）

（四）宏观杠杆调控政策分析

自2015年12月中央经济工作会议提出“去杠杆”以来，保持宏观杠杆率基本稳定便一直是政策的主基调之一。2017年5月，江西省出台了《江西省人民政府关于积极稳妥降低企业杠杆率的实施意见》，帮助企业降杠杆、解风险。2020年因新冠肺炎疫情冲击，我国宏观杠杆率压降目标阶段性有所放松，经济企稳后，政策基调便迅速回归。2021年3月15日召开的国务院常务会议提出“保持宏观杠杆率基本稳定，政府杠杆率有所降低”，“十四五”规划纲要提出“完善宏观审慎管理体系，保持宏观杠杆率以稳为主，稳中有降”。可以说，实现宏观杠杆率以稳为主、稳中有降是当前政策的主基调，有利于我国在复杂的国际形势中保持政策定力、预留政策空间。从政策实践中看，我国已经从多个角度缩减或调整转移各部门的债务水平，如加强房地产行业调控，进一步控制居民、金融部门的杠杆提升；大力推动地方国有企业债务化解，压降地方政府债务等。

四、宏观杠杆率变动的影响分析

高杠杆率是金融脆弱性的根源，一方面加剧经济金融风险积累，提高危机爆发可能性；另一方面影响微观主体理性决策，干扰经济正常运行。因此，宏观杠杆率变动的传导机制即是关键要素或破局点。

（一）两部门宏观杠杆率的影响机制分析

两部门模型（见图4）是分析宏观杠杆率影响机制的基础和核心。宏观杠杆率高位上涨时经济处于风险积累阶段，杠杆率的提高意味着债务增长速度已超过名义 GDP 的增速，即单位名义产出需要的资本（资产）变得更多，资本（资产）边际产出下降，实体经济部门的债务还本付息的能力将随着两者之间的背离而逐渐下降，债务违约风险随之上升。同时，由于名义 GDP 等于实际 GDP 乘以 GDP 平减指数，宏观杠杆率的上升也意味着 GDP 平减指数和一般物价水平的相对下降，在不改变基础货币供给或采取其他干预的前提下，经济扩张会促使支出增加、金融体系信贷扩张，并不断推升金融资产价格，产生泡沫风险。

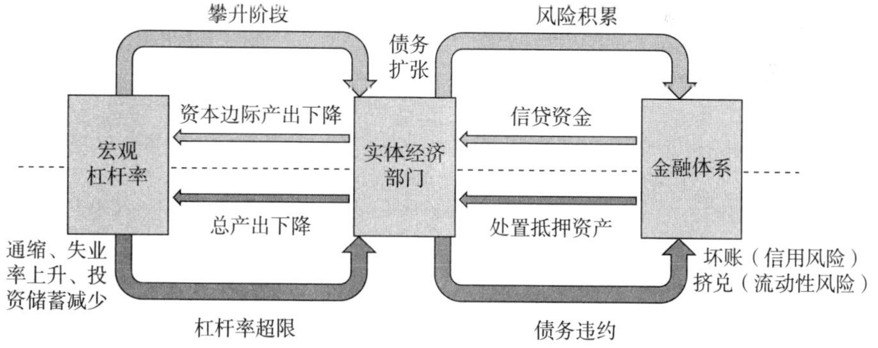

图4　两部门影响机制分析

当宏观杠杆率上升达到临界值时，经济积累的风险逐渐暴露，实体经济部门出现大规模违约。金融机构信贷规模相应缩减，坏账开始增多，盈利能力开始下滑，金融市场的融资功能也将减弱，一是企业“借新还旧”融资将更难，从而导致更大面积的债务违约出现，银行体系资本充足率不断下降，产生信用风险危机。二是储户因担心银行产生危机而相继取回存款，部分规模较小、脆弱性较强的商业银行开始出现挤兑与流动性风险。三是债务人不断出售资产导致金融资产价格快速下跌，资本市场和房地产市场泡沫被挤破，使金融市场产生信用危机。

（二）三部门宏观杠杆率影响机制分析

为了避免金融危机爆发，政府部门通常会采取措施进行干预（见图5），首先是央行发挥最后贷款人职能，为商业银行提供流动性支撑。其次是财政介入，帮助商业银行处置不良资产，或者对商业银行部分债务实现政府担保、提供新的资本金支持等。最终政府债务上升，宏观杠杆从企业居民转移至政府。同时产出下降也减少了政府的税收，政府部门赤字压力增大，为避免财税或信用危机，政府通常会采取加税或超发货币，如果两者之间不能取得平衡，宏观经济则可能更加衰退或陷入通货膨胀。

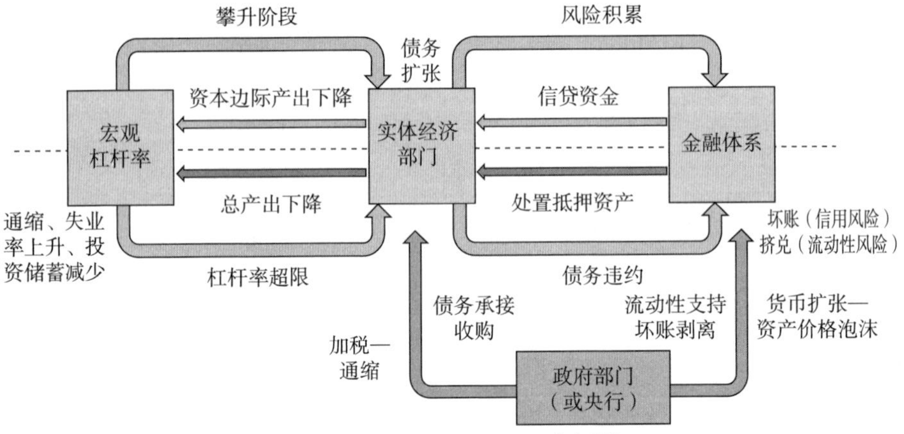

图5　三部门影响机制分析

（三）四部门宏观杠杆率影响机制分析

对于一个四部门开放市场的国家或地区，资本的跨境流动会强化宏观杠杆率变动的影响，加剧经济的动荡。如在宏观杠杆加速上升过程中，国际资本可能流入国内市场，推动金融资产价格迅速走高产生泡沫。当宏观杠杆高位运行时，国内市场主体将转移资本至境外，产生大规模资本流出，引起资产价格剧烈动荡。持续的资本流出会加剧人民币贬值压力，进而又加剧持续的资本流出，形成正反馈机制。为避免持续的资本流出，央行被迫加息提高国内利率，将进一步加重实体经济部门的还本付息压力，从而导致更大规模的违约行为，形成了恶性循环。

（四）宏观杠杆率对居民部门和房地产市场的影响机制分析

当宏观杠杆率相对较低时，杠杆率上升意味着居民负债扩张要大于其名义收入的扩张，但杠杆率上升推动房价和金融资产价格上涨，居民的资信状况能够通过资产价格上涨维持在良好水平，金融机构仍然会提供较宽松的信贷条件，促进居民部门投资消费。但当杠杆率上涨至过高时，房价和金融资产价格泡沫巨大，居民部门收入水平无法跟上债务增长，居民部门削减需求减少支出，出售资产清偿债务，泡沫破裂，房地产和金融资产价格下跌，而房地产和金融资产作为重要金融押品和标的，也将风险传染至金融体系。

五、宏观杠杆率影响的实证分析

本文采用计量模型进行实证分析，并将全国的总体情况设为对照组，作为实证分析江西省情况的参考依据。

（一）变量选取

1. 金融风险指标

要实证分析宏观杠杆率变动对金融稳定的影响，首先要构建金融稳定相关指标，结合上文的影响机制分析，借鉴范云朋等（2020）的 ESRB－CISS 方法，本文按照“宏观—中观—微观”的逻辑层次从金融机构（主要指银行）、房地产市场、外汇市场、政府部门四个维度共选取 17 个指标（见表 1）进行分析。

表1　金融风险指标体系

部门维度	数据指标选择	经济学意义
政府部门	M2 同比增速	将 M2 同比增速列在政府部门是因为人民银行（区别于金融机构）一直是货币供给量的政策决定方
	CPI 同比增速	反映通货膨胀水平，CPI 过高是经济危机的表现之一
	PPI 同比增速	反映工业企业产品出厂价格变动，PPI 增速过高是潜在经济风险的表现
外汇市场	中央银行外汇占款	指人民银行收购外汇资产而相应投放的本国货币，外汇占款过高说明对外贸易量较高或者短期热钱较多
	人民币实际有效汇率指数	加权平均汇率指数，剔除了通货膨胀，反映一国货币的实际价值
	外汇储备	外汇储备越高，抵御风险能力越强
房地产市场	房地产开发投资完成额	反映房地产市场投资活跃程度
	商品房销售额同比	反映房地产市场繁荣程度和泡沫程度
	70 个大中城市新建商品住宅价格指数当月同比	反映主要一、二线城市的房价走势
	企业景气指数：房地产业	反映房地产企业景气状况
	国房景气指数	从土地、资金、开发量、市场需求等八个角度合成的指数体系，反映全国房地产业发展景气状况
金融机构	商业银行：不良贷款率	主要反映商业银行实际或潜在的坏账可能，与风险水平正相关
	商业银行：拨备覆盖率	主要反映商业银行风险覆盖能力，与风险水平负相关
	商业银行：流动性比例	主要反映商业银行流动性水平，与风险水平负相关
	商业银行：资本利润率	主要反映商业银行盈利能力，与风险水平负相关
	商业银行：成本收入比	主要反映商业银行成本控制，与风险水平正相关
	商业银行：资本充足率	主要反映商业银行风险抵补能力，与风险水平负相关

采用客观的主成分分析法结合指标的相关性进行筛选降维，消除多重共线性，挑选出核心的影响指标，再采用客观的均方差法来确定各核心指标的权重［见式（1）］，以此构建金融风险指标作为实证分析的因变量（见表2）。

$$W_j = \sigma_j / \sum_{j=1}^{p} \sqrt{\sum_{i=1}^{n} (X_{ij} - \overline{X}_j)^2} \tag{1}$$

表2　筛选后的金融风险指标体系

部门维度	数据指标选择	权重
政府部门	M2 同比增速	0.1512
	PPI 同比增速	0.1430

续表

部门维度	数据指标选择	权重
外汇风险	外汇储备	0.1480
	人民币实际有效汇率指数	0.1352
房地产市场	房地产开发投资完成额	0.1346
	商品房销售额同比	0.0996
金融机构	不良贷款比例：商业银行	0.1884

同时，为确保获得更好的拟合效果，消除不同数据之间存在量纲差异和符号方向，对基础性指标数据进行“标准化”处理［见式（2）］，将其转换为［0，1］之间的变动序列，使所有数据方向一致。最终，根据各指标标准值和权重合成出金融风险指标 RFI 的 2011 年第一季度至 2021 年第二季度的观测值（见表 3）。

$$Z_{ij} = \frac{X_{ij} - \min_j(X_{ij})}{\max_j(X_{ij}) - \min_j(X_{ij})} \tag{2}$$

$$FRI = \sum_{j=1}^{n} W_j Z_{jt} \tag{3}$$

表 3　金融风险指标观测值

时间	指数	时间	指数	时间	指数
2011 - 03	0.492790807	2014 - 09	0.336443465	2018 - 03	0.64163913
2011 - 06	0.467585866	2014 - 12	0.320026266	2018 - 06	0.682881831
2011 - 09	0.428911216	2015 - 03	0.332915659	2018 - 09	0.700100316
2011 - 12	0.403591154	2015 - 06	0.34984002	2018 - 12	0.673138486
2012 - 03	0.384014045	2015 - 09	0.374170203	2019 - 03	0.667154477
2012 - 06	0.372320673	2015 - 12	0.419652165	2019 - 06	0.683761747
2012 - 09	0.358857669	2016 - 03	0.450153354	2019 - 09	0.688244223
2012 - 12	0.36055974	2016 - 06	0.507287731	2019 - 12	0.688953634
2013 - 03	0.290834506	2016 - 09	0.552945405	2020 - 03	0.698075259
2013 - 06	0.288622439	2016 - 12	0.634065509	2020 - 06	0.718346992
2013 - 09	0.287545757	2017 - 03	0.680669803	2020 - 09	0.711594105
2013 - 12	0.279720078	2017 - 06	0.66798553	2020 - 12	0.6887343
2014 - 03	0.296553745	2017 - 09	0.671569501	2021 - 03	0.668890668
2014 - 06	0.332553033	2017 - 12	0.652847745	2021 - 06	0.756469674

2. 宏观杠杆率指标

宏观杠杆率作为本文的自变量，主要采用国家金融与发展实验室（NIFD）编制的我国宏观杠杆率指标以及分部门的杠杆率指标，即实体经济部门杠杆率（hg）、非金融企业部门杠杆率（qy）、政府部门杠杆率（zf）、居民部门杠杆率（jm）。

3. 控制变量指标

为了控制经济周期对模型拟合的影响，选取了部分宏观经济指标作为控制变量。本文使用的数据主要来源于国家统计局、Wind 数据库等。数据时段为 2011 年第一季度至 2021 年第二季度的季度数据。其中，GDP 等部分数据由于含有季节性趋势，因此本文运用 Eviews 软件剔除了数据的季节性影响因素，而对 GDP 也采用价格指数剔除通货膨胀的影响。

（二）模型构建和实证分析

从上文的影响机制分析中可以发现，宏观杠杆率变动对金融稳定的影响机制十分复杂，目前仍没有成熟的经济学理论能够清晰地解释其作用机理，前人的研究也证明了宏观杠杆率对经济金融的影响并非简单的线性关系，且存在多期的相互动态影响，因此本文采用 VaR 模型对宏观杠杆率和金融稳定之间的关系进行实证分析，构建模型如式（4）所示。其中 p 为滞后阶数，y 为内生变量向量（银行机构稳健性指标、供给侧结构性改革效果变量），x 为外生变量向量，μ 为误差向量，A、B 为待估系数矩阵。

$$y_t = A_1 y_{t-1} + A_2 y_{t-2} + \cdots + A_p y_{t-p} + B x_t + \mu_t \quad (4)$$

1. 单位根检验

首先采用 ADF 单位根对数据的平稳性进行检验。从结果（见表 4）来看，无论是宏观杠杆率指标还是金融风险指标均具有一定的长期趋势，且只有在一阶差分时才能通过 ADF 检验。

表 4　ADF 单位根检验结果

变量	含义	t - Statistic	Prob. *	结果
hg	宏观杠杆率	-2.150122	0.2429	不平稳
Δhg（dhg）	宏观杠杆率增长	-4.721456	0.0014 ***	0.01 水平下平稳
fri	金融风险	-2.567265	0.5032	不平稳
Δfri（dfri）	金融风险增长	-4.291133	0.0016	0.01 水平下平稳

注：*、**、*** 分别表示参数在 10%、5%、1% 水平上显著。

2. 滞后阶数确定

构建 VaR 模型之前，需要确定模型的滞后阶数 p，p 值确定标准是 AIC 准则和 SC 准则的结果同时取最小值，如果无法确定则再参考 LR 值进行取舍，从结果（见表5）来看，模型在滞后阶数为1 时，能够更加准确反映数据的相关关系，即应建立模型 VaR（1）。

表 5　滞后阶数检验结果

Lag	LogL	LR	FPE	AIC	SC	HQ
0	-17.69651	NA	0.009413	1.010077	1.095388 *	1.040686
1	12.21225	10.12479 *	0.008728 *	0.933961 *	1.189894	1.025788 *
2	-10.36286	3.22458	0.009768	1.044249	1.470803	1.197293

注：* 表示该种方法下最小值。

3. 单位圆检验

对 VaR 模型进行单位圆检验，从结果（见图6）来看，所有单位根均落于单位圆之内，VaR 模型是稳定的，可以进行后续的模型分析。

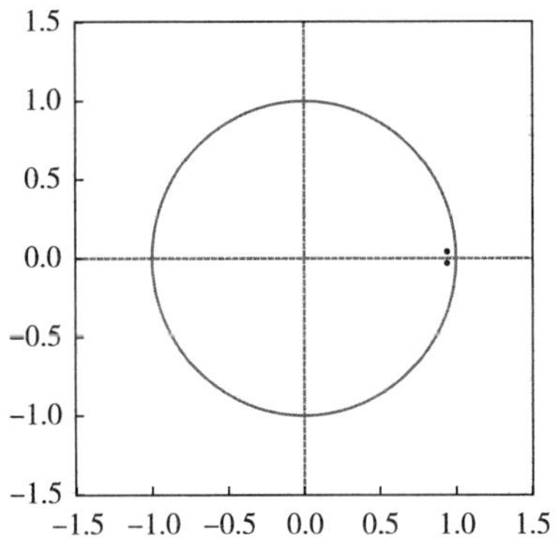

图 6　单位圆检验

4. 脉冲响应分析和方差分解

从图 7（a）可以看到，金融风险指标对宏观杠杆率的冲击所做出的反应十分显著，当宏观杠杆率给予一个正面冲击时，金融风险将逐步升高，并在第 15 期时影响达到最大，此时的影响系数为 0.0192，即宏观杠杆率每升高 1 个点，金融风险指数上升 0.0192 个点。在较长期数之后，宏观杠杆率正面冲击的影响才逐步减弱，最后趋0。从方差分解［见图7（b）］来看，宏观杠杆率对金融风险的方差贡献度随着期数的增加逐渐增大，说明宏观杠杆率变量对金融风险的影响较为显著，并在第15期左右时超过金融风险指标自身的影响。

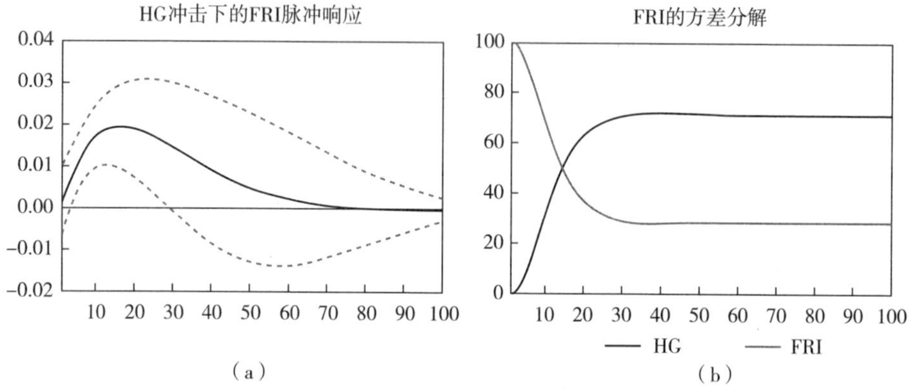

图7　脉冲响应和方差分解

为更进一步深入分析宏观杠杆率对四个维度风险的冲击影响，用宏观杠杆率对金融机构风险、外汇市场风险、政府部门风险、房地产市场风险分别进行VaR模型分析，得到脉冲响应（见图8），可以看到宏观杠杆率的正面冲击对四个维度的风险指数影响均十分显著，其中对房地产市场风险［见图8（a）］的影响收敛速度最慢，影响期数最为长远。对外汇市场风险［见图8（c）］的影响收敛速度最快，对政府风险［见图8（b）］的影响短期内为负，接着迅速升高，在第10期后才逐步收敛，且影响系数最大。

同理，用不同部门杠杆对金融风险指标及房地产风险、金融机构风险维度进行VaR模型分析，得到脉冲响应（见图9），可以看到影响均十分显著，其中图9（a）、（b）、（c）代表政府杠杆对风险指标的冲击影响，可以发现：（1）当政府部门杠杆率给予正向冲击时，金融风险指标和金融机构风险指标短期出现负的影响，而房地产市场风险则短期出现正的影响，在第6期之后逐步震荡收敛。说明政府部门加杠杆在短期能够一定程度上缓释金融风险和金融机构风险，但对房地产风险的正面影响较大。（2）居民部门杠杆对金融风险相关指标短期内均是正向的影响［见图9（d）、（e）、（f）］，但对金融机

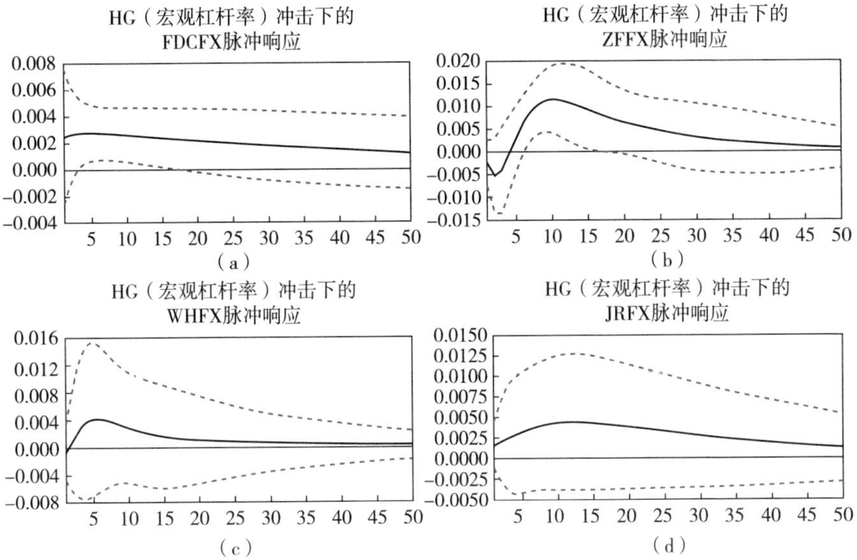

图8　宏观杠杆率分维度脉冲响应

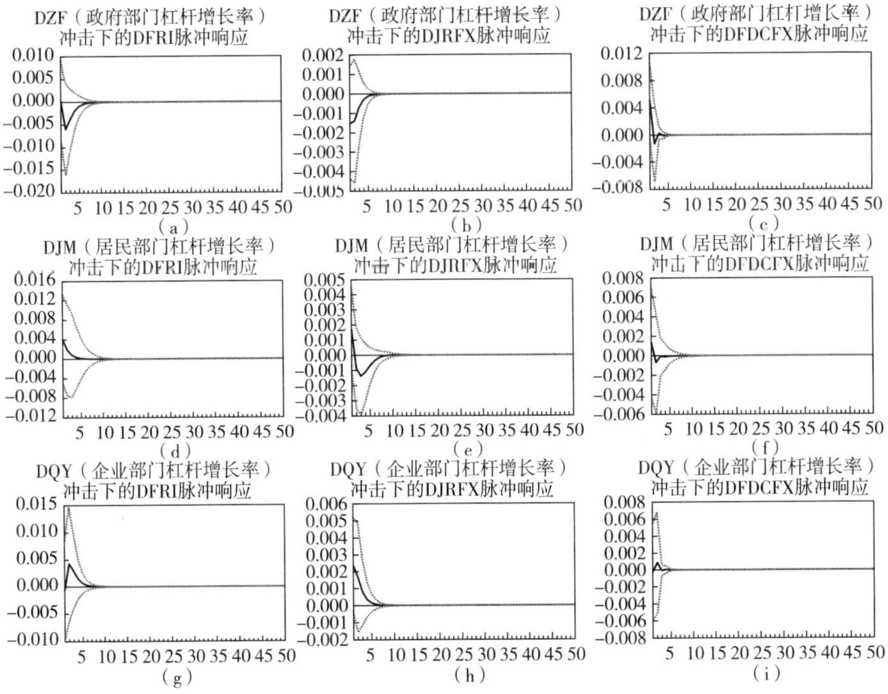

图9　分部门杠杆率脉冲响应

构和房地产市场的影响在第二期后将转为负向影响，之后才逐步收敛。说明居民部门加杠杆短期内是增加金融风险的，后续对金融机构风险和房地产风险影响转负说明风险从金融机构和房地产企业发生了转移。（3）非金融企业部门杠杆对金融风险相关指标的影响均为正向，也说明了企业部门杠杆高企是当前宏观杠杆最大的风险隐患。

（三）江西省宏观杠杆率变动实证分析

在上文全国情况分析结论显著的基础上，根据测算的江西省宏观杠杆率数据对江西情况进行实证分析，对部分指标进行了替换和取舍，实证过程不再赘述，宏观杠杆率的整体影响呈现较明显的区域特点。

从江西省不同部门杠杆对金融风险指标及房地产风险、金融机构风险的脉冲响应（见图10）可以看出，江西省各部门杠杆率对各类风险的冲击影响基本与全国的情况一致，但表现出一定的区域特点：（1）政府部门加杠杆对

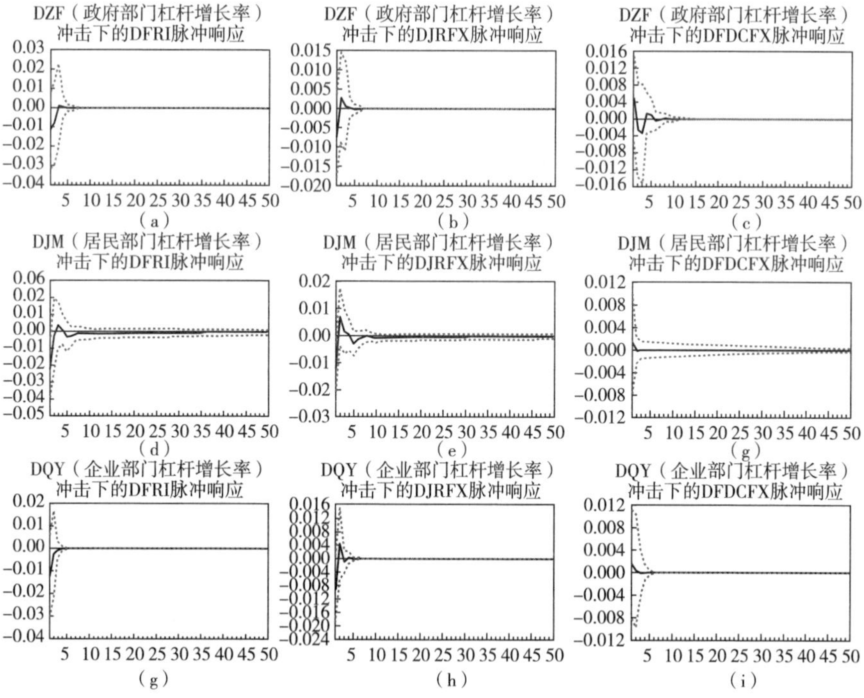

图10　江西省分部门杠杆率脉冲响应

金融机构风险的负向影响在很短的时期内便转变为正向影响，说明江西省地方政府加杠杆对金融机构风险的缓释作用十分有限或不确定性较强。（2）居民部门杠杆对金融机构风险和房地产风险的正向影响较全国情况更加凸显，说明江西省居民部门加杠杆将更大概率推高这两方面的风险。（3）企业部门加杠杆虽然对金融机构风险和房地产风险正面影响显著，但对整体风险的影响却是负面的，说明江西省非金融企业部门整体债务水平较全国还是相对较低，尤其是直接融资债务水平较低。

（四）实证结论

一是全国和江西的宏观杠杆率均对金融风险的影响十分显著，放任宏观杠杆率继续快速上升对整个金融体系的风险影响在4～5年内难以有效消化。

二是全国和江西的宏观杠杆率均对不同维度的金融风险冲击影响存在显著差异，其中对于金融机构风险和房地产市场风险的冲击影响最为深远，是当前宏观杠杆率控降需要重点监测的领域。而对外汇市场风险影响较小，对政府部门风险的影响具有一定的不确定性，主要由于我国宏观调控政策自主性较强，历年来均是“稳”字当头，政策腾挪空间仍然较大，抗压能力较强。

三是无论对全国还是江西，政府部门杠杆率是当前杠杆控降的重要破局点，其短期内升高不但不会推高整体金融风险和金融机构风险，还有利于风险的防范化解。这可能由于当前政府部门杠杆率仍在风险可控范围之内，可以通过地方政府专项债补充银行资本等方式提高金融机构风险抵补能力，但同时需警惕对房地产市场的影响，避免政府在处置房地产风险时债务杠杆过快上升。特别是对江西省政府部门而言，更需要控制加杠杆的节奏和投向，要规避政府部门或平台企业在房地产开发方面过度负债。

四是全国居民部门和非金融企业部门杠杆对整体金融风险的影响均显著为正，必须严格控降。尤其是对居民部门来说，必须控制其从银行等金融机构过度加杠杆融资并流向房地产市场的行为，避免风险在房地产市场、居民部门和银行部门之间相互传递放大。江西非金融企业部门加杠杆要转向以直接融资为主，避免过于依赖银行等传统金融机构的授信。

六、政策建议

（一）努力实现杠杆稳中有降

向全国水平看齐，严格控制江西省宏观杠杆率增速，努力实现“稳”字当头、稳中有降，在保持杠杆稳定的同时，始终着眼有效需求的稳定扩大，深化供给侧结构性改革，不断优化完善市场制度，激发市场主体活力，切实做大做强宏观杠杆率“分母”，以宏观经济提质增效对冲高宏观杠杆率水平。继续把握好省内货币政策工具使用节奏，维持好正常货币政策空间的可持续性，确保货币供应量和社会融资规模增速与名义 GDP 增速基本匹配。通过防范化解企业债务、提升债务资金使用效率等途径实现宏观杠杆“分子”的健康压降。

（二）合理调整杠杆结构比例

循序渐进、分类施策优化全省各部门杠杆率结构水平：针对居民部门，始终坚持“房住不炒”的原则，稳地价、稳房价、稳预期，逐步扭转居民非理性加杠杆购房行为；针对非金融企业部门，切实优化企业负债结构，增加直接融资比例。平稳有序化解省内房企债务风险，努力实现经济高质量跨越式发展；针对政府部门杠杆率，合理把握预算内投资和地方政府债券发行进度，科学合理安排政府资金用途，避免各级政府盲目扩张债务拉动经济。

（三）防范化解银行杠杆风险

积极引导全省地方法人银行机构为可能的企业债务违约潮提前做好准备，一是加大存量不良资产处置。尽可能多计提拨备与坏账准备金，依法合规处置不良资产，对于确无回收希望的不良贷款，应尽快安排使用准备金进行冲销。二是通过增加资本积累、引入战略投资者、争取地方政府专项债等多种方式补充资本金，进一步提高风险抵补能力。三是加快业务转型创新，找准发展方向，防止资金在金融体系加杠杆空转，积极引导资金从虚拟经济流入实体经济，提高金融服务实体经济的能力。

（四）建立健全监测预警机制

在省级层面建立更加完善的宏观杠杆预警机制、构建完善的多部门协同的风险防控治理体系。一是要分层级、分类型完善宏观杠杆风险评估机制，通过定期分析评估全面监测各类债务风险。二是要自上而下加强监管协作，形成监管合力共同打击和抑制省内高风险杠杆投机行为，有效防范各类资产价格暴涨引发的风险。三是要建立宏观杠杆风险信息共享、通报制度，如针对地方政府国有融资平台等杠杆风险水平应及时在机制内通报或公开制度，强化债务风险管理。四是要进一步加大应急预案及政策制度保障的支持，确保能够高效应对和处置各类突发性重大风险。

课题组组长：杨文悦

课题组成员：曾霖、项彩花、丁小红

货币政策、宏观审慎政策和金融监管的协调研究

——基于我国银行业风险承担视角

中国人民银行南昌中心支行货币信贷管理处课题组

一、引言与文献综述

2008 年国际金融危机表明，随着金融一体化和金融深化的快速进行，局部冲击可以通过网络系统迅速扩散并产生放大效应。对此，现有的货币政策理论体系表现出无法对流动性风险作出及时预警的缺点。根据丁伯根法则，使用单一货币政策无法同时实现物价稳定、经济发展、充分就业和金融稳定等多个目标。因此，中央银行需要扩展现有的理论框架和政策体系，以应对新的挑战。宏观审慎政策被各国央行视为与传统货币政策互补的重要政策工具。党的十九大报告明确提出，要健全货币政策与宏观审慎政策的“双支柱”调控框架，守住不发生系统性金融风险底线。我国“双支柱”调控框架的建立逐步取得了积极成效，尤其在金融稳定和经济发展方面的协调力度明显加大。但政策之间的分工、协调配合等问题较复杂，金融机构间相互作用具有外部性（Acharya，2009），各机构的风险可以相互传染，较小的风险冲击可能引起严重的系统性事件（Heider，2015），难以真正统筹稳增长与防风险。2020 年 6 月，国务院发布的《关于新时代加快完善社会主义市场经济体制的意见》首次提出，强化货币政策、宏观审慎政策和金融监管协调，建立现代

金融监管体系，全面加强宏观审慎管理。本文将货币政策、宏观审慎政策和金融监管分类细化，分别考察各类政策对银行稳健性的影响，并将三者纳入统一框架进行分析，揭示三种政策协调配合与银行稳健性之间的影响机制所产生的作用。本文的研究对我国货币当局根据经济形势协调制定和实施相应的货币政策和监管政策，维护金融市场安全稳健运行具有重要的借鉴价值。

关于货币政策对银行风险的影响研究，无论是传统渠道主张者，还是银行风险承担渠道坚持者，都认同货币政策通过信贷渠道影响金融稳定的观点（Taylor，1995；Borio 和 Zhu，2012；张雪兰和何德旭，2012；Angeloni 等，2015）。Dell'Ariccia 和 Marquez（2006）、Matsuyama（2007）、Matthias 和 Matthias（2018）等发现，宽松型货币政策在提高银行资产价值的同时，会降低银行融资成本，导致银行风险识别能力下降。Jimenez（2012）和 Unsal（2013）等学者考察了银行资本充足率、贷款资产比、逆周期贷款价值比、准备金要求、信贷增长上限等宏观审慎政策工具的有效性，结果均证实宏观审慎政策具有稳定宏观经济的作用。由于研究方法、对宏观审慎政策认定、宏观审慎政策力度衡量的不同，研究结论存在一定差异（Cerutti，2017；宋科等，2019；樊明太和叶思晖，2020；Ely 等，2021）。另外，关于金融监管对商业银行风险承担的研究，也未取得一致观点（Dewatripont 和 Tirole，1994；Barth，2013；Basel，2006；Shleifer 和 Vishny，2002）。还有学者强调了银行业监管措施风险抑制效应的非对称性（Hakenes 和 Schnabel，2011；Klomp 和 Haan，2012；Williams，2014；潘敏和魏海瑞，2015）。

关于宏观审慎政策与微观监管政策的协调研究多数集中在定性层面，且达成了共识，即协调微观审慎与宏观审慎监管是比较有效的监管模式（巴曙松等，2010；彭建刚和吕志华，2012）。定量层面的文献较少，比较有代表性的是 Claeys 和 Schoors（2007）对俄罗斯中央银行审慎监管的研究，结论表明监管当局试图达到长期稳定的宏观审慎目标时，微观审慎与宏观审慎之间的冲突大于互补，这种冲突最终会导致监管宽容。胡利琴等（2012）、胡真等（2014）也得出单一微观审慎监管与宏观审慎监管并不是完全协调的结论，应当完善宏观审慎监管工具的种类和操作方式。

还有学者研究了宏观审慎政策与货币政策之间的关系，认为协调搭配宏观审慎政策与货币政策能够有效促进经济稳定（De Paoli 和 Paustian，2013；Borio，2014；马骏和何晓贝，2021），而陈雨露等（2012）、Quint 和 Rabanal（2013）等认为，宏观审慎政策与货币政策之间可能存在矛盾和冲突，降低社会福利水平。通过梳理和分析发现，以上文献为后续研究积累了良好的理论基础与实证经验，但现有的研究主要围绕货币政策和宏观审慎政策的协调，尚未有研究将货币政策、宏观审慎政策和金融监管纳入统一的理论框架，分析三者在不同经济金融冲击下的金融稳定效应。相比以往文献，本文可能的创新点在于：一是基于银行微观视角，分析了三种政策及政策间的协调性对银行稳健性的影响效应，丰富了现有研究；二是补充了三项政策传导机制及交叉影响的理论分析，为以往的研究结论提供了实证支撑。

二、理论分析

（一）宏观审慎政策微观传导机制及与货币政策的差异

宏观审慎政策工具分为资产类工具、资本类工具和流动性工具三大类，这些工具有较为一致的微观传导机制。一方面宏观审慎政策的工具将直接对作用对象的资产、资本和流动性指标等经营指标产生影响，比如金融机构资本充足率，导致操作对象调整经营策略，而后再作用于企业等微观主体；另一方面通过预期管理实现对微观主体的影响，企业等市场参与者通过对政策进行良好的解读，改变其经营行为。传统货币政策的微观传导机制是通过货币政策工具影响金融市场，而后作用于各类经济行为主体。具体来说，中央银行的货币政策首先影响的是金融机构的准备金、融资成本、信用能力和行为，以及金融市场上货币供给与需求的状况，然后金融机构根据中央银行的政策来调整自己的行为，从而对各类经济行为主体的消费、储蓄、投资等经济活动产生影响。

（二）货币政策、宏观审慎政策与金融监管的协调

1. 货币政策和宏观审慎政策的协调配合

宏观审慎政策与货币政策具有一定的替代性和互补性，两者不是彼此独立而是相互影响的，需要密切协调配合（Shin，2016）。货币政策的变化会影响市场利率，引起资本充足率的变化，从而影响宏观审慎政策。宏观审慎政策也会对货币政策产生影响。通过改变资本金要求等信贷条件，宏观审慎政策可以影响相关利率，并间接改变货币政策立场。同时，宏观审慎政策可以为货币政策提供额外操作空间，影响其传导效率。货币政策与宏观审慎政策相互作用的核心，体现在物价与资产价格的互动关系上，两者在传导过程中的主要冲突集中于信贷传导渠道（李成和范雯欣，2021）。在经济衰退阶段，货币政策制定者采取扩张型货币政策，希望通过增加银行的可贷资金提高外部融资所需的额外成本，从而增加投资与产出，刺激经济发展。然而，银行信贷的扩张增大了潜在风险敞口，宏观审慎政策中对逆周期资本的要求旨在阻止银行资本充足率的下降，提高银行防范风险的能力。在经济稳步上升阶段，若想采用扩张型货币政策以促进经济进一步发展，宏观审慎政策对银行的动态拨备要求则同样会影响货币政策实施效果。

2. 宏观审慎政策和微观审慎监管的相互作用

陈雨露和马勇（2012）以及温信祥（2019）的研究指出，单纯依靠分析银行个体的微观审慎框架（主要体现在 Basel Ⅰ和 Basel Ⅱ等监管体系中要求的一系列指标，包括资本负债率、流动性比例、杠杆比例等）已经无法满足现阶段央行的政策目标，通过信息共享、独立使用政策工具等手段可以强化宏观审慎与微观审慎监管协调以期达到相互促进的监管效果。从理论上看，微观审慎监管以维护单个经济主体的平稳运营为监管目标，而宏观审慎政策本质上属于宏观经济管理和维护金融稳定的范畴，只要宏观审慎政策调整的政策信号被清晰完整地传递给微观主体，就会对微观主体行为产生一定的引导作用。然而，宏观审慎与微观审慎监管之间也存在潜

在冲突，而且在银行业高度集中、业务严重同质化的经济体中更显著（熊婉婷，2021）。例如，为提高银行的稳健性，微观审慎监管机构会要求其增加资本金或提高流动性资产比例，以保持基于风险加权的资本充足率不变。另外，为了避免信用紧缩，宏观审慎监管会放松逆周期资本缓冲要求，允许银行减少资本金从而释放更多信贷资源，伴随经济体系流动性的变化，进而通过财富效应和托宾 Q 效应影响宏观层面的整体投资和消费行为（王勇，2018）。

3. 货币政策、宏观审慎政策与金融监管的协调

在考虑三种政策协调的基础上，金融监管对微观银行的流动性约束会加大货币政策对宏观经济变量的负面影响，影响金融稳定，但银行信贷资产结构的优化，可以实现流动性监管与货币政策传导的“双赢”目标（罗煜和张祎，2020）。首先，从货币政策对金融决策的影响来看，货币政策通常既可以在事前通过影响杠杆、短期借款或外币借款等途径，作用于个体的风险承担动机，也可以在事后通过影响借款约束的松紧程度，提高资产价格和汇率的外部性及杠杆周期，进而影响经济主体对杠杆和资产负债构成的决策（Wang 和 Sun，2013）。其次，宏观审慎政策有助于约束银行信贷和资产价格的不可持续性增长，减轻金融变量与经济变量的周期性反馈，控制经济主体事前的风险承担。最后，金融监管也对银行信贷行为存在影响，这种影响来自监管当局对监管要求的调整。一般而言，监管标准的提高可被视为银行既有资本的减少，因此监管标准的上升将导致银行资本约束压力增大进而影响银行信贷水平，使资本充足性或资本约束压力状况不同的银行对信贷调整的反应也不同（魏巍和蒋海，2016）。银行持有的超额资本越多，受到资本约束的可能性也越小，因而其总体贷款战略受到货币政策的影响也就越小（Gambacorta 和 Mistrulli，2004）。

因此，合理的政策协调既可以减轻货币政策对金融稳定造成的不利影响，缓解单独使用货币政策的困境，创造额外的货币政策回旋空间，也可以提供对非预期冲击的缓冲，减少货币政策陷入低利率区间的风险特别是在金融紧缩时期通过释放缓冲，控制货币政策冲击对信贷供给和实体经济的影响（温

信祥和贾卢魁，2019）。但三者政策协同效应可能会相互削弱，特别是在经济紧缩的情况下更容易产生冲突。例如，在经济紧缩时，整个金融业将会出现不景气现象，为了推动经济发展，政府这时倾向于通过宽松性货币政策调控实体经济，此时实际市场利率会下降，企业借贷资金成本也会相应降低，宏观审慎政策也更倾向于放松监管、允许银行减少资本金以释放更多信贷资源来支持实体经济，但微观审慎监管以保护消费者利益为目标，要求银行机构提高资产流动性，提高抵御外部冲击的能力，这时银行若采用非信贷资产结构调整方式提升流动性水平，信贷供给对货币政策敏感性会变低，反而可能降低货币政策传导效率。

三、模型、变量和数据

（一）基准模型构建

参照 Delis 和 Kouretas（2011）的研究思路，构建银行机构的稳健性方程。政策调控工具与银行稳健经营行为之间关系的基准模型如下：

$$WJX_{i,t} = \beta_0 + \beta_1 WJX_{i,t-1} + \beta_2 ZC_{i,t} + \mu_i + \varepsilon_{i,t} \tag{1}$$

式中，$WJX_{i,t}$是被解释变量，用于观察银行稳健性水平，$WJX_{i,t-1}$是银行稳健性水平的滞后一阶项，$ZC_{i,t}$是政策工具的代理变量，分别为货币政策、宏观审慎政策和金融监管，μ_i为个体效应，$\varepsilon_{i,t}$为随机扰动项。各政策变量及三者协同作用对银行稳健性的影响是本文关注的核心问题。

（二）变量选取及测度

1. 银行业稳健性指标

对银行进行监管的目的是使银行业稳定，由于银行的风险承担能力与银行稳健性息息相关，较多研究使用 Z 值作为商业银行总体风险的度量指标（Laeven 和 levine，2009；张强等，2013；王晋斌，2017），本文借鉴上述做法，将 Z 值作为银行业稳健性的代理变量，其计算公式为 $Z_{it} = (ROA_{it} +$

$E/A_{it})/\sigma(ROA_{it})$。其中，$ROA_{it}$ 为商业银行的总资产收益率，E/A_{it} 为权益资产比，$\sigma(ROA_{it})$ 为资产收益率的标准差。同时，为了保证分析结果的稳健性，本文采用贷款减值准备/净利息收入（LI）作为衡量银行稳健性的替代变量对模型进行稳健性检验。

2. 政策代理变量

Alam 等（2019）结合五个现有的数据库和国际货币基金组织宏观审慎政策调查的结果构建 IMAPP 数据库，包括 17 种宏观审慎政策工具指标。许多学者借鉴 IMAPP 数据库的指数构建思路，对具体的宏观审慎政策工具设定虚拟变量，对各类政策工具的使用次数进行加总，形成综合宏观审慎政策指数（Cerutti，2015；祁敬宇和刘莹，2021）。本文沿用上述做法，设定宏观审慎政策工具收紧和放松的虚拟指标（MPI）。宏观审慎政策工具开始生效或者收紧时，虚拟变量记为 +1；宏观审慎政策工具失效或者放松时，记为 -1；宏观审慎政策工具没有变化时，记为 0。

货币政策工具可按照传导作用过程分为短期操作指标（短期利率、存款准备金、基础货币等）和远期中介指标（长期利率、货币供应量、汇率等）。本文选取法定存款准备金率（CKZB）作为货币政策短期操作指标代理变量，广义货币增速（M2）作为货币政策远期中介指标代理变量。

金融监管的代理变量借鉴 Jackson 和 Roe（2009）、潘敏和魏海瑞等（2015）的研究，从“事前”“事中”“事后”的监管流程角度出发，采用监管当局发布规章制度等文件的频率（SQ）、现场审查频率（SZ）和违规惩戒力度（SH）刻画银行业监管部门对监管对象实施的金融监管强度。

3. 控制变量

本文借鉴 Dell Ariccia（2017）、刘生福和李成（2014）等的做法，从银行微观层面和宏观经济层面引入控制变量。宏观经济控制变量包括代表宏观整体经济环境的 GDP 增速和金融市场指标的上证综指增速。银行个体特征控制变量包括：银行总资产的自然对数、存贷比、资产利润率。

表1　宏观审慎政策、货币政策、金融监管工具指标体系

政策名称	调控方向	工具名称	符号	变量解释
宏观审慎综合指数（MPI）	流动性监管	存贷比	LTD	对存贷比的限制以及对高LTD比率的处罚
		流动性要求	Liquidity	为降低系统流动性和融资风险而采取的措施，包括对流动性覆盖率、流动资产比率、净稳定融资比率、核心融资比率和不区分货币的外债限制的最低要求
		外汇头寸约束	LFX	外汇敞口净或总头寸限制、外汇敞口和外汇资金限制以及货币错配规定
	银行信贷约束	信贷增速约束	LCG	限制增长或信贷总量
		贷款损失准备	LLP	用于宏观审慎目的的贷款损失拨备要求，包括动态拨备和部门拨备（如住房贷款）
		外币贷款约束	LFC	对外币贷款的限制
	资本监管	资本金要求	Capital	对银行资本金的要求
		资本留存缓释	Conservation	要求银行保持资本留存缓冲，包括根据《巴塞尔协议Ⅲ》建立的缓冲
		逆周期资本缓释	CCB	经济上行期提高银行资本要求，经济下行期降低银行资本要求
		杠杆约束	LVR	资本指标与银行的非风险加权敞口之比（如《巴塞尔协议Ⅲ》杠杆率）
	结构性工具	系统重要性机构监管	SIFI	为降低全球和国内系统重要性金融机构（SIFI）的风险而采取的措施，包括资本和流动性附加费
	住户部门信贷约束	债务收入比	DSTI	对偿债收入比和贷款收入比的限制
		贷款价值比	LTV	贷款余额/资产评估价值
		税收	Tax	适用于特定交易、资产或负债的税费，包括印花税和资本利得税
货币政策代理变量（MP）	短期操作	法定存款准备金率	CKZB	法定准备金占存款总额的比率
	远期中介	广义货币增速	M2	货币供应量的环比增长率
金融监管代理变量（RP）	事前监管	发布公文	SQ	出台的部门规章和规范性文件数量
	事中监管	重大现场审查频率	SZ	对银行的重大现场检查次数
	事后监管	违规惩处力度	SH	当年处罚金融机构的数量

（三）数据的来源与处理

本文的研究样本为2004—2020年中国35家上市商业银行的年度非平衡面板数据。样本数据的选择主要基于以下考虑：第一，2004年银行业开始实施《商业银行资本充足率管理办法》，自此我国资本监管逐步进入硬约束时期。因此，以2004年为起始节点；第二，上市银行具有规范的年度信息披露，数据的真实性和有效性均能得到保证；第三，研究对象包括大型国有商业银行、全国性股份制商业银行、区域性商业银行、城市商业银行和农村商业银行等，具有代表性及广泛性。本文数据主要来自Wind数据库，宏观审慎政策相关指数则来自IMAPP数据库，主要变量的描述性统计如表2所示。

表2　主要变量描述性统计

变量	均值	标准差	最小值	最大值	观测值
Z	1.66968	3.775196	-6.946973	70.63887	595
LI	4.169064	0.4725199	2.778039	6.185819	499
MPI	1.642857	1.482499	0	5	560
CKZB	13.95133	3.871381	7.375	20.83333	595
M2	0.1452659	0.0484875	0.0807633	0.2842328	595
SQ	42.78571	29.70759	18	99	490
SZ	1.379221	2.39826	0	12	385
SH	7.344979	0.4840173	6.447306	8.345693	420
GDP	0.1261281	0.0531041	0.0298738	0.2308339	595
SZZZ	0.1033132	0.4353688	-0.2845574	1.599916	595
CDB	3.974121	0.7304612	1.65058	4.897243	518
ZC	2.085458	0.3110725	1.174373	2.542959	472
PROF	0.0095043	0.003924	0.0011598	0.0637699	384

四、实证分析

本文选择动态面板数据广义矩估计（GMM）法对回归方程进行估计，为避免数据不平稳带来的“伪回归”结果，对动态面板数据的稳健性进行单位根检验。本文采用 IPS 和 ADF - Fisher 方法对不同类型的数据进行单位根检验（张雪兰，2012），检验结果见表 3。

表 3　单位根检验结果

变量	IPS 检验 W（t - bar）	ADF - Fisher 检验（卡方值）	变量	IPS 检验 W（t - bar）	ADF - Fisher 检验（卡方值）
Z	-4.5495*** (0.0000)		*DSH*		126.560*** (0.0000)
DLI		129.155*** (0.0000)	*GDP*	-14.3945*** (0.0000)	
MPI		278.112*** (0.0000)	*SZZZ*	-9.6289*** (0.0000)	
DCKZB	-30.3879*** (0.0000)		*CDB*		133.157*** (0.0000)
DM2	-3.0006*** (0.0013)		*ZC*		192.320*** (0.0000)
DSQ		217.884*** (0.0000)	*PROF*		92.8503*** (0.0008)
SZ		102.608*** (0.0067)			

注：（1）括号内数值为 p 值；（2）*** 、** 和 * 分别代表在 1%、5% 和 10% 的水平下显著。（3）对 LI、CKZB、M2、SQ、SH 所作的单位根检验未通过检验标准，故对其进行一阶差分，再次进行单位根检验。

（一）货币政策、宏观审慎政策和金融监管对银行稳健性的影响

在基准模型（1）的基础上，本文分别将政策变量 ZC 进行替换，研究三大政策对银行稳健性的单独影响。结果显示，方程 Sargan 统计量的 p 值均大于 0.1，在 10% 的显著性水平下，不拒绝 GMM 估计“模型过度识别约束有效”的原假设，表明工具变量的选择是合适的。

首先，在单独实施事前金融监管和事后金融监管的条件下，银行稳健性与其上一期的稳健性成正比，但在单独实施货币政策或监管政策的条件下，银行稳健性与其上一期的稳健性呈反向关系。这说明，金融监管对维持银行

业稳健性在较长期限内有效。进一步观察宏观审慎政策变量的系数，MPI 的系数显著为正，表明宏观审慎政策的实施确实能够有效化解金融体系风险，提升银行稳健性。

其次，在货币政策工具实施方面，法定存款准备金率的系数显著为负，广义货币增速的系数则显著为正，说明宽松的货币政策有效降低了银行风险。然而，与广义货币增速相比，法定存款准备金率的系数更为显著，这意味着在对银行体系稳健性的调控中，短期操作指标比远期中介指标更为有效。

最后，从金融监管变量看，事前金融监管变量的系数显著为正，事中监管和事后监管的变量系数显著为负。这说明，事前发布更多法律法规等监管公文能够对银行业产生政策威慑力和引导作用，有效提升银行机构经营稳健性。而事中监管和事后监管未对银行稳健性产生促进作用。

表 4　货币政策、宏观审慎政策和金融监管对银行稳健性的单独影响

变量	宏观审慎政策	货币政策		金融监管		
Z(−1)	−0.1063*** (−28.2298)	−0.1057*** (−8.6885)	−0.1027* (−13.8229)	0.2297*** (10.9633)	0.1171*** (5.2155)	0.0408* (1.7372)
MPI	0.4609*** (53.4313)					
DCKZB		−0.3856*** (−8.9433)				
DM2			12.9372** (17.2640)			
DSQ				0.0265*** (15.2312)		
SZ					−0.9342*** (−13.0634)	
DSH						−1.0808*** (−5.9572)
GDP	7.2003*** (24.9707)	32.8251*** (11.0705)	28.5956*** (20.2427)	16.0255*** (14.2228)	6.7243*** (7.2138)	−15.2447*** (−16.0590)

续表

变量	宏观审慎政策	货币政策		金融监管		
SZZZ	−0.6490 ***	−0.7836 ***	−0.9159 **	−1.8626 ***	−0.9166 ***	0.0255
	(−29.9655)	(−7.7938)	(−13.6992)	(−15.0633)	(−12.3456)	(0.24)
CDB	−0.4095 ***	−0.5040 ***	−0.5907 ***	0.9495 ***	−0.7652 ***	0.0264
	(−30.1636)	(−41.3513)	(−36.1352)	(13.0319)	(−16.1114)	(0.5737)
ZC	21.1859 ***	26.5552 ***	32.4987 ***	15.4250 ***	−8.2454 ***	−2.4269 ***
	(32.8728)	(18.0706)	(34.5795)	(19.2752)	(−7.0554)	(−4.6565)
PROF	−2.2137 ***	−51.5749 **	−0.5183 ***	0.0693 ***	0.5039 ***	−1.3702 ***
	(−37.3895)	(−4.8444)	(−4.3091)	(0.2891)	(0.8606)	(−2.7310)
N	299	318	318	243	193	143
Sargan test（P 值）	0.3415	0.2764	0.3794	0.3823	0.303	0.4236

注：估计系数下括号内的数值为 t 值，***、** 和 * 分别代表在 1%、5% 和 10% 的水平下显著。

（二）货币政策、宏观审慎政策和金融监管对银行稳健性的协同影响

在前文分析基础上，引入政策变量的交叉项进行三大政策的协调性分析，鉴于金融监管的事中监管和事后监管指标不能很好地体现对银行业的监管作用，因此后续分析中以事前监管指标作为金融监管代理变量。与广义货币增速相比，法定存款准备金率的系数更为显著，因此后续分析以法定存款准备金率作为货币政策代理变量。模型（2）包含货币政策和宏观审慎监管变量，模型（3）包含货币政策和金融监管变量，模型（4）包含宏观审慎政策和金融监管变量，如下所示：

$$Z_{i,t} = \beta_0 + \beta_1 Z_{i,t-1} + \beta_2 MPI_t + \beta_3 MP_t + \beta_4 MPI_t \times MP_t + \beta_5 GDP_{i,t} + \beta_6 SZZZ_{i,t} + \beta_7 CDB_{i,t} + \beta_8 ZC_{i,t} + \beta_9 PROF_{i,t} + \mu_i + \varepsilon_{i,t} \quad (2)$$

$$Z_{i,t} = \beta_0 + \beta_1 Z_{i,t-1} + \beta_2 MP_t + \beta_3 RP_t + \beta_4 MP_t \times RP_t + \beta_5 GDP_{i,t} + \beta_6 SZZZ_{i,t} + \beta_7 CDB_{i,t} + \beta_8 ZC_{i,t} + \beta_9 PROF_{i,t} + \mu_i + \varepsilon_{i,t} \quad (3)$$

$$Z_{i,t} = \beta_0 + \beta_1 Z_{i,t-1} + \beta_2 MPI_t + \beta_3 RP_t + \beta_4 MPI_t \times RP_t + \beta_5 GDP_{i,t} + \beta_6 SZZZ_{i,t} + \beta_7 CDB_{i,t} + \beta_8 ZC_{i,t} + \beta_9 PROF_{i,t} + \mu_i + \varepsilon_{i,t} \quad (4)$$

最后将货币政策、宏观审慎政策和监管政策三类变量均纳入模型，进行三大政策的共同协调作用的分析。

$$Z_{i,t}=\beta_0+\beta_1 Z_{i,t-1}+\beta_2 MPI_t+\beta_3 MP_t+\beta_4 RP_t+\beta_5 MPI_t\times MP_t+\beta_6 MPI_t\times RP_t+\beta_7 MP_t\times RP_t+\beta_8 GDP_{i,t}+\beta_9 SZZZ_{i,t}+\beta_{10} CDB_{i,t}+\beta_{11} ZC_{i,t}+\beta_{12} PROF_{i,t}+\mu_i+\varepsilon_{i,t} \quad (5)$$

首先，从模型（2）的估计结果来看，在货币政策和宏观审慎政策协同实施的情况下，货币政策变量的系数由负转正且不再显著，但宏观审慎政策变量的系数为正且仍然显著，银行稳健性水平与其上一期水平显著相关。这说明在“双支柱”调控框架下，宏观审慎政策对银行稳健性的调控作用更强，对银行业稳健性具有长期正向影响。但是，货币政策和宏观审慎政策变量的交叉项系数显著为负，这说明在同时实施紧缩的货币政策和较为严格的宏观审慎管理情况下，宏观审慎政策对银行稳健性的调控容易受到货币政策的影响，政策效果被削弱。在宽松的货币政策条件下，宏观审慎政策更能发挥好调控效果。

其次，从模型（3）的估计结果来看，在货币政策和金融监管协同实施的情况下，货币政策变量的系数为负且不再显著，金融监管变量的系数为正且仍然显著，货币政策和金融监管的交叉变量系数并不显著，银行稳健性水平与其上一期水平不再显著相关。这表明，作为直接面向银行业的金融监管措施不受货币政策影响，而且在短期内对银行业稳健性可以实现较好调控。

再次，从模型（4）的估计结果来看，在宏微观审慎监管框架下，宏观审慎政策和金融监管的代理变量的估计系数均不显著，两者交叉项系数也不显著，这意味着同时实施宏观审慎监管和金融监管两种政策产生了不利影响，政策效果相互抵消，导致两种政策均无法对银行稳健性进行有效调控。

最后，从模型（5）的估计结果来看，在货币政策、宏观审慎政策和金融监管共同实施后，银行稳健性水平与其上一期水平不再显著相关，这说明在三大政策调控框架下，政策工具仅在短期对银行稳健性水平产生影响。从交叉项看，宏观审慎政策和货币政策变量的交叉项系数以及货币政策和金融监管变量的交叉项系数显著为负，宏观审慎政策和金融监管变量的交叉项系数为正但不显著。这说明，宏观审慎政策对银行稳健性的调控作用很大程度上被其他两项政策工具抵消了，同时在实施紧缩性货币政策、宏观审慎政策以及金融监管时，只有金融监管能对银行稳健性起到微弱的促进作用。

表 5　货币政策、宏观审慎政策和监管政策对银行稳健性的协同作用

变量	模型（2）	模型（3）	模型（4）	模型（5）
Z(−1)	−0.2101*** (−5.8550)	−0.0780 (−1.3285)	−0.1137*** (−2.6501)	0.0974 (1.0065)
MPI	0.4816*** (4.1216)		0.0917 (1.4861)	−0.2328 (−0.8899)
MP	0.1682 (0.7036)	−0.053 (−0.4765)		−0.8053* (−1.8867)
RP		0.0276** (2.2131)	0.0088 (0.8233)	0.0829** (1.9434)
MPI × *MP*	−0.4760*** (−6.1644)			−0.3200*** (−2.8307)
MP × *RP*		−0.0009 (−0.5167)		−0.0106* (−1.8007)
MPI × *RP*			0.0043 (1.0775)	0.0016 (0.2217)
GDP	10.2039 (0.6310)	15.2406*** (2.6658)	5.2857 (1.2581)	84.4404** (2.0603)
SZZZ	−0.356 (−1.2018)	−1.3180*** (−4.1591)	−0.8755*** (−2.9434)	−2.2119** (−2.0879)
CDB	2.1942 (1.7465)	−0.1264 (−0.5228)	−0.0674 (−0.5817)	−0.9793 (−1.2138)
ZC	4.1393 (0.7625)	11.6660*** (4.1973)	8.2991*** (3.8555)	29.3638** (2.0426)
PROF	−1.5616 (−0.7811)	2.8619*** (3.4102)	2.1293** (2.2575)	7.5777** (2.0015)
N	299	243	243	243
Sargan test（P 值）	0.0569	0.1875	0.2357	0.3851

注：估计系数下括号内的数值为 *t* 值，***、** 和 * 分别代表在 1%、5% 和 10% 的水平下显著。

为确保上述分析结果的稳健性，本文借鉴徐长生（2018）的银行风险承担指标（贷款净值与总资产的比率）作为衡量银行稳健性的替代变量，考虑到净利息收入较总资产与银行贷款关联性更强，贷款减值准备则是直接按照规定提取的用于补偿贷款损失的专项准备，因此本文采用贷款减值准备/净利息收入（LI）近似作为银行稳健性的代理变量对模型进行估计，估计结果如表6所示。在替换银行稳健性代理变量的情形下，双政策工具对银行稳健性的调控仍具有滞后一期的持续性。各变量的符号和显著性也基本与前者保持一致，这说明本文的基本结论是稳健的。

表6　稳健性检验

变量	模型（2-1）	模型（3-1）	模型（4-1）	模型（5-1）
LI(-1)	-0.3268* (-1.7881)	-0.5935** (-2.2209)	-0.3777*** (-33.6253)	0.0170 (0.0541)
MPI	0.0421*** (2.7315)		0.0043 (1.1191)	-0.0066 (-0.2502)
MP	0.0582 (1.9215)	-0.0256 (-0.7401)		-0.0718 (-1.2177)
RP		0.0072* (1.7073)	0.0017 (1.5102)	0.0024** (0.6151)
MPI×*MP*	-0.0019** (-0.2201)			-0.0219** (-1.1435)
MP×*RP*		-0.0012 (-2.0305)		-0.0011* (-1.3486)
MPI×*RP*			0.0002 (0.2480)	0.0007 (0.2428)
GDP	-5.7658*** (-2.7649)	1.0454 (0.7236)	-1.1838*** (-4.5809)	2.5845** (0.6067)
SZZZ	0.0276 (0.3416)	-0.1733 (-0.9292)	-0.0158 (-0.5834)	-0.0516 (-0.3204)
CDB	0.0122 (0.1485)	-0.0318 (-0.2108)	0.0434*** (3.4264)	-0.1255 (-1.1113)
ZC	-0.5675 (-0.8327)	2.5096*** (2.9544)	1.113*** (6.7681)	1.3149*** (0.7065)

续表

变量	模型（2-1）	模型（3-1）	模型（4-1）	模型（5-1）
PROF	-0.3186 (-1.2128)	0.2514 (1.0137)	0.3338*** (3.9334)	0.2560** (0.4913)
N	272	218	218	218
Sargan test（P值）	0.2381	0.5183	0.3384	0.4342

注：估计系数下括号内的数值为 t 值，***、** 和 * 分别代表在 1%、5% 和 10% 的水平下显著。

五、结论与政策启示

本文以2004—2020年中国34家上市商业银行作为研究样本，研究了货币政策、宏观审慎政策和金融监管对银行稳健性的单独影响以及三大政策协同作用于银行稳健性的影响。研究结果表明：（1）实施单独的宏观审慎政策和货币政策有助于提升银行稳健性，有效化解金融体系风险，且短期操作指标、比远期中介指标更有效；事前监管能对银行产生政策威慑力和引导作用，但事中监管和事后监管对银行稳健性起到正向激励效果的作用有限。（2）在监管当局事先未对各类政策工具的运用进行协调时，两种政策工具协同发挥的作用将小于使用单一政策工具。具体而言，在“双支柱”调控框架下，宏观审慎政策对银行稳健性的调控作用更强，在宽松的货币政策条件下才能发挥良好的政策调控效果；在现有严监管体系下，加入货币政策工具后协同作用的效果甚微，而同时实施宏观审慎监管和金融监管两种政策工具的政策效果会相互抵消，无法实现银行稳健性的有效调控。（3）当三种政策同步使用时，不同政策工具对银行稳健性产生的政策效果存在一定程度上的抵消，为实现政策效果最优化，应采取趋紧的金融监管和宏观审慎政策配合宽松的货币政策，有效提升银行业稳健性。

基于上述结论，本文得到以下几方面的政策启示：（1）对银行稳健性进行调控时，若仅选择单一政策工具，考虑到短期内货币政策的效果最为强烈，应采取存款准备金率等主动性强的工具以实现最优选择。从长远角度看，建议持续深入推进利率市场化改革，不断完善货币政策利率传导机制，并进一步发挥好存款准备金率等价格型货币政策工具的有效性，实现从数量型向价格型货币政策转变。（2）首先，货币当局应注重货币政策和宏观审慎政策之间的协调配合，根据经济运行状况和金融形势，选择合适的政策组合。建议从优化货币政策目标、健全利率调控体系、提高货币政策沟通机制和制定宏观审慎政策制度等方面着手，特别是宏观政策要强化“逆周期调节”，维护微观主体稳健性经营。其次，在仅实施货币政策和金融监管的情形下，货币当局应该更多侧重于金融监管。根据前文实证结果可知，当货币政策和金融监管同时实施时，金融监管对银行稳健性会造成更大的影响，因而在这种情况下，监管当局应该更多采用微观层面的事前金融监管措施。（3）考虑到三大政策同时实施会对银行稳健性产生重要影响，为了避免政策间的冲突，政策制定者需要相互沟通配合，在政策的制定和实施过程中，应对银行的异质性加以足够的重视，发挥各个政策的优势，扬长避短，更好地实现政策干预意图。在对银行稳健性进行调控时，应以金融监管为主，实施事前金融监管和宏观审慎政策的同时配以宽松货币政策，降低银行机构自身的破产风险，为构建新发展格局提供更多金融助力。

课题组组长：陈锋

课题组成员：朱锦、叶少波、高倩、曾惜、邹熙、王雪茹

银行风险与房地产风险的趋势异同与传导特征研究

——基于中国股票市场的实证研究

中国人民银行南昌中心支行招标课题组

一、引言

中国房地产业和银行业关系密切，房价和信贷波动及两者间的共生性是造成银行不稳定的重要原因。各界普遍认为，信贷市场与房地产市场间的冲击效应会形成相互强化的顺周期波动。从理论上看，如果房价下跌，随着房贷抵押品价值走低，则无论是购房者还贷能力或意愿减弱，抑或银行追加抵押品，均不利于维系房地产金融稳定。自2020年新冠肺炎疫情暴发以来，政策调控、信贷限制加强，特别是货币信贷政策更加强调灵活精准、合理适度，房地产贷款集中度管理加强，使得重新审视房地产和信贷市场发展及其传导特征具有重要的现实意义。2020年11月，中国人民银行发布《中国金融稳定报告（2020）》明确提出，中国商业银行体系的客户集中度、表外业务、地方政府债务、房地产贷款等领域风险值得关注。中央经济工作会议提出，2021年要抓好各种存量风险化解和增量风险防范。所以，从金融业来看，既要加强房地产“灰犀牛”等风险防范，也要提防应对疫情有关政策潜在风险，确保金融体系安全稳健运行。

从已有研究来看，大多围绕房地产行业波动与金融体系稳定性之间的关系来展开，主要包括三类：一是房地产风险与银行风险的作用机制。例如，银行资金涌入房地产导致泡沫膨胀，加上道德风险和逆向选择，导致银行风险不断累积（Allen 和 Gale，2000）；银行资金撤出房地产会导致泡沫破裂，进而产生大面积不良资产和储户挤兑，最终威胁金融稳定（Allen 和 Carletti，2008）；房价对均衡价值的偏离以及房价上涨对银行风险溢价和杠杆率的影响都可能放大银行风险（谭政勋和陈铭，2012；司登奎等，2019）。二是房地产风险对金融体系的影响。例如，房地产业存在金融负外部性，原因在于虽然其创造的经济效益是局部的，但因其具备显著的金融属性和虚拟化特性，造成的社会成本和福利损失却是全局性的（白钦先和主父海英，2011）；房地产业对金融机构存在较显著的系统性风险溢出效应，在时间维度上具有周期性（孙翎等，2019）；房地产市场和金融市场具有较强相关性，并存在非对称效应（曹晓飞等，2020）；在新冠肺炎疫情期间尤其要深化金融改革发展，否则较大的家庭储蓄和政府刺激会助长房地产泡沫，增加金融脆弱性（Fendoglu，2021）。三是房地产周期与金融周期的关系。例如，房地产周期对金融稳定的影响主要体现在房地产信贷风险暴露、政府担保风险及长存短贷的期限错配风险（张晓晶和孙涛，2006）；房地产周期与银行危机乃至金融稳定密切相关（Pouvelle，2012）；房价对金融系统性风险存在门槛效应（贾庆英和高蕊，2020）。

二、理论分析

中国房地产行业与银行业存在双向依赖、双向驱动的关系。一方面，房价轮番上涨使家庭部门形成了房价“只涨不跌”的预期，进而刺激大量家庭部门举债购房；另一方面，房地产市场与银行体系形成了利益共同体关系，由于房地产行业的资金主要来自银行信贷，而如果考虑到与房地产行业存在紧密关联的建筑、钢铁等行业，则银行体系投入房地产行业相关的信贷资金会更多（司登奎等，2019）。因此，房地产市场与银行信贷之间形成了双向依赖、双向驱动关系，促成房地产业的金融化、泡沫化倾向逐步加强，导致宏观杠杆率逐步提升，风险逐步积聚并在房地产业与银行业中逐步形成联动。具体传导渠道如下：

（1）房地产与银行正反馈效应传导渠道。一是居民财富效应。房价上升给居民带来财富效应，促进居民消费和企业生产，提高经济水平，有利于金融稳定。二是抵押效应。当房地产价格上涨时，房地产作为抵押资产价值上升，基于托宾Q理论和价值抵押理论，企业资产状况得到改善，可以从银行获取更多资金，从而改善资产负债表，增加企业投资的信心和积极性，进而降低经济风险，维系金融稳定。对银行来说，银行持有的抵押品价值上升，会优化银行资产负债表，有利于增强金融系统的稳定性。三是投资者渠道。居民财富增加，企业盈利稳定，会促进投资者信心，提高资源配置效率，加强银行与房地产业的正向联动。虽然该过程会增加贷款，但经济总量在增长，经济整体的资产负债情况得到优化。如果处于比较成熟的金融系统，金融系统就能够将房地产价格上涨的影响传递到经济体的其他领域，但如果金融系统不完善，那么即使在经济杠杆较低的情况下，房地产价格上涨也不一定会促进金融稳定。

（2）房地产与银行负反馈效应传导渠道。一是“挤出效应”。对于家庭来说，较高的负债率本身就是沉重的负担，面临房地产价格上涨，无房户需要压缩消费积攒首付款，有房户则大多通过贷款购得，同样也会挤出消费，所以总体表现出家庭部门负债率上升，对消费产生“挤出效应”。二是“虹吸效应”。对企业部门来说，高负债率下实体企业的资金通过“虹吸效应”会流向高回报率领域，原本用于企业创新研发的资金和用于实体企业设备改造的资金会流向房地产市场，企业产出水平下降，整体表现出投机性增强，从而增加金融系统性风险。对于金融中介而言，在高杠杆情况下，金融系统脆弱性增强。一旦发生信用危机或房地产价格大幅下跌，银行资本金无法在极速贬值的抵押资产中快速抽身，资不抵债将造成大面积的银行企业破产，风险在房地产业和银行业间传导并互相促进。三是溢出效应。房地产业和银行业剧烈波动将冲击其他行业和金融部门，形成更广泛联动，风险跨市场迅猛传播，资源“脱实向虚”导致经济虚拟化程度加重，进一步导致金融风险系统化，增加金融体系脆弱性。

三、研究设计

（一）数据样本

（1）商业银行样本说明。本文参照王辉和梁俊豪（2020）的做法，并综合考虑数据完整性、可获取程度以及代表性，选取工商银行、建设银行、中国银行、交通银行、中信银行、北京银行、兴业银行、招商银行、民生银行、华夏银行、南京银行、浦发银行、平安银行、宁波银行等 14 家银行股票市场对数收益率作为中国银行业系统性风险数据来源，样本期为 2015 年 1 月 1 日至 2021 年 4 月 30 日，股票收益率为日度对数收益率。选取以上银行作为样本的主要原因有：一是中国大多数银行于 2007 年开始陆续上市，选取以上 14 家银行能够较大程度满足数据的完整性；二是这 14 家银行 2021 年 4 月 30 日收盘时流通市值之和占在 A 股市场上市的所有银行业股票总流通市值的比重约为 90%，具有较好的代表性；三是这 14 家银行样本量均为 1541 个，涵盖的历史时间较长，既确保了结论可靠性，也减少了程序计算时间。

（2）房地产公司样本。本文采用房地产业部分公司股票市场收益率衡量房地产行业系统性风险。为了与金融行业相对应，选取万科 A、保利地产、绿地控股、华侨城 A、金地集团、金科股份、陆家嘴、张江高科、中南建设、新湖中宝、上海临港、荣盛发展、阳光城、华夏幸福等 14 家房地产业公司股票市场对数收益率作为中国房地产业系统性风险数据来源，样本期为 2015 年 1 月 1 日至 2021 年 4 月 30 日，股票收益率为日度对数收益率。之所以选取这些股票：一是流通市值份额占比高，具有市场代表性；二是在 2015 年 1 月 1 日后有数据且不中断，存在分析可能性；三是 14 家房地产业公司股票样本量均为 1541 个，与银行业股票样本量一致。

（二）计量方法

本文采用三种方法衡量个股风险和市场风险，分别为标准差法、FAMA－

FRENCH 三因子模型法和动态因子 Copula 模型法。

（1）标准差法。该方法是最简单、最常见的衡量方式，本文采用该方法衡量个股的总体风险（相对后述系统性风险和异质性风险而言）。为了更直观地展现股票收益率波动率变化，本文进一步采用移动窗口方式计算标准差。

$$SD_t = sd(R_{[t-T:t]})$$

（2）FAMA－FRENCH 三因子模型法。该模型认为，一个投资组合的超额回报率可以由它对三个因子的暴露来解释，这三个因子分别是市场投资组合超额收益率、市值因子和账面市值比因子。这个多因子模型可以表示为：

$$E(R_{it}) - R_{ft} = \alpha_i + \beta_i[E(R_{mt}) - R_{ft}] + s_iE(SMB_t) + h_iE(HML_t) + \mu_t$$

式中，R_{it} 为股票收益率，R_{mt} 为市场收益率，R_{ft} 为无风险利率，本文中使用银行间隔夜拆借利率作为代理变量，SMB_t 为市值因子，HML_t 为账面市值比因子，μ_t 为模型残差。根据模型理论，我们可以用来衡量市场超额收益率对个股超额收益率的影响，也即系统性风险大小。β_t 的值越大，市场波动对个股的影响程度越大，系统性风险越高。而残差的标准差 $sd(\mu_t)$ 表示个股超额收益率中无法被市场超额收益率、市值因子、账面市值比因子解释的部分，$sd(\mu_t)$ 的值可以用来衡量个股自身因素对个股超额收益率的影响，也即异质性风险，与系统性风险相对。

（3）动态因子 Copula 模型法。该方法由 Oh 和 Patton（2018）首先提出。相较 CoVaR 模型、Copula 函数等风险测量方法具有以下优点：一是能够较为准确地测算多只股票的联合违约概率，即系统性风险发生概率，且可以考虑金融市场收益率尖峰厚尾特征；二是能够反映不同银行之间的差异；三是可以避免“维数诅咒”，在计算多个收益率的联合违约概率时仍具有较高的计算效率。本文构建动态因子 Copula 模型的主要步骤：一是采用 ARMA－GARCH－Skew t 分布模型对每只股票边际收益率进行拟合，得到边际分布函数；二是将各边际分布函数运用动态因子 Copula 模型计算联合分布函数；三是运用联合分布函数计算全市场联合违约概率以衡量系统性风险的整体水平及其演变趋势。

四、实证研究

（一）模型一：使用标准差法估计市场总体风险

使用标准差法估计2015—2021年银行市场和房地产市场总体风险走势，所使用数据为按照流通市值为权重加权平均的14家公司平均收益率，结果如图1和图2所示。图1的T取值30，含义为当日风险使用过去一个月收益率波动大小计算；图2中的T取值90，含义为当日风险使用过去一个季度收益率波动大小计算。图1一般用来衡量短期内总体风险变化情况，其优势在于波动剧烈、反应迅速，但因样本量限制而使准确性降低；图2一般用来衡量长期内总体风险变化情况，其优势在于样本量多，准确性提高，但风险反应速度、响应时间延长。从中可知，银行业和房地产业市场总体风险走势基本一致，2015年受股市收益率大涨大跌的“股灾”影响，两市场总体风险值一度达到0.04，进入2016年总体风险趋于平稳。2018年由于中美贸易摩擦影响，两市场总体风险又有所升高；2020年新冠肺炎疫情和全球金融市场震荡再度抬升总体风险。这些特殊时点在图2中体现得更加明显。就近期而言，两市场总体风险维持在稳定水平（短期在0.01～0.02，长期在0.01～0.015），市场运行较为稳定。

进一步对比金融行业和房地产行业，我们发现，2016年后，无论是短期水平还是长期水平，房地产业市场总体风险波动都比银行业市场更剧烈。这不仅表现在峰顶的数值更高，也表现在峰值出现得更加频繁。这可能是房地产市场对消息、投资者情绪反应更为灵敏所致。此外，我们还发现在2016年下半年，房地产市场总体风险出现了一个较高峰值（短期0.022，长期0.016），而同时期银行业市场并没有出现，这可能是由2016年房地产政策调整所致。2016年，由于股票市场不景气，信贷政策宽松，资金逃离严重并大量涌入房地产市场，导致部分一、二线热点城市房价上涨明显，不少专家和投资者呼吁严格约束“炒房”行为。2016年下半年召开的中央经济工作会议提出，要坚持“房子是用来住的，不是用来炒的”定位，在宏观上管住货币，微观信贷政策要支持合理自住购房，严格限制信贷流向投资投机性购房，促进市场健康平稳发展。因此，中国房地产政策发生了较大转变，房地产市场投资风险也出现了一定幅度上升。

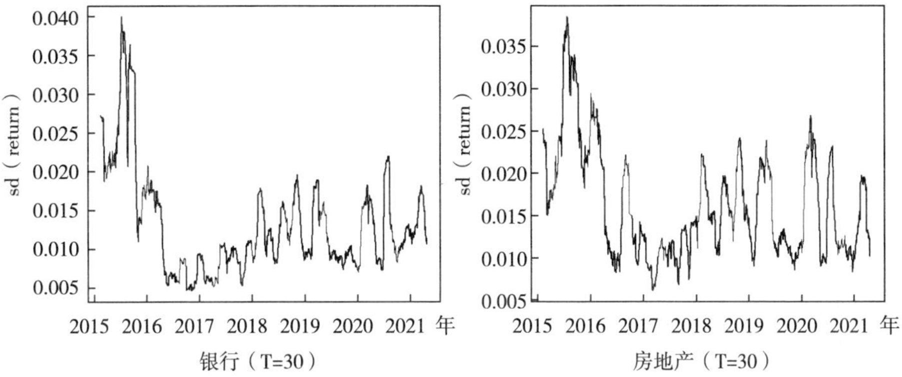

图1　2015—2021年银行业股票市场和房地产业股票市场总体风险序列（T =30）

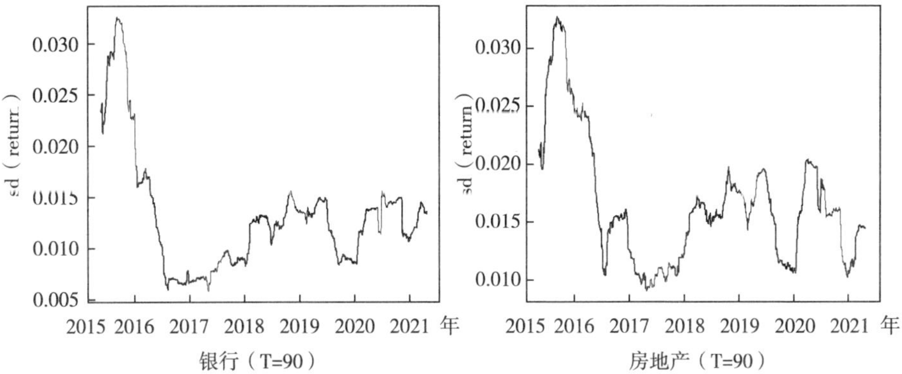

图2　2015—2021年银行业股票市场和房地产业股票市场总体风险序列（T =90）

（二）模型二：使用 FAMA - FRENCH 三因子模型法估计市场系统性风险和异质性风险

使用 FAMA - FRENCH 三因子模型法估计两市场各只股票系统性风险和

异质性风险，图3和图4展示的是2015—2021年银行业股票市场和房地产业股票市场系统性风险和异质性风险序列。具体计算方式是将每期所有股票系统性风险和异质性风险按照流通市值（市场份额）加权平均所得。特别要说明的是，由于系统性风险期望值为1，因此在计算系统性风险加权平均值时先用减去1的数值计算，然后再加1。从中可知，不管是系统性风险还是异质性风险，房地产行业风险均强于银行业。对于银行业股票来说，系统性风险的波动频率及幅度强于异质性风险，异质性风险仅在2015年发挥了较强作用；对于房地产业股票来说，系统性风险在2018年前发挥着较强作用，而异质性风险仅在2015年发挥了较强作用。这说明：一是在“股灾”期间，系统性风险和异质性风险同时作用于股票收益率，引起收益率剧烈波动；二是在股市平稳期，系统性风险发挥着较强作用，较大程度影响着股市稳定性，故而防范化解重大金融风险具有较强现实意义；三是近年来两市场系统性风险呈现明显平稳态势，并且均值有下降势头，说明近年来防范金融风险已有较明显成效。图5和图6则是在长期水平（T =90）上两市场系统性风险和异质性风险序列。长期水平上的结论与短期水平基本一致，但系统性风险的下降趋势更明显。

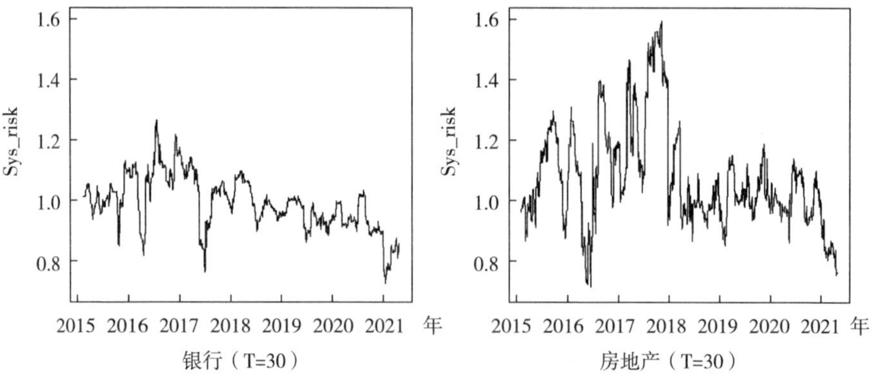

图3　2015—2021年银行业和房地产业股票市场系统性风险序列（T =30）

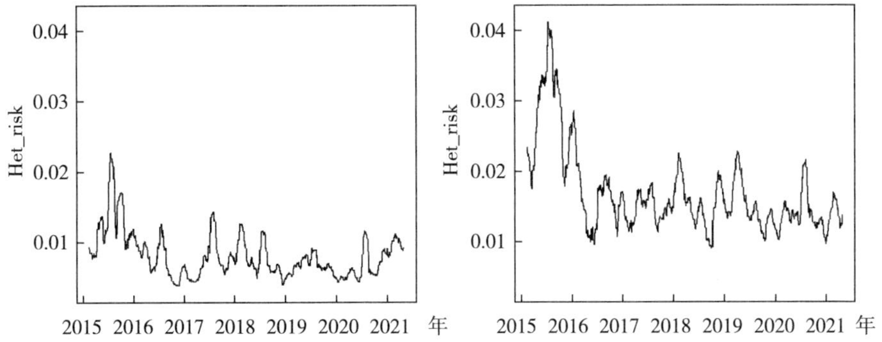

银行（T=30）　　房地产（T=30）

图 4　2015—2021 年银行业和房地产业股票市场异质性风险序列（T＝30）

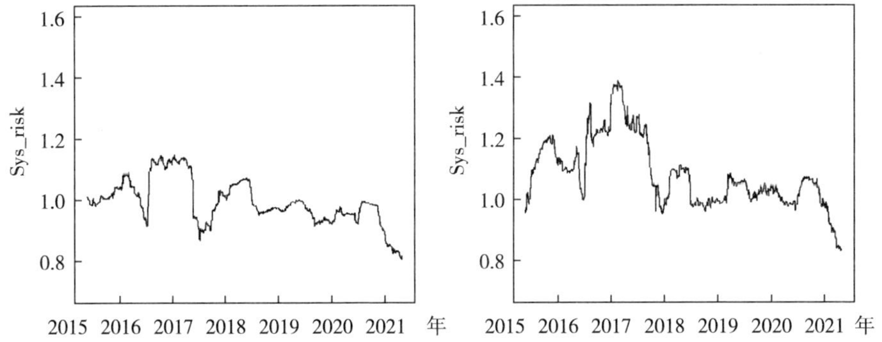

银行（T=90）　　房地产（T=90）

图 5　2015—2021 年银行业和房地产业股票市场系统性风险序列（T＝90）

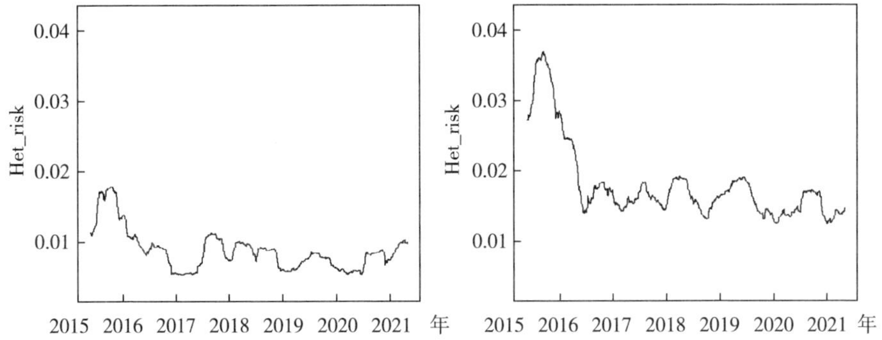

银行（T=90）　　房地产（T=90）

图 6　2015—2021 年银行业和房地产业股票市场异质性风险序列（T＝90）

（三）模型三：动态因子 Copula 模型法估计市场联合违约概率

使用动态因子 Copula 模型法估计市场联合违约概率。由于该模型无显性解，因此本文通过 1000 次蒙特卡洛模拟估计联合违约概率。参照王辉和梁俊豪（2020）的做法，设定估计频率为月度，并将违约股票数量设定为半数 7。即市场上有至少一半的股票处于风险状态则认为市场处于风险状态。结果如图 7 所示。从中可知，在 2015—2016 年上半年，银行业市场联合违约概率处于 2%～32%，在 2016 年下半年后违约概率降至 2%～12%，说明“股灾”较大程度刺激了市场联合违约概率提升。对于房地产业市场来说，违约概率处于 2%～37%，且其波动频率和幅度均强于银行业市场，这印证了之前的结论。2021 年 4 月，银行业市场联合违约概率为 6.7%，房地产业市场联合违约概率为 10.0%，房地产业市场违约概率仍约为银行业市场违约概率的 1.5 倍，两市场股票收益率风险处于历史较低水平。总的来看，市场联合违约概率的走势基本与市场总体风险走势一致，说明系统性风险和异质性风险共同作用提高了市场联合违约概率。

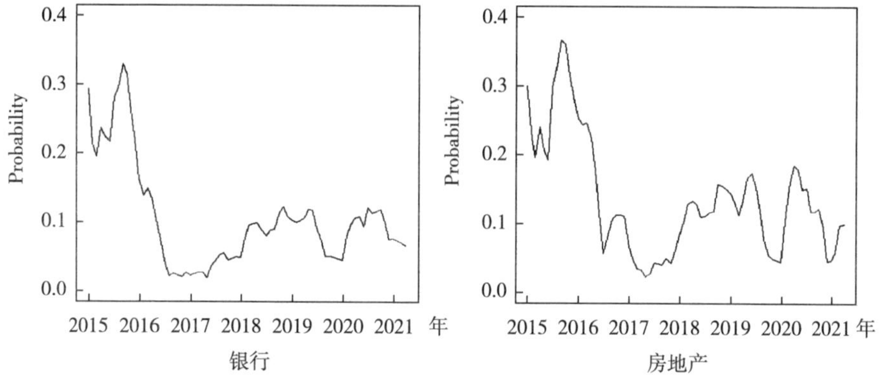

图 7　2015—2021 年银行业和房地产业股票市场联合违约概率序列

（四）银行业市场和房地产业市场风险联动程度

本文采用格兰杰因果检验对银行业市场和房地产业市场风险传导途径进行

研究。首先，排除异质性风险，因为异质性风险是个股自身情况引起的风险波动，理论上相互间无传导性。滞后期是指自变量与因变量间错开的期限，即两市场间风险传导时间。对于总体风险和系统性风险（日度数据）而言，单位为日（d），选取 1d 和 5d；对于联合违约概率（月度数据）而言，单位为月（m），选取 1m 和 3m。H0 为格兰杰因果检验原假设，“银行房地产”指的是银行业风险变动不是房地产业风险变动的原因，“房地产银行”指的是房地产业风险变动不是银行业风险变动的原因。F 值为格兰杰因果检验 F 值。GMM 是采用 GMM 检验方法对模型传导系数进行估计，即所传导风险大小。该模型为：

$$Y_t = \alpha + \beta_1 X_{t-T} + \beta_2 Y_{t-T} + \mu_t$$

式中展示的为 β_1 值。之所以控制 Y_{t-T} 变量，是为了排除自身持续性对结果的影响。对于格兰杰因果检验不显著的传导途径，其系数在 10% 显著性水平上与 0 无显著差异，因此式中不反映其结果。表 1 结果显示，一是总体风险由银行业向房地产业传导较明显，且风险产生后 1～5 天影响程度略有增强（系数从 0.0113 增至 0.0275）；二是房地产业总体风险产生 5 天后向银行业传导较短期（1d）更明显（F 值分别为 5.3292 和 1.9629）；三是系统性风险在银行业传导至房地产业时显著，且在短期（1d）最为显著；四是联合违约概率在两市场间交叉传导，持续期限较长［1～3（m）均显著］，且银行业向房地产业传导的风险效率更高。总的来说，风险在两市场间存在交叉传导、反复传导、长期传导的特征，银行业风险在两市场风险联动中占据主导地位。

表 1　格兰杰因果检验结果

风险类型（滞后期）	H0：银行房地产		H0：房地产银行	
	F	GMM	F	GMM
总体风险（1d）	3.3102*	0.0113	1.9629	—
总体风险（5d）	2.0740*	0.0275	5.3292***	0.0289
系统性风险（1d）	4.9812**	0.0205	0.1749	—
系统性风险（5d）	1.2673	—	0.5549	—
联合违约概率（1m）	2.3047*	0.2320	3.6256*	0.1385
联合违约概率（3m）	2.6184*	0.2431	2.3123*	0.1310

注：*、** 和 *** 分别代表在 10%、5% 和 1% 的水平下显著。

五、结论与政策建议

（一）主要结论

本文通过对中国银行业和房地产业市场各14家主要公司股票收益率进行收集整理，采用标准差法、FAMA－FRENCH三因子模型法和动态因子Copula模型法分别计算两市场总体风险、系统性风险、异质性风险和市场联合违约概率，分析比较两行业风险走势特征，总结风险发展趋势异同。并采用格兰杰因果检验方法对风险传导方向和效率进行量化检验。主要结论如下：

一是银行业和房地产股票市场总体风险走势基本一致，房地产市场的波动要比银行市场更为剧烈、频繁。在“2015年股市大幅波动”、“2018年中美贸易摩擦”、房地产政策调控、新冠肺炎疫情等特殊时期，两行业市场风险显著提升。近年来，随着影响事件逐渐平息，各项房地产、金融调控政策稳定出台实施，银行和房地产市场风险基本控制在相对较低水平。

二是进一步将总体风险拆分为系统性风险和异质性风险，房地产行业股票平均系统性风险和平均异质性风险均高于银行业。在2015年股市大幅波动期间系统性风险和异质性风险显著放大，引起收益率剧烈波动；在股市平稳期，系统性风险发挥着较强作用，较大程度影响着股市稳定性。分市场来看，对于银行业，城市商业银行股票和股份制银行股票的异质性风险比国有银行股票更高。近年来，两市场系统性风险呈明显的平稳态势且有下降趋势，中国近年来防范金融风险已有较明显的成效。

三是两市场的联合违约概率与整体风险走势基本一致，系统性风险和异质性风险共同作用于市场联合违约概率。房地产市场违约概率高于银行市场，约为银行市场违约概率的1.5倍。近期，两市场联合违约概率保持在2%～12%水平区间，较2015年股市大幅波动期间30%以上违约概率大幅降低。

四是风险在两市场间存在交叉传导、反复传导、长期传导的特征。总体风险更倾向于在较长期限上反复传导，银行向房地产传导更明显，房地产向银行传导时间更滞后；系统性风险更倾向于在较短期限由银行向房地产传导。联合违约概率在较长时期（1～3月）在两市场交叉传导，日均传导效率约为2.2%。总体来看，银行业相比于房地产业会对市场稳定造成更大影响，银行业风险在两市场风险联动中占据主导地位。

（二）政策建议

一方面，对于银行业市场，需重点关注其可能向其他市场传导的系统性风险。要从源头上提高金融系统稳定程度，必须要加强银行业治理。近年来，中国坚持推进金融供给侧结构性改革，着力化解突出风险，提高银行业服务实体经济能力，已取得成效，总体而言风险基本可控，但是当前面临的国际、国内金融形势依然严峻。要稳固已取得的成果，一是继续坚持当下严监管政策不动摇，做好风险前瞻预判和防控预案，动态把握银行业金融风险的周期性与规律性，做到标本兼治，尤其要严格管控银行房地产信贷，优化银行业资产结构；二是加快建设多层次、差异化、高开放度金融体系，有效分散行业风险冲击；三是注意防范“影子银行”、民间借贷、违法经营等监管难以触及领域带来的风险，持续整治金融市场乱象，严厉打击非法金融活动，将银行业市场尽可能纳入监管范围；四是加快金融市场改革，完善证券市场、期货市场等资本市场制度，更进一步发挥资本市场作用，提高直接融资比率，优化资源配置效率，降低企业融资成本，促进企业健康发展，不断提高居民收入。

另一方面，对于房地产市场，需重点加强房地产金融宏观审慎管理。要坚持“房住不炒”立场不动摇，坚决打击恶意炒房行为，维护好房地产金融市场稳定。特别是近期人民币汇率波动加剧，叠加新时期世界经济格局不断变化，引起投资者投资意愿频繁调整，给房地产金融市场稳定带来不小挑战。基于本文研究结论，一是既从宏观角度把握金融市场风险，在估算单个市场风险时考虑各市场间风险传染性，也从微观角度警惕异质性风险，关注每个公司特别是系统重要性较高的公司突发风险的状况；二是把握住新时期世界经济格局变化的机遇，根据“股灾”、新冠肺炎疫情、其他国家政策变化可能导致的结果，不断修正政策引导方向；三是探索建立市场风险预警系统，通过宏观经济指标变化，动态掌握市场实时风险评估指标，及时采取措施稳市场；四是加快人民币国际化步伐，进一步提高金融对外开放水平，着力降低美元利率波动对中国金融市场的影响，降低境外风险的溢出效应，引导投资者根据市场需要理性投资。

课题组组长：刘居照

课题组成员：徐峻、张朝洋、易校萍、汤教泉

金融安全视角下的数字货币发展研究

中国人民银行南昌中心支行清算中心课题组

一、研究背景、意义和目标

支付清算系统是金融市场基础设施的重要组成部分，在国家经济金融体系中发挥着至关重要的作用。支付清算作为全球贸易、金融市场、资本流通的重要基础服务，直接影响国家金融安全。国际支付清算体系由美国主导，国际支付货币体系也以美元为主。而美国长期奉行单边主义和贸易保护主义，在贸易、科技、金融等领域不断打压我国。自 2018 年中美贸易摩擦到 2021 年 7 月，我国被制裁实体超过 300 个。美国未来很有可能对我国实施局部或者更大范围的经济金融制裁，如基于全球支付清算垄断地位，禁止中国实体通过环球银行间金融电讯协会（SWIFT）和纽约清算所银行同业支付系统（CHIPS）等进行美元支付与结算，严重阻碍我国国际贸易、投融资业务发展；基于美元霸权地位，通过特定的金融制裁刺激资金回流美国、推动美元走强，导致人民币资产的持有风险上扬和贬值压力加大。

防范美国金融制裁风险，关键在于打破美国掌控全球金融基础设施的局面，特别是跨境支付清算体系的垄断，着力削弱美元网络外部性，促进扩大国际贸易、投融资、外汇交易和外汇储备等业务人民币的使用，推进人民币国际化。我国跨境人民币支付系统虽取得较大进展，与 SWIFT 相比仍存在较大差距。在我国努力从计价、投融资和国际储备三个职能推动人民币国际化的进程中，一直存在人民币自由兑换和资本账户开放两大限制。聚焦技术创新赋能金融体系，数字货币（本文指央行法定数字货币）可作为推动人民币国际化的重要突破口。数字货币在精准投放和流动监测方面具有天然优势，促进维持货币政策的独立性和币值稳定，提升各国将人民币作为国际支付、结算、投资和储备货币的接受度；推动对接国际规则，强化国际金融合作，助力打击洗钱、恐怖融资等犯罪行为，增强跨境资本流动监管水平，提升国际社会对人民币的认可度。应充分发挥数字货币安全、高效、利于监管等优势，加快建设数字人民币跨境支付等基础设施，扩大跨境投资和贸易结算中人民币使用，打破国际支付市场货币秩序，推动实现更加公平、高效、安全的国际货币体系。

本文旨在通过分析我国金融安全边界、人民币国际化、跨境支付以及数字货币等发展现状，探讨我国金融安全潜在风险以及跨境支付体系存在的不足，研究构建以数字人民币为计价和结算货币的多元化、多层次跨境支付体系，增强我国跨境支付体系的安全自主可控水平和扩大覆盖范围、国际影响力，推动人民币国际化，维护我国金融安全稳定。

二、我国金融安全边界与人民币国际化发展现状

（一）我国金融安全边界发展现状

筑牢金融安全边界是维护金融安全稳定的重要组成部分。本节主要从资本账户开放、“一带一路”建设、“自由贸易区”建设以及金融基础设施建设等方面分析我国金融安全边界现状。

1. 资本账户开放与金融安全

在经济全球化的趋势下，我国金融开放和创新水平不断提升，资本账户开放不断扩大，人民币资本项目可兑换稳步推进。如图 1、图 2 所示，近五年境外主体持有境内人民币股票、债券、贷款以及存款等金融资产金额保持连续增长、资本项目人民币跨境收付金额保持连续增长。

随着资本账户开放不断扩大，国内外金融市场相互关联更加紧密、渗透更加容易，金融市场波动不确定因素不断增加。大规模的跨境资本流动或流

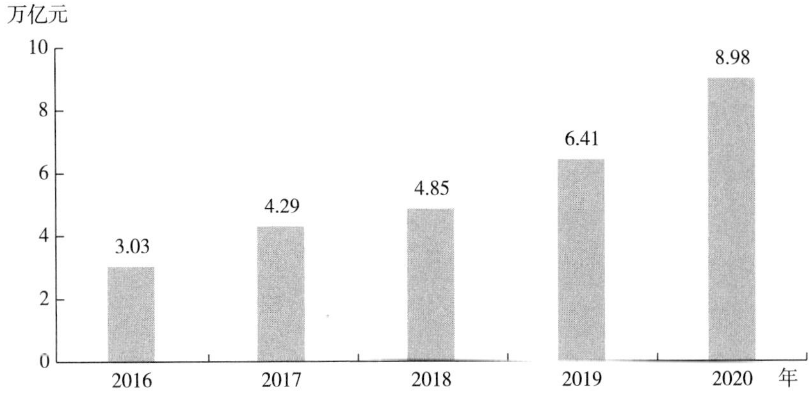

图 1　近五年境外主体持有境内人民币金融资产情况

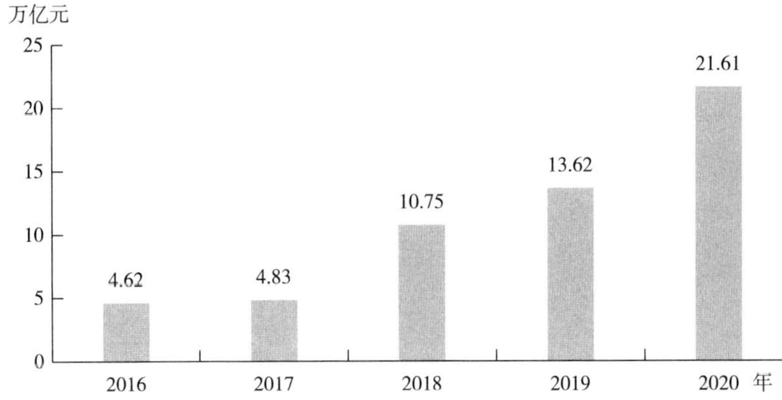

图 2　近五年我国资本项目人民币跨境收付情况

向突然转变时，容易引发汇率和资产价格风险，对我国金融市场造成巨大冲击。资本账户开放作为金融开放创新的高水平阶段，资本流动管控更加复杂艰巨，应建立完善跨境资金流动监测预警机制，严防短期国际资本流动波动引发金融风险。

2. “一带一路”建设与金融安全

截至 2021 年 1 月 30 日，我国与 171 个国家或国际组织，签署了 205 份共建“一带一路”合作文件。截至 2020 年末，我国与 22 个沿线国家签署了双边本币互换协议，在8个沿线国家建立了人民币清算机制安排。2020年，我国与沿线国家人民币跨境收付金额超4.53万亿元，同比增长65.9%，占同期人民币跨境收付总额的16.0%。在“一带一路”倡议实施进程中，沿线国家金融来往愈加密切和频繁。但也暴露出金融合作机制不够健全、金融服务发展不够平衡、金融监管不够完善等问题，存在金融融资配置效率低、金融资源分配不平衡、双边贸易不平衡等现象。信用风险、流动风险、项目资金监管等信息共享不足，缺乏协同有效的监督管理平台或机制。[①] 应建立跨国家、区域的金融监管机制，掌握大规模金融资金流动情况，密切跟踪项目资金使用情况，实现金融风险可防可控可溯和金融资源配置效益最大化。

3. 自由贸易区建设与金融安全

截至2020年，我国累计设立了21个自由贸易试验区。海南自由贸易区作为我国最大的经济特区，具有试点范围广、试点领域多、试点基础多元、试点协同性强等特点。本节以海南自贸区为例分析自贸区建设的金融安全现状。

海南自贸区金融改革开放稳步推进，金融业发展呈现较快增长和质量明显提升。2020年，海南省跨境人民币实际收付金额372.50亿元，同比增长近五成；自贸港FT账户资金收支313.25亿元，同比增长1.3倍。海南自贸区作为我国金融开放的前沿窗口和利率市场化改革的试点区域，放开人民币存款利率限制，不断完善人民币跨境业务，促进降低双边贸易中对第三方货币的依赖，推动完善本币结算体系[②]。作为我国外汇的开放窗口，自贸区跨境人民币贸易结算和离岸人民币外汇市场的建立为套取汇差收益提供了条件，汇差套取可能加剧外汇市场波动。作为对外贸易的重要窗口，跨境资本可能开展跨境套利贸易，引发我国进出口政策、银行对外贸易融资业务、外汇管理等方面风险积聚。随着自贸区跨境交易规模不断增长，金融业务复杂性不断增加，多元化风险和溢出效应可能随之扩大。应加强贸易区跨境资本异常流

① 王春梅，李画．“一带一路”建设与金融服务创新［J］．北方经贸，2021（8）．

② 王巧，尹晓波．海南自贸港金融安全［J］．对外经贸，2021（8）．

动监测识别，强化跨境贸易信息流、资金流、货物流等协同监管，防范金融风险跨境、跨市场交叉传染。

4. 金融基础设施建设与金融安全

金融基础设施作为金融市场安全高效运转的载体，对防范金融风险、维护金融安全具有重要支撑作用。国际金融基础设施大多被美国掌控，如国际金融交易中最为重要的跨境资金结算系统 SWIFT 以及世界最大的股票交易所、期货交易所等。全球 200 多个国家或地区通过 SWIFT 进行国际经济贸易结算，全世界 95% 以上同业间美元清算由 CHIPS 处理完成。凭借国际金融基础设施垄断地位，美国有能力限制甚至阻碍他国机构参与国际经济贸易，并密切监控全球交易信息。俄罗斯、伊朗、朝鲜等因美国制裁，遭受了严重的金融冲击。之后，俄罗斯开发了金融信息传输系统，欧盟推出了贸易往来易货结算机制。2012 年我国启动了人民币跨境支付系统建设，已完成一期、二期投产。应不断夯实优化我国跨境支付基础设施，打造独立自主、安全高效、覆盖范围广的跨境支付体系，为我国与全球各国经贸往来提供重要的基础支撑。

（二）人民币国际化发展现状

自 2009 年以来，我国出台了一系列推动人民币国际使用的政策措施，从贸易结算试点拓展到经常项目，再到资本项目，跨境人民币业务政策框架基本建立。近五年人民币跨境收付业务情况如图 3 所示。与我国全球第二大经济体、第一大贸易国的国际地位相比，人民币国际化水平仍然落后。2021 年第一季度，人民币在国际货币基金组织官方外汇储备货币构成中排名第五，占全球外汇储备的 2.5%，较 2016 年人民币刚加入特别提款权货币篮子时上升 1.4 个百分点。SWIFT 发布数据显示，2021 年 6 月人民币在主要国际支付货币中排名第五、占所有货币支付金额的 2.5%。由于资本项目受限制、人民币未实现自由兑换，人民币离岸和在岸市场间的资金循环机制不健全，一旦出现经济摩擦，两个市场难以有效协调联动，可能影响央行货币调控效果。

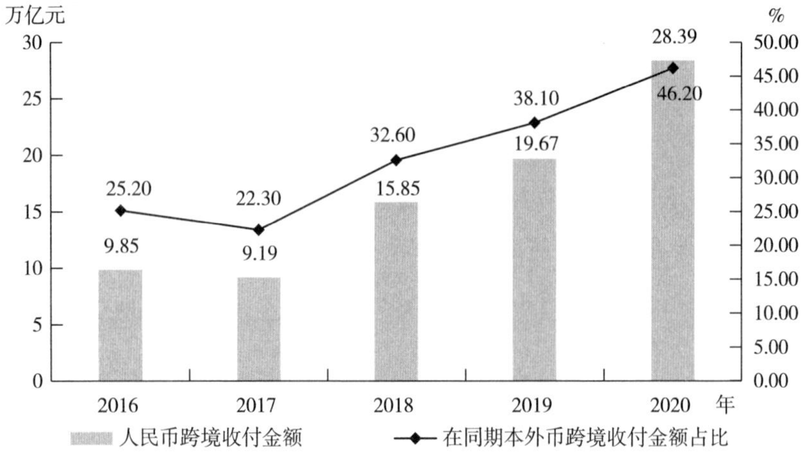

图 3　近五年人民币跨境收付业务发展情况

应立足“十四五”规划提出的稳慎推进人民币国际化，在“跨境贸易与投资的人民币结算 + 离岸人民币金融中心 + 双边本币互换”的人民币国际化基础路径上，深化“一带一路”建设和加速《区域全面经济伙伴关系协定》（简称 RCEP）落地，稳步扩大金融市场互联互通和双向开放水平，加快发展人民币计价结算的期货市场，完善人民币跨境使用的政策支持体系和基础设施，夯实人民币国际使用的风险识别、度量和预警措施，提高人民币国际化发展水平。

三、我国跨境支付与数字货币发展现状

（一）跨境支付系统发展现状

人民币跨境支付系统（简称 CIPS）作为我国跨境支付基础设施，为跨境人民币支付业务和金融市场业务提供资金清算结算服务。从运行时间看，实现了对全球各时区金融市场的全覆盖。从轧差机制来看，支持实时全额结算和定时净额结算，满足参与者的差异化需求。从参与者数量来看，截至 2021 年 9 月，共有参与者 1230 家，覆盖全球 103 个国家和地区。从业务量来看，

近五年 CIPS 业务情况如图 4 所示，远低于美国 CHIPS 系统同期业务量。

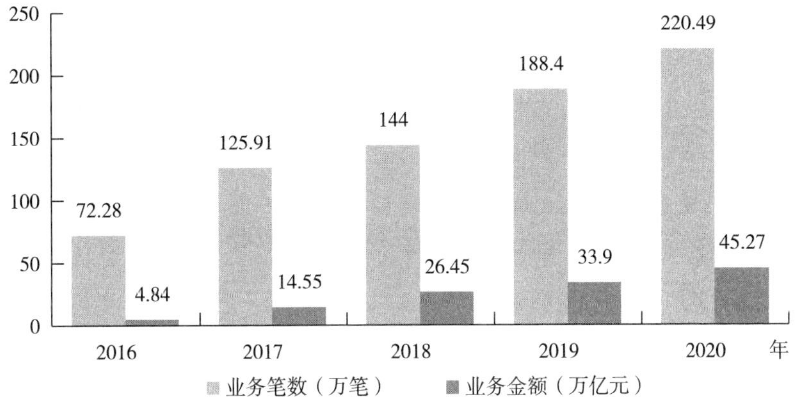

图 4　近五年 CIPS 系统业务情况

CIPS 与境外人民币清算行之间的报文交换仍依赖于 SWIFT，每笔业务可能涉及多个代理行节点，而这些代理行可能处于不同的地区和时区，各自运营的结算系统可能不同，系统的数据标准和处理要求可能不同，系统的运行时间可能不一致，所在辖区业务监管司法实践也不相同。每经过一个中间节点，需要进行合规处理、流动性和抵押品管理以及数据报文处理和对账等，交易流程复杂、透明度低、成本高，信用风险、流动性风险增大。应结合“十四五”规划，完善人民币跨境支付系统建设，推进金融业信息化核心技术安全可控。

（二）数字货币发展现状

全球各主要经济体均在积极考虑或推进央行数字货币研发，以中国为代表的将国内零售支付作为主要应用场景，以新加坡为代表的将跨境支付和批量支付作为主要研究方向。数字人民币采取人民银行中心化管理、双层运营以及“一币、两库、三中心”的系统架构，当前定位为现金类支付凭证（M0）。2019 年末以来，数字人民币陆续在深圳、苏州、雄安等 10 个城市和北京冬奥会场景开展试点测试。截至 2021 年 6 月，开立个人钱包 2087 万余个、对公钱包351万个，累计交易笔数7075万余笔、金额约345亿元。我国数字货币研发与应用处于世界领先水平，下一步可将跨境支付作为研究目标，促进与周边国家或地区开展数字金融合作，促进与国际金融市场互联互通，促进跨境贸易与投融资便利化，推动人民币国际化，推动建设更加公平、高效的全球货币体系和支付体系。

四、基于数字人民币为交易媒介和计价货币的跨境支付系统设想

数字人民币具有支付即结算、可控匿名、可编程、可追踪溯源等特性，通过权属变更替代传统跨境支付中复杂冗长的资金划拨，摆脱传统货币跨境流动依靠代理银行和SWIFT的模式。一是利于实现安全、高效、便捷、低成本的跨境支付，打破美国全球支付清算垄断局面，提升我国跨境支付安全自主可控水平。二是利于扩大跨境贸易与投融资中人民币的使用，打破以美元为主的国际货币体系和国际支付市场货币格局，促进形成支持多币种结算清算的人民币全球化支付体系。三是利于完善跨境资金流动监测机制，提升我国跨境资本监管水平，促进我国金融开放与金融创新高水平发展。本节主要探讨如何构建基于数字人民币为计价和结算货币的跨境支付系统。

（一）技术选择

受比特币影响，谈及数字货币支付系统实现技术时，人们的第一反应便是区块链技术。实际上，区块链技术（公有链）存在较多不足，如可扩展性差、对数据存储和网络通信要求高、最终结算时点难以确定。随着应用场景创新，公有链逐渐衍生了私有链、联盟链、侧链等。公有链中的任何参与主体都可以参与到共识机制中；私有链是一种单中心系统，由中心节点指定参与主体、控制交易验证过程；联盟链是一种多中心系统，预先设定参与主体，交易通过共识机制确认。基于公有链实现的比特币平均每秒处理7笔业务，基于联盟链实现的超级账本Fabric项目支持每秒数万次的吞吐量。

数字人民币由我国中央政府承认和背书，代表着国家主权，为兼顾系统处理性能，无须安排全部节点参与共识处理对每一笔交易进行确认。本文认为，数字人民币跨境支付系统宜采取适度去中心化的思路实现，将当前央行支付系统的集中化模式与联盟链技术相结合，融合集中化管控、分布式处理、区块链技术的优势，并采用多层处理结构分散交易处理压力。系统底层支付交易功能（数字人民币权属登记）剥离至链下完成，采用集中管理与分布式架构实现。上层支付记账功能采用联盟链分布式账本技术实现，由我国央行指定若干区域节点参与完成记账共识任务，并授予其他相关节点查询交易业务的最小权限。数字人民币发行、流通等环节使用区块链非对称加密、智能合约等技术，满足交易可控匿名、可追踪溯源、精准投放等需求。通过大数据分析技术实现跨境资金流动穿透式监管，完善跨境资金流动风险监测。通过可信计算、加解密、数字证书等安全技术，保障各节点软硬件设备、用户身份安全可靠。系统基础设施采用云计算和分布式架构实现，计算资源弹性供给、灵活调度，支持高并发、高可用。

（二）系统设计

为促进金融基础设施互联互通和构建数字人民币流通生态，基于数字人民币的跨境支付系统应具备良好的兼容性、互操作性、可扩展性和前瞻性等。一是能够兼容国内支付清算体系，特别是央行支付系统和传统商业银行账户体系；能够兼容跨境金融市场基础设施，为人民币跨境支付系统和跨境证券、期货、外汇等交易系统提供资金实时结算的互联接口，切实提升数字人民币的可互操作性，扩大人民币在跨境金融产品交易中的使用。二是应深入研究各国系统适配问题，保持系统交易数据的多维性，高度抽象数据接口标准，形成标准化、开放式的接口，适应各国不同的规范标准、技术方案、运营模式以及监管政策，为全球更多国家提供资金交易服务。三是能够支持更多国家或地区的监管机构、金融机构作为具有特定权限的参与节点加入数字人民币跨境支付系统区块链平台，满足参与节点不断增加的需求，满足货币种类不断扩展的需求，支持多币种和大规模的跨境支付交易。总体来看，数字人民币跨境支付系统应发挥数字人民币全球跨境支付报文交换的作用，成为连接国内外支付清算基础设施的融合中转站，促进国内外支付清算基础设施互联互通更加安全、高效，并降低成本。

数字人民币跨境支付系统应具有人民币登记、托管、交易、支付结算、清算以及资金流动监测识别等功能，并融合人民币交易系统的报价、成交、清算以及交易信息发布等功能，着力打破美元作为中间货币的国际兑换模式，促进构建国家间货币直接报价和公平兑换平台，促进形成支持多币种结算清算的人民币全球化支付体系。为兼容传统银行账户体系、充分利用现有金融体系资源以及防范金融脱媒等风险，保持传统银行业结构稳定和高效运转，数字人民币跨境支付系统应采用国内数字人民币零售系统“央行—商业银行”二元运营模式完成跨境资金流动，数据管控集中于央行层面，运营机构负责流通，运营机构主要由我国商业银行境外分支机构以及获得授权的境外银行组成。央行主要通过准备金向商业银行等运营机构投放数字人民币，并作为区块链结算系统上的超级节点管理全部节点，与指定运营机构节点共同维护区块链结算系统，确保交易账本一致性，并实时监测识别全部交易信息。为满足相关国家或地区合规监管要求，加强国际合作，允许国外相关监管机构成为区块链成员节点，授予相关权限。

数字人民币跨境支付系统顶层设计主要涉及数字人民币的发行、流通、管理、回笼、投融资、运营机构间清结算等环节，主要由中央银行数字货币系统、运营机构数字货币系统、认证系统等组成，认证系统用于最终用户、运营机构数字货币系统二者与中央银行数字货币系统之间的交互认证。由于采用二元运营模式，数字人民币跨境支付系统涉及的数字人民币发行、流通、管理、回笼等环节和我国已经试点运行的数字货币零售支付系统的运行原理基本一致，在此不展开讨论。重点探讨有关数字人民币跨境支付系统区块链平台的设计，如图 5 所示，自下而上主要分为网络层、共识层、业务层等，采用松耦合理念和模块化设计，支持可扩展和可插拔。其中，数字人民币跨境支付交易账本位于业务层，是整个区块链平台最核心和最重要的资源，记录交易数据。

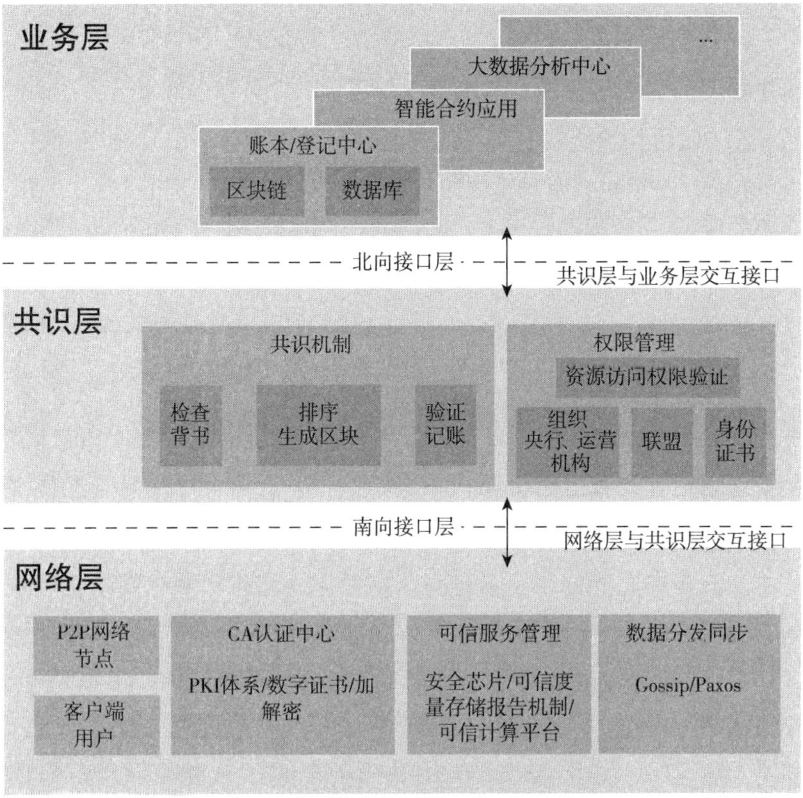

图5 数字人民币跨境支付系统区块链平台整体架构

1. 网络层

网络层主要任务是构建区块链网络，由P2P网络、客户端（数字人民币终端用户）、CA认证、可信服务管理、数据分发同步等组件构成。各参与节点组成P2P网络，通过gRPC通信机制进行交互，利用Gossip（弱一致性）或者Paxos（强一致性）协议完成交易数据分发和全局视图同步，CA认证组件和可信服务管理组件主要完成区块链平台各主体身份的安全管理。

2. 共识层

共识层主要任务是进行交易业务共识处理和区块链平台资源权限管理，为分布式账本提供处理基础。共识机制组件运行原理：不同类型的节点（如认证节点、背书节点、排序节点、记账节点等）各司其职，对新增交易业务请求进行背书、排序、记账等。（1）客户端通过CA认证获取合法身份后发起交易业务请求，背书节点按照既定逻辑对交易请求开展合规检查和背书，并将结果反馈给客户端；（2）当客户端交易请求获得满足既定条件的背书后，被认定为合法交易，客户端再构造合法的交易请求发送给排序节点；（3）排序节点对一段时间内所有合法交易进行全局排序并生成区块结构；（4）记账节点对排序节点生成的区块结构进行最终验证，将合法交易结果写入账本。共识层的权限管理组件运行原理：基于区块链平台中各组织（央行、运营机构）、联盟（多个组织）等成员的身份信息实现区块链平台资源访问或操作权限的控制。

3. 业务层

业务层也称应用层，应用开发人员利用分布式账本实现业务需求灵活扩展，如智能合约和大数据分析等。共识层排序节点对合法交易全局排序后生成区块结构，再由记账节点完成验证任务后将合法交易结果写入业务层的分布式账本。该账本主要记录交易信息，由区块链结构和数据库结构构成。为提高数字人民币跨境支付系统性能和支付交易效率，已将支付交易功能剥离至区块链外，因此在业务层未体现支付交易组件。

五、数字人民币跨境支付发展建议

为推进数字人民币跨境支付系统落地实践，促进数字人民币跨境支付清算业务可持续健康发展，夯实数字人民币跨境支付在国际支付清算市场上的核心竞争力，应加快建立完善数字人民币跨境支付相关法律法规和标准规范，探索构建数字人民币双边互换机制，开展数字人民币跨境支付试点，健全跨境资金流动审慎管理框架等，为国际市场主体使用人民币营造更加安全便利的环境，扩大跨境投资和贸易中人民币的使用，推动人民币国际化，增强我国化解外部金融封锁危机的能力，维护金融安全稳定。本节主要针对数字人民币跨境支付未来发展提出一些建议。

（一）建立数字人民币跨境支付法律法规

为合规有序开展数字人民币跨境支付业务，保障数字人民币跨境支付系统安全稳定高效运行，亟须建立健全数字人民币跨境支付清算法律法规体系。一是明确数字人民币跨境支付清算服务的提供主体、结算方式、结算纪律等一系列问题，以及明确数字人民币跨境流通中各主体的权利、义务和职责，规范数字人民币跨境支付清算行为，保障数字人民币跨境支付清算市场各主体合法权益。二是制定数字人民币跨境支付清算有关管理条例，细化我国央行对数字人民币跨境支付清算的运行监控、风险管理、业务管理的法定权力，研究数字人民币跨境支付清算收费定价制度。三是明确数字人民币跨境支付清算交易数据和隐私保护制度，数字人民币跨境支付数据实行分类分级管理，实现数据存储安全、传输安全、使用安全，切实保障我国信息安全和保护个人隐私。

（二）建立数字人民币跨境支付标准体系

在数字人民币跨境支付系统建设运行过程中，应把建立健全数字货币跨境支付中国定义、中国标准作为重中之重。在完善数字人民币跨境支付标准的过程中，深入参与和引领全球跨境支付体系重构进程，提升数字人民币跨境支付国际市场核心竞争力，扩大数字人民币跨境支付的覆盖范围。

数字人民币跨境支付标准体系应涉及数字人民币跨境支付系统项目管理、软件开发、基础设施建设、数据治理、风险管控、运行维护、应急管理、业务创新、运营服务、数据增值等环节，包括数字人民币跨境支付业务规范、技术规范、基础设施规范、准入规范、服务规范和监管规范等。由于数字人民币跨境支付涉及不同的国家或地区，面临不同的司法实践和监管规则等，应与国际标准化组织、国际电信联盟、国际清算银行、国际货币基金组织以及把加强跨境支付作为优先事项的二十国集团等密切合作。积极组织或参与数字货币跨境支付国际合作，提升数字人民币跨境支付标准与国际标准的有机统一和有效衔接水平，为数字人民币跨境支付良好的互操作性、可用性和前瞻性打牢基础，促进扩大数字人民币在国际跨境支付的使用范围，推动重塑国际跨境支付清算体系和打破美元垄断。

（三）构建数字人民币双边互换网络机制

截至2020年末，我国央行与40个国家和地区的中央银行或货币当局签署了双边本币互换协议，互换总金额超过 3.99 万亿元。双边本币合作有利于提升双边本币使用水平，促进贸易投资便利化。在现有人民币互换机制的基础上，建立数字人民币与其他国家法定数字货币的互换网络机制，构建数字人民币流通生态体系。特别是与我国有较大双边贸易规模的国家或地区，在数字货币双边互换的基础上推动本币结算，提升跨境支付和贸易结算的实效性、安全性以及降低成本，对提高人民币国际认可度具有重要意义。

（四）开展数字人民币跨境支付和贸易结算试点

2020 年我国货物贸易跨境人民币结算总量达 4 万亿元，大宗商品、跨境电商等领域成为货物贸易跨境人民币结算新的增长点；随着“一带一路”倡议的深入推进，沿线国家使用人民币保持稳步增长；自由贸易试验区、粤港澳大湾区等也成为人民币跨境支付业务新的增长点。

一是在大宗商品贸易领域开展试点。应充分发挥数字人民币点对点支付和支付即结算的优势，着力推动将数字人民币作为国家大宗商品贸易的计价和结算货币，绕开以 SWIFT 为主的国际支付清算体系和以美元为主的国际货币体系，提升我国大宗商品定价权。通过大宗商品贸易领域数字人民币的使用，带动辐射大宗商品上下游相关产业国际贸易中人民币使用，提升人民币国际认可度，增强人民币国际投融资和储备货币职能。

二是在“一带一路”沿线国家开展试点。我国与“一带一路”沿线国家经贸往来和区域货币合作不断加强，人民币周边化和区域化水平逐渐提高。RCEP 的签署落地，与“一带一路”倡议相互促进，推动我国跨境金融业务和相关配套产业发展，培育人民币使用需求，激发人民币在国际贸易与投资中作为计价和结算货币的潜能，促进共建货币支付体系，削弱美元依赖，降低汇兑成本和汇率风险，增强双边贸易投资的便利性和安全性。结合“十四五”规划，在沿线国家开展数字人民币跨境支付和贸易结算试点，建立健全金融合作网络，共享数字经济发展成果，提升金融基础设施互联互通水平，弥补人民币跨境支付系统在沿线国家覆盖范围局限以及依赖 SWIFT 等不足，进一步优化沿线国家人民币使用环境。

三是在自由贸易试验区开展试点。我国已经成为多数东盟国家的第一大贸易伙伴和重要投资来源国，并与东盟国家初步建立了多层次、宽领域的货币金融合作框架。东盟地区人民币使用环境优化，人民币使用的基础设施逐步完善。抓住启动中国—东盟自由贸易区3.0版建设重要契机，顺应市场和经济发展需求，在中国—东盟自由贸易区开展数字人民币跨境支付和贸易结算试点，使用本币进行双边贸易和直接投资结算。海南自贸区作为我国最大的经济特区，朝着贸易自由便利、投资自由便利、生产要素自由便利流动的高水平自由贸易港建设，具有丰富的数字人民币跨境支付与贸易结算的试点应用场景。充分发挥数字人民币跨境支付高效、低成本和利于监管等优势，推进数字人民币在东盟自贸区、海南自由贸易港、粤港澳大湾区等地试点开展跨境支付与国际贸易结算，提升人民币国际化水平；充分利用数字人民币可追踪溯源的特性，加强跨境资金流动和国际贸易投融资的监测识别，提升自贸区金融风险防范水平。

（五）打造数字人民币跨境支付香港区域中心

2021年人民币国际化报告显示，2020年中国内地与香港地区的人民币跨境收付金额在跨境收付总额的占比排名第一，香港一直保持我国货物贸易人民币结算境外最大交易对手方地位，香港人民币存款余额和人民币贷款余额在各离岸市场中均位居第一。国际投资者持有的A股约七成通过香港交易，债券通“南向通”启动进一步强化香港的金融市场枢纽作用。香港在离岸人民币业务上全球领先，在跨境人民币支付中占比接近50%，在离岸人民币存款中占比接近60%，在离岸人民币债券发行中占比超过80%。香港在连接内地与国际市场上发挥着重要的桥头堡作用。另外，我国央行数字货币研究所与香港金融管理局、泰国央行以及阿拉伯联合酋长国央行正联合开展多边央行数字货币桥项目，已取得阶段性成果。充分利用香港区位优势，抓住多边央行数字货币桥项目契机，研究探索在香港建立互联互通的数字人民币跨境支付区域中心，促进提升国内外经贸市场互联互通水平，进一步便利跨境贸易与国际投资使用人民币结算。

（六）强化数字人民币跨境支付数据监测分析

在云计算、大数据、人工智能等技术环境下，数据已经成为重要的生产要素和核心资产。夯实数字人民币跨境支付数据分析基础设施建设，构建完善跨境支付综合数据生态系统，实现海量数据驱动“智慧监管”和“智慧运营”。加快建设数字人民币跨境支付清算数据监控分析平台，全方位采集分析跨境资金流动和国际贸易结算等业务数据，提供高效便捷、精准性强的基础性数据服务，为完善央行金融大数据分析平台和数字央行建设、健全跨境资金流动审慎管理框架、提高金融市场资源配置效率、提升宏观经济政策调控前瞻性提供有力支撑。

一是加强数字人民币跨境流动监测。深度挖掘数字人民币跨境支付清算交易数据价值，实现数字人民币跨境支付清算交易信息监测的智能化、全球化。强化跨境资本异常流动监测识别，促进资本流动管控更加灵活高效，防范资本流动波动风险；强化特定跨境资金流向跟踪管理，促进跨境贸易投资更加安全高效，防范信用风险、流动性风险以及金融资源闲置等。二是加强反洗钱、反恐怖融资、反逃税等国际监管合作。强化数字人民币跨境交易信息协同监测，积极拓宽监管边界，推动签署双边、多边或区域监管协定，防范数字货币跨境流动潜在犯罪风险。三是加强对数字人民币运营机构和最终用户的行为分析。对数字人民币运营机构和终端用户的跨境支付交易信息进行挖掘分析，形成运营机构画像和用户特征库，对不同区域的跨境支付行为习惯和服务需求作出科学分类和精准判断，为数字人民币跨境支付清算产品与服务创新提供决策依据，以及助力防范流动性风险和信用风险等，完善数字人民币跨境支付清算产品供给体系，便利跨境贸易与投融资，推动人民币国际化。

课题组组长：杜正琦

课题组成员：艾少刚、丁坚、梁骏、怀自国、蔡勇、朱虹

人民币汇率视角下国际产能合作对企业产能利用率的作用机制研究

中国人民银行上饶市中心支行课题组

以2014—2017年的中国上市企业数据为样本，运用PSM－DID方法探究国际产能合作对企业产能利用率的影响，并进一步以人民币汇率为门槛变量，探究在不同的汇率水平下，国际产能合作对企业产能利用率的门槛效应。实证结果如下：国际产能合作对企业产能利用率具有正向的促进作用。其中，对外直接投资对企业产能利用率的提升作用较大，出口贸易对企业产能利用率具有负向抑制作用，对外承包工程对企业产能利用率的影响不显著。在国际产能合作与企业产能利用率之间的影响机制中，人民币汇率存在门槛效应，国际产能合作对企业产能利用率的影响随着人民币汇率的上升呈现先促进后抑制的倒“U”形结构，即当人民币汇率低于门槛值时，国际产能合作对企业产能利用率具有正向促进作用；当人民币汇率高于门槛值时，国际产能合作开始对企业产能利用率产生显著的抑制作用。

一、引言

随着中国改革开放进程的不断加快，企业参与国际市场的积极性与主动性增强，表现为企业采取多种对外合作方式引进国外先进技术、提升技术创新能力以及输出自身过剩产能。2020年以来，我国提出要构建国内国际“双循环”格局。即深化供给侧结构性改革，充分发挥中国超大规模市场优势和内需潜力，逐步形成以国内大循环为主体、国内国际“双循环”相互促进的新发展格局。这就要求中国企业必须着眼全球资源和市场，更好地利用国内国际技术、人才、管理等各方面资源，全面提升自身的国际竞争力，同时也意味着企业将面临更加复杂的国际环境与包含不确定性的全球经济发展趋势。在此情形下，我国央行如何根据经济形势、国际市场等因素制定汇率制度与汇率政策，具有重要意义。那么，在这种倡导“双循环”的开放背景下，企业通过国际产能合作究竟是否能如预想般缓解企业产能过剩问题、提升企业产能利用率？具体的国际产能合作形式对企业产能利用率的影响是否存在不同？人民币汇率的变化是否会通过影响国际产能合作进而对企业产能利用率产生作用？针对以上问题，本文将国际产能合作进行详细划分，完善其对企业产能利用率影响的相关研究，并且考虑人民币汇率这一因素，揭示人民币汇率变动对国际产能合作与企业产能利用率之间影响机制的非线性作用，不仅有助于缓解当前企业存在的产能过剩，而且为央行制定汇率制度、政府促进国际产能合作提供政策参考。

二、文献综述

（一）人民币汇率对国际产能合作的影响研究

当前，关于人民币汇率对国际产能合作影响的文献，分别从汇率水平与汇率波动两方面展开研究，得出汇率升值与汇率波动均对企业出口贸易与对外直接投资具有显著的负面影响（Hericourt 等，2015；田朔等，2016；赵晓涛和邱斌，2020）。部分学者则通过实证检验得出，虽然人民币汇率升值与汇率波动在一定程度上会抵制出口，但同时企业生产率的提升、融资状况的改善以及人民币国际化水平的提高均可增强人民币汇率贬值所带来的出口改善效应，缓释汇率波动对出口贸易的抑制作用（Chang 等，2019；吴功亮等，2020；余博等，2020）。韩永辉等（2020）在此理论基础上，将人民币汇率、FDI、OFDI 纳入统一的理论分析框架，以汇率水平变动与汇率波动风险的双重视角，通过研究三者之间的动态影响关系及其波动风险互动机制，得出人民币汇率波动的历史数据对当期 FDI 波动、OFDI 波动分别具有短期促进、长期抑制以及长短期抑制的传导效应，并提出应注重利用人民币汇率升贬值的区间波段机制推动企业 FDI 与 OFDI 协同发展，优化双向国际投资策略。

（二）国际产能合作对产能利用率的影响研究

现有涉及国际产能合作影响产能利用率的研究多数是基于宏观层面，从产业转移效应、产业关联效应及产业内竞争效应等方面分析了国际产能合作通过实现产业转型升级、优化资本配置效率来化解传统产业产能过剩，进而对行业产能利用率产生积极效果的作用机制（Du 和 Zhang，2018；王桂军和卢潇潇，2019；韩永楠等，2020）。少数文献则从微观企业层面展开研究，熊勇清和李鑫（2016）应用装备制造和基础设施等国际产能合作重点行业相关上市企业数据，实证得出国际产能合作战略实施对企业微观绩效具有促进作用，在一定程度上可提升企业产能利用率水平。并且，部分学者还提出企业出口贸易、对外直接投资具有优化产业链、提高资源配置效率的作用，进而促进国内投资和技术进步，从生产侧和消费侧两方面达到化解企业产能过剩、提高企业产能利用率的效果（Tian，2016；李雪松等，2017；杨振兵和严兵，2020）。

（三）人民币汇率对产能利用率的影响研究

目前，学术界基于汇率视角出发，将汇率波动与产能利用率两者直接联系起来进行研究的文献较少。王自锋和白玥明（2015）经过实证分析得出，人民币实际汇率升值通过市场势力和进口渗透率两个渠道对中国工业产能利用率产生了显著的负向影响。多数文献则是涉及汇率传递领域，提出汇率波动通过贸易和投资等传导渠道对企业产出水平产生重要影响。其中，部分学者基于中国海关数据库与工业企业数据库，通过实证检验得出人民币汇率变动可通过进出口贸易影响企业的产能利用水平，人民币升值在一定程度上会抑制企业产出增长（吴国鼎，2017；沈筠彬等，2018；田朔和齐丹丹，2019）。还有部分学者认为，本国货币升值可促进外商直接投资的流入

（Cushman 和 De Vita，2017；彭浩东和黄东风，2019；潘若懿等，2021），而外商投资的间接溢出效应对企业的产能利用水平具有促进作用（刘灿雷等，2018；唐宜红等，2019）。

通过梳理和分析发现，以上文献具有深刻意义，为后续研究积累了良好的理论基础与实证经验，但仍存在以下不足：第一，关于国际产能合作对企业产能利用率影响的研究主要基于国家及行业层面，针对微观企业的研究还较少，而国际产能合作是以企业为主体的对外合作行为；第二，现有的大多数定量研究主要为探讨出口贸易或对外直接投资对产能利用率的影响，关于对外承包工程的研究仍停留在定性分析层面；第三，目前存在少数关于人民币汇率影响国际产能合作、人民币汇率影响产能利用率的研究，但尚未有研究将人民币汇率、国际产能合作及产能利用率三者纳入统一的理论框架。综上所述，本文可能的创新之处在于：第一，本文基于微观视角，对中国上市企业的微观产能利用率进行了测算，并在此基础上分析了国际产能合作对企业产能利用率的影响效应；第二，与以往研究不同，本文通过运用 PSM - DID 方法分别探讨了国际产能合作三种主要方式对企业产能利用率的影响，以求全方位地比较分析不同国际产能合作方式对企业产能利用率的差异化影响；第三，本文建立静态面板门槛模型，探究当人民币汇率处于不同的水平时，国际产能合作对企业产能利用率的影响，提供从汇率视角促进企业产能利用率提升的新思路。本文为政府制定有效的企业去产能政策、为调控汇率波动以及促进国内国际“双循环”提供了理论参考。

三、理论分析与研究假设

（一）国际产能合作对企业产能利用率的影响

国际产能合作以出口贸易、对外直接投资以及对外承包工程三种方式为主。由于三种方式对企业产能利用率的影响不一，因此本文具体分析各自影响机制，进而综合分析国际产能合作对企业产能利用率的影响效应。

对外直接投资对企业产能利用率的影响存在三种效应。一是产业转移效应。Kojima（1973）提出的边际产业扩张理论认为，通过对外直接投资将本国即将或已处于比较劣势但在东道国具备相对比较优势的边际企业转移至国外，促使资源集中至最具比较优势的产业，提高企业的经营效率。二是逆向技术溢出效应。按照投资动机分类，我国企业的对外直接投资可以分为四个类型，即本地生产销售、商贸服务、技术研发及资源开发（蒋冠宏和蒋殿春，2014）。其中，技术研发型对外直接投资通过建立国外子公司、合资企业等方式获取国外先进技术，倒逼企业转向技术创新和产品升级，提升企业生产率水平，进而淘汰落后产能，提高企业产能利用率。三是出口关联效应。企业对外直接投资建立的子公司、合资企业等，会带动直接产成品、设备等及企业原材料、中间投入品等生产要素的出口，扩大企业出口贸易规模，进而加快化解企业产能过剩。因此，对外直接投资对企业产能利用率具有正向促进作用。

刘航等（2016）的研究指出，出口贸易对企业产能利用率的影响存在两种效应。一是“销售效应”。当国际市场需求上升时，出口销量增加，有助于企业将国内超额产出转移至国外，提高产能利用率。二是“竞争效应”。出口上升引发行业内竞争加剧，原有企业为增加产能投资、加大产品输出，新企业则纷纷加入。在这种情况下，企业将由于无法立即调整生产与投资以适应逐渐恢复常态的外部需求而导致产能过剩。综上所述，出口贸易对企业产能利用率的影响取决于这两种效应中哪一效应占主导作用。刘航（2016）提出，出口贸易对产能利用率的影响在大型企业及国有资本比重较高的行业主要以“竞争效应”为主，即出口贸易与企业产能利用率呈负向关系；在中小型企业及非国有资本比重较高的行业则以“销售效应”为主，即出口贸易与企业产能利用率呈正向关系。由于国际产能合作对企业生产率、研发水平及融资能力均有要求（陶长琪和杨雨晴，2019），能够主动参与国际产能合作的企业大多为国有企业及大型企业，因此可以得出，在这些企业中出口贸易对企业产能利用率具有负向影响。

对于对外承包工程而言，一方面，由于其业务与出口贸易紧密相关，对国内设备、原材料及技术服务的出口带动作用明显，有助于缓解企业所存在的产能过剩；另一方面，对外承包工程可通过工程换资源、升级业务模式等方式带动对外直接投资来提升企业产能利用率（蔡阔等，2013）。因此，从理论上来说，对外承包工程能在一定程度上间接促进企业产能利用率的提高。然而，对外承包工程目前在中国处于刚起步的阶段，且由于项目点在东道国，加之需要以一种更复合的方式将资本、劳务、技术、管理等要素整体跨国输出，相较出口贸易、对外直接投资而言，存在更大、更复杂的项目风险。综上所述，对于中国企业而言，由于对外承包工程业务尚未形成健全成熟的机制和体系，难以判断其对企业产能利用率的作用效果。

综合分析，对外直接投资较之出口贸易而言不仅能够拓宽国外市场、增强企业国际竞争力，有利于企业产能利用率的提高。此外，对外承包工程较之出口贸易生产与销售相分离的特质，具有生产与销售一体化的特点，更能提升企业的生产效率和产能利用率；而较之对外直接投资以资本参与对外合作的形式，对外承包工程是以一种更加完整的方式集服务贸易、技术贸易与货物贸易为一体进行产能合作以及产品、要素的输出，对于企业缓解产能过剩、促进转型升级及提高国际竞争力均有重要作用。刘建江等（2015）提出，当前中国企业化解过剩产能应借助“一带一路”倡议合作契机，顺应国内国际“双循环”趋势，采取对外直接投资与对外承包工程为主、出口贸易为辅的形式推进国际产能合作。本文采取的企业样本也验证了该观点，即国际产能合作企业中以对外直接投资与对外承包工程企业数目居多。总体而言，国际产能合作对企业产能利用率具有正向促进作用。

基于以上分析，在此提出假设1。

假设1：国际产能合作正向提升企业产能利用率，并且国际产能合作的三种主要方式的影响程度存在差异，对外直接投资提升作用较大，出口贸易对企业产能利用率具有负向影响，对外承包工程对企业产能利用率的影响不显著。

（二）基于人民币汇率的国际产能合作对企业产能利用率的影响

本文经过文献梳理得出，人民币汇率在一定程度上能通过影响国际产能合作进而对企业产能利用率产生一定作用。一方面，人民币汇率可通过出口贸易影响企业产能利用率水平。汇率水平变动决定了国外销售价格，影响产品在国际市场的需求，进而影响企业的产能情况。由于汇率变动对不同类别的商品具有不同的汇率传递率（Krugman，1980），这种影响在出口产品市场竞争力较弱以及出口依赖度较高的企业中更为显著（王自锋和白玥明，2015）。另一方面，人民币汇率可通过对外直接投资影响企业产能利用率水平。根据 Cushman（1985）的相对生产成本效应理论以及 Froot 和 Stein（1991）的相对财富理论，人民币汇率变动会通过相对生产成本效应和相对财富效应对外商直接投资流入量产生影响，使企业对外直接投资水平产生变化，进而影响企业产能利用率。综上所述，人民币汇率可通过国际产能合作对企业产能利用率产生一定影响。而且，这种影响在汇率水平的不同区间可能存在阶段性差异。具体而言，当汇率处于低值时，企业出口产品价格在国际市场上偏低。此时，即使人民币升值，企业产品国际需求仍然偏多，企业倾向于扩大生产规模，产品到产业链的不断输出使企业对外合作活动增加、实际产出上升，产能合作对企业产能利用率的促进作用增强；而当汇率达到一定值时，企业出口产品价格在国际市场上偏高。此时，随着人民币的升值，企业产品国际需求减少，企业出口贸易、对外直接投资及对外承包工程规模均缩小，由于人民币升值对出口贸易的影响存在出口改善效应，出口量的下降慢于对外直接投资和对外承包工程的下降，此时出口对企业产能利用率的负向影响起主要作用，因此国际产能合作对企业产能利用率可能产生抑制效果。

基于以上判断，提出假设 2。

假设 2：人民币汇率对国际产能合作与企业产能利用率之间的因果关系存在门槛效应。即当人民币汇率升值时，国际产能合作先是促进企业产能利用率的提升；当人民币汇率达到门槛值后，国际产能合作将抑制企业产能利用率。

具体作用路径见图 1。

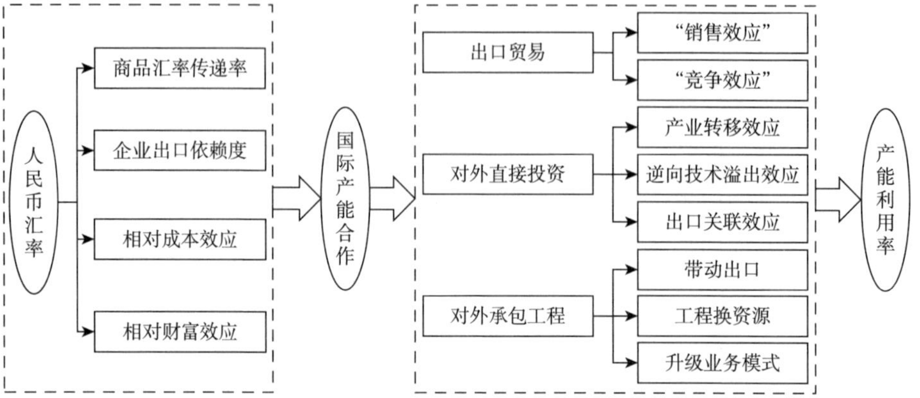

图 1　作用路径

四、研究设计

（一）模型设定与估计

1. 国际产能合作对企业产能利用率的影响

本文采取 Heckman（1997）提出的倾向得分匹配方法，将进行国际产能合作的企业视为实验组，将从未进行国际产能合作的企业视为对照组，接着运用多期双重差分模型来模拟国际产能合作对企业产能利用率的影响。具体检验模型如式（1）所示。

$$cu_{it} = \alpha_0 + \alpha_1 du \times dt + \gamma Z_{it} + \xi_{it} \quad (1)$$

式中，du 为国际产能合作二元虚拟变量，$du=1$ 表示企业参与产能合作，$du=0$ 表示企业不参与产能合作；dt 为时间二元虚拟变量，$dt=1$ 表示企业参与产能合作后的时期，$dt=0$ 表示企业参与产能合作前的时期。i 和 t 分别表示企业和时间；被解释变量 cu_{it} 表示企业产能利用率；Z_{it} 表示一系列控制变量；ξ_{it} 则表示模型误差项。为增强模型稳健性，本文还在模型中加入了年度、行业、地区虚拟变量，用于分别控制年度、行业和地区等方面的外部冲击。

2. 基于人民币汇率的国际产能合作对企业产能利用率的门槛效应

本文参考 Hansen（1999）提出的静态面板门槛模型，以人民币汇率为门槛变量，假设存在一个值，当企业层面的实际有效汇率分别大于和小于这个门槛值时，国际产能合作对企业产能利用率的影响产生差异。具体的门槛模型如式（2）所示。

$$cu_{it} = \alpha_0 + \alpha_1 du \times dt \times I(reer_{it} \leqslant \tau) + \alpha_2 du \times dt \times I(reer_{it} > \tau) + \gamma Z_{it} + \xi_{it} \tag{2}$$

式中，被解释变量与式（1）相同，为企业的产能利用率；门槛依赖变量 $du \times dt$ 为虚拟变量，当企业进行国际产能合作时，$du \times dt = 1$，当企业未进行国际产能合作时，$du \times dt = 0$；门槛变量 $reer_{it}$ 为企业层面的人民币实际有效汇率；Z_{it} 与式（1）中的含义一致，表示一系列控制变量；ξ_{it} 表示误差项；$I(*)$ 为指示函数；τ 为门槛值。

（二）变量定义与说明

1. 被解释变量

产能利用率（cu）。本文采用 Aigner 等（1977）、Meeusen 和 Broeck（1977）分别独立提出的随机前沿生产函数法，以实际产出与前沿产出水平的比值来衡量企业产能利用率。沿用 Kirkley 等（2002）的做法，参考杨振兵（2016）、李雪松等（2017）的研究，将具体模型形式设定如下：

$$\begin{aligned} \ln y_{it} = {} & \alpha_0 + \alpha_1 t + \frac{1}{2}\alpha_2 t^2 + \alpha_3 \ln k_{it} + \alpha_4 \ln l_{it} + \alpha_5 t \times \ln k_{it} \\ & + \alpha_6 t \times \ln l_{it} + \frac{1}{2}\alpha_7 (\ln k_{it})^2 + \frac{1}{2}\alpha_8 (\ln l_{it})^2 + v_{it} - u_{it} \end{aligned} \tag{3}$$

$$cu_{it} = \frac{E[f(x_{it}, \beta)\exp(v_{it} - u_{it})]}{E[f(x_{it}, \beta)\exp(v_{it} - u_{it}) \mid u_{it} = 0]} = \exp(-u_{it}) \tag{4}$$

式中，y 为企业产出，由于上市公司不披露工业总产值，本文采用企业主营业务收入近似替代其对企业产出进行衡量；i 和 t 分别表示企业和时间；k 为资本投入，采用企业总资产衡量；l 为劳动力投入，采用企业年均从业人数衡量；v 为随机误差项，表示不可控的影响因素；u 为技术损失误差项，用于计算技术非效率。这样，通过式（4）即可对企业产能利用率进行测算。

2. 解释变量

国际产能合作（$du \times dt$）。前文中构造的两个虚拟变量交乘项，即双重差分项，代表国际产能合作对企业产能利用率的政策效应。

3. 门槛变量

人民币实际有效汇率（$reer$）。本文参考许家云等（2015）的研究，采取算术加权算法，以实际有效汇率来衡量汇率水平。为测算企业层面的人民币实际有效汇率，首先应计算一国层面的实际有效汇率，国家 k 在 t 期的实际有效汇率可表示为：$rer0_{kt} = (E_{k/CNYt}) \times (P_{ct}/P_{kt})$，$E_{k/CNYt}$ 表示以间接标价法衡量的 t 期人民币与货币 k 的名义汇率，P_{ct} 为 t 期中国的居民消费价格指数（2013年为100）；其次以2013年为基期折算每个国家的实际有效汇率：$rer_{kt} = (rer0_{kt}/rer_{k13}) \times 100$；最后企业 i 在 t 期的实际有效汇率可表示为：

$$reer_{it} = \sum_{k=1}^{n} (X_{ik}/\sum_{k=1}^{n} X_{ik}) \times rer_{kt} \quad (5)$$

式中，$(X_{ik}/\sum_{k=1}^{n} X_{ik})$ 表示企业 i 在 t 期与国家的贸易额占其当期总贸易额的比例。

4. 控制变量

在借鉴相关文献（温湖炜，2017；李天籽和谢沐芳，2020）的基础上，选取如下控制变量：企业年龄（age），本文采用样本年份与企业开业年份之差来衡量；企业资本密集度（kl），本文采用资本劳动比即企业固定资产净值与企业年均从业人数之比来衡量；企业所有制类型（$state$），本文把所有制分为国有（dum_gy）、外资（dum_wz）及民营（dum_my）三种类型，并且以民营企业为主要参照设置虚拟变量，用于衡量与民营企业对比之下的国有和外资企业的产能利用率情况；政府补贴（dum_bt），本文通过设置企业是否受政府补贴的虚拟变量来进行衡量。

主要变量定义与说明如表1所示。

表1 主要变量定义与说明

变量类型	变量	变量定义与说明
被解释变量	*cu*	产能利用率，利用随机前沿生产函数方法测度
解释变量	$du \times dt$	虚拟变量交乘项，若企业在当年进行了国际产能合作则赋值为1，否则为0
门槛变量	*reer*	人民币实际有效汇率，利用算术加权算法测度
控制变量	*age*	企业年龄，采用样本年份与企业开业年份之差衡量
	kl	企业资本密集度，采用固定资产净值与年均从业人数之比衡量
	dum_gy	企业所有制虚拟变量，若企业属于国有企业则赋值为1，否则为0
	dum_wz	企业所有制虚拟变量，若企业属于外资企业则赋值为1，否则为0
	dum_bt	政府补贴虚拟变量，若企业在当年受政府补贴则赋值为1，否则为0

（三）数据来源与处理方法

本文数据选取自2014—2017年商务部统计的《境外投资企业（机构）名录》、《对外承包工程企业名录》（以下简称《名录》）与Wind上市企业数据。在数据处理方面，需在数据库之间进行匹配，以确定哪些企业为参与了国际产能合作的企业。首先，为确定国际产能合作企业，本文将商务部统计的《名录》与Wind上市企业数据库进行匹配，从而得到参与了对外直接投资和对外承包工程的企业名单。由于《名录》中未披露出口贸易企业名单，因此本文通过Wind上市企业数据库中以地区分类的企业主营构成数据来确定哪些企业具有出口贸易业务。综合得到出口贸易、对外直接投资及对外承包工程企业名单，只要企业参与了其中一种国际产能合作方式，即可标记为当年参与了国际产能合作。其次，本文通过剔除已确定的国际产能合作企业中参与了两项及以上产能合作方式的企业，进而将样本精确为只进行出口贸易、只进行对外直接投资与只进行对外承包工程的企业。此外，本文还剔除了样本期内连续两年及以上参与国际产能合作的企业及参与了却又退出的企业，只选择首次参与的企业，以精确划分企业进行国际产能合作前后的时间段。对于样本异常值，本文也参考了陶长琪和杨雨晴（2019）的研究进行了常规处理。最终，本文获得样本期内进行了产能合作的企业3300家，只进行了出口贸易的企业336家，只进行了对外直接投资的企业2700家，以及只进行了对外承包工程的企业128家。

五、实证结果与分析

（一）国际产能合作对企业产能利用率的影响效应

1. 整体样本的回归分析

为探讨国际产能合作对企业产能利用率的影响，本文首先采取整体样本进行回归分析。由于参与国际产能合作的企业普遍具有更高的产能利用率，即具有更高产能利用率的企业更倾向于对外开展国际产能合作，这说明可能存在样本自选择效应。为解决这些问题，本文遵循1:1的匹配比例，选取企业年龄、企业规模、企业所有制性质、企业资本密集度、企业所属行业等变量为匹配变量，运用倾向得分匹配—双重差分模型（PSM－DID）对样本进行估计。本文数据在实证之前已通过共同支撑假设和平衡性假设的检验。

表2为整体样本的倾向得分匹配结果，实验组企业和对照组企业匹配前后的产能利用率、差值以及 t 值均如表2中所示。可以看出，匹配前实验组与对照组产能利用率的均值相差较大，经过匹配后均值差异普遍接近，且 t 值有所减少，表示匹配为进行国际产能合作的企业找到了与之尽可能接近的未进行过国际产能合作的企业，样本同质性大幅度提高，说明样本自选择效应得到有效缓解，样本不会影响回归结果。从企业各年的产能利用率均值来看，随着年份增长企业产能利用率呈现下降趋势，表明当前产能过剩现象依然存在，需要进一步加大政策力度、采取有效措施削减企业过剩产能。

表2　倾向得分匹配结果

年份	匹配前				匹配后			
	cu 实验组	*cu* 对照组	差值	t 值	*cu* 实验组	*cu* 对照组	差值	t 值
2014	0.6744	0.6560	0.0184	1.90*	0.6744	0.6643	0.0100	0.79
2015	0.6645	0.6510	0.0136	1.56	0.6645	0.6563	0.0082	0.75
2016	0.6409	0.6449	−0.0040	−0.40	0.6409	0.6462	−0.0053	−0.44
2017	0.6332	0.6418	−0.0086	−0.57	0.6332	0.6349	−0.0017	−0.09

注：*、** 和 *** 分别表示在10%、5%和1%的水平下显著。

表3是利用倾向得分匹配后的样本进行双重差分估计的回归结果。首先不控制任何其他因素进行检验，而后加入控制变量并逐步加入年份、行业、地区固定效应以控制年份、行业及地区对企业产能利用率的影响。从第（1）列可以看出，核心变量 $du \times dt$ 的回归系数 $\alpha_1 = 0.0099$，在5%（$t = 1.99$）的水平下显著，说明国际产能合作可以提升企业产能利用率，这意味着国际产能合作政策确实有助于企业向国际市场转移过剩产能，能够有效提高企业的产能利用率水平。第（2）～（5）列分别为加入控制变量以及逐步控制年份、行业、地区固定效应的回归结果，可以看到 $du \times dt$ 的回归系数始终显著为正。并且从控制条件最为严格的第（5）列可以看出，$du \times dt$ 的回归系数为 $\alpha_1 = 0.0102$，在5%（$t = 1.98$）的水平下显著，再次证明国际产能合作对企业产能利用率具有明显的促进作用，验证了假设1的成立。

表3　整体样本的双重差分模型回归结果

变量	cu（1）	cu（2）	cu（3）	cu（4）	cu（5）
$du \times dt$	0.0099** (1.99)	0.0085* (1.72)	0.0144*** (2.80)	0.0127*** (2.71)	0.0102** (1.98)
age		0.0190*** (2.96)	0.0245*** (3.73)	0.0143** (2.30)	0.0291*** (4.40)
kl		-0.0144*** (-6.52)	-0.0142*** (-6.44)	-0.0140*** (-6.26)	-0.0137*** (-6.12)
dum_gy		0.0668*** (9.07)	0.0667*** (9.08)	0.0607*** (9.17)	0.0733*** (9.96)
dum_wz		0.0177 (1.53)	0.0187 (1.61)	0.0243** (2.16)	0.0140 (1.16)
dum_bt		0.0349* (1.74)	0.0395* (1.95)	0.0084 (0.35)	0.0263 (1.29)
常数项	0.3967*** (140.47)	0.4784*** (12.36)	0.4678*** (12.03)	0.5231*** (10.18)	0.5037*** (11.86)
年份固定效应	N	N	Y	Y	Y

续表

变量	*cu*（1）	*cu*（2）	*cu*（3）	*cu*（4）	*cu*（5）
行业固定效应	N	N	N	Y	Y
地区固定效应	N	N	N	N	Y
R^2	0.0006	0.0248	0.0274	0.1836	0.2210
样本量	6600	6600	6600	6600	6600

注：回归系数下的括号内的数值为 t 值，* 、** 和 *** 分别表示在 10%、5% 和 1% 的水平下显著，下同。

从其他控制变量来看，企业年龄的系数显著为正，说明企业年龄促进了企业产能利用率的提升，这可能是由于企业在生产经营活动中存在学习效应。企业资本密集度的系数则都在 1% 的水平下显著为负，说明企业资本密集度与企业产能利用率负相关，本文猜测可能是由于企业集中投资于资本密集的资产而形成高技能人力资源的匮乏，从而造成企业技术创新滞后，拉低了企业生产效率以及资源配置效率，使企业无法及时消化过剩产能进而抑制了企业产能利用率的增长。从企业所有制性质来看，国有企业的回归系数均在 1% 的水平下显著为正，外资企业的回归系数则不显著，主要是因为国有企业对比民营企业而言具有更优质的资源、技术、劳动力，能够更有效地提升生产效率，进而促进产能利用率的提高，而民营企业对比外资企业而言在信息获取上更具优势，因此可以及时地进行产能调整以适应市场环境。政府补贴的回归系数只在未控制行业、地区固定效应在 10% 的水平下显著为正，说明政府补贴能够微弱地提升企业产能利用率，但提升效果不是很显著。

2. 不同国际产能合作方式对企业产能利用率的比较分析

依据前文所述方式，对按国际产能合作方式分类的样本进行倾向得分匹配，具体匹配结果如表 4 所示。根据表 4 中结果，对外直接投资及对外承包工程的实验组和对照组产能利用率的均值，在匹配后差异均明显接近，且检验结果显著性降低，说明样本同质性提高，样本自选择效应消除。出口贸易的企业样本则与之相反，虽然匹配后实验组和对照组的产能利用率均值差异减小，但 t 值存在微弱提升，且匹配前后对照组企业的产能利用率均高于实验组，说明产能利用率与出口贸易互相之间可能存在负相关关系。另外，从表 4

中还可以看出，对外直接投资企业的产能利用率均值明显高于出口贸易企业及对外承包工程企业，说明国际产能合作企业当中产能利用率较高的企业基本集中于对外直接投资企业。

表 4　按国际产能合作方式分类样本的倾向得分匹配结果

年份	出口贸易							
	匹配前				匹配后			
	cu 实验组	cu 对照组	差值	t 值	cu 实验组	cu 对照组	差值	t 值
2014	0.3474	0.4179	-0.0705	-1.88*	0.3474	0.4608	-0.1134	-2.16**
2015	0.3954	0.3997	-0.0042	-0.11	0.3954	0.3980	-0.0026	-0.04
2016	0.3669	0.3930	-0.0260	-0.64	0.3669	0.3708	-0.0038	-0.09
2017	0.3922	0.3879	0.0043	0.09	0.3922	0.3415	-0.0507	1.11
年份	对外直接投资							
	匹配前				匹配后			
	cu 实验组	cu 对照组	差值	t 值	cu 实验组	cu 对照组	差值	t 值
2014	0.6827	0.6565	0.0262	2.50**	0.6827	0.6643	0.0184	1.36
2015	0.6667	0.6506	0.0161	1.77*	0.6667	0.6576	0.0091	0.78
2016	0.6420	0.6444	-0.0024	-0.22	0.6420	0.6533	-0.0113	-0.88
2017	0.6179	0.6386	-0.0206	-1.05	0.6179	0.6163	0.0016	0.07
年份	对外承包工程							
	匹配前				匹配后			
	cu 实验组	cu 对照组	差值	t 值	cu 实验组	cu 对照组	差值	t 值
2014	0.4022	0.3903	0.0119	0.29	0.4022	0.3997	0.0025	0.04
2015	0.4029	0.3855	0.0174	0.20	0.4029	0.5305	-0.1276	-0.73
2016	0.3132	0.3929	-0.0797	-0.78	0.3132	0.3795	-0.0663	-0.61
2017	0.4200	0.3940	0.0261	0.27	0.4200	0.4117	0.0084	0.05

表 5 是以上分类样本的双重差分回归结果。第（1）列和第（2）列为企业参与出口贸易对其产能利用率的回归结果，第（3）列和第（4）列为对外直接投资对其产能利用率的回归结果，第（5）列和第（6）列为对外承包工

程对其产能利用率的回归结果。首先，从第（1）列和第（2）列可以看出，核心变量 $du \times dt$ 的回归系数分别为 -0.0397 和 -0.0355，在 1%（$t=-2.80$）和5%（$t=-2.34$）的水平下显著，说明企业参与出口贸易显著降低了企业的产能利用率水平，这对应了前文的理论分析，即由于国际产能合作企业对于自身生产率、研发水平及融资能力均有一定要求，能够主动参与国际产能合作的企业大多为具有先进技术与充足劳动力与资本实力的国有企业及大型企业。也就是说，出口贸易企业中国有企业及大型企业居多，出口贸易对于产能利用率的影响主要以“竞争效应”为主，因此出口贸易与企业产能利用率呈负向关系。第（3）列和第（4）列中，$du \times dt$ 的回归系数均为正，分别为0.0146和0.0141，且均在1%（$t=2.68$ 和 $t=2.84$）的水平下显著。说明无论是否加入控制变量或控制固定效应，对外直接投资都对企业产能利用率具有显著的正向促进作用。这也验证了前文所提出的假设，即与出口贸易及对外承包工程相比，对外直接投资对企业产能利用率的提升作用更大，由于中国企业在对外直接投资方面经验丰富，样本期内对外直接投资企业的数目占全部参与国际产能合作企业数目的80%，且对外直接投资具有产业转移、逆向技术溢出以及出口关联三种效应，均对企业产能利用率产生正向影响，因此相比出口贸易与对外承包工程，对外直接投资对企业产能利用率的提升作用较大。第（5）列和第（6）列中，$du \times dt$ 的回归系数一正一负，且存在不显著的情况，这可能是因为对外承包工程仍处于初级阶段，与出口贸易、对外直接投资相比缺乏经验积累，而且有能力进行对外承包工程的企业还很少，对外承包工程削减过剩产能的作用尚未发挥出来。样本数据亦显示，2014—2017年进行对外承包工程的企业数目仅占对外直接投资企业数目的4.5%，因此相比对外直接投资，对外承包工程对企业产能利用率的提升作用不大，其效果也并不明显。以上结果都验证了假设1的成立。从控制变量来看，第（2）列和第（4）列中企业资本密集度分别在1%的水平下显著为正和显著为负，这也体现了出口贸易企业注重资本密集而在技术创新方面较为薄弱，再次证明出口贸易对企业产能利用率的正向促进作用不及对外直接投资。

表5　按国际产能合作方式分类样本的双重差分模型回归结果

变量	出口贸易		对外直接投资		对外承包工程	
	(1)	(2)	(3)	(4)	(5)	(6)
du × dt	-0.0397 *** (-2.80)	-0.0355 ** (-2.34)	0.0146 *** (2.68)	0.0141 *** (2.84)	-0.0220 (-0.82)	0.0498 ** (2.18)
age		-0.0462 * (-1.71)		0.0106 (1.62)		-0.0592 (-1.46)
kl		0.0238 *** (3.00)		-0.0127 *** (-5.31)		-0.0048 (-0.57)
dum_gy		0.0459 (1.57)		0.0614 *** (8.81)		0.0111 (0.41)
dum_wz		0.0583 (1.21)		0.0190 (1.60)		-0.0757 *** (-3.18)
dum_bt		0.0566 (1.38)		0.0280 (1.41)		0.0262 (0.48)
常数项	0.4001 *** (45.95)	0.3000 *** (2.91)	0.3979 *** (129.34)	0.5827 *** (10.08)	0.4147 *** (32.01)	1.0817 *** (5.84)
年份固定效应	否	是	否	是	否	是
行业固定效应	否	是	否	是	否	是
地区固定效应	否	是	否	是	否	是
R^2	0.0111	0.1814	0.0013	0.2681	0.0024	0.6475
样本量	672	672	5600	5600	256	256

（二）基于人民币汇率的国际产能合作对企业产能利用率的门槛效应

本文首先对静态面板门槛模型进行自抽样（Bootstrap）检验，具体检验结果如表6所示。可以看出，人民币汇率在5%的水平下通过了单门槛检验，表明模型具有单门槛。人民币汇率的门槛值为2.6121，因此可将人民币汇率对国际产能合作与企业产能利用率之间因果关系的门槛效应区间划分为 $\ln reer \leqslant 2.6121$ 和 $\ln reer > 2.6121$ 两个区间。

表 6　人民币汇率的门槛效应检验结果

门槛变量	F 统计量（P 值）	门槛个数	门槛值	95% 置信区间
人民币汇率	12.99 ** (0.036)	单门槛	2.6121	[1.4148，4.1225]

其次，本文构建以人民币汇率为门槛变量的单门槛模型，以考察基于人民币汇率的国际产能合作对企业产能利用率的门槛效应，并探讨如何调节汇率政策以提高企业产能利用率。具体门槛回归结果如表 7 所示。可以看到，当 $\ln reer \leqslant 2.6121$，即 $reer \leqslant 13.6382$ 时，国际产能合作对企业产能利用率的回归系数为 0.0109，在 10%（$t=1.77$）的水平下显著，说明当人民币汇率较低时，国际产能合作对企业产能利用率具有正向促进作用。当 $\ln reer > 2.6121$，即 $reer > 13.6382$ 时，国际产能合作对企业产能利用率的回归系数为 -0.0231，在 1%（$t=-3.04$）的水平下显著，说明当人民币汇率超过一定门槛值时，国际产能合作转而对企业产能利用率产生显著的负向抑制作用。综合分析，随着人民币汇率的上升，国际产能合作对企业产能利用率的影响呈先增后减的倒“U”形结构。这表明，当人民币汇率较低时，国内企业面临的国际市场需求较大，此时企业对外合作意愿增强，企业进行国际产能合作能够有效转移过剩产能，提高自身的产能利用率水平。当人民币汇率达到一定的水平之后，国际市场需求面临减少的趋势，这种情况下国际产能合作的持续将对企业产能利用率产生负向抑制作用。以上结果均验证了假设 2 的成立。

表 7　人民币汇率的静态面板门槛模型回归结果

变量	人民币汇率
$du \times dt \times I(\ln reer \leqslant 2.6121)$	0.0109 * (1.77)
$du \times dt \times I(\ln reer > 2.6121)$	-0.0231 *** (-3.04)
age	0.0213 (0.79)
kl	-0.0055 (-0.50)

续表

变量	人民币汇率
dum_gt	0.0997*** (4.20)
dum_wz	0.0282 (0.59)
dum_bt	0.1095*** (3.22)
常数项	0.4344*** (33.85)
R^2	0.0287
样本量	11324

为进一步验证以上门槛回归结果的准确性，本文以人民币汇率分组对其进行检验，具体检验结果如表8所示。其中，第（1）列和第（2）列分别为高人民币汇率组和低人民币汇率组的回归结果。在第（1）列中，国际产能合作对企业产能利用率的回归系数为0.0246，在10%（$t=1.75$）的水平下显著；在第（2）列中，国际产能合作对企业产能利用率的回归系数为-0.0962，在5%（$t=-2.48$）的水平下显著。这说明，当人民币汇率处于低值时，国际产能合作在10%的水平下提升企业产能利用率；当人民币汇率较高时，国际产能合作对企业产能利用率产生抑制作用。此结果再次验证了人民币汇率对国际产能合作与企业产能利用率之间的因果关系存在门槛效应，进一步巩固了假设2的研究结论。

表8 分组回归的稳健性检验结果

变量	低人民币汇率（1）	高人民币汇率（2）
$du \times dt$	0.0246* (1.75)	-0.0962** (-2.48)
age	0.0082 (0.27)	0.0887 (1.46)
kl	-0.0065 (-0.55)	0.0027 (0.09)

续表

变量	低人民币汇率（1）	高人民币汇率（2）
dum_gy	0.0939 *** (3.41)	0.0942 ** (2.07)
dum_wz	0.0401 (0.67)	−0.0100 (−0.27)
dum_bt	−0.0988 *** (−2.69)	0.1099 *** (3.23)
常数项	0.5521 *** (2.97)	0.4765 *** (3.25)
年份固定效应	是	是
行业固定效应	是	是
地区固定效应	是	是
R^2	0.0570	0.1832
样本量	8942	2382

（三）稳健性检验结果与分析

本文采用企业总资产周转率替代产能利用率进行稳健性检验，稳健性检验结果如表9所示。可以看出，关键变量系数的正负和显著性与前文基本保持一致，说明通过了稳健性检验。在国际产能合作整体样本的回归结果中，核心变量 $du \times dt$ 的系数始终显著为正，而在按国际产能合作方式分类样本的出口贸易样本回归结果中，$du \times dt$ 的系数显著为负，在对外直接投资企业的回归结果中则显著为正，表明企业参与产能合作能够有效促进企业产能利用率的提高，并且，其中对外直接投资对于企业产能利用率有较明显的促进作用，出口贸易则对其具有负向抑制作用。

表9　以企业总资产周转率度量产能利用率的双重差分模型回归结果

变量	整体样本	按国际产能合作方式分类样本		
	国际产能合作（1）	出口贸易（2）	对外直接投资（3）	对外承包工程（4）
$du \times dt$	0.0285 *** (2.62)	−0.0848 ** (−2.60)	0.0186 *** (2.61)	0.0997 *** (2.79)

续表

变量	整体样本	按国际产能合作方式分类样本		
	国际产能合作（1）	出口贸易（2）	对外直接投资（3）	对外承包工程（4）
age	0.0357 ** (2.13)	−0.1965 ** (−2.05)	0.0421 ** (2.33)	−0.1461 ** (−2.56)
kl	−0.0922 *** (−17.05)	0.0532 *** (3.04)	−0.0877 *** (−16.80)	−0.0663 *** (−5.85)
dum_gy	0.0797 *** (4.92)	0.1118 (1.58)	0.0952 *** (5.25)	0.0406 (1.00)
dum_wz	−0.0026 (−0.11)	0.0347 (0.33)	0.0094 (0.38)	−0.0746 (−0.93)
dum_bt	0.0725 (0.65)	0.1869 (1.30)	0.1680 ** (2.06)	0.0646 (1.03)
常数项	1.8300 *** (12.11)	1.9026 *** (3.74)	1.6902 *** (15.39)	4.5507 *** (14.27)
年份固定效应	是	是	是	是
行业固定效应	是	是	是	是
地区固定效应	是	是	是	是
R^2	0.0601	0.1951	0.0635	0.8482
样本量	6600	672	5600	256

根据表10的稳健性检验结果，核心变量 $du \times dt$ 仍然在小于门槛值时显著为正，在超过门槛值时显著为负，与前文保持一致，表明估计结果通过了稳健性检验。

表10 以企业总资产周转率度量产能利用率的门槛模型回归结果

变量	人民币汇率
$du \times dt \times I(\ln reer \leqslant 2.6121)$	0.0366 * (1.78)
$du \times dt \times I(\ln reer > 2.6121)$	−0.0415 *** (−2.75)
age	0.0149 (0.25)

续表

变量	人民币汇率
kl	-0.0861*** (-4.01)
dum_gy	0.1808*** (3.47)
dum_wz	0.0011 (0.02)
dum_bt	0.0936 (1.28)
常数项	0.7341*** (27.24)
R^2	0.0168
样本量	11324

六、结论与政策启示

本文基于企业微观视角，运用中国上市企业 2014—2017 年的数据，采用 PSM - DID 方法探究国际产能合作对企业产能利用率的影响，并在此基础上进一步构建静态面板门槛模型，分析人民币汇率对国际产能合作与企业产能利用率之间因果关系的非线性门槛效应。实证检验结果如下：（1）国际产能合作对企业产能利用率具有正向促进作用，通过细分三种方式来看，对外直接投资对企业产能利用率具有较大的提升作用，出口贸易对企业产能利用率具有负面影响，对外承包工程对企业产能利用率的影响不显著。（2）人民币汇率对国际产能合作与企业产能利用率之间的因果关系具有门槛效应，即当人民币汇率小于或等于门槛值时，国际产能合作能够促进企业产能利用率的提高；当人民币汇率高于门槛值时，国际产能合作对企业产能利用率产生显著的抑制效应。综合来看，随着人民币的持续升值，国际产能合作对企业产能利用率的影响呈先促进后抑制的倒“U”形结构。

上述结论表明，国际产能合作确实有助于企业转移过剩产能，提升企业自身的产能利用率，但通过具体分析得知，不同的国际产能合作形式对其产能利用率具有差异化的影响，企业需要作出合理转变以提升国际产能合作效率，使其能够更好地促进企业转型升级。同时，人民币汇率的变化也与国际产能合作作用于企业产能利用率的影响机制息息相关，人民币升值在人民币汇率较低时有利于国际产能合作企业的产能利用率提升，在人民币汇率高于一定值时则产生抑制作用，这在某种程度上也顺应了当前人民币汇率形成机制改革与人民币升值的趋势。因此，本文分别从促进企业进行高质量的国际产能合作和帮助央行根据国际市场和经济形势有效地调节汇率提出两方面相关政策建议。（1）鼓励和引导企业进行国际产能合作，注重发展对外直接投资与对外承包工程。要尽量简化国际产能合作程序，降低对外合作门槛，加大对国际产能合作企业的资金倾斜力度，完善企业融资体系并适当调整贷款利率；在开展对外贸易的同时，要注重发展对外直接投资与对外承包工程，提高国际产能合作对企业产能利用率的推升效果。企业自身也应积极响应国家政策，努力提升自身技术水平，提高技术研发的资金比重，引导加工贸易产业向高技术投资和承包工程转型。（2）灵活有效调节人民币汇率，促使人民币汇率运行在有利于国际产能合作的合理区间。在坚持好以市场供求为基础、参考一篮子货币进行调节、有管理的浮动汇率制度基础上，应注意根据国际产能合作企业的产能利用率水平，确定合理的人民币汇率双向浮动区间，防止过高或过低的人民币汇率对国际产能合作产生严重负面影响，使其在企业对外合作方面发挥积极作用，增强国际产能合作的去产能效果，促进企业加入国际经济循环。

课题组组长：邓建军

课题组成员：杨威、杨雨晴

第二篇

区域经济金融

江西省有色金属行业气候环境风险压力测试研究
——基于转型风险分析

中国人民银行南昌中心支行金融研究处课题组

一、引言

（一）研究背景和意义

与前工业时代相比，人类活动已经导致全球温度升高约1℃①，预计到2100年，全球温度可能比工业化前的水平高出约4℃，随着全球气温的不断上升，极端天气事件增多，气候变化对经济的影响备受关注，尤其是传统经济发展，为防止或缓解气候变化对包括农业、能源在内的各产业的直接影响和间接影响。目前，普遍认为气候环境风险对金融部门的传导渠道包括两个主要方面，物理风险和转型风险。一方面，气候变化可以通过更为频繁和严重的灾害直接影响金融稳定；另一方面，在向低碳经济转型进程中，伴随时机和进程不确定性，金融市场可能受到包括相关政策措施的影响，以及潜在的颠覆性技术进步带来的碳密集型行业资产价格重估。前者影响被称为物理风险，后者被称为转型风险。

气候变化问题受到日益重视推动了气候变化经济学发展。20世纪90年代

---

① 根据政府间气候变化专门委员会（IPCC）估计。

初经济学家威廉·诺德豪斯将影响气候变化的因素加入经济学模型中，是气候变化综合评估模型的重要起源之一。2017 年，G20 绿色金融研究小组提出两个重点研究领域分别为环境风险在金融业的应用，以及运用公共环境数据开展金融风险分析和支持决策。2017 年，法国、中国、英国等 8 国的央行和监管机构联合发起成立央行与监管机构绿色金融网络（NGFS），致力于推动气候变化带来的金融风险管理，已有 91 家央行和监管机构加入。国际上关于气候变化的应对逐步达成共识，《巴黎气候协定》提出将全球气温上升幅度限制在 2℃以内、力争限制在 1.5℃以内的长期目标，设定了 21 世纪下半叶达到温室气体净零排放的短期目标。截至 2020 年底，全球已有 28 个国家公布碳中和目标，有近 100 个国家已经将碳中和提上议事日程。

在此背景下，本课题立足于江西经济发展，选择有色金属行业这一特色产业①，它同时属于生态环保部提出的八个高耗能行业之一。有色金属产业是江西省第一大支柱产业，产业规模居全国第一，在国内乃至全球都具有重要的战略地位。有色金属行业在减排降碳、节能降耗等方面面临巨大环保压力，未来对其相关企业改变能源供给结构和实现低碳绿色转型提出了更高的要求。江西有色金属行业在全面贯彻习近平生态文明思想，做好碳达峰碳中和工作中，面临矿产资源利用效能提升、环保投入提高、绿色发展水平提高等现实问题。鉴于此，研究江西省有色金属行业的转型风险十分必要和迫切。

（二）研究内容以及创新之处

本课题的研究内容主要有两方面：一是开展江西省有色金属行业的气候环境风险分析并设定压力情景；二是分析压力传导至企业后的信用风险。在现有的研究基础上，通过设计问卷，调研江西省有色金属行业的现状，结合节能环保要求提升、碳市场风险等开展气候环境风险分析和设定压力情景，

① 本课题研究对象为有色金属冶炼与压延加工业，有色金属行业包括有色金属矿采选业和有色金属冶炼和压延加工业，从江西省的情况来看，企业数量、资产规模、营业收入等，有色金属冶炼与压延加工业占比较大，因此选为课题研究行业对象。下文以“有色金属行业”代指有色金属冶炼与压延加工业。

通过企业财务数据的钩稽关系将设定压力传导至企业，并通过构建信用风险模型分析不同压力情景下企业的信用风险。最后结合实证结论提出防范有色金属行业转型风险的政策建议。

本课题的创新之处有三点：一是研究视角新颖。本课题立足全省，全面分析区域行业的转型风险，有利于从管理角度度量和把控区域风险，这是目前较为欠缺的研究领域，本课题致力于弥补这一空白。二是转型风险分析清晰。由于缺乏严密的产业分析，风险传导和模型构建属于盲区，本课题通过提供翔实的产业分析，厘清行业分析逻辑，构建了通俗易懂的压力情景，为今后其他行业的气候环境风险分析环节提供一种思路。三是数据采集翔实。本课题充分发挥央行分支机构平台作用，有针对性地采集了各金融机构的金融数据，以及丰富的行业数据，为课题研究提供了有力的数据基础。

二、有色金属行业分析

（一）行业概况

江西省是我国有色金属产业发展的极其重要区域之一，有色金属产业主营业务收入占比全国第一，主要以铜、铝类有色金属为主。统计数据显示，有色金属冶炼和压延加工企业数量基本呈现逐年增加的趋势。2019 年，全国规模以上有色金属冶炼和压延加工企业数量达到 7000 家，其中江西省有 600 多家。

（二）产品和能耗情况

目前，我国有色金属冶金行业产量统计主要围绕十种有色金属——铅、锌、铜、铝、锡、锑、汞、镁、海绵钛、镍进行统计。2010—2016 年我国十大有色金属总产量逐年增加，到 2014 年达到 18710 万吨，其中铜、铝、铅、锌四大常用金属产量占比达到 96.07%。根据中国有色金属工业协会行业统计年鉴显示，2016 年有色金属产量占到行业总产量的 95% 以上，其中铝产量、铜产量、铅产量分别占到行业总产量的 74%、11% 和 7%。

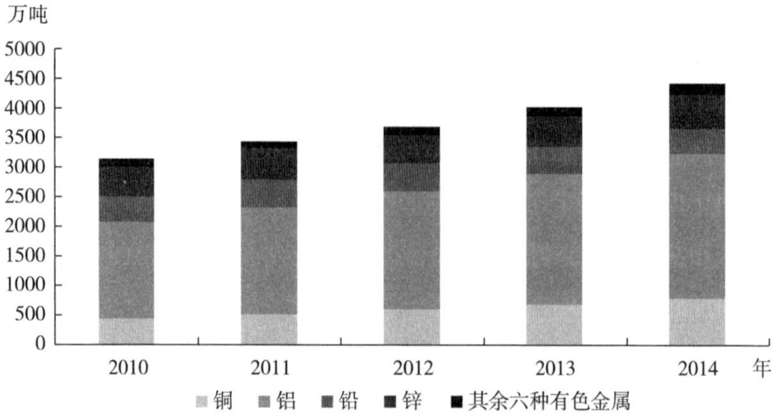

图 1　2010—2014 年中国十大有色金属产量

江西有色金属冶炼行业能源消费以电力、煤炭和天然气消耗为主，统计显示，单位产品能耗呈逐年降低的趋势，由 2008 年的 2745kgce/t 产品下降至 2018 年的 1608kgce/t 产品，10 年间能耗水平降低了 41%。根据全国有色金属冶炼和压延加工业能耗标准，有色金属能耗水平与产品种类、生产工艺相关性较大，能耗水平差异较大，从 5kgce/t 至 8000kgce/t 不等。

表 1　江西省有色金属冶炼企业能耗情况

年份	产品产量（万吨）	能源消费量（万吨标准煤）	单位产品能耗情况（kgce/t）
2019	186.59	275.95	1478.91
2018	163.71	263.25	1608.03
2017	174.22	464.59	2666.69
2016	161.14	395.51	2454.45
2015	167.8	413.52	2464.36
2014	165.1	405.96	2458.87
2013	156.22	389.75	2494.88
2012	145.32	316.36	2176.99
2011	115.27	320.44	2779.91
2010	111.71	283.05	2533.79
2008	89.56	228.36	2549.80

注：数据来自江西省统计年鉴。

（三）排污许可证申领情况

根据《固定污染源分类管理名录》（2019 年版），有色金属冶炼和加工业以发证管理为主，部分污染较小产业为登记管理。经查询“全国排污许可证管理信息平台公开端”，全国有色金属冶炼与压延加工业发证企业 6488 家，其中江西省 198 家，整改企业 514 家，登记企业 3261 家，江西省 58 家。

根据江西省发证和登记的 256 家企业信息，主要集中在江西省赣州市、鹰潭市、宜春市、南昌市和上饶市。

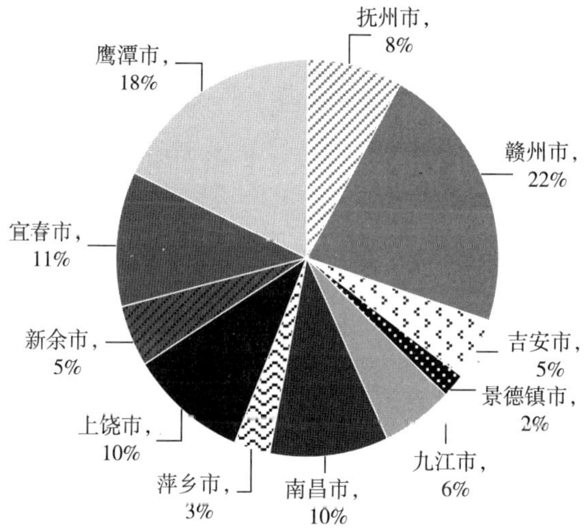

图 2　有色金属企业区域分布

有色金属行业废水主要产生于湿法冶炼过程，其余生产环节废水排放较小，以循环利用为主。根据目前的污染治理可行技术措施，铅锌冶炼行业废水基本实现生产废水处理后全部回用。按照江西省有色金属冶炼企业用水量和排水量统计数据，从 2011 年至今用水量基本保持在 300～400 立方米/吨，排水量在 20～40 立方米/吨，并呈现单位产品排水量逐年减少的趋势。

根据国家有色金属工业污染物排放标准①，该行业基准排水量普遍较小，

① 全国有色金属冶炼单位基准排水量见附表 2。

镁冶炼企业的单位基准排水量为1立方米/吨，电解铝厂的单位产品基准排水量最大为1.5立方米/吨，铅锌冶炼企业废水总排放口的单位产品基准排水量为8立方米/吨，铜冶炼企业废水总排放口的单位产品基准排水量为10立方米/吨，单位基准排水量最大的是以钛精矿为原料生产海绵钛，基准排水量为55立方米/吨。此外，在本次调研的157家企业中，72.6%的企业无生产废水产生。

（四）行业面临主要问题

1. 市场下行产量受限

主要因素是外在（出口欧美等国）需求的减弱，国内金属需求平稳。未来增长点在于新冠肺炎疫情过后出口的增加（欧美等需求国经济复苏以及国内关税政策的放宽）和国内需求的回升（得益于电力、家电、汽车行业需求的增加），使整体市场产量会呈现低速增长或保持平稳的趋势。

2. 属于八大高耗能行业之一

根据九方金融研究所报道，在国内的高耗能工业中，碳排放按从高到低的顺序依次是钢铁（15%）、水泥（13%）、石化/化工（10%～15%）、有色金属（6%）、煤炭开采（2%～5%）、造纸（2%）。有色金属冶炼全行业的碳排放占比在6%，其中碳排放最高的就是电解铝，外购电力为其主要耗能来源。依据碳交易所披露数来看，2020年电解铝行业二氧化碳总排放量约为4.26亿吨，约占全社会二氧化碳净排放总量的4%。

生态环境部已明确，除电力行业外，石化、化工、建材、钢铁、有色金属、造纸、电力和民航8个高耗能行业将于“十四五”期间逐步纳入全国碳市场。其中，有色金属行业以电解铝3216、铜冶炼3211为主要子行业。减排降碳、节能降耗将成为有色行业面临的重大环保压力，对企业改变能源供给结构和实现低碳绿色转型提出了更高的要求。

3. 重金属污染防控重点行业

在有色金属行业当中，有色金属冶炼属于高污染行业，通常体现在重金属废水污染。有色金属重金属冶炼生产废水一般包括污酸、酸性废水、一般生产废水、各种设备冷却排污水、辅助生产废水和初期雨水，其中污酸、酸性废水、初期雨水主要污染物为铅、砷、镉、汞等重金属，一般生产废水主要污染物为盐类。对含重金属等一类污染物废水的达标排放是企业面临的重要环保督察内容之一。

此外，有色金属冶炼过程会产生含重金属的废液废渣等，通常以危废委托方式处置，因此危险废弃物的储存和委托处置也是企业环保的重要管理内容之一，随着重金属危废处置难度和处理费用的增加，企业在危废处置方面的成本也不断增加。

4. 含重金属的烟气污染治理

有色金属在冶炼过程中会释放大量二氧化硫等有毒的气体，多为含硫、含氟、含氯的气体，在高温冶炼时还会有镉、汞等含重金属气体伴随着二氧化碳排出，具有废气排放量大且成分复杂的特点。据统计，近十年来有色金属行业国控四项污染物排放量和烟粉尘排放量及各项污染物行业占比呈上升趋势。目前，有组织废气污染物基本可以确保达标排放。对比欧洲废气排放标准，目前我国有色金属冶炼行业废气排放标准限值要求仍较宽松，从发展趋势看，废气浓度标准的提高以及无组织管控可能成为该行业将面临的重要环保问题之一。

三、气候环境风险分析及情景设定

（一）节能降耗要求提高

按照以下原则设定压力情景：

1. 能耗标准制定和更新的频次

根据有色金属冶炼和压延加工行业产品能耗标准制定、更新情况①，铝电解和镁冶炼标准更新频次为 4 年；铜及铜合金管材、电解铝标准更新频次为 5

① 产品能耗制定和更新频率见附表 3。

年；铝合金、锡冶炼、锑冶炼标准更新频次为6年；铜冶炼、氧化铝、锌冶炼、铅冶炼、镍冶炼标准的更新频次为7年，另外铜及铜合金线材、铜及铜合金棒材、铝及铝合金轧、拉制管/棒材、铝及铝合金热挤压棒材、再生铅、钛及钛合金铸锭、海绵钛、焙烧钼精矿、锗、金精矿的标准自发布后未更新。

2. 更新标准的变化情况

对比更新后的能耗水平和首次制定的能耗水平，变化规律如下：

（1）更新后的能耗限定值变更为更新前的准入值（占比为8%）。参照该比例的变化，再次更新的限定值为现行准入值，准入值在限定值的基础上降低13%，先进值在准入值的基础上降低9%。

（2）更新后的能耗限定值严于更新前的准入值（占比为54%），限定值在准入值基础上平均降低约15%。参照该比例的变化，再次更新的限定值应是现行准入值降低15%后，准入值为在限定值的基础上降低13%，先进值在准入值的基础上降低9%。

（3）更新后的能耗限定值宽于更新前的准入值（占比为37%），通常针对能耗限定值和准入值差别较小的产品标准，该类产品更新后的限定值标准在原限定值的基础上下调约5%。参照该比例的变化，再次更新后的限定值标准在原限定值的基础上下调约5%，准入值为在限定值的基础上降低13%，先进值在准入值的基础上降低9%。

3. 现行的能耗标准要求

以现有能耗标准中的准入值作为能耗基础，以标准更新后的限定值作为企业能耗要求。

4. 现有企业的能耗水平

根据157家企业调研数据，有色金属冶炼和压延企业能耗水平在0.69～12290kgce/t，平均为657.20kgce/t，76%的企业能效水平低于1000kgce/t。157家调研企业中有56家企业进行了升级改造，其中18家企业提供了改造前后的节能降耗率，降耗范围在3.7%～60%，平均降耗约18%。

综上所述，从严选取四个原则，设置压力情景，设置轻度、中度和重度三种情形：

（1）轻度：按照能耗标准每 6 年更新一次，更新后的能耗限定值严于更新前的准入值，限定值使现行准入值降低 15%。

（2）中度：按照能耗标准每 5 年更新一次，更新后的能耗限定值严于更新前的准入值，限定值使现行准入值降低 15%。

（3）重度：按照能耗标准每 4 年更新一次，更新后的能耗限定值严于更新前的准入值，限定值使现行准入值降低 15%。

关键假设：

①以 2021 年为更新起始年度；

②以标准更新后的限定值作为企业能耗要求；

③企业产能不变；

④2020—2030 年能耗水平线性下降。

压力指标如表 2 所示。

表 2　企业节能降耗压力指标一览

年份	轻度（%）	中度（%）	重度（%）
2021	降至 97.50	降至 97.00	降至 96.25
2022	降至 95.00	降至 94.00	降至 92.50
2023	降至 92.50	降至 91.00	降至 88.75
2024	降至 90.00	降至 88.00	降至 85.00
2025	降至 87.50	降至 85.00	降至 81.81
2026	降至 85.00	降至 82.45	降至 78.63
2027	降至 82.88	降至 79.90	降至 75.44
2028	降至 80.75	降至 77.35	降至 72.25
2029	降至 78.63	降至 74.80	降至 69.54
2030	降至 76.50	降至 72.25	降至 66.83

（二）碳市场风险

根据《碳排放权交易管理办法（试行）》要求，满足：（1）属于全国碳排放权交易市场覆盖行业；（2）年度温室气体排放量达到 2.6 万吨二氧化碳当量两个条件的企业应当列入温室气体重点排放单位名录。按照江西省 1.48

吨标准煤/吨产品的生产能耗，当产品产量达到6757吨时，能耗可达到1万吨标准煤，也即2.6万吨二氧化碳当量。

有色金属压延和铸造业中电解铝3216、铜冶炼3211为国家指导的“八大行业”覆盖（子）行业，目前，生态环境部已经相继委托中国建筑材料联合会、有色金属工业协会、中钢协等开展行业纳入全国碳市场相关工作，有望于2022年进入全国碳市场交易系统。江西省生态环境厅也表示，下一步江西省将逐步把石化、化工、钢铁、建材、有色、造纸、航空等行业重点排放单位纳入碳排放权交易市场。综合分析，江西省有色金属中型企业和大型企业未来将不可避免参与碳市场交易。

根据国内外全国碳交易市场和试点碳交易市场情况，有色金属冶炼和压延加工业一旦纳入碳交易市场，必然将受到碳价格波动、碳配额逐年降低、每年强制清缴履约的要求，将大大增加企业的碳排放成本。

本压力测试碳市场风险压力情景因素分析如下：

1. 纳入碳交易市场

有色金属冶炼和加工行业纳入全国碳排放交易市场，包括纳入生态环境部全国碳排放权交易配额管理的重点排放企业名单中的江西省有色金属企业、江西省排放量达到2.6万吨二氧化碳当量（综合能源消费量约1万吨标准煤）及以上的企业。

2. 碳价格

分别参考全国碳交易市场近期碳价走势（轻度）、2019年区域碳市场最高碳价（中度）和我国区域碳市场历史最高碳价（重度）作为2021年碳价的起点，以央行与监管机构绿色金融网络（NGFS）的升温2℃碳价情景（轻度）和升温1.5℃碳价情景（重度）作为2030年碳价的参考，2021—2030年碳价线性上升。

3. 碳配额

行业免费配额比例将从2022年的100%线性下降至2030年的85%。[①]

① 85%是结合之前研究情况的专家估值。

关键假设：

（1）电解铝和铜冶炼行业于2022年正式纳入全国碳交易市场；

（2）2021—2030年碳价线性上升；

（3）企业产能不变。

设置轻度、中度、重度三种压力情景如下：

（1）轻度以全国碳交易市场近期碳价走势为起点；

（2）中度以2019年区域碳市场最高碳价为起点；

（3）重度以我国区域碳市场历史最高碳价为起点。

三种压力情景均同时设定以央行与监管机构绿色金融网络（NGFS）的升温2℃碳价情景（轻度）和升温1.5℃碳价情景（重度）作为2030年碳价，2021—2030年碳价线性上升。

压力指标如表3所示。

表3 全国碳市场碳价压力指标一览

年份	轻度（元/吨）	中度（元/吨）	重度（元/吨）
2021	50	89.5	123
2022	83.56	161.22	221.56
2023	117.11	232.94	320.11
2024	150.67	304.67	418.67
2025	184.22	376.39	517.22
2026	217.78	448.11	615.78
2027	251.33	519.83	714.33
2028	284.89	591.56	812.89
2029	318.44	663.28	911.44
2030	352	735	1010

（三）废水和大气污染排放标准提升

以废水、废气标准限值的提升为压力因素，以企业废水、废气环保投资和运行成本的增加比例为压力指标，以2020年企业环保投资和运行成本为基数，设置轻度、中度、重度情形：

1. 轻度：废水按照现执行标准中的直接排放标准设定，企业需要增加高级氧化及脱色（Fenton、臭氧等）处理工艺满足新的排放要求；废气颗粒物、二氧化硫、氮氧化物按照现执行标准严格20%执行，企业需要增加治理设施处理效率以满足新的排放要求。企业环保治理设施投资和运行成本每年增加10%。

2. 中度：废水按照现行执行标准中的特别排放限值要求设定，企业需要进一步强化深度处理及脱氮工艺（A/O、MBBR等）；废气颗粒物、二氧化硫、氮氧化物、重金属按照现执行标准严格50%执行，企业需要增加吸附脱附措施，提高脱硫脱氮效率，更换高效处理设备等以满足新的排放要求。企业环保治理设施投资和运行成本每年增加15%。

3. 重度：在中期压力情景排放要求基础上，进一步降低COD、氨氮、重金属离子等排放要求，企业需要强化重金属废水高效吸附过滤深度处理工艺；废气按照现行执行标准中的特别排放限值执行，须采取更新设备、增加治理设施套数等以满足达标排放要求。企业环保治理设施投资和运行成本每年增加20%。

压力指标如表4所示。

表4　企业环保治理设施投资和运行成本压力指标一览

年份	轻度（倍）	中度（倍）	重度（倍）
2021	增加至1.10	增加至1.15	增加至1.20
2022	增加至1.21	增加至1.32	增加至1.44
2023	增加至1.33	增加至1.52	增加至1.73
2024	增加至1.46	增加至1.75	增加至2.07
2025	增加至1.61	增加至2.01	增加至2.49
2026	增加至1.77	增加至2.31	增加至2.99
2027	增加至1.95	增加至2.66	增加至3.58
2028	增加至2.14	增加至3.06	增加至4.30
2029	增加至2.36	增加至3.52	增加至5.16
2030	增加至2.59	增加至4.05	增加至6.19

（四）压力成本分析

1. 节能降耗压力成本测算

本次课题对江西省有色金属冶炼和压延类客户进行了线上调研，回收调查表157份，其中大型企业3家、中型企业20家、小型企业125家、微型企业9家，产品涉及冶炼（铜制品、铅制品、锌制品、黄金、银、锡、镍、钴等制品）、合金（铝合金、硬质合金、电缆、磷铜球、钐铁合金等）和压延（铜制品、钨制品、铝型材、电缆等），其中铜制品生产企业占比为43%，铝制品生产企业占比为16%。

按照企业调研情况，共有56家企业进行了升级改造，升级改造内容包括淘汰高耗能设备和工艺、采取自动化生产技术改造、更换清洁能源、更换高效生产设备等，其中18家企业填报改造前后节能降耗情况，平均节能降耗约18%，每降耗1%投资费用约206.86万元。

节能降耗水平的提升虽然增加了企业节能技改的成本，但同时降低了企业能源使用的成本。经测算，节能技改的投资成本略高于能效降低节约的成本，每降低1%能耗，企业每万元产值需增加投资成本11.3元，对应每万元产值下的节能降耗压力成本如表5所示。

表5　企业节能降耗压力下每万元产值对应压力成本一览

年份	轻度（元）	中度（元）	重度（元）
2021	28.25	33.90	42.38
2022	56.50	67.80	84.75
2023	84.75	101.70	127.13
2024	113.00	135.60	169.50
2025	141.25	169.50	205.52
2026	169.50	198.32	241.54
2027	193.51	227.13	277.56
2028	217.53	255.95	313.58
2029	241.54	284.76	344.19
2030	265.55	313.58	374.81

2. 碳排放压力成本测算

企业碳排放压力为企业额外增加成本费用，根据压力情景产品产量不变则企业年二氧化碳排放当量控制不变，配额逐年减少至2030年的85%，每年超出碳配额后的排放量将计入企业碳排放成本，计算每万元主营业务收入中电解铝、铜冶炼企业需要增加的碳排放支出成本。

付费碳排放量 = 二氧化碳排放量 ×（1 - 免费配额比例）

碳排放费用 = 付费排放量 × 碳价

每万元主营业务收入对应碳排放费用 = 碳排放费用/营业收入

经测算，每万元产值下碳排放压力成本如表 6 所示。

表 6　企业参与碳市场压力下每万元产值对应压力成本一览

年份	轻度（元）	中度（元）	重度（元）
2021	0	0	0
2022	0	0	0
2023	0. 62	1. 23	1. 70
2024	1. 60	3. 23	4. 44
2025	2. 93	5. 99	8. 23
2026	4. 62	9. 50	13. 06
2027	6. 66	13. 78	18. 93
2028	9. 06	18. 81	25. 85
2029	11. 82	24. 61	33. 82
2030	14. 93	31. 17	42. 83

3. 标准提升环保投资增加压力成本测算

按照《中国环境统计年鉴》，根据 2019 年有色金属冶炼和压延加工行业的废气/废水治理设备数量、年运行费用统计数据，单台废气治理设施年运行成本为 95. 78 万元，单台废水治理设施年运行成本为 127. 27 万元。结合历年调研企业对应的设施数量，本次运行成本按照企业配备 0. 8 套废水处理设施和 2. 2 套废气环保治理的综合运行成本为基数进行测算。

经测算，每万元产值下的环保治理设施投资增加压力成本如表 7 所示。

表 7　标准提升压力下每万元产值对应环保治理投资成本一览

年份	轻度（元）	中度（元）	重度（元）
2021	37. 74	39. 46	41. 17
2022	41. 52	45. 38	49. 41
2023	45. 67	52. 18	59. 29
2024	50. 24	60. 01	71. 15
2025	55. 26	69. 01	85. 38
2026	60. 79	79. 37	102. 45

续表

年份	轻度（元）	中度（元）	重度（元）
2027	66.86	91.27	122.95
2028	73.55	104.96	147.53
2029	80.91	120.70	177.04
2030	89.00	138.81	212.45

4. 综合三个压力因素下每万元主营业务收入所增加的成本压力

在不考虑三种压力因素互相作用的影响下，企业压力成本为三种压力成本的物理叠加，本课题通过对辖内银行金融机构调研，汇总调查结果，计算出三种压力对企业经营成本的影响权重，分别为0.38、0.31和0.31，因此计算企业单位产值下的综合压力成本如表8所示。

表8　企业每万元产值下压力成本一览　　单位：元

年份	节能降耗（权重0.38）			碳排放（权重0.31）			环保治理投资（权重0.31）			合计		
	轻度	中度	重度	轻度	中度	重度	轻度	中度	重度	轻度	中度	重度
2021	28.3	33.9	42.4	0.0	0.0	0.0	37.7	39.5	41.2	67.3	75.3	86.6
2022	56.5	67.8	84.8	0.0	0.0	0.0	41.5	45.4	49.4	103.0	119.5	142.6
2023	84.8	101.7	127.1	0.6	1.2	1.7	45.7	52.2	59.3	139.7	165.6	201.7
2024	113.0	135.6	169.5	1.6	3.2	4.4	50.2	60.0	71.2	177.0	213.4	263.5
2025	141.3	169.5	205.5	2.9	6.0	8.2	55.3	69.0	85.4	215.1	263.0	321.4
2026	169.5	198.3	241.5	4.6	9.5	13.1	60.8	79.4	102.5	254.1	308.7	382.8
2027	193.5	227.1	277.6	6.7	13.8	18.9	66.9	91.3	123.0	289.0	356.6	448.4
2028	217.5	256.0	313.6	9.1	18.8	25.9	73.6	105.0	147.5	324.8	406.9	518.7
2029	241.5	284.8	344.2	11.8	24.6	33.8	80.9	120.7	177.0	361.6	459.8	588.5
2030	265.6	313.6	374.8	14.9	31.2	42.8	89.0	138.8	212.5	399.4	515.6	664.7

四、金融风险分析

（一）对经济与金融的影响

近年来，江西有色金属产业实现了跨越式发展，成为江西工业第一大产业，有色金属行业的经济依赖度[①]高，培育出如江铜等行业领军企业，江铜营收指标以及阴极铜、铜加工等主产品产量均居全球铜行业第一位，中国市场每7吨铜当中，就有1吨产自江铜。[②] 2005—2016年，江西有色金属行业经济依赖度平均为4.6%（见图3）。

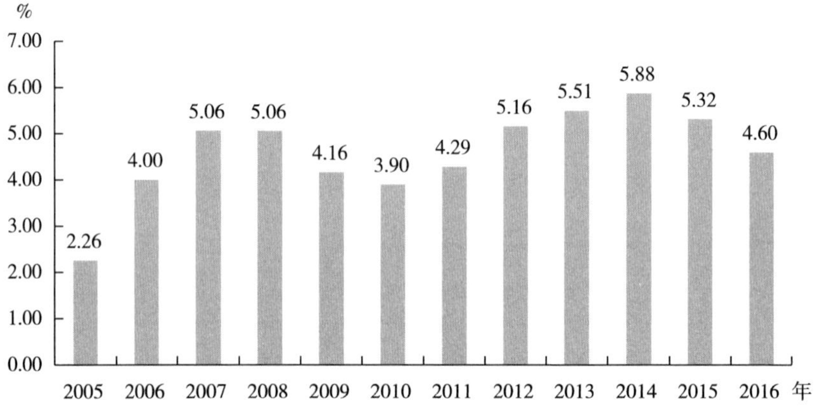

图3 2005—2016年江西省有色金属行业经济依赖度

2016年，江西省有色金属冶炼及压延加工业增加值为850.35亿元，占全国的31.31%。在全国25个省份中[③]，江西省有色金属冶炼及压延加工业总值排名第2位，仅次于山东（见图4）。

通过对全辖银行金融机构的调查，2020年末，江西省在银行有授信的有色金属企业为544家，贷款余额为411.71亿元，占全省金融机构本外币各项贷款余额的1.05%，占制造业贷款余额的14.54%。其中，政策性银行占比最高，为42.3%，农村信用社占比最低，为7.8%（见图5）；544家企业中，上市企业7家，其贷款合计占有色金属企业贷款总额的55.7%，其中江西铜业股份有限公司贷款占比最高，为31.3%。

① 经济依赖度为行业工业增加值在GDP中的占比。

② http：//jiangxi. gov. cn/art/2021/7/8/art_5862_3474507. html 工业和信息化发展专题新闻发布。

③ 数据缺失省份为河北、山西、河南、四川和西藏。

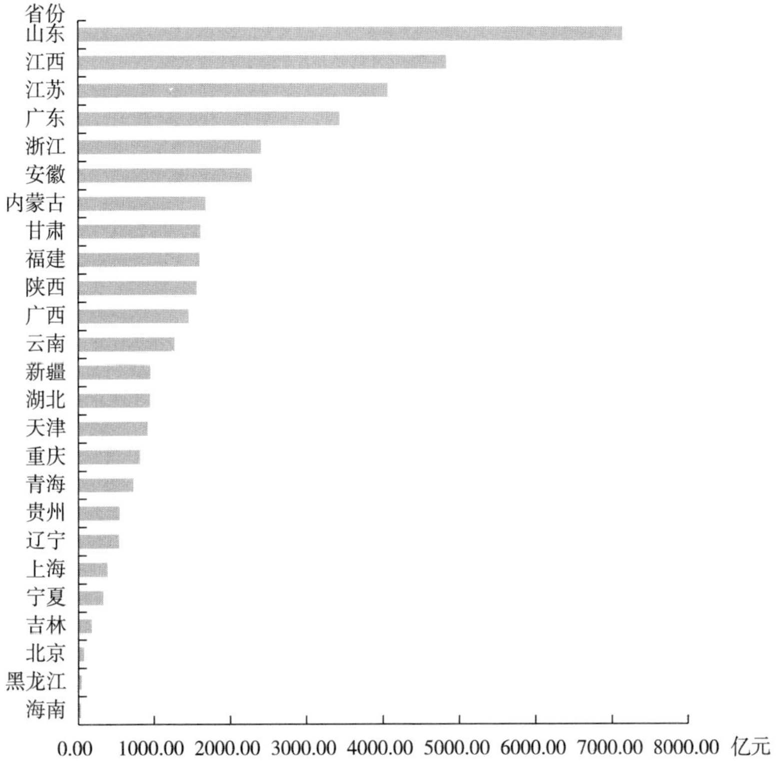

图 4　2016 年全国有色金属行业工业总值

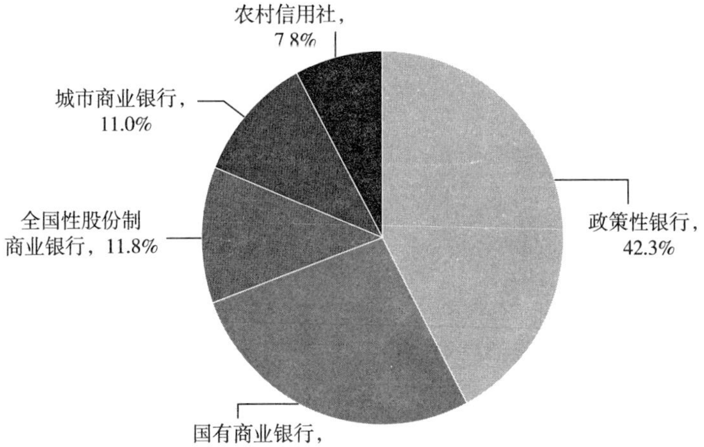

图 5　2020 年江西省有色金属行业贷款在银行间分布

根据前文测算，在轻度、中度、重度情景下，每万元主营业务收入所增加的成本压力至2030年分别为399.38元、515.56元和664.69元。根据财务钩稽关系，按财务传导对企业做财务数据传导测算①，结合江西省统计年鉴公布的2020年规模以上工业企业经济指标，将压力传导至资产负债表。2020年，江西省有色金属冶炼及压延加工业营业收入为7133.9亿元，至2030年，贷款风险敞口增加284.9亿~474.2亿元（短期借款增加值见表9），占2020年贷款规模的69.2%~115.2%。②

表9　2021—2030年压力传导的风险敞口测算　　单位：亿元

年份	轻度	中度	重度
2021	48.01	53.75	61.78
2022	73.49	85.25	101.71
2023	99.63	118.15	143.86
2024	126.29	152.24	188.00
2025	153.48	187.61	229.25
2026	181.25	220.25	273.07
2027	206.16	254.41	319.86
2028	231.72	290.27	370.05
2029	257.96	327.99	419.82
2030	284.92	367.80	474.19

根据2020年江西省有色金属行业贷款的银行分布，可测算出政策性银行、国有商业银行、全国性股份制商业银行、城市商业银行和农村信用社在2021—2030年的轻度、中度、重度压力情景下的贷款敞口情况，可以看出，至2030年，政策性银行风险敞口为121亿~201亿元、国有商业银行为77亿~128亿元，全国性股份制商业银行为34亿~56亿元，城市商业银行为31亿~52亿元，农村信用社为22亿~37亿元。

① 采用财务钩稽测算方式中对企业财务状况最不利的情况做测算，即营业收入增加成本均为短期借款增加值。

② 经银行金融机构调研了解，有色金属行业贷款余额中短期借款占比较高，此处将短期借款指代银行贷款。

表 10　2021—2030 年各类银行压力分布　　单位：亿元

年份	政策性银行			国有商业银行			全国性股份制商业银行			城市商业银行			农村信用社		
	轻度	中度	重度	轻度	中度	重度	轻度	中度	重度	轻度	中度	重度	轻度	中度	重度
2021	20	23	26	13	15	17	6	6	7	5	6	7	4	4	5
2022	31	36	43	20	23	28	9	10	12	8	9	11	6	7	8
2023	42	50	61	27	32	39	12	14	17	11	13	16	8	9	11
2024	53	64	80	34	41	51	15	18	22	14	17	21	10	12	15
2025	65	79	97	42	51	62	18	22	27	17	21	25	12	15	18
2026	77	93	115	49	60	74	21	26	32	20	24	30	14	17	21
2027	87	108	135	56	69	87	24	30	38	23	28	35	16	20	25
2028	98	123	157	63	79	100	27	34	44	25	32	41	18	23	29
2029	109	139	178	70	89	114	30	39	49	28	36	46	20	26	33
2030	121	156	201	77	100	128	34	43	56	31	40	52	22	29	37

（二）信用风险分析

现有关于研究行业转型风险的文献，主要是单家金融机构以行内行业客户为样本，在信用风险评估环节依靠的为自身的信用评级模型，这存在两个问题：一是行业样本数量少；二是使用的信用评级模型只有各家金融机构总部权限才能修改参数做压力测试，基于此，本课题以全省有色金属行业为研究对象，对 27 家金融机构省（市）级分支机构展开调查，针对有色金属行业构建基于区域中观层面的企业信用风险评估模型。

1. Probit 回归分析

借鉴现有文献，本课题将构建 Probit 模型评估信用风险，主要依赖于企业的财务指标，再通过财务指标传递压力，计算转型风险下企业的信用风险。

解释变量 y 的预测值介于［0，1］之间，在给定解释变量 x 的情况下，y

的两点分布概率 $\begin{cases} P(y=1|x)=F(x,\beta) \\ P(y=0|x)=1-F(x,\beta) \end{cases}$

$$E(y|x)=1\cdot P(y=1|x)+0\cdot P(y=0|x)=P(y=1|x)$$

当 $F(x,\beta)$ 为标准正态的累积分布函数（cdf）时，

$P(y=1|x)=F(x,\beta)=\Lambda(x'\beta)\equiv\dfrac{\exp(x'\beta)}{1+\exp(x'\beta)}$，此为 Probit 模型，其在信用风险分析上较为成熟，是被证实了预测准确度较高的模型之一，本课题将借鉴此模型建立有色金属企业信用评估方法。

2. 指标筛选

根据对银行金融机构风控部门的调研，收集了企业信用评估的盈利性、偿债能力、营运能力、流动性、杠杆率、成长性、规模七个方面的 29 个财务指标（见表 11）。

表 11　汇总整理后财务指标

一级指标	二级指标	一级指标	二级指标
盈利性	主营业务利润	偿债能力	资产负债率
	主营业务利润/总资产		债务结构比率
	总资产收益率		营业收入/总债务
	净资产收益率		资本固定化比率
	净利润率		利息保障倍数
	毛利润	营运能力	应付账款周转率
			预收账款/营业总收入
流动性	流动比率		总资产周转率
	短期借款现金比率	成长性	资本增值率
	速动比率		营业收入增长率
杠杆率	短期借款/流动资产		总资产增长率
	固定资产/所有者权益		净利润增长率
	净借款权益比	规模	所有者权益合计
	付息债务结构比		净资产
			净利润
			固定资产净值

为建立有色金属行业信用风险评估模型，本课题选取有色金属上市企业作为研究样本，ST 和 * ST 股企业作为违约企业①，其他为非违约企业，认为违约企业违约概率为100%，非违约企业违约概率为0。

为避免过度取样，并尽可能增加样本量，采用了1:4 的取样方式，即选取了2016 年6 家被执行 ST 和 * ST 的有色金属行业企业作为违约企业样本，并随机原则配比24 家非 ST、非 * ST 的企业作为非违约企业样本进行实证分析。通常研究样本会采用违约发生前一年或者更长时间的财务数据，现有文献表明，企业信用风险度量模型的预测准确率随时间的前推而下降，本课题选取企业戴帽（执行 ST 或 * ST）时前3 年作为数据区间。此外，由于企业财务状况是动态调整过程，不同的财务指标对企业信用风险的影响也随之变化，因此对企业戴帽年份前第1 年设立评估企业信用风险的 Probit 模型，以此提高模型预测精确度。

（1）指标标准化处理。X 表示原始数据，x 表示标准化后数据，标准化过程是：$x = \dfrac{X - \bar{X}}{\sqrt{\dfrac{1}{n-1}\sum_{j=1}^{n}(X_j - \bar{X})^2}}$，标准化后简化了数据的单位问题，并且不会改变原来变量之间的相互关系。

（2）非参数检验。为检验财务指标对企业违约与非违约的显著性，对各财务指标做 Kruskal – Wallis 检验，结果如表12 所示，表明毛利润等16 个指标未通过显著性检验，即这些指标不能显著区分企业是否违约，因此予以剔除。

表12　非参数 Kruskal – Wallis 检验结果

指标	显著性	决策	指标	显著性	决策
主营业务利润	0.001	拒绝原假设	短期借款/流动资产	0.702	保留无效假设
主营业务利润/总资产	0.000	拒绝原假设	固定资产/所有者权益	0.287	保留无效假设
总资产收益率 *	0.000	拒绝原假设	净借款权益比	0.183	保留无效假设

① 资本市场上出现异常状况的企业会被“戴帽”，包括财务状况异常和其他异常，财务异常指连续两年亏损或每股净资产低于股票面值。“戴帽”企业通常伴随严重的财务状况，作为违约标志较为合理。

续表

指标	显著性	决策	指标	显著性	决策
净资产收益率	0.000	拒绝原假设	付息债务结构比	0.149	保留无效假设
净利润率	0.000	拒绝原假设	资本增值率	0.000	拒绝原假设
毛利润	0.210	保留无效假设	营业收入增长率	0.000	拒绝原假设
资产负债率	0.587	保留无效假设	总资产增长率*	0.010	拒绝原假设
债务结构比率	0.610	保留无效假设	净利润增长率	0.006	拒绝原假设
营业收入/总债务	0.013	拒绝原假设	所有者权益合计	0.516	保留无效假设
资本固定化比率	0.779	保留无效假设	净资产	0.522	保留无效假设
利息保障倍数	0.000	拒绝原假设	净利润*	0.000	拒绝原假设
应付账款周转率	0.577	保留无效假设	固定资产净值	0.982	保留无效假设
预收账款/营业总收入	0.989	保留无效假设			
总资产周转率*	0.000	拒绝原假设			
流动比率	0.652	保留无效假设			
短期借款现金比率	0.199	保留无效假设			
速动比率	0.886	保留无效假设			

注：显著性数值小于0.05为显著，拒绝原假设，显著性数值大于0.05为不显著，保留无效假设。

（3）相关性检验。对剩余13个指标做相关性分析，主营业务利润与净利润，主营业务利润/总资产与总资产周转率，总资产收益率与净利润率，资本增值率与总资产增长率相关较高，因此将净利润、总资产周转率、总资产收益率和总资产增长率4个与其他指标性较高的指标予以剔除。

（4）多重共线性检验。检验容许度TOL和方差膨胀因子VIF，判断是否存在多重共线性。剩余9个财务指标的TOL和VIF在合理范围，不存在多重共线性。对前文筛选出的9个财务指标进行Probit模型回归，结果如表13所示。

表13　Probit回归结果

变量	参数	Z	P
主营业务利润×1	-0.023	-0.2	0.841
主营业务利润/总资产×2	-0.138	-0.46	0.645
净资产收益率×3	0.153	0.66	0.511

续表

变量	参数	Z	P
净利润率 ×4	−0.54 ***	−1.99	0.047
营业收入/总债务 ×5	−0.016	−0.1	0.921
收入利息保障倍数 ×6	−0.099	−0.21	0.831
资本增值率 ×7	−1.417	−1.36	0.175
营业收入增长率 ×8	−0.89 ***	−2.49	0.013
净利润增长率 ×9	−0.004	−0.04	0.971
常数项	2.578 ***	−3.26	0.001
LR = 36.61　p = 0.000			

注：*、**、*** 分别表示在 10%、5%、1% 的水平上显著。

LR 统计量为 36.61，对应的 p 值为 0.000，表明整个方程所有系数的联合显著性很高，其中反映企业盈利性的净利润率，反映企业成长性的营业收入增长率显著性较高。

将模型的参数回代，检验模型的信用评估方法对研究样本企业违约概率估计的准确性。根据惯例，通常将判断违约临界值设为 0.5，即当 $f(x)$ 小于 0.5 时判别企业属于非违约企业。模型预测准确度结果如表 14 所示。

表 14　模型预测准确度

实测值	预测值			
	违约	非违约	判别正确率	误判率
违约	13	2	86.67%	14.33%
非违约	5	70	93.33%	6.67%
总体准确率			92.22%	

结果表明，提前一年的模型整体预测率为 92.22%，有较高的预测正确率，能够较好地预测企业违约情况，判别指标具有较好的判别效果，表明变量选取和模型设计效果较好，具有应用价值。

通过调研，我们收集了江西辖内 157 家有色金属行业企业的财务数据，接下来将运用上文通过验证的 Probit 模型测算在轻度、中度、重度压力传导后的信用风险。

在157家企业中，上市企业有6家，157家样本企业2020年贷款合计339.2亿元，占全部有色金属企业贷款总额的82.4%。样本地区分布主要集中在赣州（46家）、鹰潭（42家）、上饶（21家）和宜春（16家），涉及贷款银行23家，其中进出口银行江西省分行涉及贷款134.7亿元，占样本贷款总额的39.7%，主要贷款企业为江西铜业股份有限公司和江西铜业集团有限公司，二者合计贷款93.6亿元。

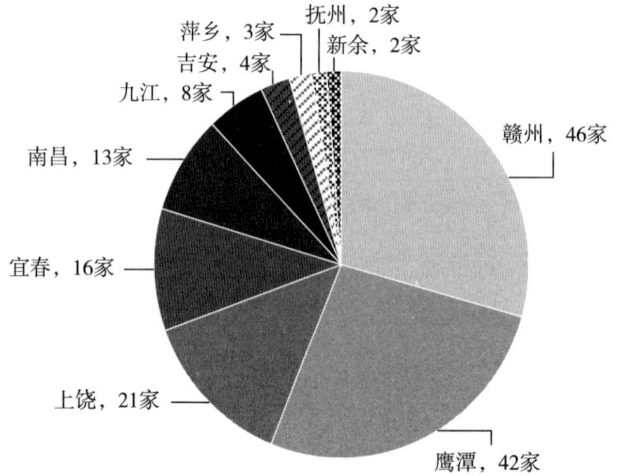

图6　样本企业地区分布

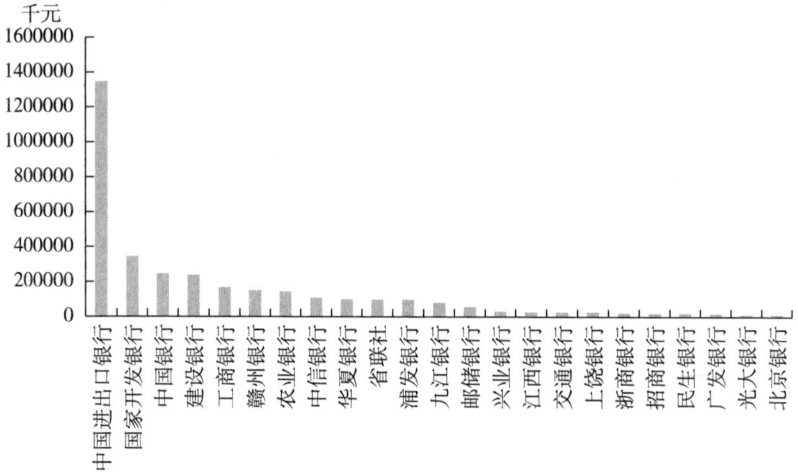

图7　样本企业在银行间贷款分布

将2021—2030年轻度、中度、重度压力施加在157家企业财务数据中，并将调整后的财务数据代入Probit模型，计算了未来10年在轻度、中度、重度压力情景下，企业信用风险逐年递增，2021—2030年平均（轻度、中度、重度）信用风险增长3.9%～22.1%。

表15 2021—2030年压力传导后有色金属企业平均信用风险变化

单位:%

年份	轻度	中度	重度	平均
2021	0.40	3.70	7.61	3.9
2022	2.24	5.20	9.34	5.6
2023	4.70	5.37	9.49	6.5
2024	2.06	5.37	8.66	5.4
2025	1.21	8.12	15.45	8.3
2026	3.98	13.87	20.21	12.7
2027	13.77	20.34	21.98	18.7
2028	21.09	22.17	22.27	21.8
2029	21.33	21.48	21.68	21.5
2030	21.94	22.14	22.28	22.1

3. 结论归纳

本课题是一次中观视角的区域性行业转型风险的有益探索。通过将设定的压力进行传导，测算发现，到2030年有色金属行业贷款风险敞口约增加284.9亿～474.2亿元，相当于2020年全省有色金属行业贷款规模的69.2%～115.2%，通过构建Probit信用风险评估模型，发现未来10年，有色金属行业的信用风险将增长3.9%～22.1%。这表明未来仅在有色金属这一个重点行业，江西省银行业可能面临气候环境风险带来的巨大压力，将环境风险纳入金融机构风险管理框架势在必行，定期开展气候环境风险评估和压力测试非常必要。

五、政策建议

有色金属行业属于敏感性较高的经济部门。其产品种类多、应用领域广泛，关联度高，有色金属市场现货与期货并存，因此在经济社会中发挥着重要作用。同时，作为高污染、高能耗行业，其受环保政策和碳市场压力影响较大，尤其在经济下行期，不具备成本规模优势的部分小微企业难以为继，而产业链结构完整、具有规模效益的中大型行业龙头，则可通过并购重组等方式扩大生产规模，解决或缓解转型压力的影响。对此提出以下建议：

（一）针对有色金属行业制定有强约束力的碳减排规划

可根据当地有色金属行业企业的能耗水平、碳排放强度以及污染物管控要求建立行业分类控排清单（能耗控排清单、碳减排清单、污染物排放管控清单），针对不同类别的清单企业制定具体减排路径和能源转型目标，并鼓励清单企业进行环境信息披露，为降低有色金属行业的转型风险奠定坚实的基础。

（二）加快发展全国碳排放权交易市场

一是全国碳市场建立履约成本机制。碳市场继续扩大行业范围是未来趋势，包括有色金属在内的八个重点行业，有望逐步纳入碳交易体系，因此根据企业承受能力和对碳市场的适应性，全国碳市场建立履约成本控制机制，包括设立配额履约缺口上限等方式。二是进一步推动碳金融产品创新，增强碳市场的价格发现功能，并有望开展碳基金、碳资产质押贷款、碳资产授信、碳保险等各项碳金融服务，促进碳价发现机制的形成，发挥碳金融助力产业转型发展。三是建立全国性的碳核算体系。通过建立和完善碳核算体系，金融机构可动态跟踪、监测企业碳排量增减情况，帮助企业识别排放源，明确减排方向，还能以企业减排数据信息作为贷款周转降息的依据，用金融手段激励企业节能减排，实现企业低碳转型。

（三）完善信贷管理

一是建立基于客户 ESG 评级的差异化信贷政策。加强对有色金属行业气候环境风险的识别与评估，结合周期性和资金密集型行业特征，建立基于有色金属行业客户的ESG评级模型，从环境、社会、公司治理角度全面分析行业客户的环境和社会风险，及其应对和抵抗环境社会风险的能力，划分有色金属行业的ESG等级，并建立有色金属行业ESG评级结果与贷款准入、贷款利率挂钩机制，实行差别化运行管理，充分利用ESG评级结果指导行内信贷投资，提高辨识气候环境风险能力，提升信贷决策质量，降低环境因素带来的信贷资产风险。二是充分借鉴“赤道原则”理念，强化信贷资产的贷前审查及贷后监管，对于授信规模较大或对环境社会影响较大的信贷资产，在贷前调查环节开展以环保核查为重点的气候环境风险评估流程，及时调查评估和发现企业潜在的气候环境风险及环保压力，对于风险等级较高的存量贷款企业，应进一步强化贷后环保核查，定期跟踪评估其环境风险，及时、适时采取有效应对措施。

（四）建立和完善自身的气候环境风险信息数据库

在评估气候环境风险中，数据匮乏是一个重要问题。可考虑以下方式：一是收集与气候环境风险相关的客户数据，解决信息不对称。金融机构识别和评估气候环境风险影响时面临的一个重大问题就是信息不对称，这需要依靠大量翔实的数据，才能准确把握自身的环境风险敞口，更全面地了解高风险企业的财务和非财务情况、环境和气候因素变化，以及各类财务指标对环境和气候变化的敏感性等。可有计划地收集与环境气候相关的客户信息，比如能源使用模式、碳排放水平、碳足迹和减排策略等，持续提升采集、计算和评估碳排放与碳足迹的能力，建立和完善自身的环境风险信息数据库。二是搭建大数据管理的环境气候信息平台。气候环境风险管理还需要大量气候、环境等相关数据信息。建议由金融监管机构牵头，金融机构、行业协会和学术机构共同配合，共同推动建立开放式的气候环境风险信息平台，运用大数据进行分析、筛查、再运用，为气候环境风险管理提供更准确、有效的指导。

（五）强化金融机构气候变化相关信息披露和风险评估的机制

各地金融监管部门要求当地金融机构定期披露其开展气候环境风险评估和压力测试的情况，参照人民银行发布的《金融机构环境信息披露指南》，鼓励金融机构开展环境信息披露工作，包括披露物理风险的潜在影响、转型风险的潜在影响以及金融机构风险管理的关键绩效指标或关键风险指标。

（六）完善风险测量方法

鉴于气候和环境相关风险对社会和经济系统的影响的复杂性，在设置情景假设以及气候环境风险传导建模的过程中，仍然难以完全刻画出系统变化，受制于此，金融监管部门和金融机构都应从多角度、多层次促进相关风险建模方法的不断优化、相关数据质量的不断提升，使情景分析和压力测试真正为金融机构业务的长期可持续发展提供前瞻性、实质性指导的有力工具。一是建立气候环境风险评估指标体系。为了量化风险敞口，可先采用简单指标作为跟踪和测量环境风险的基础工具，如易受气候环境相关风险影响的客户数量和风险暴露占比等。二是建立用于衡量长期与气候环境相关风险的工具箱，包括一系列定性或定量工具来监测风险敞口，比如特定行业和投资组合的指标体系、客户的风险水平指标、关键气候环境绩效指标等。

课题组组长：杜正琦

课题组成员：曾省晖、陈强、黄欢、黄倩

个人外汇业务便利化与防风险管理研究

中国人民银行南昌中心支行经常项目管理处课题组

一、绪论

（一）研究背景和意义

目前，我国经常项目已经实现完全可兑换，资本项目仅有个人境外投资、买房等未实现可兑换。但是，随着我国市场机制的不断健全、外汇储备的积累以及金融市场的逐步完善，市场主体对便利化水平提出了更高的要求。个人外汇管理作为外汇管理的有机组成部分，涉及千家万户的切身利益，覆盖范围广，影响面大，如何进一步提升个人外汇业务便利化水平，同时防范跨境资金流动风险，成为值得关注的重要课题。

（二）相关研究综述

对个人外汇业务便利化和防风险的研究大多集中于外汇局的相关人员，研究方向多为分析当前个人外汇业务的需求、个人外汇管理存在的问题，少数采取定量分析方法分析个人购付汇主体呈现的特征或影响因素。孙玉伟（2020）分析了新形势下个人外汇管理面临的挑战。庞虎虎、闫静怡（2019）分析了“穿透式”监管在个人外汇管理中的应用要义和应用障碍。王孟阳（2017）指出，个人外汇结算量随着经济发展及收入水平上升呈快速持续增长态势，阐述了当前个人外汇管理政策框架，分析个人外汇管理存在的问题。薛瑾（2020）认为，传统的个人外汇管理“总量分析 + 结构分析”模式已难以摸清复杂数据背后的真实规律，借助 SAS 软件的“Ward 聚类算法”，对陕西省个人购付汇重点关注主体进行聚类分析，基于分析结果将个人购付汇主体归纳为五类，并分类采取不同的管理措施。王笑笑、孙天琦（2021）选取 2010 年 1 月 1 日至 2017 年 10 月 31 日日度数据构建模型实证检验了市场消息、汇率波动对个人外汇业务的影响，发现汇率波动和市场消息会影响个人外汇业务，并且市场消息、汇率波动对个人外汇业务存在螺旋强化影响。

二、个人外汇管理的制度变迁

（一）1978—1993 年（个人用汇管理相对严格）

改革开放初期，由于外汇短缺，国家对居民个人供汇较严，只在规定允许的方面给予少量用汇，同时对在国外和我国港澳地区工作的居民的外汇收入给予一定的照顾，鼓励居民个人的创汇行为。1980 年，国务院发布的《中华人民共和国外汇管理暂行条例》，规定个人如需购买外汇汇出，可以向当地外汇管理分局申请，经批准后，由中国银行卖给；同时对华侨从海外汇入赡养家属的侨汇、继承国外遗产调入的外汇等免征个人所得税。

1991 年 11 月，国家外汇管理局（以下简称外汇局）允许个人所有的外汇参与外汇调剂。个人出国探亲、移居出境、赡养国外亲属需用外汇的，可以凭出境证件和有关证明申请购买调剂外汇，但当时供汇标准较低。

1993 年 11 月，党的十四届三中全会通过的《中共中央关于建立社会主义市场经济体制若干问题的决定》，为适应我国经济融入全球一体化的进程，外汇管理改革采取了进一步放松外汇管制的相关政策。1993 年 12 月，中国人民银行发布了《关于进一步改革外汇管理体制的公告》，外汇管理体制改革进入了新的阶段。

（二）1994—2006年（逐步放宽限制性管理）

1994年外汇管理体制改革后，外汇局相继出台了《结汇、售汇及付汇管理规定》《境内个人因私兑换外汇办法》，规定“个人非贸易非经营性用汇，由外汇局授权的外汇指定银行按有关规定兑付”。1996年取消对经常性国际支付和转移的限制，实现人民币经常项目可兑换。1998年，外汇局出台《境内居民个人外汇管理暂行办法》，规范居民个人外汇收支管理。2002年，在全国推广应用“境内居民个人购汇管理信息系统”，实现对购汇业务的实时管理。2004年，对居民和非居民个人外汇管理进行调整和完善，加强了对个人大额结汇的真实性管理。

2006年，外汇局对个人购汇的管理模式进行了调整，将过去按出国时间的长短分别核定不同数额的供汇，统一调整为确定一个公历年度内等值2万美元的购汇总额，实行年度总额管理。个人在年度总额内凭本人的真实身份证明并向银行申报用途后即可购汇，不再以跨境交易为真实性审核条件，大大简化了购汇手续。

（三）2007—2022年（不断满足个人便利化用汇需求）

（1）结售汇年度便利化额度管理。2007年2月，对个人结汇和境内个人购汇实行年度便利化额度管理，年度便利化额度分别为每人每年等值5万美元。年度便利化额度内个人经常项目和允许的资本项目用汇需求凭身份证件即可办理；个人提供经常项目有交易额的材料可以办理不占用年度便利化额度的结售汇业务，资本项目业务按照可兑换进程办理。

（2）主体分类监管。2007年外汇局升级启用“个人结售汇管理信息系统”，为实行年度便利化额度管理提供技术保障。针对部分企业和个人借用他人额度违规实现资金跨境流动情况，2009年和2011年外汇局相继出台政策，建立银行端个人分拆结售汇“关注名单”筛查管理。2016年1月1日，“个人外汇业务系统”建成上线，增加了负面清单管理，实现“关注名单”全国共享。2018年1月1日，“个人外汇业务系统”升级优化，实现对个人境内外汇数据的全口径采集，以个人主体为核心进行全面监测和联动管理。

（3）外币现钞从严管理。我国境内禁止外币流通，并不得以外币计价结算，为维护境内人民币主权地位，对个人境内存取外币现钞及携带外币现钞实行较为严格的管理。个人提取或存入外币现钞当日累计等值 1 万美元以下（含）的，在银行办理；超过上述金额的，凭相关材料在银行办理，对于出境赴战乱、外汇管制严格、金融条件差或金融动乱的国家（地区）的个人，可向外汇局事前报备。携带外币现钞出境，超过规定金额的，应向银行或外汇局申请《携带外汇出境许可证》，携带外币现钞入境的，应按规定向海关书面申报。

（4）经常项目便利化政策。2018 年以来外汇局陆续同意部分银行和地区开展个人结售汇创新业务，试点外籍人才薪酬购付汇和经常项目结汇等，推进个人用汇双向便利。2021 年推出新版《个人购汇申请书》，优化填报项目和方式；优化留学购付汇、薪酬结售汇等个人部分经常项目连续性、周期性业务的办理流程；要求银行建立个人经常项目特殊外汇业务处置制度，按照“实质重于形式”的原则，办理个人真实合法经常项目外汇业务。

三、个人外汇业务发展的现状及风险因素分析

如上文所述，虽然个人用汇便利化程度逐步提高，但互联网时代的个人外汇管理仍然面临较大挑战。下面以江西省为例，深入分析个人外汇业务发展的现状以及面临的潜在风险。

（一）江西省个人外汇业务的基本情况和特征

1. 江西省个人外汇业务的基本情况

一是购汇呈“A”形走势，结汇较为平稳。从年度数据看（见图 1），近十年来，江西省个人购汇先升后降，个人结汇趋势相对平稳。二是购汇波动

幅度较大，结汇季节特征明显。从月度数据看（见图2），近十年来，江西省个人购汇阶段特征明显；个人结汇虽然总体趋势较为平稳，但由于年度便利化额度重启等因素，季节特征较为明显。

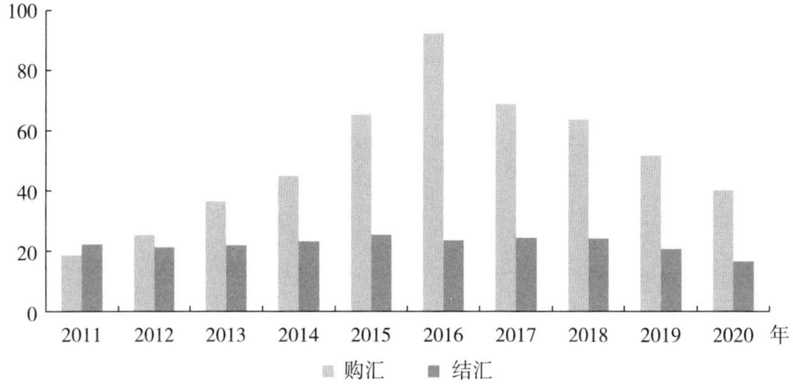

图1　2011—2020年江西省个人结汇和购汇规模分年度统计①

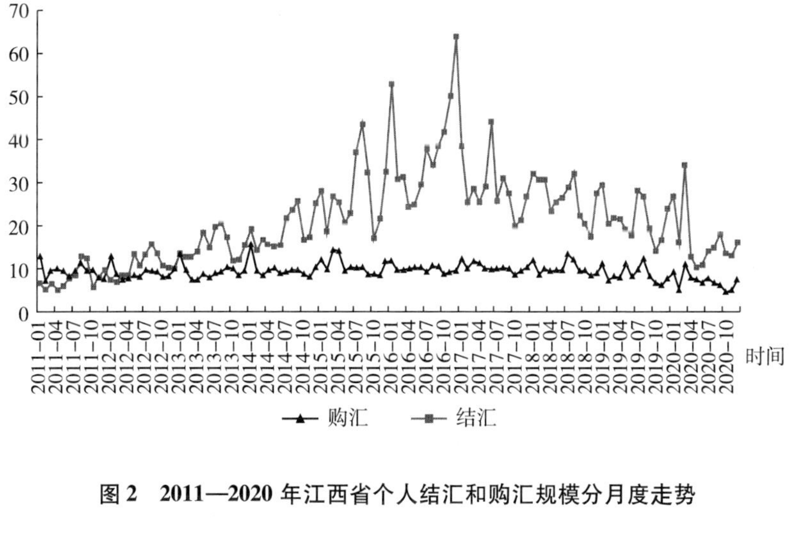

图2　2011—2020年江西省个人结汇和购汇规模分月度走势

2. 江西省个人外汇业务的基本特征

（1）从交易币种看，一是结汇和购汇币种需求不一，其中美元占比最高。

① 按照相关数据管理要求，纵轴未展示具体数据，图例按比例呈现，下同。

2011—2020 年，江西省个人购汇前五位币种分别为美元、澳大利亚元、加拿大元、港元、英镑，个人结汇前五位币种分别为美元、港元、欧元、日元、英镑。从图 3 和图 4 也可以看出，美元是结汇和购汇的主要币种，且结汇美元金额占比高于购汇。二是购汇币种需求波动较大，结汇币种需求波动相对平缓。美元购汇需求与总体购汇走势相似，呈“A”字形态势。

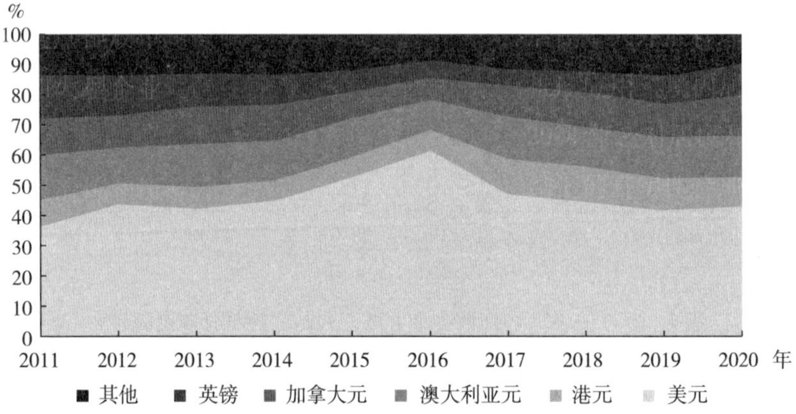

图 3　2011—2020 年江西省个人购汇各币种金额占比变化

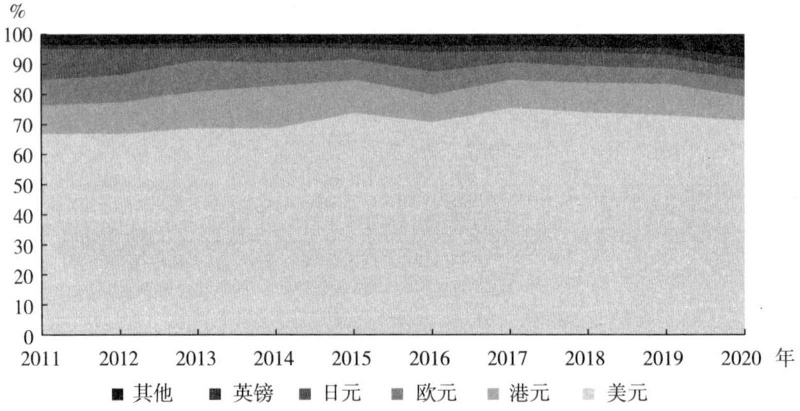

图 4　2011—2020 年江西省个人结汇各币种金额占比变化

（2）从交易金额笔数和交易渠道看，一是单笔结汇和购汇金额笔数均集中在等值 1 万美元以下、1 万 ~2 万美元和 4 万 ~5 万美元三个区间；二是江西省通过电子渠道办理个人结汇和购汇业务占比 2011 年以来逐年上升。

(3)从资金属性看，一是购汇资金属性集中在自费出境学习和因私旅游，付汇交易项目集中在留学及教育相关旅行①和其他旅行②（下同）。二是结汇资金属性集中在职工报酬和赡家款、旅游，收汇交易项目集中在职工报酬（工资、薪金和福利）、个人间捐赠及无偿援助（赡家款）。

(4)从交易主体及其后续交易行为看，以购汇为例，2011—2020 年江西省个人购汇主体中，境内个人主体占比为 99.61%，其中 18 岁以下、18～60 岁以及 60 岁以上个人主体占比分别为 0.2%、89.0%、10.8%。并且，个人主体购汇后，付汇金额占比较高、提钞人数占比较高。2011—2020 年江西省个人购汇主体中，发生过付汇交易的个人主体及付汇金额占比分别为 16.7% 和 65.5%，发生过提钞交易的个人主体及提钞金额占比分别为 59.5% 和 18.4%。

(二) 个人购汇冲击因素的实证分析

1. 变量选取和数据说明

(1)个人购汇金额（PFE）。使用 2011—2020 年江西省每月个人购汇金额数据，数据来自个人外汇业务系统。

(2)汇率（ER）。ER1 表示即期汇率，使用直接标价法下的每月人民币兑美元汇率中间价表示；ER2 表示预期汇率，使用远期汇率升贴水表示。数据来自万得数据库（Wind）。

(3)资本流动（CF）。CF1 为利差，使用人民币 1 年期 SHIBOR 与美元 12 个月 LIBOR 的差值表示；CF2 为香港恒生指数，使用每月末收盘指数表示。数据来自万得数据库（Wind）。

(4)政策（PL）。PL1 表示“8·11”汇改政策，2015 年 8 月之前赋值为 0，之后赋值为 1；PL2 表示 2017 年加强购汇真实性管理政策，2017 年 1 月之

① 包含 223022［留学及教育相关旅行（一年以上）］和 223023［留学及教育相关旅行（一年及一年以下）］。

② 包含 223010（公务及商务旅行）、223021（就医及健康相关旅行）和 223029（其他私人旅行）。

前赋值为0，之后赋值为1。

（5）环境（EN）。EN1表示出境旅游人数，由于江西省相关统计数据缺失，使用北京出境旅游人数代替；EN2为江西省每月个人购汇笔数，用于衡量“羊群效应”的影响。数据分别来自万得数据库（Wind）及个人外汇业务系统。

由于以上变量数据单位相差较大，因此除政策虚拟变量外，均做对数化（ln）处理；其中EN1为季度数据，进行相应月度调整。

2. 模型估计和结果分析

（1）模型估计。首先，对各变量进行ADF检验，结果显示，PFE、ER2和EN2在5%显著性水平下为平稳序列，ER1、CF1、CF2、EN1存在一阶单整，因此对一阶单整序列进行差分得到平稳序列DER1、DCF1、DCF2、DEN1。其次，根据信息准则选择一阶滞后，进一步估计此VaR模型。

经检验，方程组整体模型系数高度显著，残差不存在自相关。并且，所有特征值均在单位根之内（见图5），故此VaR系统是稳定的。VAR模型主要是通过脉冲响应和方差分解来分析各个变量之间的相互影响关系，下面进行具体说明。

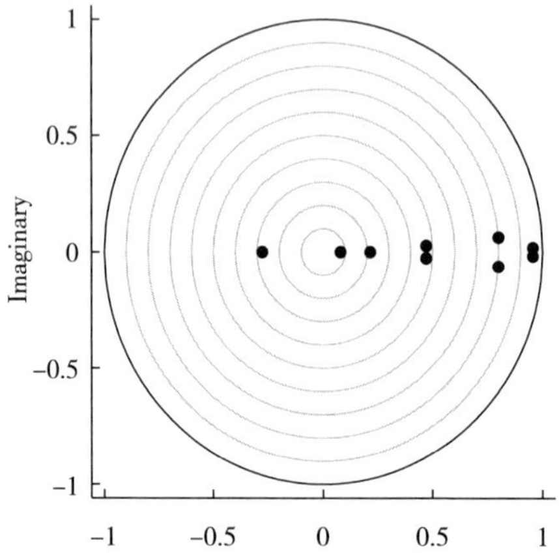

图5　VaR模型的稳健性检验

（2）脉冲响应结果分析。图6至图9分别显示了个人购汇对汇率、资本流动、政策和环境因素冲击的脉冲响应结果，可以看出：一是即期汇率和预期汇率短期内对个人购汇均呈正向冲击作用，但预期汇率影响程度更大，期数也更长。表明短期内汇率上升，在预期或其他因素影响下，会引起个人购汇增加，这种影响随着时间延长而逐步减弱。二是从资本流动因素看，利差对个人购汇在短期内有正向冲击作用，但随后立即转为负向冲击并逐步收敛，即本外币利差增大，短期内可能增加个人购汇需求。从长期来看，将减少个人购汇需求；境外投资对个人购汇短期内有显著正向冲击作用，但影响时间较短。三是从政策因素看，“8·11”汇改政策短期内对个人购汇存在正向冲击，引起个人购汇需求上升，但长期趋于平稳；2017年加强购汇真实性管理政策则对个人购汇呈现负向冲击，个人购汇显著下降，一定程度上表明个人购汇逐步脱虚向实、回归理性。四是从环境因素看，“攀比效应”和“从众效应”短期内均对个人购汇有显著正向冲击，且持续时间较长，表明个人购汇容易受到周围环境的影响。其中“攀比效应”短期冲击更大，2020年由于疫情影响出境旅游人数急剧下降，个人购汇大幅下滑。

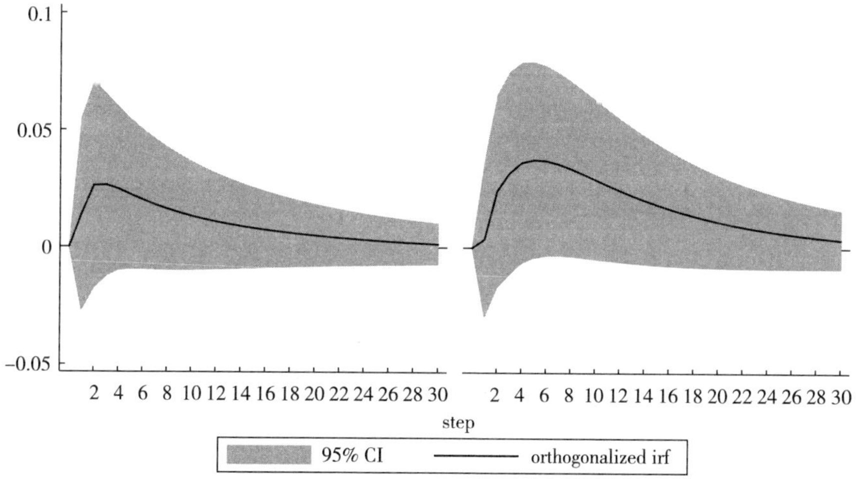

图6　个人购汇对汇率因素冲击的响应

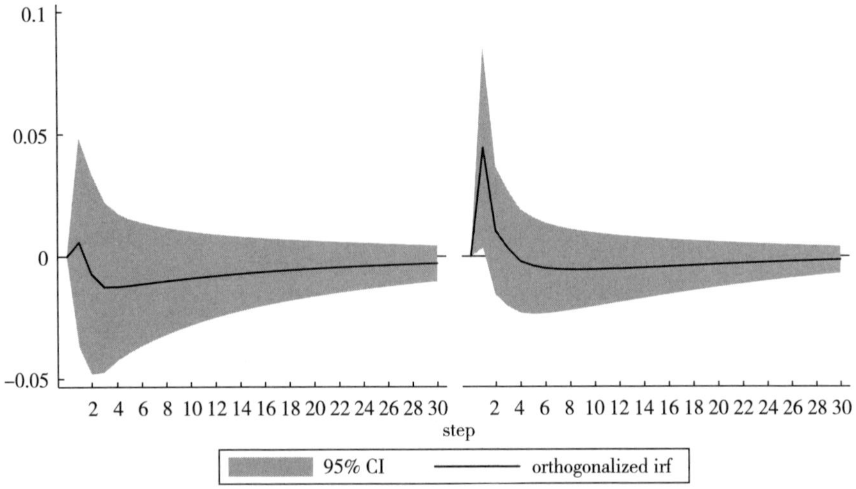

图 7　个人购汇对资本流动因素冲击的响应

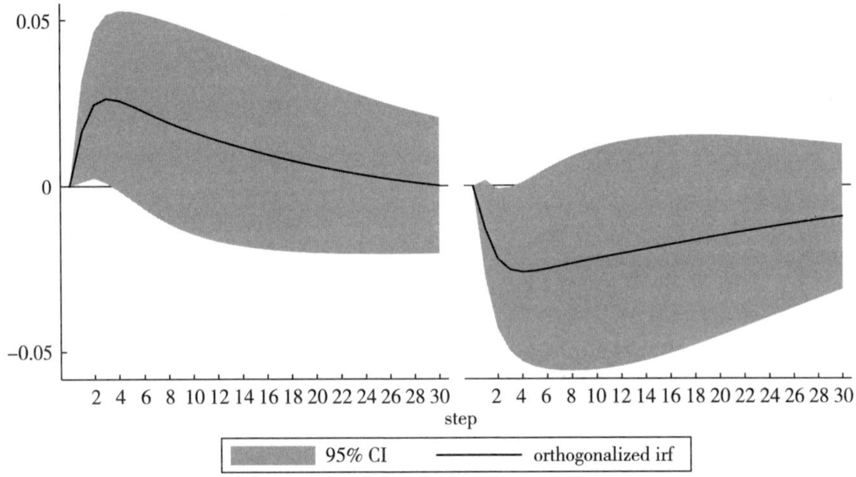

图 8　个人购汇对政策因素冲击的响应

（三）个人外汇业务面临的潜在风险

一是市场波动风险。个人购汇对汇率波动较为敏感，特别是在“攀比效应”或“羊群效应”影响下而产生趋同行为，极易引发个人购汇或结汇的大规模同频共振，进一步放大市场波动的影响。如 2015 年“8·11”汇改后，

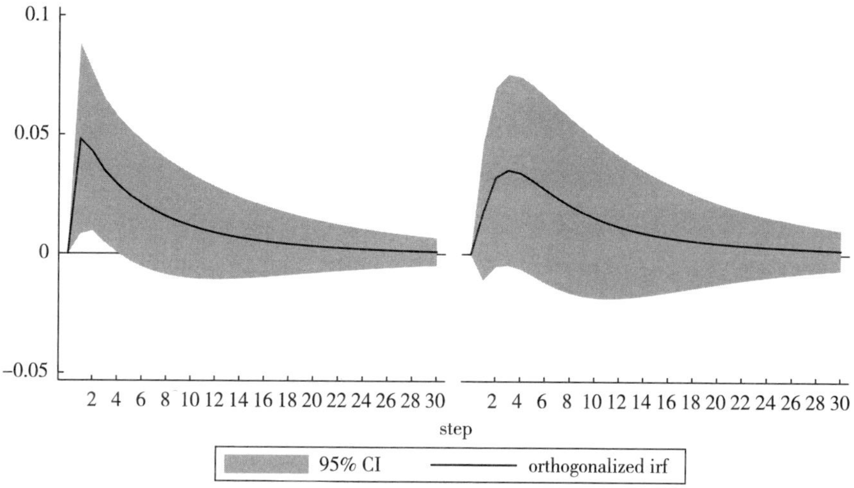

图9　个人购汇对环境因素冲击的响应

人民币汇率双向波动加剧，个人购汇也随之大幅波动。二是资本违规转移风险。市场利率和境外股票市场的变化短期内对个人购汇影响显著。在个人资本项目尚未实现完全可兑换的情况下，部分个人往往通过经常项目渠道，以旅游或留学名义，或者通过分拆交易等方式将资金转移至境外，参与境外证券投资、人寿保险或买房等资本交易，易导致资本转移风险的增加。三是非理性用汇风险。个人主体容易受到周围环境的影响，在出现外汇政策错误解读、外汇产品不当营销宣传、业务办理不当限制、沟通术语不够规范等情形时，容易引起个人主体对政策或形势的误解，并借助网络信息渠道快速扩散。四是政策风险。政策是对个人外汇业务进行微观监管以及宏观审慎管理的有效工具，但政策制定也应注意循序渐进或保持相对稳定，使个人主体保持合理预期，以避免对外汇市场造成波动性干扰。五是电子渠道交易风险。电子渠道是当前个人外汇业务办理的主要渠道，但同时分拆、虚假申报等规避额度和真实性管理的违规交易大多也借助电子渠道完成。六是其他风险。如一些不法分子通过地下钱庄非法买卖外汇、利用“跑分平台”或“第四方支付平台”进行跨境赌博，从事洗钱、逃税等违法违规行为，给数字货币发展带来潜在风险等。

四、个人外汇业务便利化与防风险存在的问题

（一）管理层面

一是监管思路存在偏差，监管追责唯结果论。部分监管人员管理思维停留于“法律无明文规定则不合规”，过度强调防范风险。同时对真实性审核的责任追究仅以结果为导向，而未考量银行在真实性审核过程中是否尽职尽责。二是监管指标较为单一，监测穿透力度不够。对个人违法违规交易行为的人次、频次、金额等分拆特征一般沿用以往的定量认定。不法个人借用他人账户，通过虚假申报等方式，借用旅游、留学等名义，遮掩真实用途，或者通过地下钱庄、数字货币等非法渠道实现资金的跨境流动，逃避监管。三是部门职能和管理信息分散，难以形成监管合力。目前，外汇业务管理职能分布在人民银行、银保监会、外汇局等部门，可能形成部分监管范围重合，容易形成个人外汇业务监管的“盲区”。四是金融科技创新增加监管难度。金融科技增加了资金路径的复杂性、隐蔽性，可疑信息追溯变得困难，为个人异常资金的流动提供了更多渠道，监管难度也随之加大。

（二）银行层面

一是经营理念滞后。银行经营模式以维系客户和增加收入为核心目标，错误认为落实便利化政策会提高违规风险系数，出于绩效考核压力，往往容易忽视普通客户的需求从而出现影响个人正常用汇的情况。二是展业能力不足。部分银行仍然习惯并沿用外汇严格管理时期的“列举式”的审核要求，无法适应贸易新业态新模式，且外汇业务人员能力不足，同时易造成推诿、拒绝办理复杂业务的现象。三是风控体系建设单一。部分银行未对不同风险等级的主体和交易实现分类管理，未建立对异常交易的系统性监测、预警、报告和处理机制，加剧风险隐患。四是电子渠道管理滞后。银行身份识别手段有限，未建立健全完善的电子渠道尽职调查执行标准，对电子渠道业务的

真实性和实质性管理缺失，少数银行甚至非法收集和泄露客户信息等。

（三）个人层面

一是目前政策尚无法满足个人用汇多元化需求，催生跨境资金非法转移风险。随着经济的快速发展，国内高净值人群数量不断增长，个人消费需求及境外保险、投资等海外资产配置需求大量释放，但资本项目尚未实现完全可兑换，现有的便利化额度管理模式无法满足个人多元化的外汇资产配置需求。二是个人违规成本较低导致违法交易行为屡禁不止。大部分个人主体对外汇政策不甚了解，对出借便利化额度、借用便利化额度等违规行为认识不足，且对于借用他人便利化额度的个人，主要通过采用“关注名单”机制进行管理，但仅限于个人不再享有结售汇年度便利化额度，对现钞存取、境内资金划转等其他外汇行为未进行约束，个人违规成本较低，导致市场的“逆向激励”，个人违规行为屡禁不止。三是个人预期及市场情绪易造成市场波动效应。由于个人主体的敏感性和特殊性，个人外汇预期容易受到汇率、政策和环境等市场因素的影响，进而影响个人的用汇行为。

五、个人外汇管理国际实践及启示

（一）个人外汇管理国际实践

（1）美国。一是汇兑自由。美元是自由汇兑货币，对于个人的美元支付和汇兑无金额限制。在法律法规体系方面，美国无专设个人外汇管理的法律法规。二是账户管理、境外资产和携钞申报。要求银行在开户时严格执行客户身份确认程序，做好尽职调查，对客户级别进行分类。同时联动个人信用情况，严格执行反避税相关要求。美国反洗钱金融情报中心（简称 FinCEN）要求美国公民、居民和依据美国法律设立的实体，凡在年底时海外账户资产在 5 万美元以上者必须申报。对个人超过等值 1 万美元（含）的现钞及金融票据必须申报，必要时需对资金来源作出解释。三是对非居民资金进入国内的管控。当美国国家安全、外交政策和经济遭受严重外来威胁时，利用金融制裁制度，控制特定个人的资金。设定洗钱罪，实现对汇入美国境内从事非法活动的资金和人员予以打击。四是构建金融大数据库。美国财政部于1990年创设FinCEN，是美国首个金融大数据专门管理机构，主要职责为统筹规划需要向社会收集的资金交易数据，以此构建金融大数据监测分析系统。

（2）澳大利亚。一是汇兑自由。澳大利亚元是自由汇兑货币，除针对实施经济制裁的特定国家/地区、个人和组织外，对跨境交易和资金流动不作限制。二是账户管理，由澳大利亚交易报告和分析中心、税务局、储备银行等多部门共同监管，对银行开户实行“100分核查”制，有效遏制了使用虚假信息开户行为。三是对个人携带现钞出入境实行超限额申报制度。个人必须对1万以上澳大利亚元或等值数量的外币进行申报，并披露携带的任何本票、支票、汇票或其他可转让票据。四是数据归集与分析使用。澳大利亚交易报告和分析中心负责收集、审核和分析各金融机构以及现金交易商报送的企业和个人逐笔外汇交易信息，为相关机构提供监测和遏制洗钱、逃税、其他严重犯罪和恐怖主义融资的情报帮助。

（3）日本。一是自由汇兑加超限额申报制度。根据日本《外汇及外贸管理法》等法律规定，任何公司或个人均可自由买卖外汇，大额交易应按规定进行报告。二是账户管理。日本要求银行从反洗钱、防止犯罪、非反社会势力等角度出发，在账户开立和交易环节实行自律管理。银行为个人开立账户后，即对客户的相关行为承担连带责任，恶意串通存款人使用虚假信息开户的银行会被处以重罚。三是对个人携带现钞出入境实行超限额申报制度。注重以“反洗钱、反恐怖融资、反逃税、反腐败”为统领，防范现钞出入境管理风险。出境限携带30万日元，外币入境不限金额，但超过100万日元需要进行申报。

（4）印度。一是汇兑限额。对于允许的经常项目，居民个人每个财政年度内可汇出限额为等值25万美元；非永久居住者、巴基斯坦以外国家的外国公民、在境内外资公司就业的印度公民，可以将其缴税后的净薪资汇出。对于允许的资本项目，居民个人单个财政年度内可以汇出最高限额等值25万美元。可从国外亲戚借入不超过等值25万美元的1年期无息贷款。居民个人可以在等值25万美元限额内设立（收购）合资（独资）的境外公司，但只能以股权形式投资且不得进行多层架构的投资。二是账户管理。尼泊尔居民的外汇需求由尼泊尔国家银行提供。对于居民账户，除印度储备银（简称RBI）普通许可所规定的情况外，开立境内外外币账户都必须得到RBI的事先批准；对于非居民账户（包括卢比非居民普通账户、卢比非居民对外账户和外汇非居民账户），实行分类管理，规定了不同账户的适用币种、计息方式和投资范围。

（二）个人外汇业务管理启示

（1）充分重视“三反”在个人外汇管理中的作用。一是加强对客户的尽职调查，完善银行开户管理。要求银行切实了解客户资产背景、资金来源、与交易关系者的关系、金融交易的真实目的和背景，有效进行客户识别及分类。二是利用可疑交易报告识别遏制规避监管要求的行为。借鉴美国“明知、怀疑或者有合理理由怀疑资金牵涉非法活动时，金融机构需提交可疑交易报告”的管理模式，对于在办理个人外汇业务时发现的大额异常交易、可疑线索等，应及时向外汇局报告。

（2）依托金融科技，创新个人外汇监管。一是鼓励应用生物识别等技术，利用科技以“机防”代替“人防”。如美国利用远程开户身份认证技术和安全管理策略，在非现场认证环境下采用多因素的交叉验证手段，根据风险高低建立分层认证机制等，准确识别开户个人身份，并对其风险进行分类。二是通过构建大数据库，综合分析个人交易风险情况。结合收集的个人身份信息、交易信息等情况，精准筛查识别可疑交易线索。如美国统筹考虑跨境资金交易与非跨境资金交易监管，构建了依托金融大数据的部门联合治理的监管模式，对涉及违法犯罪行为及违规行为进行处理。澳大利亚建立了数据采集和分析系统与交易报告运用数据库，对个人交易数据进行综合分析与挖掘。

（3）加强信息共享与协同管理。发达国家注重各部门的协调监管以提升政府监管效能。如日本构建完善的信息共享和协作机制，协调开展跨境资金流动数据采集，协调开展宏观审慎监管和微观审慎监管。澳大利亚将境内个人账户资金作为其纳税收入的重要依据，个人在开立账户时，必须提供本人的税务号码。外汇局可积极与其他部门协调，与人民银行反洗钱、征信管理部门及税务、公安等政府相关部门搭建数据共享、线索共享、案件共治的治理平台，通过进一步加强与相关监管机构的政策协调和监管合作，确保监管信息的准确及时，减少和消除个人外汇业务监管盲区。

六、政策建议

（一）管理层面

（1）近期目标。一是调整监管思路，做好便利化与防风险统筹平衡。明确“法无明文禁止即可为”的管理理念。构建“主体越诚信、手续越便利”“银行越合规、审核越自主”的分类管理框架。支持银行创新便利化试点业务先行先试，实施对个人外汇业务的科学、分类管理，有序促进便利化业务发展。二是完善监管制度，强化对银行的监督指导。通过建立健全银行履行真实性审核的评价规范，合理确定银行履行真实性审核义务中的边界，通过尽职免责机制，适当加大正向激励；通过内控监督指导、政策传导等方式指导并监督银行提高展业能力，加强对银行风控体系的综合评估，切实帮助银行完善风控体系，填补风控洼地。三是推动多部门监管协调机制，提升联合监管效果。如进一步深化与税务、反洗钱、公安等部门的联动监管机制。

（2）中远期目标。一是落实宏观审慎新监管理念的外汇“长臂管辖”框架。在当前个人主体发生于境内的所有外汇收支和涉外经营活动的基础上，延伸至其在境外的投融资和相关经营活动，并通过宏观数据分析个人跨境资金流动是否均衡、判断资金变化幅度是否适度，从而确定监管重心和监测方向。二是有序推进个人资本项目可兑换，满足个人多元化投资需求。如对于境外证券投资、境外人寿保险等业务可考虑在便利化额度之内放开；个人境外房产配置等业务可考虑在部分地区、部分人群开展小范围试点；合理简化个人资产对外转移的审批要求等。三是探索金融科技在外汇监管领域的应用，实现监测分析提质增效。运用大数据等手段，建立对个人外汇业务主体画像，实现对可疑异常交易的监控和自动化报告；通过合作式淡中心化监管，纳入多元监管主体，共享监管信息。

（二）银行层面

（1）转变经营理念，强化银行主动意识。摒弃“重产品营销、轻政策宣传”的错误理念。主动研发特色化外汇产品，积极探索贸易新业态外汇业务办理新模式。优化外汇业务人员考核，改进单纯以业务办理数量的考核指标，综合业务办理质量、外汇知识水平、客户服务满意度等情况对业务人员进行评价。

（2）提高风险识别能力，完善风控体系制度。银行可根据自身风控水平，综合内外部信息数据、客户身份特征和交易特征等信息，进行客户及交易风险等级分类，规定不同风险等级的个人外汇业务类型与金额，对于高风险等级的客户实行重点关注。同时，建立针对高风险客户的数据库以及银行间负面清单信息共享制度。各银行在业务办理中发现的异常客户或交易，可通过添加标识等方式在银行间共享，提示其他银行有关个人业务的风险，减少个人通过跨行办理业务规避管理的情况。

（3）规范业务办理，提升展业能力。一是明确银行尽职审查义务，规范银行业务操作。二是完善内部分工，提高业务规范水平，通过构建人员稳定、业务精通的专业化团队，提升外汇业务人员展业能力。三是运用大数据、人工智能、生物识别等技术手段，提升对异常交易的甄别和拦截能力，提升个人外汇业务风险识别水平。

（三）个人层面

（1）加强个人合规用汇教育，合理引导市场预期。积极运用微信公众号、官方微博、宣传手册与电子显示屏等方式，解读个人外汇政策，普及外汇业务基础知识、风险警示案例，确保用汇个人明晰自身拥有的合法权益和应遵守的政策法规，加强个人风险防范意识，避免被不法分子利用而发生违法违规行为。同时，在政策、汇率、环境等因素波动期间，及时了解个人主体的预期，引导个人主体理性办理业务，减少盲目、恐慌性购汇，防范跨境资金异常流动风险。

（2）健全违规行为惩戒机制，加大个人违规成本。强化个人法律责任。明确虚假申报、虚假交易等主体的法律责任，全方位有效打击违法违规用汇交易中的各类主体。同时，对因存在违规行为而被列入“关注名单”的个人，限制其结购汇、收付汇、资金划转、外币现钞存取等各环节操作，实现对违规个人的全流程业务限制；对通过地下钱庄、跨境赌博、数字货币等违法渠道进行跨境资金流动的行为进一步加大处罚力度，对个人形成威慑力。

课题组组长：尹晓民

课题组成员：吴松格、姜丽莎、冯志鹏、易秋生、袁慕斌

普惠金融与绿色金融融合发展推进乡村振兴的路径研究

——以江西省为例

中国人民银行南昌中心支行招标课题组

2020年9月，赣州市、吉安市获批全国普惠金融改革试验区，这是继赣江新区绿色金融改革创新试验区之后，江西省又一个“国字号”重大金融改革平台，江西省也成为全国第二个、中部第一个同时开展绿色金融和普惠金融改革试验区建设的省份。普惠金融和绿色金融是我国金融改革的重要内容，两者融合发展具有理论和现实基础，对于江西省这一经济欠发达省份更具重要意义。近年来，江西省对普惠金融、绿色金融融合发展模式进行了一些有益探索，但目前绿色与普惠金融融合推进乡村振兴仍存在融合发展政策不完善、乡村产业发展不足，金融机构激励不充分、乡村资产盘活障碍多等问题。为应对挑战，更好地融合推进乡村振兴，本文提出完善制度设计、加强政策协同、加快金融对接、强化配套支持等方面政策建议。

一、普惠金融与绿色金融融合发展的理论基础

（一）目前普惠金融与绿色金融融合发展机制总体缺失

（1）普惠金融较少兼顾绿色发展。普惠金融有诸多案例，国外有孟加拉“乡村银行”模式、印度“自助小组”模式、印度尼西亚“小额信贷体系”

模式等；自2016年以来，我国在“五省七地市”① 分批次开展普惠金融区域改革试点。从区域看，普惠金融改革绝大多数选择落后地区开展实施；从改革的初衷看，主要目的是扩大金融的覆盖面，提升金融服务的广度，支持原本难以获取金融服务的弱势群体发展、生产和经营，但对于其绿色发展的问题涉及不多。即使在经济相对发达的浙江宁波普惠金融改革试验区，对如何提升地方经济绿色发展水平方面也鲜有触及。

（2）绿色金融易忽视微观普惠领域。美国和欧盟等发达经济体对绿色金融发展十分重视，绿色金融历史悠久、制度体系成熟、金融创新活跃，但实施的主要对象为大项目、大企业和大平台，对于小型微型企业的绿色金融支持相对欠缺。2017年6月，我国在五省（区）建设绿色金融改革创新试验区，其中浙江重点支持传统化工行业改造升级，广东鼓励新能源汽车金融产品创新，新疆提出创新风力（光电）发电指数保险，江西探索金融创新支持节能减排、清洁能源等领域发展，贵州通过信贷支持生态绿色项目，并通过债券和股票融资支持大型绿色企业发展。总体而言，绿色金融改革重点集中于大生态、大环境、大项目和大公司，对普惠领域“三农”和小微等群体的关注程度较低。

（二）普惠金融与绿色金融融合发展存在现实基础

（1）发展理念具有一致性。普惠金融改革旨在提高金融服务覆盖率、可得性和满意度，更好地满足人民群众日益增长的金融服务需求，帮助人民群众解决“生存和发展”的问题。绿色金融旨在促进节能减排、环境保护，帮助人民群众解决如何“发展得更好、生活得更好”的问题。归根结底，普惠金融和绿色金融都秉承“金融为民”的坚实发展理念。②

（2）支持领域具有重合性。普惠金融和绿色金融的支持对象在农业领域和小微企业领域存在普遍交叉。小微企业、农户等普惠金融重点群体较多分

① 国家已批复的普惠金融改革试验区，其中普惠金融改革试验区有江西省赣州和吉安市、河南省兰考市、福建省龙岩市和宁德市、浙江省宁波市；山东省临沂市为普惠金融服务乡村振兴改革试验区。

② 鲁政委．协同推进绿色金融与普惠金融发展［J］．银行家，2017（12）．

布在环境脆弱地区，易受气候与环境变化影响，而这些规模庞大的群体也是应对气候与环境变化的重要力量。随着我国乡村振兴战略、“碳中和、碳达峰”等发展目标的提出，这种交叉突出体现在如何共同支持绿色高效农业发展、如何促进小微制造企业节能减排、如何发展普惠型绿色可再生能源、如何培育绿色服务体系架构等领域。①

（3）配套措施具有共通性。一方面需要政策协同配套。普惠金融和绿色金融均具有正外部性的特点②，具有一定公共产品属性，单纯的商业化运营难以覆盖成本和风险，因此需要较为完善的金融政策、财政政策及产业政策等配套体系。另一方面需要金融科技赋能配套。普惠金融涉及的群体数目庞大，运用传统的手段开展服务和管理存在困难，绿色金融在项目管理、认证管理、信息管理等方面要求较高，因此均需借力大数据、云计算等现代科技手段；普惠金融和绿色金融要实施融合发展，金融科技方面的需求显得更加重要和迫切。

（三）普惠金融与绿色金融融合发展具有重要意义

（1）体现高质量发展战略需要。普惠金融与绿色金融融合发展，能够进一步激发微观主体发展活力，推动地方经济加快，夯实实体经济基础，缩小城乡差距和区域间发展差距，并且在加快发展的同时，兼顾经济发展质量和效益的提升，特别注重节能减排，防止经济快速发展对自然环境和人居环境造成不利影响，主动、提前适应“2030 年碳达峰、2060 年碳中和”等形势要求，做好当前百年未有之大变局的应对，实现欠发达区域在高质量发展战略中“两步变一步”，“小步快跑不掉队”。

（2）体现深化金融改革需要。随着我国金融改革的不断推进，信贷、股票、债券及表外融资等各种金融手段得到快速发展，在支持国民经济发展中发挥了重要作用，但也不可避免地出现了一些结构性问题，以及资金系统内

① 魏长江．绿色金融与普惠金融的比较与融合发展［J］．甘肃金融，2017（12）．

② 蔡永卫．普惠金融与绿色金融融合发展的研究与思考［J］．财经界，2019（10）．

空转等问题。普惠金融和绿色金融融合发展，将开拓万亿级别的金融蓝海，在当前“房住不炒”和地方政府债务显性化的大背景下，给融资结构优化、信贷结构调整、有效信贷需求发掘等带来良好的发展契机，有利于进一步发挥金融支持实体经济发展效力，促进多层次金融市场机制健康、可持续发展。

二、“绿色 + 普惠”融合发展推进乡村振兴的江西金融实践

（一）“绿色 + 普惠”融合推动乡村生态农业升级发展

吉安市作为农业大市，农业是绿色普惠金融最集中最显性支持的产业。为推动绿色农业高质量发展，吉安市积极引导信贷、保险等金融资源流向绿色农业，带动传统农业形成循环的生态化发展。截至 2021 年 6 月末，吉安市农、林、牧、渔业各项贷款 27. 57 亿元，其中生态农业贷款 10. 58 亿元，占比为 38. 38%，有效引导了产业发展向绿色化、生态化改进。

一是不断创新绿色普惠金融产品和服务。辖内金融机构创新推出了“油茶贷”“绿色脱贫贷”“地押云贷”“智慧富农贷”等 20 余项绿色普惠信贷产品，根据辖内各县（市）特色农作物推出了相应的价格、气象等农业保险，如井冈山市的弥猴桃、黄桃、茶叶等特色种植气象指数保险，吉安县的黑木耳价格指数保险。如安福县推出了井冈山蜜柚（金兰柚）价格指数保险支持特色农业发展，覆盖了 80% 以上的小农户，形成了“保险 + 期货 + 信贷”的绿色普惠金融支持新格局，使众多小农户在发展金兰柚产业中既有保险支持，又有小额信贷支持，打破了以往绿色农业保险覆盖率低、农户购买意愿不强的困局。2019—2020 年，安福县共 1213 户农户参加金兰柚价格指数保险，其中有 299 户农户在发展金兰柚中获得 5478. 63 万元贷款支持，有力地促进了金兰柚产业持续健康发展。

二是大力支持畜禽粪污资源化利用，助力循环农业发展，实现畜禽粪污资源化利用与富民产业协调发展。自 2017 年吉安市开启生猪生态循环养殖小区建设以来，通过畜禽养殖污染专项整治和规范生猪养殖管理，全市生猪养

殖场从7588家减少至1139家，全市累计创建畜禽标准化示范场111个，畜禽粪污处理设施装备配套率从原来的83%提高到了99.39%，金融有力地助推了生猪养殖产业生态循环发展。如新干县长平生态林牧场为规范生猪养殖投资建设洞口村生猪生态循环养殖小区，总投资7000万元，由于新干农商银行给予了1500万元贷款支持，有效地弥补了企业建设资金缺口，促使其实现了种养结合和达标排放相互结合，建立了生态环保型效益经济模式。

（二）“绿色+普惠”融合为绿色能源发展注入动力

光伏是江西上饶的新兴主导产业，拥有完整的光伏产品产业链，晶科能源还是全球光伏组件头部企业。该市借助光伏产业优势，通过创新金融产品，同时吸引多元金融参与，盘活乡村地区闲置林地、屋顶，大力发展分布式光伏发电项目。该模式的特点：一是创新应用按揭式贷款。针对分布式光伏项目投资回报周期长特点，采取每年归还固定金额的按揭贷款模式，破解期限匹配性问题。二是创新保险产品。为降低自然灾害带来的财产损失及贷款不良风险，当地财产保险公司开发“光伏险”产品，为光伏设备提供保障，解决银行和光伏安装户的后顾之忧。三是创新配套激励机制。地方财政部门划拨专项资金，专门对分布式光伏发电项目贷款进行贴息。

在金融支持下，江西上饶不仅成为光伏组件生产大市，而且光伏应用领域也在省内处于领先地位。“十三五”期间，上饶全市光伏发电总量位列全省第一，超过南昌、赣州等经济领先地市。当地光伏应用的发展，不仅催生了专门从事光伏发电应用的主板上市公司——晶科科技有限公司，还帮助乡村农户，特别是低收入人群带来了稳定收益。以横峰县农村商业银行为例，该行采用15年按揭贷款方式发放3000多万元“屋顶光伏贷”，帮助1112户农户安装了屋顶光伏设备，每年为农户带来纯收入2000元，其中接近半数农户为当时的贫困户。

（三）“绿色+普惠”融合助力绿色制造水平提升

在赣州，“绿色+普惠”融合发展为制造型小微企业减排、降耗、减碳提供支持，提升了绿色制造水平，主要体现在四大方面：一是支持绿色装备制造。包括节能装备制造、环保装备制造、资源循环利用装备制造等。二是支持制造业改造升级产业。包括节能改造、资源利用高效化改造、清洁生产改造等，促进“两高一剩”等行业加快转型发展。三是支持循环材料利用，包括矿产资源综合利用、废旧资源再生利用、汽车零部件及机电产品再制造等。四是支持制造业清洁生产。包括无毒无害原材料替代使用、危险废物治理、生产废水处理及综合利用、废渣处理及综合利用等。

近年来，赣州先后出台了《关于金融支持工业增长调结构增效益的若干意见》《关于运用再贴现工具支持绿色票据发展的通知》等文件，持续推进“财园信贷通”“小微信贷通”等财政杠杆融资，支持赣州银行发行绿色金融债券30亿元，引导金融机构融合支持小微企业提升绿色制造水平。截至2021年9月末，全市普惠型绿色制造贷款余额为28.32亿元，同比增长80.41%，占绿色贷款总额的比重为9.99%。其中，普惠型绿色装备制造贷款余额为6.62亿元，循环材料利用贷款余额为18.50亿元，制造业节能改造升级贷款余额为1.07亿元，制造业清洁生产贷款余额为2.12亿元。

（四）“绿色+普惠”融合支持绿色服务体系构建

为积极配合抚州市生态产品价值实现机制全国试点，金溪县委、县政府高度重视，对金溪丰富的古村古建资源活化利用，积极创新“古村落金融贷”，着力打通“绿水青山”向“金山银山”的转换通道。截至2021年8月底，金溪县辖内多家银行积极主动参与，集中信贷资源发放古村落金融贷10.34亿元。主要做法：

一是征收与托管并举，集中收储古村落建筑用益物权。金溪县委、县政府充分利用实施“拯救老屋行动”整县推进项目的契机，按照“分散进、集中出”的原则，正在逐步将国家、省传统村落和历史名街区国有产权古建筑的所有权、集体产权古建筑的托管经营权统一收储到县城投公司和旅投公司，为古村落的修缮保护和旅游开发奠定扎实的基础。

二是产权与经营权并重，创新古村古建确权体系。金溪县专门组建“生态产品综合交易中心”，针对古村古建确权颁证，在中心大厅整合设立古建办证窗口。针对通过托管方式取得用益物权的古村古建，县政府创新颁发古村古建经营权证书。针对征收方式再划拨给城投、旅投公司的国有划拨产权古建筑，采取补交出让金的方式，变划拨为出让，增加公司资产包。

三是沿袭与创新互补，探索古村古建价值评估与交易。探索古村古建价值评估，通过市场化运作初步衡量古村古建价值，并加强与深圳文交所合作，争取通过其价值评估系统给予指导和帮助。实行银行自评与专业评估相结合，对个人申请古村落金融贷主要采取“所有权 + 信用”模式，由银行机构自行评估，对国有企业、私营企业采取“经营权 + ”模式，由专业评估公司根据规模、预期收益等动态确定。在金溪县生态产品综合交易中心整合设立银行受理、价值评估、拍卖报名等办事窗口，全面打造古村古建生态产品交易平台。

四是试点与风控共推，创新推动古村落金融贷。银行机构创新推出“古建筑生态产品价值 + 个人”、旅游开发公司、古村保护开发企业和村集体经济等融资模式，推出古建筑生态产品价值抵押加信用、保证、其他抵押等多种模式。出台《金溪县本级财政性资金存放与银行机构信贷投放挂钩考核办法（试行）》，充分发挥考核的指挥棒作用。县财政安排2000万元设立生态产品价值实现融资风险补偿金，以缓释生态产品价值实现信贷风险。

三、存在的问题和困难

（一）融合发展政策不完善，政策激励引导机制有待优化

当前“绿色 + 普惠”金融融合支持乡村振兴主要依赖基层摸索，政策层面的顶层设计较为缺乏。这导致推进“绿色 + 普惠”金融融合缺乏足够向心力，影响了两者融合发展的深度。具体表现为：一是金融机构融合发展的思想认识不足。虽然从金融管理层面建立了融资发展协调机制，但是各金融机构的思想认识还没跟上，缺乏融合发展方面的战略规划或策略。二是行动上

较为被动。除少数机构设立了绿色普惠金融专营机构，大部分机构绿色金融和普惠金融都是分属管理、单独考核。加上地方政府、金融监管和财税部门还没有设立与之相适应的激励机制，在其内部利润效益考核模式下导致金融机构积极性不高。

（二）乡村产业发展不足，金融支持力度提升难

乡村特色绿色产业是绿色与普惠金融融合支持的着力点。然而，由于目前乡村产业发展不足，产业这一着力点将对金融支持力度产生负面影响。具体来说：一是乡村产业组织化程度低。从江西来看，很多农村种养殖产业都处于小规模分散经营阶段。如铅山县的红茶产业，小微企业、家庭农场间存在恶性竞争，产业发展水平偏低。二是农业产业链化、深加工程度低。如江西上饶辖内没有主板上市的农业企业，相对较大的几家农业企业都是初加工企业，如万年贡米、婺源县鄣公山茶叶。三是产业辐射能力弱。如同样作为武夷山周边的红茶，铅山县河红茶品质、口感都与“正山小种”雷同，但品牌知名度低，销售情况与之有较大差距，产业带动乡村振兴的作用仍有待挖掘。

（三）金融机构激励不充分，信贷产品创新不足

绿色和普惠金融带有很强的政策性，而商业银行作为市场主体具有逐利的天性。当前，推动银行机构融合发展绿色普惠金融，特别是发展乡村绿色金融各方面，还没有充足的激励政策安排，对金融支持乡村振兴的广度产生不利影响。一是机构主动承担社会责任的制度安排不够。推动乡村绿色发展是银行机构特别是涉农机构的社会责任，但当前对机构履行社会责任还主要以引导、鼓励为主，还没有从激励、考核层面进行推动。二是财税等外部激励措施有待跟进。三是部分机构对接支持乡村振兴还存在物理障碍。如很多大中型金融机构业务已撤离乡村地区，部分机构甚至在县级都没有设置物理网点，难以有效对接乡村融资需求。四是金融产品端也没有及时跟进融合发展需要。虽然在实践中金融产品有所创新，但能够充

分体现融资发展，能够可复制可推广，类似排污权抵押贷款的融合型产品少。大部分绿色金融服务还停留在浅层次，所涉及的领域多在中下游环节，产品附加值低。

（四）乡村资产盘活障碍多，金融资金介入难

盘活农村资产是金融支持乡村振兴的基础之一。当前虽然不少地区开展了农村有形资产抵押贷款试点，但从试点情况看，由于多种障碍没能从根本上破解，试点的成效略显不足。如江西上饶婺源县试点的农村“两权”抵押贷款，试点多年后，目前也仅有不到1000万元贷款余额。从婺源试点情况看，主要障碍有：一是农房抵押的法律障碍仍然存在。如2019年8月修订的《中华人民共和国土地管理法》鼓励农村集体经济组织及其成员盘活利用闲置宅基地和闲置住宅，但对宅基地的具体改革未作进一步明确。二是乡村产权交易难、处置难。农村土地、财产等流转所需的评估、登记、交易等配套中介服务尚不健全，农村产权资产交易处置困难、估值低。三是农村金融风险分担机制不完善。政策性担保能力较弱，风险补偿资金缺乏系统性，难以对金融机构的信贷风险进行有效分担和补偿。

四、政策建议

（一）完善制度设计

一是加快出台区域绿色发展规划，明确阶段性“碳达峰、碳中和”工作目标和工作措施，结合“碳达峰、碳中和”的目标要求及时制订区域性的绿色金融发展规划；二是完善绿色发展标准，结合地方特色加快研究和明确具有地方特色的行业标准、地方标准、国家标准和管理体系；三是建立普惠和绿色融合发展机制，按照地方政府为主、金融监管协同、其他部门联动的理念，整合普惠金融和绿色金融协同发展的专项领导机制，建立信息合作共享机制，加强各部门资源整合协调，形成绿色普惠金融发展合力。

（二）加强政策协同

一是健全政策激励机制。综合运用财税政策和金融政策，在奖励、补贴、贴息、风险分担、减费等方面给予政策支持，合理运用再贷款再贴现、碳减排支持等政策工具，共同引导绿色普惠金融发展。二是构建风险补偿机制。根据财政和金融机构实际，建立风险补偿基金，共同支持普惠绿色金融发展。三是制定绿色产业项目清单。各政府部门协同金融部门加快细化绿色产业发展重点领域，制定普惠绿色行业支持名单库。重点领域包括绿色种植、绿色养殖、农村绿色治理、乡村旅游康养、普惠绿色制造贷款、普惠绿色能源贷款和普惠绿色服务等方面。

（三）加快金融对接

一是建立专业化金融组织体系。探索普惠绿色专营机构，成立普惠绿色发展中心等职能部门，指导普惠金融服务站进行功能“绿化”，积极承担绿色普惠金融信息汇集、项目筛选和社会监督等职责。二是加快普惠绿色产品创新。加大绿色小额产品研发和推广，丰富手机银行等线上产品，创新与碳足迹相挂钩的绿色信贷产品。三是促进金融产品与服务融合。探索小微企业绿色资源抵押的有效途径，拓宽普惠小微实体抵押品范围。探索碳排放权、林业碳汇抵质押授信模式，发展以提升林业碳汇能力为目标的信贷业务。完善绿色权益的作价评估、抵押流转等第三方服务体系建设。

（四）强化配套支持

一是加快培育绿色服务中介体系。加大对水土资源论证、环境影响评价、环境污染治理、节能咨询等服务中介的引进，完善项目立项、招标等管理。二是拓展金融科技平台绿色功能配置。如在小微客户融资服务平台、企业收支流水大数据征信平台等系统开辟绿色金融板块，鼓励金融机构开发上线绿色小额信贷产品，面向中小微企业、个体工商户、“三农”群体等广大普惠金融服务对象开放。三是建立和完善监管评估体系。构建和完善普惠绿色金融融合发展评估体系，从实现政府部门和金融监管部门目标、绩效、激励、资源等一致性上，加强对跨行业、跨市场、跨部门普惠绿色金融活动效果评估。

课题组组长：曾省晖

课题组成员：彭岚、葛正灿、朱子欣

乡村振兴背景下农村金融支持农村居民增收的实证研究

——以江西省鹰潭市为例

中国人民银行鹰潭市中心支行课题组

一、引言

（一）研究背景及意义

2019年12月，江西省鹰潭市成为国家首批城乡融合发展试验区后，聚焦乡村振兴，在建立健全农民持续增收机制上做了大量卓有成效的工作，重点打造了一批不同内容、不同模式的健全农民持续增收体制机制示范点，努力形成更多可复制、可推广、可借鉴的经验。截至2020年末，全市实现农林牧渔业总产值120.13亿元，较建市初1983年的1.84亿元，增长了65.29倍；农村居民人均可支配收入18873元，较建市初1983年的250元，增长了75.5倍。

在全面实施乡村振兴战略大背景下，金融机构特别是农村金融机构作为资金供给方，已经成为农民增收的重要驱动器。因此，进一步提升农村金融支持农村居民增收力度，不断创新农村金融支持农村居民增收模式，主动适应农业转型升级新局面，对农民增收具有非常重要的作用。但是从目前发展状况来看，鹰潭农村金融市场不开放、体系不健全、金融供给不足等问题仍然存在，由此造成的农村融资难仍然是农民增收的"短板"。

本文通过分析目前鹰潭农民增收的金融支持现状、存在的问题及成因，探讨如何创新金融支持路径，并提出促进农村金融市场发展的几点对策和建议，这不仅对鹰潭市农村金融改革和农村经济的发展起到一定的理论指导作用，具有较强的现实意义，而且可以为金融支持农民增收发展提供经验，具有较强的借鉴意义。

（二）相关理论和文献综述

1. 国外研究现状

Pederson（1999）、Burgcss 和 Besley（2002）认为，农村经济有效发展得益于以银行为主的农村金融改革，而随着农村金融体系的完善，农村居民收入水平得到了提高。农村金融发展在一定程度上具有减贫作用（Jalilian 和 Kirk Patrick，2002；Dolla，2011；Jeaneney 和 Kpodar，2011）。Adams（2002）和 Townsend（2004）从农村金融机构的政府扶持力度视角分析，认为完全靠政府力量扶持的农村金融机构，主动配置农村农业生产资金意愿缺乏，最终造成农民收入增加受到抑制。

2. 国内研究现状

有关农村金融与农村居民收入的增长正相关性理论研究。杨东等（2021）实证分析发现，普惠金融的不断发展有利于促进农民收入增长。但是，增长效应在不同地区尤其是东部、西部地区存在显著差异，而在中部、东北地区则不明显。同时研究还发现，市场化程度越高，其对收入的增长效应越明显。农民的学历、拥有的物质资本也会对增收效应产生影响。杨美琼和宋卓（2021）通过分析农村金融业务发展与增加贫困地区农村居民收入水平的作用效应，认为要实现乡村振兴，有效促进贫困地区农村居民收入增加，金融机构要切实发挥“供给先导”功能。

有关农村金融与农村居民收入的增长负相关性理论研究。李琳（2021）认为，相较发达国家，发展中国家金融抑制现象更容易出现。在我国农村地区，金融抑制现象的出现对于整个地区的经济发展情况会产生不良影响。其在文章中分析了农村金融抑制状况和原因，以降低金融抑制的不良影响，实现地区经济平稳发展。

（三）研究方法与创新

在研究方法上，本文采用文献与实证研究相结合，以鹰潭市农民收入作为研究对象，具有地方特色性，通过实证分析了农村金融规模、发展效率对支持农民增收的影响，探讨金融支持农民增收的路径模式，为鹰潭市金融支持农民增收提供参考。

二、鹰潭市农村金融支持农村经济现状分析

（一）鹰潭市农村居民收入状况分析

1. 农村居民人均可支配收入水平位列全省中上

进入21世纪以来，鹰潭市农村居民的人均可支配收入得到长足的进步，2014年突破10000元，2020年末为18873元，较2002年增长6.4倍；位列全省第5，比全省平均水平提高1892元。农村居民人均可支配收入同比增速由大幅震荡趋于平稳，总体呈放缓趋势，2020年同比增速6.8%，在全省排名第9位，低于全省平均水平0.7个百分点。2020年，受新冠肺炎疫情影响，对外出打工及本地农业、旅游业等发展造成较大冲击，农村居民收入增速出现较大幅度下滑，比2019年下降2.6个百分点。

2. 农村居民可支配收入的结构随经济发展不断演变

从占比来看，工资性收入地位有所下滑。2014年及以前，工资性收入占比最高。但随后两年工资性收入增长停滞，于2015年被家庭经营性收入赶超，2020年在可支配收入中比重为39.68%，比2009年低9.49个百分点。家庭经营性收入占比则相对平稳，除个别年份外，大部分年份在42.3%～46.2%区间浮动。在2013年城乡调查一体化改革后，转移性收入与财产性收入迅速提升，所占比重从4.59%（2009年）增长至16.8%（2020年）。

从增速看，三类收入渐趋同步。其中，工资性收入增速于2015年触底（-4.75%），自2016年起持续回升，而转移性收入与财产性收入、家庭经营

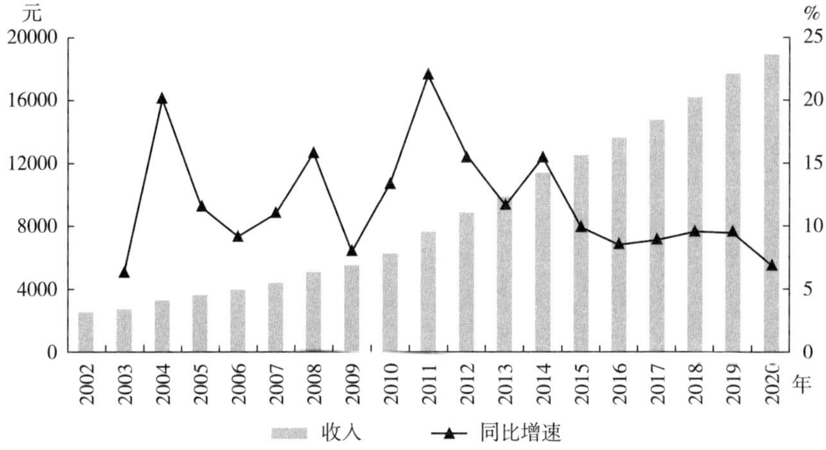

图1　2002—2020年鹰潭市农村居民人均可支配收入

性收入增速分别在2014年、2015年达到顶峰后不断下滑，三者的差距逐渐缩小。最终2019年工资性收入增速超过其他收入来源，居于首位。

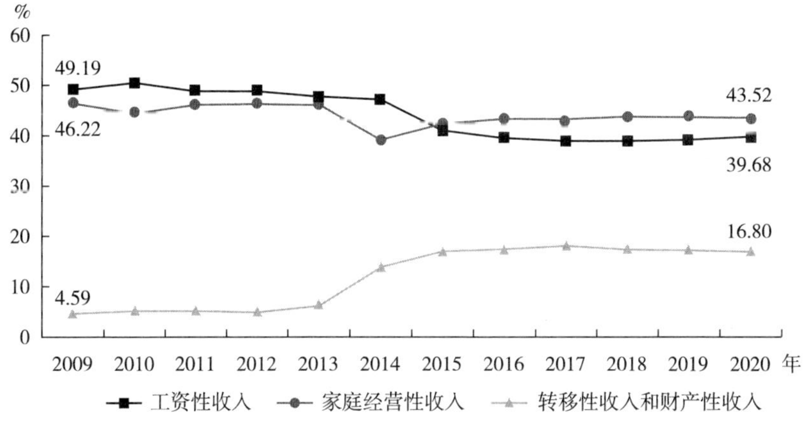

图2　2009—2020年农村居民可支配收入主要来源

（二）农村居民可支配收入影响因素

1. 工资性收入依靠外出打工群体

2013年常住人口外出从业得到的收入是本地劳动得到收入的1.8倍，占工资性收入比重为59.25%。外出从业的驱动力主要是外地和本地的收入差距，发达地区收入优势长期存在。在“双循环”发展格局下，随着消费需求在需求中地位进一步提升，共同富裕和区域协调发展战略进一步深化，人口聚集进一步抬高发达地区就业门槛和生活成本，作为劳动力持续输出地区，发展本地经济，扩大本地劳动收入的占比将是提高农村居民工资性收入主要方向。

2. 家庭经营性收入更加多元化

第一产业经营净收入长期占农村家庭经营性净收入的六成以上，而随着农村休闲旅游、批发零售、物流快递等服务业的兴起，从事第三产业所获经营性净收入在迅速增长。近年来，鹰潭市积极推进农村产业化发展，第一产业增加值由2002年11.79亿元增加至2020年的73.44亿元，粮食生产实现“十七连丰”，年产量稳定在15亿斤左右。农业主体方面，建成省级以上现代农业示范园11个，市级以上农业龙头企业达235家，农民合作社2300余家，家庭农场730余家，“三品一标”农产品达137个。全市行政村年集体经营性收入的平均值超过15万元。

3. 改革试点推动财产性收入结构变化

传统财产性收入主要是利息净收入，2014年①利息净收入占比高达92.13%，但2020年已大幅下降，被转让土地承包经营权租金净收入、红利收入所超越。鹰潭市辖内余江、贵溪先后开展土地承包经营权、农民住房财产权、集体经营性建设用地等土地改革试点工作，财产性收入中转让土地承包经营权租金净收入增长较快，取代传统上利息净收入的主体地位。同时，对农村集体资产进行大规模的清产核资工作，农村集体经营性资产折股量化到集体经济组织成员，盘活农村资源变资产、赋予农民股东身份，促进农村居民红利收入的增长。

4. 转移性收入依赖家庭内部转移

转移性收入主要为外地就业人员寄回带回收入②、赡养收入，显然劳动力

① 旧农村居民人均纯收入口径未公布财产性收入、转移性收入的细项指标，自2014年起，新人均可支配收入才公布财产性收入、转移性收入的细项指标。

② 指非常住人员外出从业，与工资性收入中常住人员外出就业收入不同。

大量外出就业，农村留守的老人儿童无收入能力，只能依靠外出亲人的援助。随着养老保险、农村合作医疗保险的普及，养老金或离退休金、报销医药费平稳增长，农村民生水平有所提高。

经过上述分析，农村居民可支配收入的主要影响因素有外出就业人口（常住及非常住）的收入，本地产业发展水平，居民拥有的土地、股权、存款等资产收益，社会保障体系发展等。接下来将详细分析金融在这些因素中所起的作用，及其所采取的措施和成效。

（三）农村金融体系的发展现状

1. 金融供给主体增加，推动信贷投入增长

截至2020年末，鹰潭市各项贷款余额达966.67亿元，其中，涉农贷款为397.73亿元，占比达41.14%，规模比重在持续增加。从贷款规模来看，农发行和农商行占主体地位，涉农贷款余额分别为189.32亿元、63.59亿元，占比分别为47.6%和29.34%，远远高于其他银行业机构。从涉农贷款占银行各项贷款比重来看，2020年末全市金融机构中，中国农业发展银行（100%）和村镇银行（72.31%）最高，其次为农村商业银行（29.34%）与国有大型银行（28.37%），其中中国农业银行（51.89%）、中国邮政储蓄银行（33.24%）、中国工商银行（31.74%）超过农村商业银行，最低的是城商行（15.1%）和股份制银行（11.95%）（见表1）。

表1　2020年末银行业金融机构涉农贷款情况　单位：亿元、%

机构名称	涉农贷款余额	占比	各项贷款余额	各家行涉农贷款占比
政策性银行	189.32	47.60	189.32	100.00
中国农业发展银行	189.32	47.60	189.32	100.00
国有大型银行	116.30	29.24	409.99	28.37
中国工商银行	32.55	8.18	102.56	31.74
中国建设银行	17.74	4.46	66.89	26.52
中国农业银行	30.76	7.73	59.29	51.89
中国银行	5.06	1.27	90.42	5.60
中国邮政储蓄银行	30.19	7.59	90.82	33.24

续表

机构名称	涉农贷款余额	占比	各项贷款余额	各家行涉农贷款占比
股份制银行	0.77	0.19	6.43	11.95
兴业银行	0.77	0.19	6.43	11.95
农村商业银行	63.59	15.99	216.70	29.34
鹰潭农商行	63.59	15.99	216.70	29.34
城商行	20.04	5.04	133.58	15.01
江西银行	0.25	0.06	36.40	0.69
九江银行	12.07	3.04	45.88	26.31
上饶银行	7.72	1.94	51.30	15.05
村镇银行	7.70	1.94	10.65	72.31
贵溪九银村镇银行	2.79	0.70	3.65	76.31
月湖恒通村镇银行	4.92	1.24	7.00	70.23
总计	397.73		966.67	

2. 创新“党建＋金融”模式，延伸金融服务触角

近年来，在人民银行鹰潭市中心支行和市委组织部引导下，鹰潭市各金融机构坚持以党建为引领，构建起“党建＋金融”服务乡村振兴的新格局。截至2021年2月底，全市已开展“党建＋金融活动”211次，开展“四扫五进”宣传活动1055次，开展金融评级705次，全市新增村级集体经济组织账户79户，新增贷款授信2179户3.776亿元，办理贷款1408户2.286亿元，办理社保卡激活814次5579张。

（四）金融支持农村居民增收的机制分析

1. 助力农村本土产业发展，提高本地就业收入

一是推进基础设施建设，助力农村资本形成。根据经典生产函数，资本水平高低与劳动生产率呈正相关。因此，要提高农村居民工资性收入，就必须提高农村劳动生产率，而基础设施建设必不可少。2020年末，农村基础设施建设贷款余额为165.72亿元，占涉农贷款的41.67%，且占比仍在持续升高。同时，证券和银行业金融机构为用于辖内城乡设施一体化建

设的政府债券发行提供业务辅导，并购买相应债券，在直接融资市场支持农村基础设施建设。

二是强化科技赋能水平，降低市场运行成本。随着鹰潭智慧城市的推进，为金融科技应用提供良好的基础。如鹰潭邮储银行对旅游、批发零售业提供便捷支付服务，与龙虎山道教协会大上清宫合作，游客可通过云闪付 App、手机银行等多种扫码方式完成支付，截至 2021 年 4 月末，总交易金额达 364.72 万元，总交易笔数 8084 笔；与余江区锦江镇锦万佳购物商场合作，2021 年 1—4 月总交易金额 447.25 万元，总交易笔数 63051 笔。

三是精准对接融资需求，提升普惠金融质效。如建行的“地押云贷”，以农村承包土地的经营权为抵押为农村企业“供血”，在农村客户信息齐全条件下，放款速度达到秒级，贷款随借随还，贷款利率为 4.5%。鹰潭农行的“惠农 e 贷”，依托互联网大数据，实现农民信用贷款线上操作、批量作业、自动审批、综合授信，授信额度在 30 万元左右，额度三年循环使用。鹰潭农商行的“百福·农 e 贷”，借款人可通过手机银行、“e 百福”等自助申请贷款，贷款调查、审查、审批由数字风控自动化处理，截至 2021 年 3 月末，余额达到 7.17 亿元。2020 年末全市农、林、牧、渔业贷款余额达 35.62 亿元，除农村基础设施建设贷款外支农贷款余额达 40.54 亿元，合计占涉农贷款的 19.15%。

2. 推动农村产权市场和集体经济发展

一是鹰潭市政府先后出台了《鹰潭市农村集体经营性建设用地抵押贷款管理办法》和《鹰潭市承包土地经营权抵押贷款管理办法》等，为集体经营性建设用地使用权、土地承包经营权、农民住房财产权、集体林权四类农村主要产权的价值评估、抵押流转、入市交易等提供政策依据和制度保障。银行机构积极创新，为四类农村产权抵押打造“一权一品”专属融资产品。如农发行鹰潭分行通过“林地使用权 + 林木所有权”组合抵押，为贵溪市农业生态科技园建设项目发放贷款 3 亿元；国开行依托余江区公共资源交易中心为挂牌交易的农村集体经营性建设用地提供融资，为余江区精密制造产业园建设提供了 3 亿元贷款支持。截至 2021 年 9 月末，鹰潭市共办理农村产权抵押担保融资超1万笔，获得信贷资金达35.5亿元。

二是单个农户家庭抵抗自然灾害等风险能力差，经营性收入稳定性难以保障。因此，金融机构积极推动集体组织发展，促进农业规模化经营，提高农民财产性收入。如鹰潭工行在全省率先投产“农村集体三资管理平台”，解决了以往村级管理付款难、对账难、市镇两级政府监管难等问题，全力推进农村集体“三资”管理金融服务工作。除了直接支持村集体组织，不少金融机构信贷政策也会间接促进村集体影响力提升，比如实施整村授信，将村民个人信用与村小组集体信用建立捆绑机制，借助村委会组建信用筛选评定小组等，村集体在其中都处于重要地位。

3. 提升农村居民金融素养，引导理财需求合理增长

据不完全统计，2020年鹰潭市农村居民理财规模达76.30亿元。但农村居民接触理财渠道相对有限，理财知识了解不足，大部分投资于定期存款等低收益产品，缺少辨别理财产品的能力和风险判断能力，容易被误导购买不合适的甚至高风险的理财产品，存在损失本金的风险。为此，近年来，在人民银行、银保监会等监管部门的组织和引导下，全市各金融机构都会定期开展金融知识“进乡村”“进集市”等系列宣讲活动，进一步发挥金融机构设立在乡镇的营业网点、便民设施、自助设备的宣传指引功能，向农村居民金融消费者大力普及信用信息、贷款申请、存款保险等方面的知识。

4. 服务外出打工群体，开发针对性信贷产品

外出人员创业就业对于农村居民工资性收入、转移性收入非常重要，鹰潭市金融机构积极开发相应信贷产品，支持这一群体融资需求，比如针对外地经营糕点、糖果、烘焙人群的“烘焙贷”等。由于不少农村居民外出，农村房产土地闲置，而在工作城市缺少房产等抵押物，或其他增信手段，难以满足当地银行信贷门槛，对此鹰潭工商银行探索借助大数据手段，盘活这类群体在本地闲置资产，开发相关授信产品。

三、农村金融发展与农民收入关系的实证分析

（一）指标选取和数据来源

1. 农民人均可支配收入指标（Y）

本文用“农民人均可支配收入”指标来反映农民收入状况。因为根据2016年最新统计规则，“农民人均可支配收入”是衡量农民收入的一个科学指标。指标简记为Y。

2. 农村金融支持的规模指标（X1）

鹰潭市农村金融的支持包括数量的增长、结构的改善以及效率的提高。对于农村金融发展的规模指标，目前较成熟的做法是采用农村金融相关率（RFIR）作为衡量指标，即金融资产总量与GDP之比。考虑到数据的可得性，当前鹰潭农村金融由农商行主导，故本文采用农商行存贷款数据来反映农村金融资产状况，以农、林、牧、渔业总产值作为农村GDP的替代变量。故而，农村金融支持的规模指标（X1）为农商行存贷款总额与农、林、牧、渔业总产值的比值。

3. 农村金融支持效率指标（X2）

农村金融发展效率，是指农村金融中介将农村储蓄转化为农村贷款的效率，本文参照大部分文献的通用做法，选取鹰潭农村金融支持的效率指标（X2）为农商行贷款余额与农商行存款余额之比。

4. 金融支持结构指标（X3）

金融支持结构指标主要反映农村金融机构信贷结构中，流入农村个人或单位的比重，或支持农村经济发展的比重，这里选用全市涉农贷款占各项贷款的比重来表示金融支持结构。

本文实证分析的样本区间为2010—2020年，其中涉及的农商行存贷款余额、农、林、牧、渔业总产值、农民人均可支配收入等数据均来自2010—2020年《鹰潭统计年鉴》《江西金融年鉴》。鹰潭市农村金融规模指标和农村

金融效率指标的数据通过相关数据整理所得（见表2）。这些实证分析将借助Eviews11.0来完成。

表2 变量符号、含义及计算方法

变量	指标名称	符号表示	计算方法
因变量	农村居民人均可支配收入	Y	—
自变量	农村金融支持的规模	X1	（农商行存款+农商行贷款）/农林牧渔业总产值
	农村金融支持的效率	X2	农商行贷款/农商行存款
	金融支持结构	X3	涉农贷款/贷款总额

（二）农村金融支持规模和农村金融支持效率指标的检验

1. 平稳性检验

本文运用Eviews11.0软件对因变量鹰潭市农村居民人均可支配收入Y、自变量X1（农村金融支持规模）、X2（农村金融支持效率）进行了ADF单位根检验，同时选取1%、5%和10%三档显著性水平下进行判断。结果如表3所示。

表3 变量各显著性水平下的检验值

变量	ADF检验值	1%	5%	10%	P值	结论
Y	-4.012963	-4.226815	-3.536601	-3.200320	0.0151	平稳
ΔX1	-3.264738	-2.630762	-1.950394	-1.611202	0.0013	平稳
ΔX2	-2.376521	-2.632668	-1.956874	-1.161059	0.0195	平稳

结论：对于变量Y，得到的显著性检验统计量-4.02小于5%置信水平下的临界值，则认为有95%的把握认为数据不存在单位根，即原序列数据平稳。对于解释变量X1和X2，在一阶差分后，得到的显著性检验统计量分别是-3.26和-2.38，均小于5%置信水平下的临界值，则认为有95%的把握认为数据不存在单位根，即两个变量X1和X2均是一阶差分平稳。因此，对所有变量进行一阶差分变换，以便进入后续分析。

2. 因果关系检验

若想进一步探究所选取的 2 个指标与因变量农村居民人均可支配收入之间究竟是如何相互作用的，还要进行格兰杰因果检验。检验结果如表 4 所示。在 1% 置信度下，可拒绝 X2 不是 X1 的格兰杰原因的假设，即可认为 X2 是 X1 的格兰杰原因，因此提高金融支持效率是金融支持规模变化的原因。

表 4　格兰杰因果关系检验

原假设	滞后期数	F 统计量	P 相伴概率
DLN X1doesnotGrangerCauseDLN Y	2	1. 35247	0. 2744
DLN YdoesnotGrangerCauseDLN X1	2	2. 22316	0. 1311
DLN X2doesnotGrangerCauseDLN Y	2	2. 93346	0. 0946
DLN YdoesnotGrangerCauseDLN X2	2	0. 75759	0. 3776
DLN X2doesnotGrangerCauseDLN X1	2	7. 88218	0. 0005
DLN X1doesnotGrangerCauseDLN X2	2	0. 60210	0. 5164

3. 回归检验

本文采用最小二乘法线性回归模型：$Yt = \alpha + \beta Xt + Ut$，农村居民人均可支配收入 Y 的一阶差分为因变量，农村金融发展的规模 X1、农村金融发展的效率 X2 的一阶差分为自变量，回归结果如表 5 所示。

表 5　第一组变量的 OLS 回归模型检验结果

变量	系数	Std. Error	t 值	Prob.
C	0. 145166	0. 029172	4. 597736	0. 0000
DLNX1	-0. 62319	0. 271278	-2. 425799	0. 0065
DLNX2	0. 878734	0. 371278	2. 825799	0. 0085
R^2	0. 243586	Meandependentvar		0. 108063
Adj · R^2	0. 223645	S. D. dependentvar		0. 155593
S. E. ofregression	0. 176358	Akaikeinfocriterion		-0. 017337
Sumsquaredresid	0. 875536	Schwarzcriterion		-0. 589682
Loglikelihood	15. 48197	Hannan - Quinncriter.		-0. 628261
F 统计量	5. 98192	Durbin - Watsonstat		2. 760931
Prob（F 统计量）	0. 005121			

结论：自变量 T 检验显著 P 值均小于 0.05，说明两解释变量与被解释变量存在显著的关系，模型调整 $R^2 = 0.243586$，拟合度低模型只能解释 24% 的被解释变量。可建立如下方程：

$$DLNY = 0.1452 - 0.6232 \times DLNX1 + 0.7687 \times DLNX2$$

可见，DLNX1 与 DLNY 存在负相关关系，DLNX1 减少 1，DLNY 就增加 0.62。DLNX2 与 DLNY 存在正相关关系，DLNX2 每增加 1，DLNY 就增加 0.77。

金融规模的扩张和金融效率的提升对农民收入的影响是互相抵消的。金融效率的提高对农民增收具有较大的正向影响，只有保持对农村实体经济持续的信贷投入，才能促进农村农业经济发展，进而促进农民增收，因此必须提高农村金融效率，发挥其信用创造功能，提高资金使用效率。

（三）金融支持结构指标的检验

对金融支持结构 X3 和农村居民人均可支配收入 Y 进行单位根平稳性检验，两者均为一阶差分平稳，符合协整检验单阶同整的条件要求，因此进行协整检验。表 6 显示了 X3 和 Y 变量的协整检验结果。

表 6　第二组变量的协整检验结果

Hypothesized		Trace	0.05	
No. ofCE（s）	Eigenvalue	Statistic	Criticalvalue	Prob
NONE	0.611438	12.76354	11.23947	0.04215
AtMOST1	0.37493	4.125548	4.292891	0.04578

由于 P 值小于 0.05，金融支持结构 X3 和农村居民人均可支配收入 Y 存在协整关系，因此采用变量一阶差分后的时间序列建立 OLS 回归模型，回归结果如表 7 所示。

表 7　第二组变量的 OLS 回归模型检验结果

变量	系数	Std. Error	t 值	Prob.
LNX3	0.621447	0.11720	3.34936	0.0021
C	6.032553	0.671938	7.425799	0.0000

续表

变量	系数	Std. Error	t 值	Prob.
R^2	0. 63297	Meandependentvar		7. 306781
Adj · R^2	0. 53110	S. D. dependentvar		0. 245593
S. E. ofregression	0. 214978	Akaikeinfocriterion		0. 015337
Sumsquaredresid	0. 353536	Schwarzcriterion		0. 059682
Loglikelihood	1. 204645	Hannan – Quinncriter		-0. 012266
F 统计量	11. 92160	Durbin – Watsonstat		0. 560620
Prob（F 统计量）	0. 004512			

结论：模型 F 检验值为 11. 9216，显著性 P 值为 0. 004512，小于 0. 01 的置信度，解释变量与被解释变量间存在回归关系。调整 $R^2=0.53110$，模型拟合度较好，能解释 53% 的因变量变异。可建立如下回归方程：

$$LNY=0.6214\times LNX3+6.0326$$

二者存在正相关关系，即 LNX 3 增加 1，LNY 会增加 0. 62。

（四）实证结果

第一，金融支持效率对金融支持规模具有显著影响，当金融支持效率提高时，则金融支持规模也能扩大。

第二，农村金融规模并非越大越好，仅仅扩大金融体量对农民收入增长的拉动作用不明显，甚至可能造成资金流失。应保持农村金融规模适度扩张，满足农村经济的融资需求，从而带动农村居民收入的增加。

第三，金融支持效率与农民收入呈正相关关系。由上文分析可知，金融支持效率每增加 1，农村居民收入会增加 0. 77。不仅要扩大金融规模，更要提高资金使用效率，减少资金沉淀。

第四，金融支持结构变量对农民增收影响较为显著，即金融结构发展变量每增加 1，农村居民收入会增加 0. 62。因此，要不断优化信贷结构，持续加大对农村地区的信贷投入。

四、建议

（一）进一步完善农村金融供给体系，突出“三个强化落实”

一是强化乡村振兴战略落实，打好脱贫攻坚向乡村振兴的过渡战。鼓励农村金融机构逐步优化调整信贷政策，通过市场化、可持续的方式，加强过渡衔接，大力支持乡村五个方面的振兴。二是强化财政货币政策工具落实，打好金融机构主动作为的激励战。发挥人行支农支小再贷款低成本资金优势，发挥财政惠农信贷通、城乡融合助农信贷通等政策工具的“精准滴灌”作用，实施利率优惠、财政贴息等正面激励措施，完善政府和金融监管部门对乡村振兴信贷领域考核方法，推动金融机构健全乡村振兴领域“敢贷、愿贷”机制。三是强化金融风险管控落实，打好区域金融安全的守卫战。推动设立以国家融资担保基金兜底、本地政策性和商业担保公司参与的涉农担保体系，促进银行业金融机构和地方金融组织担保公司的合作，鼓励保险公司加大对农村领域的渗透，创新更多市场需求大、群众易接受的保险产品，增强农村风险抵抗能力。

（二）进一步提升农村金融支持效率，下好“两步棋”

一是下好科技赋能“制胜棋”。加快数字化银行建设进程，强化技术应用赋能传统信贷流程，实现融资需求精准授信，为农村信用风险评估注入科技力量，更好地防范农业供应链等金融信用风险。二是下好信用体系建设“关键棋”。积极整合农村动产和不动产抵押登记、司法、税务、水电等数据资源，实现农户信用信息数据省、市、县三级互联互通，建立农户和新型农业经营主体信用信息征集机制和评价体系。发挥信用信息的增信作用，鼓励金融机构联合征信机构开发“征信＋”系列城乡融合发展信贷产品。

（三）进一步聚焦农村产业振兴，推动“三个”发展

一是推动基础设施发展。要积极探索以排污权、水电供暖收费权、特许

经营权等各项权利抵质押模式，推进农村基础设施建设。二是推动特色产业发展。各金融机构要立足农村新产业新业态，创新新龙头“企业 + 基地 + 农户”等信贷模式，打造“一行一品”“一村一品”特色信贷发展格局。三是推动村级集体经济发展。整合盘活集体资源，加快农村产权流转入市；普及“企业 + 基地 + 农户”模式，实现农户信用增信；完善股权流转回购机制，破解集体土地使用权、宅基地等抵押物处置难题。

课题组组长：江国珍

课题组成员：王燕兰、周弘、张波涛、吴逸云、艾鹏（邮储银行鹰潭分行）

绿色金融、企业投资和碳排放

——基于江西省工业企业面板数据的分析

中国人民银行新余市中心支行课题组

一、引言

（一）研究背景及意义

实现碳达峰、碳中和目标的根本途径是要控制碳排放，尤其是控制企业的碳排放。绿色信贷政策已在我国实施了十余年，是我国实现可持续发展战略的重要一环。而我国所实施的绿色信贷政策能否切实推动经济绿色发展？是否能有效降低二氧化碳排放？通过何种渠道作用于企业减排？研究上述问题，对评价我国绿色信贷政策的减排成效具有积极作用，同时也为促进经济高质量发展、构建中国绿色金融体系及充分发挥绿色金融环境效应等方面提供参考。

（二）研究思路和研究框架

本文运用定性分析与定量分析相结合的方式，研究绿色信贷政策对工业企业碳排放的影响。从固定资产投资和技术创新两个层面分析绿色信贷政策对企业碳排放的作用机制，在此基础上，选取2010—2020年江西省11个地市的面板数据，运用固定效应模型检验绿色信贷对碳排放的影响及作用机制，并针对研究结果提出政策建议。

二、文献综述

国内外学者关于金融发展和环境污染排放之间的关系做了大量研究，主要分为两条研究主线：一是以整体金融发展为研究对象；二是以绿色金融（信贷）为研究对象。

（一）金融发展与环境污染排放

部分学者认为，金融发展对环境改善、降低排放有促进作用。Artur Tamazian 等（2009）从 1992—2004 年金砖国家面板数据着手，研究证明金融发展能够有效减少污染物排放，提高环境质量。严成樑等（2016）通过对我国 1997—2012 年 30 个省份数据分析，发现融资规模、金融市场化程度及金融业竞争程度均对碳排放具有反向作用。另一部分学者认为，金融发展将促进二氧化碳的排放。SyedJawad Hussain 等（2016）基于 1971—2011 年巴基斯坦企业数据分析发现金融发展加剧了二氧化碳排放。胡宗义等（2019）认为，要从规模效应和技术效应两个层面分析金融发展对污染物排放的影响，其中，金融发展的规模效应将促进污染物排放，而技术效应会抑制排放；哪个效应作用更大则要取决于金融发展水平。

（二）绿色金融（信贷）与环境污染排放

在理论研究方面，Faulkender（2006）、Salazer J.（1998）和 Eric Cowan（1999）都认为，绿色信贷、绿色金融通过资金配置，使信贷资源从高耗能高污染企业流向节能环保产业，促进了环保企业的发展，使环境得到改善。马骏（2017）认为，绿色信贷有利于增加环保项目投资、抑制排污企业投入。

在实证研究方面，Paola D.（2018）通过建立代理模型动态模拟传统银行与绿色银行环境效益，结果显示绿色金融能够促进环境改善。谢婷婷和刘锦华（2019）基于我国 2006—2017 年 30 个省份的面板数据，使用 GMM 模型分析绿色发展的信贷政策效应，结果表明，绿色信贷能够通过技术进步渠道促进绿色经济增长。李毓等（2020）基于我国2000—2016年31个省份的面板数据展开2007年绿色信贷政策效应评估，结果显示绿色信贷能够促进产业结构优化。

综观现有文献，大多数学者仍是站在宏观角度，研究绿色信贷与产业结构优化、技术进步及经济增长方面的关系，对绿色信贷影响微观企业投融资行为层面的关注不多。此外，受数据可得性限制，从地市级面板数据入手，开展绿色信贷环境效应及作用机制的实证分析仍较少。本文拟基于企业投资微观视角，同时结合地市级面板数据，研究绿色信贷与碳排放之间的关系。

三、理论机制分析

整体社会的投资增长、技术创新水平取决于微观企业的投资行为偏好。当企业投资偏好于固定资产投资，一方面会因为生产规模的扩大带来更多的环境问题，另一方面也可能通过将资源从污染企业引向环保企业，从而对环境带来积极影响；当企业投资偏好于技术创新，长期来看，可以提高整个市场的技术水平和创新能力，从而降低碳排放。绿色信贷被认为会影响企业的投资，因此，绿色信贷可能通过投资增长和技术创新因素影响环境污染排放，也被归为“规模效应”和“技术效应”。

（一）规模效应

当企业投资偏好于固定资产投资时，一方面，绿色信贷会直接引致企业投资上升、生产规模扩大，对能源的消耗自然会增加，排放也会增多。另一方面，绿色信贷引导更多的社会闲置资金投入绿色环保产业，通过大力支持绿色产业及其相关新产业，加快绿色转型，同时相应地减少对污染企业的融资供给，这有助于减少二氧化碳排放。因此，根据上述分析，绿色金融影响碳排放的规模效应未确定，提出以下假设。

假设1：绿色金融通过企业固定资产投资渠道影响碳排放，可能减轻二氧化碳排放，也可能增加二氧化碳排放。

（二）技术效应

绿色信贷影响碳排放的技术效应体现在绿色金融的发展能够提高企业的研发投入，促进企业的科技创新，从而降低二氧化碳排放。当企业投资偏好于技术投资时，从效率方面看，企业通过技术创新提升能源使用效率和生产效率，从而降低能耗和碳排放，对环境的改善具有促进作用；从政策方面看，政府政策引导促进清洁环保技术领域的技术创新，企业开展相关技术的创新及研发将直接改善环境污染，降低二氧化碳的排放。因此，绿色金融通过技术进步效应使二氧化碳排放总体减少。根据上述分析，绿色金融影响碳排放的技术效应大于零，提出以下假设。

假设 2：绿色金融通过促进企业技术创新，进而减少碳排放。

四、江西省绿色金融和碳排放情况的现实考察

（一）绿色金融发展总体情况

（1）绿色金融规范性不断加强，行业标准不断完备。2019 年，江西省颁布了《绿色金融标准体系》，该文件包含了对绿色企业及项目的认定评价方法、信息披露指引以及一系列涉及绿色产业的配套政策。为了构建绿色江西，省政府近年来颁布了多项政策性文件，详见表 1。

表 1　江西省绿色金融文件一览

政策名称	发布时间
《江西省赣江新区建设绿色金融改革创新试验区总体方案》	2017 年 6 月
《江西银监局关于印发绿色信贷工作考核评价及差别化监管暂行办法》	2017 年 8 月
《九江市绿色金融发展规划》	2017 年 8 月
《江西省“十三五”建设绿色金融体系规划》	2017 年 9 月
《关于加快绿色金融发展的实施意见》	2017 年 11 月
《绿色分行管理暂行办法》	2017 年 11 月
《江西赣江新区绿色保险创新试验区建设方案》	2018 年 1 月

续表

政策名称	发布时间
《关于支持赣江新区绿色银行机构发展的意见》	2018 年 1 月
《江西赣江新区绿色保险创新试验区建设方案》	2018 年 1 月
《抚州市人民政府关于加快发展绿色金融的实施意见》	2018 年 6 月
《九江市绿色金融发展三年行动计划（2018—2020）》	2019 年 1 月
《江西省“十三五”建设绿色金融体系规划》	2021 年 1 月

（2）全省绿色信贷占比不断提高。自 2017 年江西省成为首批绿色金融改革试验区以来，江西省绿色金融发展水平总体不断提高，绿色信贷投放量有了大幅度提升。截至 2020 年末，江西省绿色信贷余额占全部信贷余额的 6.71%，达到历史最高水平（见图 1）。

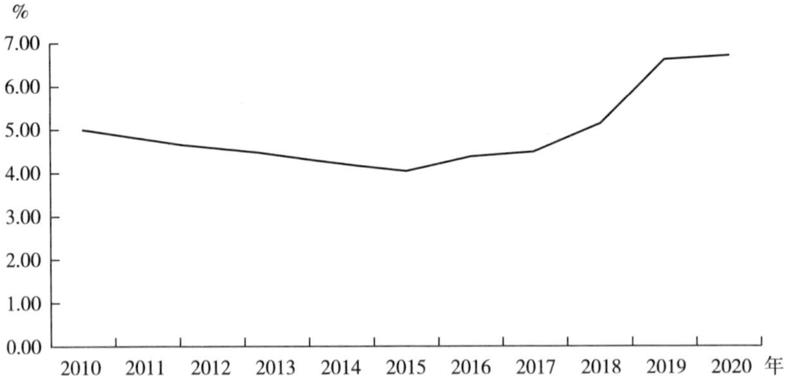

图 1　全省绿色信贷占比走势

（3）南昌绿色信贷占全省总量一半左右，萍乡、景德镇、新余、南昌绿色信贷占各项贷款比重较高。从地市分布来看，全省绿色信贷主要分布在南昌市（占比近一半），2018 年占比达到 60.87%，2020 年下降至 46.45%；其次为上饶和赣州，2020 年占全省比重分别为 8.13% 和 7.73%。萍乡、景德镇、新余、南昌绿色信贷占比位居全省较高水平，绿色信贷均在 8% 以上。从绿色信贷占各项贷款比重来看，萍乡、景德镇、鹰潭、南昌占比较高，分别为 11.77%、8.32%、8.17% 和 8.17%（见图 2）。

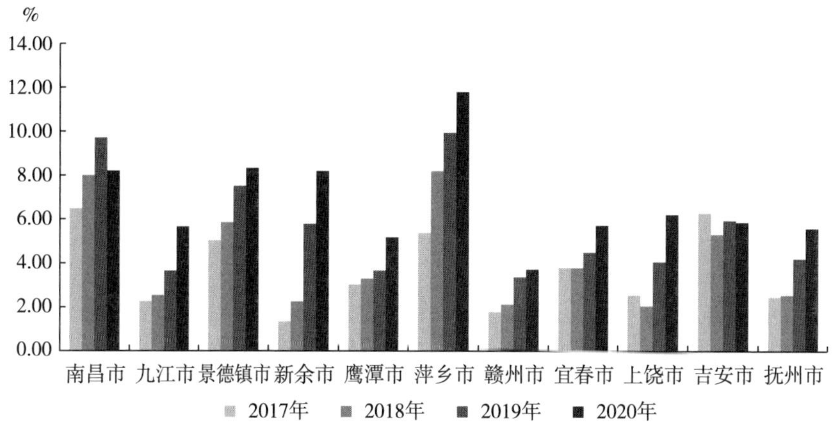

图 2　近年来各地市绿色信贷占各项贷款比重

（二）碳排放总体情况

（1）计算方法。我国未直接对外公布各省市碳排放数据，也未给出官方测算方法。本文参考 2006 年 IPCC 提出的计算碳排放量的两种方法——热量法和标准煤法。同时，结合陈向阳（2020）和陈碧琼（2014）等的做法，选取能源消耗总量①，碳折二氧化碳系数为 2.6，按照标准煤法对各市二氧化碳排放量进行估算。其计算公式如下：

$$CO_{2it} = E_{it} \times CE \tag{1}$$

式中，CO_{2it}表示 i 市 t 年二氧化碳排放量，E_{it}表示 i 市 t 年能源消耗总量，CE 为碳折二氧化碳系数。

（2）全省碳排放强度逐年下降。碳排放强度是碳排放量与 GDP 的比值，表示一单位 GDP 对应的碳排放量。碳排放强度是考量能源消费量、碳排放系数以及 GDP 相关关系的一个综合考察因素。自 2010 年以来，全省碳排放强度逐年下降（见图 3），由基期的 1.74 吨/万元下降为末期的 1.02 吨/万元。尤其是 2015 年供给侧结构性改革提出以后，全社会碳排放强度迅速下降。各地市单位 GDP 能源消费碳排放也呈下降的态势。总体来看，江西省能源消费碳

① 资料来源：国家统计局。

排放强度相对处于较低的水平。表明江西省具有良好的发展趋势，碳排放的增长速度低于经济发展的速度，提高了能源利用效率。

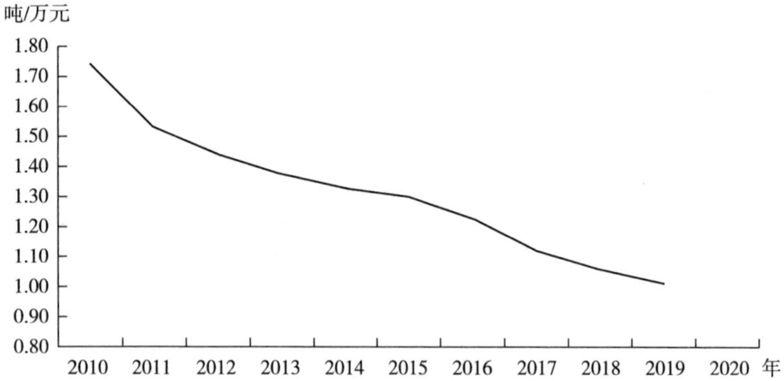

图3　全省碳排放强度变动情况

（3）新余、萍乡碳排放强度较高，各地市碳排放强度均有不同程度下降，萍乡下降幅度最大。分地市来看，2019 年末有五个地市碳排放强度高于全省平均水平，其中新余、萍乡碳排放强度最大，分别达到 2. 58 吨/万元和 2. 14 吨/万元，分别较全省平均水平高 1. 57 个和 1. 12 个百分点。近年来，随着绿色发展战略的推进，各地市碳排放强度均有不同程度的下降，其中，萍乡降幅最大，2019 年较 2010 年下降 3. 24 个百分点（见图 4）。

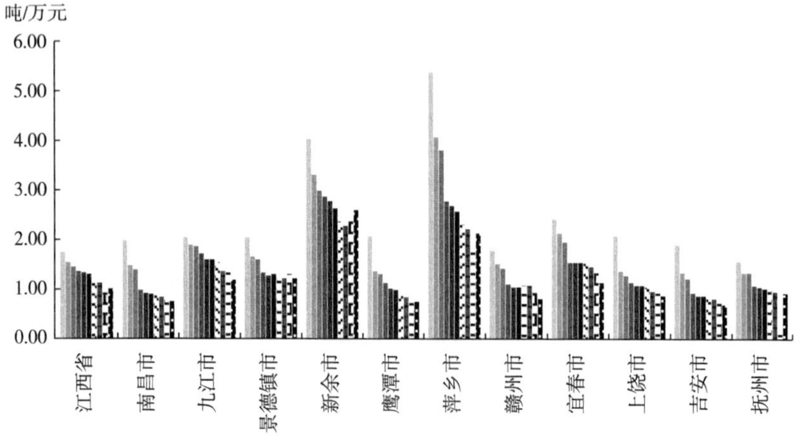

图4　近年来各地市碳排放强度

通过图5可以看出，全省绿色信贷占比①和碳排放强度的走势基本呈相反的方向，即随着绿色信贷占比日益上升，碳排放强度逐渐下降。第五部分将通过实证分析研究绿色信贷与碳排放强度之间的定量关系，以及影响渠道。

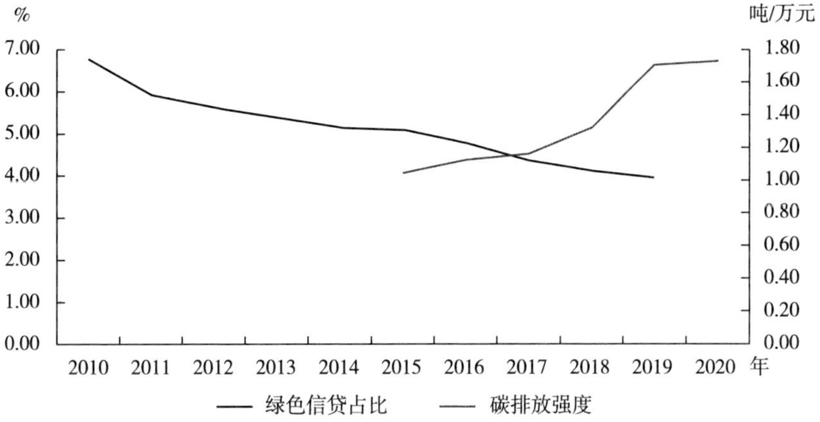

图5　全省绿色信贷与碳排放强度的联动关系

五、实证分析

本节通过构建面板回归模型，进一步探讨绿色信贷、企业投资与碳排放之间的内在关联，以及绿色信贷是如何通过企业投资的规模效应、技术效应传导影响碳排放的路径机理。

（一）数据说明和指标选择

我们选取碳排放强度作为被解释变量，参考李霞（2013）运用IPCC碳排放核算方法分别计算江西省各地市规模以上工业企业碳排放强度。解释变量包括：（1）绿色信贷占比。（2）固定资产投资增速。（3）研发投入强度。变量具体定义参考表2，时间序列区间为2010—2020年。

① 由于2015年以前为估算数据，故在图5中未展示出来。

表 2 变量定义

变量类型	变量名称	变量符号	变量定义
被解释变量	碳排放强度	CI	二氧化碳排放总量/GDP
解释变量	绿色信贷占比	GC	绿色信贷余额/全部贷款余额
	固定资产投资增速	FAI	（本年固定资产投资额 - 上年固定资产投资额）/上年固定资产投资额
	研发投入强度	RDI	研发投入/主营业务收入
控制变量	节能环保支出占比	EE	节能环保支出/一般公共预算支出
	城镇化率	UR	城镇人口/总人口
	规模以上工业企业利润率	IEP	利润总额/主营业务收入

（二）计量模型选择及说明

本文以面板回归模型为基础，借鉴谭敏（2020）的研究方法，在绿色信贷对碳排放影响基础上增加企业投资作为解释变量，通过收集江西省 11 个地市的绿色信贷、工业企业固定资产投资、研发投入和二氧化碳排放量等相关数据，进行模型构建，探索指标之间的内在关联，并加入节能环保支出占比、城镇化率和规模以上工业企业利润率作为控制变量，以弥补未考虑到的因素所造成的误差。其中，i、t 分别表示地市、年份，β_0 为常数项，β 为变量系数，ε_{it}是误差项。具体设定如式（2）所示：

$$CI_{it} = \beta_0 + \beta_1 GC_{it} + \beta_2 FAI_{it} + \beta_3 RDI_{it} + \beta_4 EE_{it} + \beta_5 UR_{it} + \beta_6 IEP_{it} + \varepsilon_{it} \quad (2)$$

运用 Eviews8 软件对数据进行分析，各变量的描述性统计结果见表 3。

表 3 变量描述性统计结果

变量名称	均值	中位数	最大值	最小值	标准差	观测值
CI	0. 034831	0. 022100	0. 393000	0. 005400	0. 039835	121
GC	4. 103719	3. 740000	11. 77000	0. 790000	2. 242577	121
FAI	17. 90413	15. 10000	54. 50000	- 11. 40000	12. 45796	121
RDI	0. 019967	0. 009760	0. 176557	0. 001299	0. 029447	121
EE	2. 306364	1. 990000	6. 980000	0. 350000	1. 278551	121
UR	54. 81769	52. 87000	76. 12000	35. 54000	10. 78468	121
IEP	5. 849256	6. 040000	12. 22000	- 3. 250000	2. 748932	121

从表3中可以看出，各地市绿色信贷、企业固定资产投资、研发投入和碳排放情况等存在较大的差异。为避免变量出现多重共线性问题，再对变量进行 Pearson 相关性检验，结果见表4。

表4　变量的相关性检验

	CI	GC	FAI	RDI	EE	UR	IEP
CI	1						
GC	-0.12237***	1.00000					
FAI	-0.16037*	-0.14143	1.00000				
RDI	-0.03960**	0.06052*	-0.00158	1.00000			
EE	-0.20611**	0.15939*	-0.08108	0.15887*	1.00000		
UR	0.397893***	0.402122***	-0.33466***	-0.08030	0.150654*	1.000000	
IEP	-0.07556	0.152268*	-0.06778	0.095792**	-0.07381	-0.150335*	1.00000

注：表中为 Pearson 相关系数，1%、5%和10%的显著性水平分别由 *** 、 ** 和 * 代表。

从相关性分析的结果可以得知：一是碳排放强度与绿色信贷和节能环保支出存在较强的负相关性；二是碳排放强度与企业固定资产投资和研发投入均呈负相关性，其中与研发投入的关联性相对较强；三是碳排放强度与城镇化率有较强的正相关性；四是碳排放强度与企业利润率之间不存在相关性；五是绝大多数解释变量之间的相关系数较小，说明模型不存在严重的多重共线性。

（三）回归模型确定及结果分析

本文首先运用似然比检验判断该面板数据模型应该选择混合回归模型还是固定效应模型。似然比检验的原假设为应选择混合回归模型，备择假设则为应选择固定效应模型。运用 Eviews8 软件对模型进行似然比检验，结果见表5。

表5　似然比检验结果

效应准则	Statistic	d. f	Prob.
Cross - section F	2.765585	(10, 104)	0.0046
Cross - section Chi - square	28.531852	10	0.0015

检验结果显示P值远小于1%的显著性水平，应拒绝原假设，选择固定效应回归模型。

再运用Hausman检验判断该面板数据模型应该选择固定效应模型还是随机效应模型，结果见表6。

表6　Hausman检验结果

Test Summary	Chi – Sq. Statistic	Chi – Sq. d. f	Prob.
Cross – section random	8. 465495	6	0. 2059

检验结果显示P值在5%的显著性水平下接受原假设，故应选择随机效应模型。综合似然比检验与Hausman检验结果，本文最终确定面板数据模型为随机效应模型。

表7为采用随机效应模型回归的结果，下面我们对这些回归结果做一些简要的分析和说明。

表7　绿色金融、企业投资与碳排放的总体回归结果

变量	系数
绿色信贷占比	-0. 038672*** (-2. 030778)
固定资产投资增速	0. 228543* (0. 804353)
研发投入强度	-0. 451157** (-0. 639295)
节能环保支出占比	-0. 289527** (-0. 985854)
城镇化率	0. 154192*** (2. 989935)
规模以上工业企业利润率	-0. 000354 (-0. 253192)
常数项	-0. 059815* (-1. 927108)
样本量	121
R^2	0. 76

注：括号内的数字为经过稳健性调整后的t值，1%、5%和10%的显著性水平分别由***、**和*代表。

从表7中可以看出，该模型具有较强的拟合度（$R^2=0.76$），不同变量对碳排放强度影响作用不同。由此，我们可得出如下几点结论：

一是绿色信贷占比在1%的显著水平下与碳排放强度呈负相关，说明绿色信贷增加有助于降低企业整体碳排放规模。

二是在企业投资方面，固定资产投资增速与碳排放强度呈正相关，研发投入强度与碳排放强度呈负相关。

三是节能环保支出与碳排放强度存在较强的负相关性，说明财政支出对支持的引导企业降低碳排放有较明显的效果。而城镇化率的提高往往伴随工业化发展，在结果上反映与碳排放强度存在显著正相关。此外，规模以上企业利润率与碳排放强度没有直接关联，说明企业碳排放变化受盈利影响较小。

（四）绿色信贷影响碳排放的企业投资路径分析

从前面计量结果可以看出，工业企业固定资产投资和研发投入带来的规模效应和技术效应影响着二氧化碳的排放，那么绿色信贷对碳排放的影响可能通过这两个效应来传导。采用逐步回归法来依次构建模型：

$$FAI_{it}=\gamma_0+\gamma_1 GC_{it}+\gamma_2 EE_{it}+\gamma_3 UR_{it}+\gamma_4 IEP_{it}+\gamma_i+\varepsilon_{it} \tag{3}$$

$$RDI_{it}=\sigma_0+\sigma_1 GC_{it}+\sigma_2 EE_{it}+\sigma_3 UR_{it}+\sigma_4 IEP_{it}+\sigma_i+\varepsilon_{it} \tag{4}$$

根据逐步回归法的计算原理，绿色信贷对二氧化碳排放的总体效应 $=\beta_1+\beta_2\gamma_1+\beta_3\sigma_1$（温忠麟、叶宝娟，2014）。具体来说，当 $\beta_2\gamma_1\neq 0$ 时，说明绿色信贷通过企业投资的规模效应影响碳排放强度存在；当 $\beta_3\sigma_1\neq 0$ 时，说明绿色信贷通过企业投资的技术效应影响碳排放强度存在。

我们根据模型（2）和模型（3），分别用工业企业固定资产投资增速和研发投入强度对绿色信贷占比进行回归分析，结果见表8。

表8 绿色信贷与固定资产投资、研发投入强度的回归结果

变量	固定资产投资增速 （规模效应）	研发投入强度 （技术效应）
绿色信贷占比	0.269378 *** （0.351032）	0.344683 *** （1.844451）

续表

变量	固定资产投资增速（规模效应）	研发投入强度（技术效应）
节能环保支出占比	1.388284** (1.462950)	0.092214* (1.226509)
城镇化率	1.821222* (7.219924)	0.439952 (1.554823)
规模以上工业企业利润率	0.150249** (0.299577)	0.181426** (0.933615)
常数项	112.5531*** (9.442577)	2.901563* (1.844451)
R^2	0.68	0.62

结果显示，绿色信贷扩大了企业固定资产规模，系数显著为0.269378。供给端，绿色信贷发展降低了企业融资的债务成本，拓宽企业融资渠道，从而鼓励企业扩大生产，经济规模扩大。需求端，绿色信贷提升了绿色产品的消费需求，同样导致经济规模扩大。根据Baron和Kenny（1986）所提出的逐步法，系数相乘得到中介效应，绿色信贷影响二氧化碳的规模效应为0.061564（0.269378×0.228543），正的规模效应表明绿色信贷通过促进企业固定资产投资，增加能源需求与消费，导致碳排放强度增加。

另外，绿色信贷有利于企业加快技术创新，系数显著为0.344683。企业在得到绿色信贷支持后，开展低碳工艺研发，促进技术进步，同时发展绿色低碳技术的企业更能得到绿色信贷支持，因此绿色信贷会促进技术进步。绿色信贷影响二氧化碳排放的技术效应为-0.155506［0.344683×（-0.451157）］，绿色信贷发展抑制了传统粗放型的生产技术，进而降低了二氧化碳排放，说明绿色信贷通过支持企业加大研发投入，减少了二氧化碳排放。

绿色信贷影响二氧化碳排放的综合效应等于各效应相对大小之和，按照逐步回归法，可以计算出绿色信贷的总体效应为-0.132614（-0.038672+0.061564-0.155506），表明当前绿色信贷总体上减少了二氧化碳排放。

六、结论及政策建议

（一）主要结论

（1）绿色信贷增加有助于降低企业整体碳排放规模。企业固定资产投资增速与碳排放强度呈正相关，研发投入强度与碳排放强度呈负相关。节能环保支出与碳排放强度存在较强的负相关性，而城镇化率的提高往往伴随工业化发展，在结果上反映与碳排放强度存在显著正相关。

（2）绿色信贷扩大了企业固定资产规模，系数显著为0.269378。绿色信贷影响二氧化碳的规模效应为0.061564，表明绿色信贷通过促进企业固定资产投资，增加能源需求与消费，导致碳排放强度增加。

（3）绿色信贷有利于企业加快技术创新，系数显著为0.344683。企业在得到绿色信贷支持后，开展低碳工艺研发，促进技术进步，同时发展绿色低碳技术的企业更能得到绿色信贷支持。绿色信贷影响二氧化碳排放的技术效应为-0.155506，说明绿色信贷发展抑制了传统粗放型的生产技术，更多的是支持低碳技术和企业科技转型，进而降低了二氧化碳排放。

（4）绿色信贷影响二氧化碳排放的综合效应等于各效应相对大小之和，按照逐步回归法，可以计算出绿色信贷的总体效应为-0.132614，表明当前绿色信贷总体上减少了二氧化碳排放。

（二）政策建议

首先，因地制宜地设定差异化环境规制水平，对于环境规制水平相对较低的地区，在考虑经济发展水平的条件下适度提高环境规制水平，以“倒逼”企业投入更多的资金进行绿色技术研发和对传统生产方式进行绿色改造，或者通过多元化生产经营淘汰落后产能，实现企业生产方式的绿色转型升级。

其次，提高企业进行多元化经营、善用类金融投资的能力，政府还应对企业的绿色转型升级给予政策扶持和有力保障，为绿色技术的研发和使用创造良好的软硬件环境。

最后，充分发挥绿色金融的资本配置职能，让市场需求调节金融资源，加快对绿色金融基础设施的构建，如商业银行、证券交易所、地方评级机构、碳金融交易所等的绿色金融业务部门。此外，放开较为严格的融资门槛，鼓励社会进行绿色投资，将碳排放作为获取融资的新型信贷标准，指导绿色金融更好地为经济生态化发展服务。

课题组组长：黄成莲

课题组成员：杨重阳、杨涛、严璀华、肖青云、刘辛欣、邱小安

绿色金融、碳达峰与经济增长

——基于引入绿色金融的联立方程组实证研究

中国人民银行九江市中心支行课题组

一、引言

习近平主席在第七十五届联合国大会上庄严承诺中国二氧化碳排放力争于2030年前达到峰值，努力争取2060年前实现“碳中和”。因此，环境治理、碳减排是近几年绿色发展的重要方向，而金融作为绿色发展的主力军，能够为绿色经济提供重要的融资支持。绿色金融无论作为一种制度安排或市场机制设计，不仅有助于实现社会节能减排目标，也有利于经济转型和可持续发展。但由于绿色金融内在的收益滞后特征，投资者和金融机构介入绿色领域的行为动机不足，导致主要依赖市场机制条件的绿色金融规模有限，难以满足维护和改善社会生态系统的潜在需求，因此现阶段绿色金融发展是否显著降低了碳排放？绿色金融、经济增长与碳排放之间存在何种联系？各地区是否能够如期实现“30·60”碳排放目标？在此背景下，研究绿色金融、经济增长与碳排放有重要的理论意义与现实价值。

二、文献综述

（一）关于绿色金融概念的相关文献

Carolyn（2017）指出，绿色金融的发展可以帮助减少温室气体的排放，同时应对气候变化问题。王玉婧等（2017）指出，绿色金融不仅是气候金融产品，还包括更广泛的其他环境目标，如工业污染控制、水卫生处理和生物多样性保护等。李妙然和樊珍娜（2020）认为，绿色金融是指在投融资过程中考虑环境成本，将环境成本纳入生产函数，实现环境与经济社会的协调发展。邵学峰等（2021）将绿色金融界定为以环境保护为核心，引导资金由“两高”产业流向节能环保产业，推进产业结构的转型升级，从而实现生产要素的合理配置和经济的可持续发展。

（二）关于绿色金融测度和评价的相关文献

国际金融业环境绩效评价体系（EPI – Finance 2000）对不同类型的金融机构在环保领域的实施效果，选择从绿色信贷的规模与数量，环境收益以及绿色金融产品数量等方面评估。国内学者分别尝试从定性和定量角度对全国层面和省际层面绿色金融运行状况进行评价。如杨云兰（2019）选取 2015—2017 年中国 31 个省份的相关指标数据，运用因子分析法对各省绿色金融的发展绩效进行定量分析。李若愚（2016）、周兴云和刘金石（2016）则从定性的角度分别考察了全国和省际层面绿色金融的运行状况及存在的问题。年华（2020）则从绿色信贷、绿色债券、绿色基金、绿色保险等方面对东北三省绿色金融发展情况进行了统计与评价。

（三）关于绿色金融发展对环境影响传导机制的相关研究

马晓明等（2018）指出，绿色金融则直接提升企业环保投资，例如，绿色信贷和绿色债券等产品限定资金投向领域，包括可再生能源、设施减排改造、低碳运输等。刘莎等（2020）基于投入产出模型、EKC 假说理论构建面板联立模型，编制环境质量综合指数系统反映和判断绿色金融与环境变化的关系，研究发现环境质量与绿色金融间存在交互作用，绿色金融对环境质量显现正向效应但作用偏低。郑录军等（2021）认为，发展绿色金融的关键在于金融机构对环境资源的风险定价，这需要运用政策和市场力量推动社会和环境价值的提升，使金融机构有动力基于转型风险考量将社会和环境价值纳入决策。

（四）关于绿色金融对碳排放影响的相关文献

王康等（2019）运用 Stackelberg 博弈模型研究在碳减排约束下，在有无成本分担和有无绿色金融贷款的情况下，制造商的最优减排水平，认为绿色金融利率并不总是消极地影响制造商的碳减排水平。江红莉等（2020）以绿色信贷、绿色风投为绿色金融的代表，研究发现两者均能显著抑制碳排放，绿色金融的碳减排效果优于绿色风投，两者的交互项不显著。赵军等（2020）基于断点回归设计表明绿色金融政策对“一带一路”沿线中国重点省域碳排放具有显著的减排效应，环境技术进步和偏向性技术进步更有助于绿色金融政策减排效应的传导。因此，要利用绿色金融体系助推低碳产业发展。

（五）文献综述

综合现有文献，可以发现国内外学者普遍认同绿色金融在环境治理和经济增长中扮演着愈加重要的角色，但从目前来看，对绿色金融的测度并没有一个统一的标准，且绿色金融多角度、多维度传导至经济发展和碳排放的路径仍然值得深入探索，对于全国各省市何时能够达到碳达峰，并没有一个准确的时间测算，因此本文在综合测算全国各省市绿色金融和碳排放的基础上，联立多个方程组，实证测算全国各省市碳排放峰值年份，以便各省市能够根据碳达峰时间尽快针对绿色金融作出有力调整。

三、绿色金融对碳排放影响的理论传导机制

绿色金融主要是通过其自身功能对绿色发展发挥作用，支持环境保护与排放改善、能源有效利用与开发等促进经济社会可持续发展的一系列绿色金融活动。利用金融的资源配置功能，引导资金投向绿色低碳项目，激励技术创新。从宏观层面来看，绿色金融主要包括两方面：一是直接为环保绿色企业提供金融工具支持；二是利用金融市场及金融衍生品来限制温室气体排放。

（一）绿色金融工具支持绿色发展的理论影响

绿色金融工具主要包括绿色信贷、绿色债券、绿色基金、绿色保险、碳金融等，这类产品基本使用“赤道原则”①，直接为节能减排、环保绿色的企业提供融资产品，同时让金融机构享受发展低碳经济可能带来的长期经济效益。

我国的绿色信贷和绿色债券的发展处在世界前列。绿色信贷是商业银行结合市场的需求，考虑对生态环境的影响，采取贷款额度、利率、审批等优惠措施，开发出针对企业、个人和家庭的一种信贷方式。绿色债券是一种为绿色项目提供融资的直接融资工具，与绿色信贷最大的区别在于它是平均期限在5～10年的中长期融资，有很强的金融属性，且募集到的资金必须投资于绿色项目。绿色基金可通过公共引导，使更多的社会资本投入低碳环保领域。我国的绿色基金在江浙沪地区发展较快，一般是由政府引导的专项基金或私募基金管理机构发起的投资基金，主要运用于环保防治、绿化修复、节约资源、清洁能源等绿色发展领域。绿色保险是一种市场资金化的保障、补偿机制，在我国一般用于污染生态的责任保险，绿色保险可根据当下环境发展的特点而制定保价和利率特异化的保险产品，还可专门为绿色技术以及碳减排项目定制保险产品，从而提高企业风险识别的能力，强化绿色监督效力。碳金融是以碳排放权、碳信用为标的的一种交易行为，也可称为碳排放权交易，目的是服务于减少温室气体的排放或者提升碳汇能力的资金流转活动。首先，对碳排放权初始分配；其次，以低成本在碳排放权交易市场中进行自由买卖，以此来配置最优资源。

（二）金融市场及金融衍生工具对绿色发展的理论影响

绿色金融市场是以宏观的角度，在适应当下的社会环境中，通过政府、金融机构、企业、公众等多方力量协作实现绿色资金的融通。主要包括企业

① 金融助推低碳经济的国际准则。“赤道原则”要求金融机构谨慎核查融资中的环境和社会情况，只有在融资项目发起人能够证明会对社会和环境负责的前提下，金融机构才能对项目提供融资。

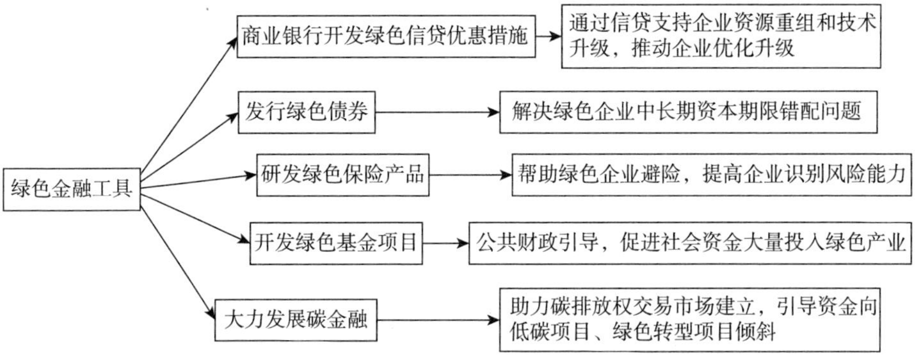

图1　绿色金融工具支持绿色发展传导路径

建立绿色环境信用标准、绿色资本投入及配置、社会监督、绿色金融支持技术等，其中绿色资本供给是支持绿色发展最直接的机制，绿色项目在发展初期可能由于其投资时间长、投资回报晚等特点有一定的资金缺口，因此绿色企业对投入的资本需求较高，不仅需要来自政府的补贴，还需要社会资金的支持，这时合理的资金配置、正规的绿色企业操作标准、规范使用绿色金融支持工具和政策、强有力的社会监督等辅助功能会带动绿色金融的可持续发展。同时，绿色金融衍生工具具有资金杠杆性，并且与社会绿色发展息息相关、紧密相连，利用这一特性可促进碳排放权市场快速建成，这个市场由各个不同行业形成，可引导金融机构积极参与碳交易透明市场的建设，合理配置资源，同时为市场履行碳减排义务提供持续的激励作用。

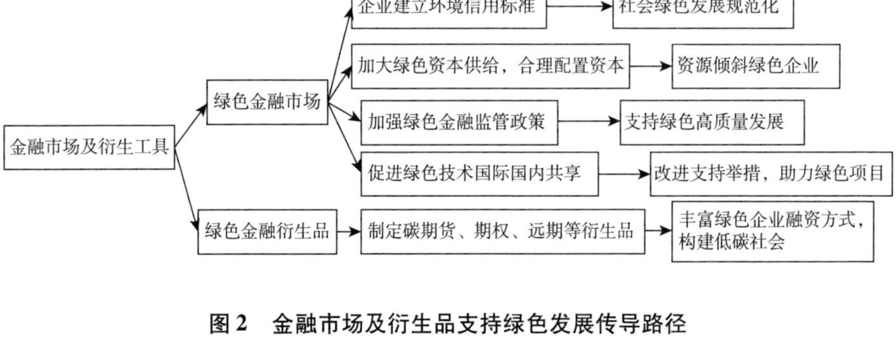

图2　金融市场及衍生品支持绿色发展传导路径

四、模型设计及变量测度

（一）模型设计

1. 引入绿色金融的 Cobb – Douglas 函数

根据 Omri（2014）提出的研究思路，试图将能源消费加入柯布—道格拉斯函数，作为资本和劳动力促进经济增长过程中的限制和必要因素，从而构建出环境污染及经济增长之间的联系函数：

$$GDP = A \cdot K^{\alpha} \cdot L^{\beta} \cdot E^{\chi} \tag{1}$$

式中，A 表示全要素生产率，K 表示资本存量，L 表示劳动人口，E 表示能源消耗，α、β、χ 分别表示相应变量的弹性系数，考虑到绿色金融能够通过环保技术进步影响碳排放因子大小①，因此能源消耗量、绿色金融、碳排放量之间存在相关关系。$E = GFI \cdot P$，将其代入式（1）中，得到：

$$GDP = A \cdot K^{\alpha} \cdot L^{\beta} \cdot GFI^{\chi} \cdot PCCE^{\chi} \tag{2}$$

式中，GFI 表示绿色金融投入，$PCCE$ 表示碳排放量，E 表示能源消费量，考虑到开放型的国家，我们设定技术进步主要取决于外商直接投资，即 $A = a \cdot PCFI$，将其代入式（2），得到：

$$GDP = a \cdot PCFI \cdot K^{\alpha} \cdot L^{\beta} \cdot GFI^{\chi} \cdot PCCE^{\chi} \tag{3}$$

式中，$PCFI$ 为外商直接投资，由于受到生产技术水平限制等因素，规模报酬不变的生产函数具有 $\alpha + \beta + \chi = 1$，并且两边同时除以 L，并将其转化为计量模型：

$$gdp_{it} = \phi_1 + \phi_2 \cdot pcfi_{it} + \phi_3 \cdot k_{it} + \phi_4 \cdot gfi_{it} + \phi_5 \cdot pcce_{it} + \varepsilon_{it} \tag{4}$$

式中，i 代表地区，t 代表时间，ε 代表误差项，所有的小写均为原值的人均指标。

① 碳排放因子为单位能源产生的热量能够形成的二氧化碳量。

2. 引入绿色金融的 EKC 曲线

EKC 曲线主要探讨的是环境质量与收入之间的关系，主要呈倒“U”形关系，随着数据研究的不断深入，学者发现 EKC 曲线不仅仅呈倒“U”形关系，还可能呈“N”形、倒“N”形等多种形态，在研究我国收入与碳排放之间关系时，加入绿色金融变量，从而形成如下方程式：

$$\ln pcce_{it} = \gamma_1 + \gamma_2 \cdot gdp_{it} + \gamma_3 \cdot (gdp_{it})^2 + \gamma_4 \cdot (gdp_{it})^3 + \gamma_5 \cdot gfi_{it} + \varepsilon_{it} \quad (5)$$

考虑到 EKC 曲线形态的多样性，因此加入控制变量对地区间的计量偏差进行综合考虑：（1）城镇化率（UR），以往的研究表明，在城镇化进程中，EKC 曲线的形态可能会产生变化，城镇化的推进可能持续增加能源的消耗；（2）工业化水平（IAV），目前来说，中国能源消耗主要来自工业①，因此工业化进程将很大程度上决定了碳排放水平，将控制变量代入式（5）得到：

$$\ln pcce_{it} = \gamma_1 + \gamma_2 \cdot gdp_{it} + \gamma_3 \cdot (gdp_{it})^2 + \gamma_4 \cdot (gdp_{it})^3 + \gamma_5 \cdot gfi_{it} + \gamma_6 \cdot UR_{it} + \gamma_7 \cdot IAV_{it} + \varepsilon_{it} \quad (6)$$

3. 引入自我循环的绿色金融影响模型

考虑到绿色行业贷款的长期性，大部分绿色技术革新需要不同阶段的追加资金，否则会产生沉没成本，因此绿色金融可能存在一定的内生性，前期的绿色投资可能对后期的绿色投资产生促进作用，因此设立方程如下：

$$gfi_{it} = \eta_1 + \eta_2 \cdot gdp_{it} + \eta_3 \cdot pcce_{it} + \eta_4 \cdot gfi_{it-1} + \varepsilon_{it} \quad (7)$$

4. 构建联立方程组

由于上述三个模型之间互相存在内生变量，且式（7）引入了被解释变量的一阶滞后项，可能解释变量与扰动项之间存在相关性，因此需要运用工具变量解决，联立方程组能够很好地解决模型之间的内生关系，使用系统估计法对联立方程组进行估计，最常见的系统估计方法为“三阶段最小二乘法”，相对单一方程 OLS 估计更有效率，因此将式（4）、式（6）、式（7）设立联立方程组。

---

① 中国统计年鉴数据显示，2018 年工业能源消耗总量占全部能源消耗总量的 65.9%。

（二）绿色金融测度

1. 指标的选取

绿色信贷。由于目前直接公布绿色信贷数据的机构只有人民银行，但仅从 2018 年才开始公布，且与 2017 年之前银监会公布的绿色信贷数据口径不一致，因此无法联合使用，考虑到时间计量跨度问题，目前与绿色环境贷款相关，并对外公开的、权威机构发布的、分地区数据最主要的是六大高耗能产业利息支出①，因此选取分地区六大高耗能产业利息占全部行业利息比例作为绿色信贷的替代变量。数据来源于中国工业统计年鉴。②

绿色债券。数据来自 Wind，选取绿色债券概念板块，后按省份筛选得出各省份绿色债券余额。

绿色股票。数据来自 Wind，选取碳中和、污水处理、环保等 27 个绿色环保相关概念板块，剔除 ST 股票后，共计 495 家上市企业，按省份筛选得出各省份绿色上市企业的总市值。

绿色保险。在保险统计数据中，与绿色保险相关程度最大的是环境污染责任险，但目前我国尚无权威机构直接对外公布环境污染责任险，中国保险统计年鉴也仅公布责任险，并无具体细分，因此考虑到除环境污染责任险之外，与绿色保险相关程度最高的是农业保险，因此选择农业保险予以替代。数据来自 Wind，选取农业保险支出占全部保险支出比例及人均农业保险支出来衡量地区绿色保险发展程度，此外，此处人均农业保险支出分母为常住农村人口。

① 由国家发改委规定，我国六大高耗能产业包括非金属矿物制品业、电力、热力生产和供应业、有色金属冶炼及压延加工、黑色金属冶炼及压延加工、石油加工炼焦及核燃料加工业、化学原料及化学制品制造业。

② 中国工业统计年鉴 2018 年及 2019 年并未出版，因此 2018 年及 2017 年绿色信贷数据选用插值法进行填补。

表 1　绿色金融评价体系①

一级指标	二级指标	指标定义	指标方向
绿色信贷	高耗能产业利息支出占比	六大高耗能产业利息支出/全部工业产业利息支出	反
绿色证券	绿色债券占比	环保债券余额/全部债券余额	正
	绿色股票占比	环保上市企业总市值/全部上市企业总市值	正
绿色保险	绿色保险支出占比	农业保险支出/全部保险支出	正
	人均绿色保险支出	农业保险支出/农村常住人口	正

2. 评价指标体系的权重测算

使用极值法对原始数据进行去量纲处理，如式（8）和式（9）所示，B_{ita} 代表 i 地区第 t 年第 a 项指标，经过极值法处理后得到 B_{ita}^{*}，处理后 1320 个指标值均处于 0～1 之间，并使用熵值法测算各指标之间的权重系数。

当 B_{ita} 为正向指标时，$B_{ita}^{*} = [B_{ita} - \min(B_{ita})]/[\max(B_{ita}) - \min(B_{ita})]$ （8）

当 B_{ita} 为反向指标时，$B_{ita}^{*} = [\max(B_{ita}) - B_{ita}]/[\max(B_{ita}) - \min(B_{ita})]$ （9）

对指标 B_{ita}^{*} 进行归一化处理，见式（10）。

$$C_{ita} = B_{ita}^{*} / \sum_{i=1}^{n} \sum_{t=2005}^{n} B_{ita}^{*} \tag{10}$$

测算第 a 项指标的熵值，见式（11）。

$$D_a = -\ln(i \times t) \sum_{i=1}^{n} \sum_{t=2005}^{n} C_{ita} \times \ln(C_{ita}) \tag{11}$$

计算第 a 项指标的差异系数，见式（12）。

$$E_a = 1 - D_a \tag{12}$$

计算第 a 项指标的熵值法权重，见式（13）。

$$\beta_a = E_a / \sum_{a=1}^{n} E_a \tag{13}$$

① 部分文献里将绿色金融分为四类：绿色证券、绿色保险、绿色信贷和绿色投资，由于绿色投资资金本质上可能来自前三位，因此本文认为绿色投资可能与前三者存在重复计算的部分，因此本文的绿色金融测算不考虑绿色投资部分。

最终根据熵值法得出的各指标间权重，计算出各省绿色金融发展综合得分。

（三）碳排放指标的测度

2005—2017 年的碳排放数据来自 CEADS 数据，由于 CEADS 暂未公布 2018—2019 年数据，因此本文根据以往数据进行推算，由于政府间气候专门变化委员会在《2006 年 IPCC 国家温室气体清单指南》中公布了测算方法来计算各种能源燃料产生的碳排放量，计算方式如下：

$$CO_2 = \sum_{i=1}^{n} E_i \cdot CEF_i \cdot NCV_i \tag{14}$$

式中，i 代表各种能源燃料，CEF 为二氧化碳排放因子，即燃料单位热量能产生的二氧化碳数量，NCV 代表低位发热值，即单位燃料能产生的热量。由于国家统计局公布了各省各能源燃料转化为标准煤的数量，因此可以将上式简化为：

$$CO_2 = E^* \cdot 29.27 \cdot CEF^* \tag{15}$$

式中，E^* 代表所有能源转化为标准煤的数量①，CEF^* 代表标准煤的二氧化碳排放因子，考虑到在计算 2018—2019 年数据时应与 CEADS 公布 2017 年之前的数据口径保持一直，因此 CEF^* 的计算使用历史 CEADS 碳排放量数据及标准煤数量反推算出各省标准煤二氧化碳排放因子。

（四）变量说明及数据来源

（1）经济增长。用人均 GDP 来衡量经济发展情况，GDP 用 GDP 价格指数进行修正，从而消除通货膨胀影响。（2）人均资本存量。人均资本存量为全社会固定资产投资存量与年末人口之比，对于全社会固定资产投资存量计算，本文沿用大部分学者使用的账面盘存制进行计算，账面盘存制公式为：$SI_t = SI_{t-1} \cdot (1 - D_t) + PI_t$，即全社会资本存量等于上年度全社会资本存量的

① 标准煤的低位发热量固定为 29.27MJ/kg。

折现值加上当年固定资本流量[①]，折旧率 D 选择 9.6%，基期选择 2005 年。（3）人均外商直接投资。以外商直接投资额与总人口之比来度量。

变量数据主要来自中国统计年鉴、各省市自治区统计年鉴、CEADS 数据库、中国工业统计年鉴、Wind 资讯终端。

五、实证结果及分析

（一）样本估计结果及分析

本文在进行实证分析之前分别进行了过度识别检验及单位根检验，检验结果表明联立方程组整体不存在过度识别，并且同时采用 LLC、Fisher－ADF 检验后，所有变量均在 5% 水平下显著。[②] 由于不同地区间的经济发展、环境发展及绿色金融发展程度差异较大，因此估计结果未必一致，因此在全国 30 个省市自治区估计的结果上，将样本分为东部、中部、西部地区同样进行回归，回归结果如表 2 所示。

表 2　地区经济增长方程 4 模型估计结果

变量	全国	东部	中部	西部
lnpcce	3.5655***	7.6918**	−0.0417	1.1012***
gfi	−0.0489***	−0.0379	0.0024	−0.0376***
pcfi	5.5607***	16.0323***	2.3178**	2.0688
pccs	0.0382*	0.0078	0.1235***	0.0192**
cons	−10.9141***	−21.2263	0.4940	−3.0764***
R^2	0.9411	0.9786	0.9978	0.9275

注：***、** 和 * 分别表示在 1%、5% 和 10% 的水平下显著。

通过表 3 可知，从全国角度看，碳排放量对经济发展具有显著促进作用，碳排放量的增长表明能源使用量的增加，而能源是经济发展必不可少的条件

① 由于 2018 年以后不再公布各省固定资本流量绝对额，因此本文用全国全社会固定资本形成额按上年各省占比推算当年各省全社会固定资本形成额。

② 限于篇幅原因，本文对过度识别及单位根检验具体结果不予展示。

之一。绿色金融对经济发展具有小幅的抑制作用，这是因为绿色金融引导了资金从高耗能、高污染的行业流向低碳排放量行业。就目前我国经济发展阶段看，大部分高耗能、高污染的行业对经济发展仍有一定的促进作用，经济发展对高碳行业仍有一定的依赖作用，而目前低碳项目具有资金需求大，运转周期长、产生收益慢等特点，因此对经济发展在数据分析上体现不明显。

表 3　地区 EKC 方程 6 模型估计结果

变量	全国	东部	中部	西部
gfi	-0.0127***	-0.0060*	-0.3546*	-0.3281***
pcgdp	0.2141***	0.2732***	-83.7095*	5.2237**
$pcgdp^2$	-0.0136***	-0.0170***	40.0445*	-1.4209*
$pcgdp^3$	—	—	-2.8966*	—
ur	-1.3076***	-0.8166	-23.8263**	-0.0004*
iav	0.9766***	1.2345***	51.8635*	3.1310***
cons	3.3930***	3.1065***	44.6039*	6.3045***
R^2	0.6492	0.765	0.6492	0.8039
曲线形状	倒“U”形	倒“U”形	倒“N”形	倒“U”形

注：***、** 和 * 分别表示在 1%、5% 和 10% 的水平下显著。

从三地区角度看，碳排放量在东部、西部地区对经济发展具有显著的促进作用，且在东部地区作用效果更加明显，但在中部地区具有小幅抑制作用，但效果并不显著，主要是经济结构与碳排放效率共同作用结果，东部地区技术发展较快，能源燃烧效率更高，而西部地区技术发展较落后，能源燃烧效率较低。值得注意的是，相较于西部地区，中部地区经济更依靠工业发展，且燃烧效率同样较低，但土地面积远小于西部地区，碳排放量在有限的土地空间内更加密集，对经济发展已无明显促进作用，能源燃烧亟待转型或技术革新。绿色金融在西部地区对经济发展具有显著的抑制作用，而在东部、中部地区分别具有小幅的抑制和促进作用，但作用效果均不显著，可能是由于中部地区绿色金融对能源技术革新促进效率较低，对碳减排作用较弱，因此高污染、高耗能行业仍然在绿色金融效率低的情况下促进经济增长。外商直接投资对东部及中部均有正向促进作用，东部作用更为明显，西部地区效果不明显，主要是因为国外资金更容易流入东部、中部，难以流入西部地区。

资本存量对中部、西部均有明显的正向促进作用，而东部作用不明显，主要是由于东部地区经济发展上已经不以资本密集型产业为主，而以技术密集型产业为主，中部地区以工业为主的经济结构更多地引来资本密集型产业。

通过表4可知，从全国来看，绿色金融对碳排放具有显著的抑制作用，但系数较小，作用力度较弱，绿色金融效率仍待提高。pcgdp 与 $pcgdp^2$ 的系数均非常显著，系数分别为正、负，根据抛物线图形性质，全国经济发展与碳排放之间呈倒“U”形曲线，即在经济发展较差时，随着人均 GDP 的上升，碳排放量逐渐升高，而随着人均 GDP 超过一定值时，随着人均 GDP 的上升，碳排放量逐渐下降，即碳排放量在顶点处达到峰值。城镇化水平整体上能够有效影响碳排放量，正如刘璐语等（2021）提出的观点，城镇化发展能够有效减少煤炭等碳排放量高的能源使用，而更多地依赖天然气等低碳能源。工业化水平对碳排放量具有明显的促进作用，这一结论与国内外学者基本一致，正如前文所述，碳排放量主要来自工业生产所使用的能源。

从三地区来看，绿色金融对各地区碳排放量均具有显著抑制作用，中部、西部地区作用效果更加显著，东部地区作用效果较低。在 EKC 曲线中，东部、西部地区经济发展与碳排放量之间均呈倒“U”形，中部地区经济发展与碳排放量之间呈倒“N”形，根据抛物线图形性质，三地区的碳排放量在顶点处均能达到峰值。城镇化水平在中部、西部地区具有显著的抑制作用，在东部地区具有抑制作用，但作用并不显著，可能由于在文章中研究的时间线为 2005 年以来，大多数东部地区城镇化率已经在 70% 以上，变化较小，因此对碳排放量影响作用较小。工业化水平在三地区均对碳排放量起到正向促进作用。

表 4　地区绿色金融发展方程 7 模型估计结果

变量	全国	东部	中部	西部
lnpcce	2.5016 **	2.1189	2.1617 **	8.2358 **
pcgdp	0.1821 **	0.0438	2.2009 ***	6.8327 **
gfi1	0.9933 ***	1.0311 ***	0.6803 ***	1.2403 ***
cons	−8.7483 **	−7.5888	5.2643	29.0835 **
R^2	0.7794	0.7583	0.8215	0.7973

注：*** 、** 和 * 分别表示在 1% 、5% 和 10% 的水平下显著。

通过表4 可知，从全国来看，碳排放量的上升对绿色金融具有显著的“倒逼”作用，当碳排放量逐渐上升时，绿色环保政策力度也将加强，在金融方面就反映出绿色金融的发展。经济发展对绿色金融有一定的促进作用，正如前文所分析，经济发展促使资金流通加快，金融领域更为活跃。绿色金融的滞后一期对当期绿色金融投放具有显著的正向作用，表明绿色金融具有正向循环作用，即具有自我规模扩张的特性。

从三地区来看，碳排放量在中部、西部地区对绿色金融均有显著的“倒逼”作用，但在东部地区“倒逼”作用并不明显，可能是由于东部地区环保技术较强，碳排放量上升已接近峰值，对绿色金融的刺激作用较弱。经济发展同样在中部、西部地区对绿色金融促进作用较强，而在东部地区作用不明显，同样是因为东部地区环保技术较强，碳排放量本身已接近峰值，经济发展带来的资金流通不会更多地流向绿色金融领域。绿色金融的滞后一期对三地区的当期绿色金融投放均具有显著的正向作用。

在稳健性检验方面，为确保上述估计结果的准确性，本文使用 GMM 估计方法对面板联立方程组进行估计，检验结果与文中估计结果一致，具有较好的稳健性。

（二）碳达峰转折点预测

公式（6）模型估计结果显示各个地区的 EKC 曲线均呈现一定的抛物线形状，而根据抛物线顶点理论，倒“N”形和倒“U”形均在抛物线上方有顶点。估计结果中 gdp、gdp^2、gdp^3 的系数能够通过最优拟合模型计算出抛物线顶点最对应的人均 GDP。当估计模型呈倒“U”形时，估计模型为二次方程，根据二次函数抛物线性质，当碳排放量达到顶点时，$gdp = -\gamma_2/2\gamma_3$。当估计模型呈倒“N”形时，估计模型为三次方程，根据三次函数抛物线性质①，当碳排放量达到第二个顶点时，$gdp = (-\gamma_3 - \sqrt{((\gamma_3)^2 - 3 \cdot \gamma_2 \cdot \gamma_4)})/(3 \cdot$

① 倒“N”形抛物线有两个顶点，第一个顶点为碳排放量达到最低点对应的人均 GDP，而第二个顶点为碳排放量达到最高点对应的人均 GDP，根据抛物线拐点的意义与碳达峰相结合，本文提到倒“N”形抛物线的顶点均指第二个顶点。

γ_4)。通过上述抛物线性质，能够计算出全国及各地区碳达峰时对应的人均GDP水平，再根据趋势推算出达到对应人均GDP所需要的年份，由此可以计算出各地区碳达峰所需要的时间。如表5所示。

表5　全国及各地区碳达峰时间预测

地区	2020年人均GDP	碳达峰对应的人均GDP	碳达峰对应的时间
全国	5.28	7.88	2031年
东部	6.72	8.03	2029年
中部	4.37	8.01	2036年
西部	4.02	6.28	2031年

注：GDP均以2005年为基期计算。

从表5中可以看出，不同地区经济发展、碳排放、绿色金融情况存在较大的异质性，因此碳达峰对应的时间同样区别较大。在现有的绿色金融增长水平下，全国实现碳达峰的时间为2031年，稍晚于国家要求的2030年碳达峰目标，可见在继续加大绿色金融投入的力度下，全国能够在2030年前实现碳达峰。东部地区将率先实现碳达峰，对应的时间为2029年，提前一年完成碳达峰目标，而西部地区将于2031年实现碳达峰，与全国时间基本一致，中部地区将最晚实现碳达峰，对应的时间为2036年，正如前文实证分析所指出的，中部地区碳排放对经济发展已经具有小幅抑制作用，虽然效果并不显著，但也表明了中部地区以工业为主的经济结构及落后的环保技术亟待绿色金融资金支持。

六、结论与建议

（一）主要结论

本文通过构建联立方程组，最终得到以下主要结论：

一是从全国来看，碳排放量对经济发展具有显著的促进作用，绿色金融对碳排放具有显著的抑制作用，但系数较小，作用力度较弱，绿色金融效率仍待提高，全国经济发展与碳排放之间呈倒“U”形曲线，碳排放量的上升对绿色金融具有显著的“倒逼”作用，而经济发展对绿色金融有一定的促进作用。

二是从地区来看，碳排放量在东部、西部地区对经济发展具有显著的促进作用，且在东部地区作用效果更加明显，但在中部地区具有小幅抑制作用，但效果并不显著。绿色金融对各地区碳排放量均具有显著抑制作用，中部、西部地区作用效果更加显著，东部地区作用效果较低。在 EKC 曲线中，东部、西部地区经济发展与碳排放量之间均呈倒“U”形，中部地区经济发展与碳排放量之间呈倒“N”形。碳排放量在中部、西部地区对绿色金融均有显著的“倒逼”作用，但在东部地区“倒逼”作用并不明显。

三是在现有的绿色金融增长水平下，全国实现碳达峰的时间为 2031 年，稍晚于国家要求的 2030 年碳达峰目标，可见在继续加大绿色金融投入的力度下，全国能够在 2030 年前实现碳达峰。东部地区将率先实现碳达峰，对应的时间为 2029 年，而西部地区将于 2031 年实现碳达峰，与全国时间基本一致，中部地区将最晚实现碳达峰，对应的时间为 2036 年。

（二）政策建议

由于不同地区间实现碳中和时间不同，因此应当针对不同地区的绿色金融、经济发展和碳排放情况制定相适应的绿色金融政策。

一是东部地区能够在 2030 年前实现碳达峰，但应当增强“领头羊”作用。东部地区应当在全国范围内积极借鉴国外先进经验，以现有绿色金融服务与产品为基础，深入市场调研绿色产品与服务的需求状况，进而推进绿色信贷、绿色证券、绿色基金、绿色保险等方面的创新。

二是中部地区实现碳达峰时间较长，绿色金融资源应当更加向中部地区倾斜。首先，完善构建绿色金融市场主体，鼓励中介等第三方机构的发展，积极搭建促进企业和金融机构合作的绿色金融第三方平台等。其次，建立专门绿色金融机构，提高绿色金融的专业化水平，方便实行绿色金融优惠政策。最后，增加碳减排的优惠贷款投放，科学设置绿色资产风险权重等完善金融机构绿色金融业绩评价体系。

三是西部地区实现碳达峰时间与全国相近，要对西部经济欠发达地区降低绿色金融交易门槛的同时，健全绿色金融风险管理体系。一方面，将全国性的绿色金融政策以适度的较低门槛在西部地区实施，减轻绿色融资成本压力；另一方面，必须要认识到降低绿色金融门槛可能带来一定的绿色金融风险，因此需要主动进行绿色金融风险应对与管控，尽快设立绿色金融风险管理体系。

课题组组长：张敏恬

课题组成员：刘宏升、张玲、冷天明、柯超

第三篇

银行实务与金融管理

无库县人民币流通使用状况的"田野调查"

中国人民银行南昌中心支行货币金银处课题组

一、前言

"田野调查"（field research）又称"田野试验"（field work）此前广泛运用于民俗学、人类学等自然或社科领域。该种方法在我国的经济学领域的运用大约始于20世纪早期，例如梁漱溟（1893—1988）于20世纪30年代在山东开展的乡村建设试验；陈翰笙（1897—2004）带领薛暮桥、孙冶方等进行的农村调查；费孝通（1910—2005）于20世纪40年代写就了《乡土中国》《江村经济》等田野调查报告。

现金与每一个人每一天的生活密切相关，一个地区流通使用的现金大多由当地金融机构、商户提供，具有一定的区域特点（由居民、银行、商户三方参与形成）。可见，一个地区的现金使用状况成为一种类似风俗习惯等具有地域特色的方式乃至现象，要研究这一现象，只有在当地工作、生活一段时期，通过详尽、细致的自主调查才能有所感知，因此对于地域性现金使用的研究可以采取"田野调查"的方法。

无库县大多分布于边远的乡村地区，而人民币使用与农村边远地区普通基层民众日常生活密切相关。流通环境建设的构成主体主要包括"居民""商户""商业银行"三方面，上述主体的经济行为会对人民币流通环境构成显著影响。受制于制度安排及历史原因，很长一段时期内，无库县现金循环流通不畅、券别结构不合理、硬币沉淀现象突出、假币流通等问题时有发生，人民币流通质量有待进一步提升。开展"无库县人民币使用状况的调查"有利于掌握无库县人民币流通基本规律，分析个别地区人民币流通质量不良的内在原因。进而对科学引导银行业金融机构采取有效措施、改进人民币管理与服务，为中央银行做好计划调拨、人民币管理、钞票清分等货币金银工作具有重要的参考意义。

余江区位于江西省中东部，下辖 11 个乡镇、7 个垦殖场。人口 38 万，2016 年地区生产总值 113 亿元。全区共有驻县银行业金融机构 13 家，营业网点 46 个，临柜人员 182 人，ATM 机具 110 台，清分机 27 台，年度现金流通总量 96 亿元，年度假币收缴量 14 万元。课题组成员在余江区工作、生活前后历经 2 年的时间，对无库县人民币使用情况有了切身感受，笔者实地走访了无库县本级以及下辖的 7 个基层乡镇，针对 36 家银行网点，42 家商户、138 位普通居民开展了问卷调查。利用问卷星 App 制作了“人民币流通状况居民调查问卷”，收集了 47 份网络问卷。有效样本总量达到 263 份，收集数据 7891 个。课题组从居民、商户与银行三方的视角分析了社会公众对人民币满意度的总体评价，其中居民平均满意度为 84. 0 分，商户满意度为 88. 9 分，银行满意度为 86. 2 分。

二、余江人民币流通总体情况

（一）基本情况

余江区隶属于江西省鹰潭市，地处赣东北、信江中下游，东与鹰潭、贵溪市接壤，南和金溪县相通，西界东乡区，北邻余干县、万年县。下辖 7 镇 4 乡，7 个农垦场，共有 6 个社区，116 个行政村，1 个管委会。国土总面积为 936 平方千米，人口 38 万（2013 年）。本次调研样本中，居民占比为 65. 26%，商户占比为 19. 72%，银行占比为 15. 02%；县区本辖样本占比为 73%，辖区乡镇占比为 27%。

1. 居民

从样本的性别结构情况看，在被调查的总共 136 份居民样本中，其中男性样本79份，占比为58.09%；女性样本57份，占比为41.91%。调查样本以男性居多，样本差为16.18个百分点。从样本的年龄结构看，年龄在60岁以上的样本有7份，占比为5.1%；年龄在40~60岁以上的样本有42份，占比为30.9%；年龄在25~40岁以上的样本有70份，占比为51.5%；年龄在25岁以下样本有18份，占比为13.2%，从年龄结构看，大部分被调查居民处于中青年阶段，这一时期的居民普遍具有较高的消费能力，现金使用意愿较强，能够比较客观全面地反映基层人民币流通的基本现状，所得出的调研结果具有一定的代表性，并且调查样本的年龄结构与目前居民总体年龄分布情况比较一致，调查对象相对合理，有效确保了调查结论的准确性和客观性。

从样本的学历结构看，学历为本科以上的有2人，占比为1.5%；学历为本科的有43人，占比为31.6%；学历为大专的有29人，占比为21.3%；学历为高中及以下的有62人，占比为45.6%，上述学历结构客观反映了无库县居民的学历现状，大部分居民学历层次较低，受教育程度较低。在后续的调研过程中，我们发现县域人民币流通环境现状堪忧，学历层次或许是造成上述现象的原因之一。

从调查样本的职业结构看，职业是学生的比重有6人，占比为4.4%；从事私营个体经营的有20人，占比为14.7%；从事行政事业单位的有49人，占比为36.0%；从事企业单位的有33人，占比为24.3%；从事其他职业的有25人，占比为18.4%，从职业结构看，调查样本以行政事业单位和企业居多，两者差距较低，样本分布相对均衡，调查对象具有显著代表性。

2. 商户

本项调研总共选择商户样本42家，都是拥有至少一家实体店面的商户。从商户的经营时间看，经营时间在1年以下的占比为4.76%；经营时间在1~5年的，占比为45.24%；经营时间在6~10年的，占比为14.29%；经营时间在10~20年的，占比为23.81%；经营时间在20年以上的，占比为11.90%。上述样本分布情况说明，绝大多数的被调查商户经营时间都在1~5年，这一时期商户大多处于事业发展的起步阶段，经济活动频繁，现金收付量较大。

从商户从事的经营项目来看，被调查商户大多在县域从事小商品经营等项目。其中从事百货行业的有 16 家，占比为 38. 10%；从事餐饮行业的有 1 家，占比为 2. 38%；从事食品相关行业的有 3 家，占比为 7. 14%；从事农业物资行业的有 2 家，占比为 4. 76%；从事工具设备行业的有 1 家，占比为 2. 38%；从事其他行业的有 19 家，占比为 45. 24%，主要包括文体、美发、通信和母婴用品等。调查商户从事的行业类型丰富，具有比较显著的代表性，能够比较全面地反映无库县人民币流通的基本现状。

3. 银行

本项调研总共选择国有股份制商业银行、地方性商业银行和农商行等 13 家银行业金融机构，上述金融机构在余江辖内总共有 46 家营业网点，182 名临柜人员。在上述网点中，我们又选择了 20 家网点，36 名临柜人员开展问卷调查，其男女柜员各占 50%，年龄在 20～25 岁的占比为 16. 7%；25～30 岁的占比为 36. 1%；30～35 岁的占比为 27. 8%；40 岁以上的占比为 19. 4%。其中，学历在本科以上的占比为 2. 8%；本科的占比为 50%；大专的占比为 47. 2%。工作年限在 3 年以下的占比为 30. 6%；4～10 年的占比为 41. 7%；11～15 年的占比为 5. 6%；15 年以上的占比为 22. 2%。从年龄结构看，被调查银行柜员均处于业务最佳年龄段，说明临柜人员年龄结构比较合理。半数柜员具有本科以上学历，从业时间比较合理，说明基层临柜人员分布比较合理，人员素质较好。

余江全辖金融机构年度现金收入达到 96. 78 亿元，年度支出达到 90 亿元，总体呈现现金回笼趋势，每日现金收入 3174. 34 万元，现金支出 2629. 19 万元，钞票清分 3050 万元/天，年度假币收缴量 100 元券 12. 09 万元；50 元券 5000 元；20 元券 9280 元；10 元券 2370 元；5 元券 25 元；1 元券 0 元。从调查数据反映，余江辖内主要假币类型以 100 元券和 20 元券为主，这与我们实地走访商户时所调查的结果相一致，上述两种券别的假币的流通需要引起我们格外重视。实地调查的结果反映，余江辖内金融机构年度 1 元硬币投放量达到 331. 94 万枚，回笼量达到 244. 99 万枚；0. 5 元硬币投放量达到 26. 15 万枚，回笼量达到 14. 69 万枚；0. 1 元硬币投放量达到 11. 05 万枚，回笼量达到6.96万枚。说明余江属于硬币净投放地区，其中面额越小，净投放量越大，同省内其他地区相类似，余江同样存在硬币沉淀的现象。

调查表明，余江全辖银行业金融机构拥有各类型清分机具28台，参与清分人员有51人，ATM机具数量达到123台，在农村边远地区，邮储银行、农业银行和农商银行不但营业网点数量较多，而且其ATM机具的布放也较多，但是三家机构中，农业银行清分人员数量最多，其他两家参与清分的业务人员数量相对较少。

（二）调查方法

我们将采用“问卷调查法”重点收集被调查居民、商户以及银行网点有关人民币流通环境的调查反映。其次，我们采用“实地访谈法”对被调查对象进行实地访谈。再次，我们采用“间接调查法”对辖区内居民的用现情况进行调查，通过问卷星软件，制作了“人民币流通状况居民调查问卷”App，供辖内居民进行自助下载填报。

三、余江人民币流通分类别情况

（一）一般现状

1. 人民币流通总体情况

根据针对居民的调研，一般认为边远地区的居民主要通过现金参与日常经济活动，但是与我们设想有所不同，有20%的居民认为，自己只是“偶尔”或者“极少”使用现金，“经常”或者“比较经常”使用现金的不到50%。可见，在无纸化支付高速发展的今天，即使是边远地区，现金使用的频率也较过去有了显著的下降。另外，80%以上的居民认为现金仅用于“小商品消费”和“餐饮消费”，其他场合用现较少。

从商户调查情况看，现金使用频率是比较高的，商户经营中选择“比较经常”使用现金的比重达到48%，而选择“一般”的比例在31%。由此可见，受制于调查样本，单纯从居民端的调研难以反映用现环境的全面，从商户的调查表明，边远地区现金仍然是交易的主要渠道。而在针对支付宝或微信的调查中，结果表明大部分商户认为非现金交易的频率“一般”，选择“极少使用”或“偶尔使用”的比例达到40%，可见非现金交易虽然有了一定的发展但不能发挥对现金的完全替代作用。

在针对银行业金融机构的调查中，我们发现将近一半的余江辖区金融机构每日现金支出量在30万元以下，极少数现金支出量在100万元以上，可见各银行网点均属于中小型网点。另外，55%的银行网点现金回笼量在30万元以下，其余基本在30万～100万元的规模，综合来看，被调查银行网点总体现金回笼大于现金支出，可以推测出基层县域居民储蓄意愿相对较强，现金呈现净回笼趋势。

2. 存在的问题

（1）基层地区现金主要用于小面额日常支付；（2）非现金交易有所发展但并不是主流；（3）金融机构现金供应与管理存在脱节。

（二）券别情况

1. 券别使用基本情况

针对辖区内居民现金使用频率的调查结果表明，100元与10元面额是居民使用最频繁的券别，比例分别达到50%和32%，其次是50元和20元，占比分别为8%和5%，而5元及以下面额的使用频率较低。在进行针对“找不开零钱”的调查时，有将近一半的居民表示“偶尔遇到过”，其次是“极少遇到过”，另有25%的居民表示“找不开零钱”的现象比较普遍。上述两种情形存在某种矛盾：一方面，居民小面额使用频率较低；另一方面，相当数量的居民反映缺乏小面额人民币，从中折射出金融机构在小面额人民币服务方面存在一定“盲区”。

商户认为使用最频繁，需求量最大的不是100元面额人民币而是1元以下的小面额人民币，并且角币在各券别中需求量最高，处于“比较多”和“相当多”档位，并且这一数值远高于其他券别。这与我们通常认为角币使用量较少，几近退出流通的判断完全不同，说明在广大基层地区居民生活仍然离不开角币，这促使我们需要重新考虑关于角币的印制、存放、储备、兑换、流通等一系列问题。另外，通常我们认为1元使用量比较大，但是商户认为1元使用量“相当少”，5元的使用量也相对较少。而20元面额的使用频率是比较高的。

大约有78%的商户认为存在“偶尔遇到”或“极少遇到”找不开零钱的情形，这一点与居民的情形相类似（居民这一比例为75%）。但也有12%的商户反映“比较经常”或“经常遇到”，这一比例高于普通民众。但与民众所不同的是，选择“去银行兑换”是商户兑换零钱的最主要途径，其次是“找商户换”或“找熟人换”，这说明银行兑换是商户兑换零钱的主要渠道，考虑到51%的居民选择“买东西换”，说明“银行—商户—居民”的兑换路径，是显著存在的，也说明以商户为中心的小面额投放渠道是可行的，所以加大对商户的小面额人民币投放力度或许是一个可行的路径。

商户前往银行兑零的频率并不高，选择“偶尔去”或者“从不去”的比例高达57%，这从侧面反映出商户换零积极性不高，小面额人民币市场内部循环的情况比较普遍，直接给小面额人民币整洁度造成了压力。而在调研银行兑零服务情况时，大部分银行（大约52%）的兑零服务比较到位，但也有17%的商户表示银行兑零服务并不到位。

100元面额人民币收付量最高，1元以下小面额人民币收付量极低，但是上述调查结果与商户形成了显著的差异，商户虽然也认为100元面额人民币使用量也很大，但是同时认为1元以下小面额人民币使用量极大，商户认为5~50元等中间券别的使用量比较多，但是银行柜员却认为上述券别收付量比较少，社会需求与银行供给之间完全相悖，券别供求差异可能对人民币流通环境产生了根本性影响。

临柜人员认为1元的票面短缺现象比较严重，其次是20元，其他面额的短缺情况较少，由于1元是主币中最小的基本单位，因此市场需求量较大，其短缺现象也比较突出，可以预见，与普通居民相比，商户的兑零意愿更加强烈，因此上述结果在一定程度上说明了商户的票面短缺情况。从银行反映的客户兑零情况可知，日常经营中，社会还是具有一定的兑零需求，因此客户赴银行兑零的频率中，选择“一般”的比例最高，其次是“比较多”。

2. 存在的问题

（1）人民币市场内部循环的现象突出；（2）商户成为人民币兑换的主要平台；（3）银行兑零服务滞后于市场需求。

3. 券别满意度影响因素

居民与商户对人民币流通环境的满意度总体都在 80 分以上。但是居民满意度总体低于商户满意度，另据进一步计算，居民满意度标准差为 12. 658，而商户满意度标准差为 9. 211，居民满意度标准差较大，说明居民间对于流通环境的判断差异性较大。

在有关券别状况的影响因素中，银行兑零情况标准差最大，说明不同居民针对“银行服务状况”的判断存在差异性较大，客观上说明银行提供的兑零服务情况值得关注。差异性最小的是“银行兑零频率”，在前文的分析中，大部分居民赴银行兑零的频率都比较低，因此其判断差异较小。

从相关系数矩阵的结果看，我们发现“票面使用频率”对满意度影响最大，但是并不显著。而“银行兑零情况”和“银行兑零频率”显著性较高，其中“银行兑零情况”相关系数更大。综合描述性统计及相关系数统计的结果，我们认为从居民的角度看，人民币流通满意的票面影响因素中，“银行兑零情况”作用较大。

不同商户间判断差异性最大的在于“银行兑零情况”，说明银行所提供的兑零服务质量参差不齐，商户对其难以得出统一的判断。其次是“银行兑零频率”，差异性也相对较大，而在“找零情况”和“找零途径”等方面，商户的认识比较一致，判断的差异性较小。同样是“银行兑零情况”相关系数较大，并且其显著性水平居第二位，显著性水平居第一位的是“兑零频率”，而与商户自身相关的“找零情况”和“找零途径”等方面对于其满意度的影响较低，综合描述性统计及相关系数统计的结果，我们认为从商户的角度看，人民币流通满意的票面影响因素中，“银行兑零情况”作用较大，这一点同居民的情况相类似。

（三）整洁度情况

1. 整洁度基本现状

部分居民（42%）认为，自身比较在意整洁度，除去“一般”的比例（26%），认为自己“偶尔在意”和“极少在意”整洁度的比例高于“非常在意”整洁度的比例18个百分点，说明居民对人民币整洁度不在意现象不容乐观。与此相类似，在针对居民“保护人民币意识”的调研中，选择“非常强”和“比较强”的比例较高，达到69%，说明普通居民具备人民币保护意识，有关人民币保护的法律法规意识较强，但是人民币整洁度意识还不是很强，维护人民币流通的公共意识还有待提升。

我们发现商户对于人民币整洁度的关注出现了分化，在实际调查中选择“极少在意”的商户比例达到17%，而选择“比较在意”的比重达到7%。其他选项的商户比例均为5%以下，上述结果说明商户一部分认为自己有责任维护人民币整洁度，另一部分又存在对整洁度漠不关心的态度，商户对于自身在人民币流通过程中承担的社会责任并不是很明确，另一项调查反映大部分商户（78%）认为自身保护人民币的意识“非常强”或“比较强”，而选择“没有”的比例也达到18%，可见商户维护人民币整洁度的意识有待加强。

我们认为商户的认知与居民是相类似的，通常面额越大，人民币整洁度越低。而且商户认为1元整洁度属于“相当破旧”。在关于流通场所的调查中，商户对于不同场所人民币整洁度的认知比较模糊，基本能判断银行整洁度最高，超市整洁度相对集市略好一些。

从银行的调查结果看，所得结论与居民及商户的结果基本一致，银行认为整洁度最高的是100元，面额越低整洁度越差。但是部分柜员认为小面额人民币整洁度高于100元，而面额较大的人民币整洁度大多“比较新”，结合前文的分析，上述原因很有可能是由于银行提供兑零服务存在不到位，其结论是基于对原封新券的判断。而从调查银行对公众人民币保护的意识看，得出了与商户和居民所不同的结论，前文中，大部分商户与居民都认为自己保护人民币的意识较强，但是在针对银行的调查中，银行认为公众的人民币保护意识表现“一般”，并且选择“比较弱”的比例高于“比较强”的比例。

2. 存在的问题

（1）居民用现习惯影响了人民币整洁度提升；（2）不同类型商户的整洁度观念出现分化。

3. 整洁度满意度影响因素

“超市整洁度”标准差较小，说明居民对于超市整洁度的判断比较一致，而对于整洁度的关注差异性较大。说明不同居民对于票面整洁度的关注差异性较大，关注程度不同。

“居民整洁度意识”与居民满意度相关系数比较显著，说明“居民整洁度意识”对于居民满意度的影响较大，需要给予重点关注。

从商户满意度与票面整洁状况的描述性统计结果来看，同样是超市整洁度的标准差较小，说明不同商户针对超市整洁度看法比较一致，其整洁度的比较一般，不及银行整洁度，但是高于集市整洁度。

我们发现“整洁度关注”的相关系数比较显著，说明影响商户满意度最大的因素是对“整洁度关注”，说明商户判断人民币流通环境的重要标准是对整洁度的关注程度。

（四）硬币使用情况

1. 硬币基本现状

大部分居民硬币使用频率并不高，使用频率在“一般”以下的居民比例高达 74%，说明硬币在居民日常交易过程中使用频率比较低。但是在针对家存硬币进行调查时，结果表明 38% 的家中存有硬币 10 ~ 50 枚，还有 18% 的调查对象反映存有硬币 200 枚以上，这一结果表明辖内居民硬币沉淀现象比较普遍。

结果表明，1 元硬币使用量较大，而 5 角、1 角硬币使用量较低。结合前文有关券别结构的分析，我们认为硬币辅币的使用量是比较低的，但是市场对于后文未提及硬币辅币的需求量还是存在的，因此关于辅币流通的有关因素，需要进行综合考量。

超过70%的商户明确表示不愿意使用硬币自助设备。但是商户的选择呈现显著的“非正态分布”，选择“肯定会”的商户比例也达到25%，说明迫切需要硬币自助设备的商户与不需要自助设备的商户并存。因此，如果我们能对有需要的商户配备硬币自助设备将显著利于硬币自循环工作的开展，而减少不必要的设备配备又将显著降低成本。另外，66%的商户认为“极少去”银行兑换硬币。

结果表明，38%的临柜人员认为“没有必要”摆放硬币自助设备，认为“很有必要”的仅占6%，而没有临柜人员认为摆放硬币自助设备“非常有必要”，但是目前硬币自助设备均摆放在银行网点，这一调查结果需要我们对这一政策安排加以考量。此外，46%的临柜人员认为硬币兑换“比较少”，说明目前通过银行开展硬币兑换业务量较低。综合上述分析，我们认为当前摆放硬币自助设备有必要，但是可以选择在商户布放，传统的在银行网点布放设备的做法值得考量。

2. 存在的问题

（1）居民的硬币使用意愿较低；（2）不同面额硬币的使用存在差异；（3）硬币自助设备的位置有待商榷。

3. 硬币使用满意度影响因素

标准差较低的是“家存硬币数量”，说明居民普遍家中存有相对数量的硬币，并且总量分布在50～200枚，这也在一定程度上解释了硬币沉淀的原因。其次，居民在硬币自助设备的使用意愿方面的看法也比较一致，普遍反映硬币自助设备有一定的使用意愿。

居民赴银行接受硬币兑换服务的意愿对人民币流通环境影响最大，说明居民对于银行提供的硬币的状况关注度比较高，因此从硬币流通的角度提升人民币流通环境，需要关注其赴银行开展硬币兑换的意愿情况。

1角使用量标准差较小，说明商户对于1角使用情况的认识比较一致，普遍认为1角使用量较小，其次在硬币自助设备的使用方面标准差也比较小，调查可行度较高，说明商户硬币自助设备的使用意愿较低。

商户认为1元的使用量对于人民币流通环境的影响较大，但是其经济意义并不大，因为某种面额的硬币使用量并不能对人民币流通满意度产生直接的影响，相比较而言，“去银行兑换硬币的意愿”对人民币流通环境影响的经济意义更大，并且统计学意义也相对显著，是影响人民币流通环境的主要因素。

（五）反假货币情况

1. 反假货币基本现状

绝大部分居民只是“极少遇到”或“偶尔遇到”假币，比例约为91%，也就是有5%左右的居民反映假币的现象还是比较普遍的。商户相对居民接触假币的概率更高，其中选择“比较经常”的比例高于居民4个百分点。银行柜员反映遇到假币的概率则更高，选择“比较经常”的比例高于商户2个百分点，选择“经常遇到”的比例高于商户1个百分点。

大部分居民表示对反假货币知识了解“一般”比例大约是39%，另有16%的居民表示“了解较少”或“不了解”反假货币知识，可见普及反假货币知识在基层边远地区需要作为一项长期的工作加以推进。相对居民，商户对于反假货币知识的掌握程度要高一些，没有商户表示“不了解”反假货币知识，选择“比较了解”的比例高于居民16个百分点。调查中，银行柜员掌握效果最好，其中94%的柜员表示“比较了解”或“非常了解”，没有柜员表示“了解较少”或“不了解”反假货币知识。

部分居民只是“偶尔接触”反假宣传，占比约为39%，我们认为这个比例的真实性是比较高的，因为以此为分界，接触程度递减与增加的比例几乎相等。而在针对商户的调查中，高达67%的商户表示“没有接触”反假宣传，另有21%的商户表示“极少接触”反假宣传。而97%的银行柜员表示“偶尔接触”、“极少接触”或“没有接触”反假宣传，可见反假货币知识的宣传在基层地区还有待普及。

当问及“喜欢什么类型的反假货币方式”时，居民的选择相对分散，选择“图片宣传”与“现场宣传”分别居于选项前列。而商户选择“反假宣传品”的比例高达61%，其次是“宣传册”。银行柜员选择比例最高的是“宣传图片”，选择其他类型的宣传相对比较均衡。但是没有商户或银行选择“现场培训”。上述比例一定程度上反映了不同主体对于不同反假宣传类型的偏好情况。

2. 存在的问题

（1）反假货币知识宣传面有待进一步拓展；（2）不同主体对反假宣传方式的偏好存在差异。

3. 反假货币满意度影响因素

居民对“假币接触的频率”以及对“假币了解情况”两项指标标准差较低，说明大部分居民对于这两项的认识比较一致。总体来看，居民对于反假货币的宣传接触较少，对于识假知识的了解属于中等偏上的水平。我们认为“反假宣传频率”对居民人民币流通环境满意度影响较大，首先是对于“假币接触的频率”，因此要加强居民对于人民币流通环境的满意度必须提高反假宣传的频率，防范与治理假币的有效途径同样在于提升居民的反假能力。商户对于“反假知识了解”情况标准差较低，选择比较稳定，但是这一选项得分也偏低，说明商户对于反假货币知识的了解普遍较低，其次是对于“反假宣传频率”认识比较一致，其频率也是较低的。“反假知识了解”情况对人民币流通环境影响最大，最后是“反假宣传频率”，综合上述分析，提升商户反假货币的业务能力是改善辖内货币流通环境的重要途径，需要在今后的工作中予以格外关注。

四、主要结论

（一）人民币流通环境总体满意度较高

从居民、商户和银行临柜人员的调查结果看，人民币总体满意度评价得分分别为（百分制）：84.025分、88.183分和83.581分。总体上得分均较高，说明辖内人民币流通环境总体上满意程度较高。

（二）小面额人民币需求量仍然较高

虽然随着社会经济的发展，无纸化电子支付的普及，总体上人民币现金流通比例有所下降。但与我们所预期的不同，经过调查，在基层地区商户经济交易过程中，现金仍然占据了较大比重，商户对于1元以下小面额人民币的需求量较大。

（三）钞票整洁度受流通形式的影响较大

调查显示，居民对于整洁度的关注度较低，说明大部分居民对于整洁度不敏感；商户对于整洁度关注度更低，说明商户对于人民币整洁度要求较低；银行方面缺乏足够的动力改善流通中整洁度。笔者认为，改进整洁度或许可采取新技术推广纸币兑换自助设备的途径。

（四）硬币自助机具布放需要改进

硬币自助设备对于普通居民而言具有一定的需求量。可以在有条件的情形下将硬币自助设备在使用端布放，或许可以取得更好的效果。

课题组组长：杜正琦

课题组成员：周陈曦、蔡佳

中央苏区国家金库初探

中国人民银行南昌中心支行国库处课题组

一、中央苏区国库的建立

中央苏区是在赣西南、闽西革命根据地基础上发展起来的中央革命根据地，既是土地革命时期全国苏维埃运动的中心，也是红色国库的主要发源地。回顾中央苏区财经工作及国库历史，大致可分为两个阶段。

（一）第一阶段：确立统一财政制度(1929 年 1 月[①]至 1932 年 2 月)

在这一时期，中央苏区历经反“围剿”战争消耗和国民党经济封锁，面临物资匮乏、财政收支失衡等诸多问题。苏区各级财政财务制度不健全，“苏维埃财政无论收入还是支出都是各自为政，没有丝毫系统”[②]“各级苏维埃乱收乱用，随意浪费，更无预算决算和计划可言”[③]，无法集中有限的财政资金支持革命战争。扩大财源，建立统一规范的财政制度，成为保障苏区政权稳定的现实需要。1931 年 11 月，中华苏维埃第一次全国代表大会在江西瑞金召开，大会宣告成立中华苏维埃共和国临时中央政府，同时通过了《中华苏维埃共和国宪法大纲》《中华苏维埃共和国经济政策》等法律文件，确立了红色

---

① 1929 年 1 月，毛泽东和朱德率领红四军主力由井冈山向赣南、闽西挺进，开启创建中央苏区的序幕。

② 江西财经学院经济研究所等．福建省第一次工农代表大会决议案［M］//闽浙赣革命根据地财政经济史料选编．厦门：厦门大学出版社，1988.

③ 江西财经学院经济研究所等，江西省第一次工农代表大会．财政与经济问题的决议案［M］//闽浙赣革命根据地财政经济史料选编．厦门：厦门大学出版社，1988.

政权的经济、财政、金融等工作方针。12 月，临时中央政府颁布了《中华苏维埃共和国暂行财政条例》《中华苏维埃共和国暂行税则》《地方苏维埃政府的暂行组织条例》，随后财政人民委员部①颁布了《统一财政编制预决算制度》《财政部暂行组织纲要》等一系列制度规定，提出了要统一财政收支、统一税收、统一财政预决算、统一财政核算方法和统一地方财政管理，由此确立了中央苏区统一财政管理的思想。但在此阶段，仍未找到实行统一财政管理的有效手段与方法。

（二）第二阶段：确立和完善国库体制（1932 年 2 月至 1934 年 10 月）

1932 年 2 月，中华苏维埃共和国国家银行成立，毛泽民任首任行长。“国家银行开张后的第一项工作就是接收中央财政部的全部库存现金②。”5 月，“中央财政部首任部长邓子恢到任后，指定由国家银行负责解决统一财政中的技术问题”③。8 月，临时中央人民委员会修订并通过《国家银行章程》，明确由“国家银行代理国库，代理政府发行公债及还本付息”。其后，国家银行工作人员曹菊如等受战场缴获税务四联单的启发，进行了金库制度设计④，制度的设计原则是“一切收入交金库，一切支出凭财政人民委员部支付命令；分支金库库款为总金库库款的一部分”⑤，上、下级金库及中央财政部之间以“多联单”形式同时记账处理，由此解决了统一财政管理的主要技术问题。11 月，颁布《国库暂行条例》，从管理体制、组织架构、职责权限等方面对国库作了具体规定。1933 年 1 月，财政人民委员部下发第十二号训令《统一会计制度》以及《会计规则》《会计科目表》《预决算规则》等一系列文件，对国

---

① 中华苏维埃共和国成立后，人民委员会为国家行政机关，下设 9 部 1 局，其中财政人民委员部主要负责财政统一相关事宜。

② 曹菊如．回忆中华苏维埃共和国国家银行［J］．争鸣，1982（1）．中央财政部，即财政人民委员部。

③ 邹亮晖主编．伟大的预演——中央机关在瑞金［M］．北京：知识出版社，2000.

④ 中国人民银行金融研究所．曹菊如文稿［M］．北京：中国金融出版社，1983.

⑤ 中国人民银行金融研究所．曹菊如文稿［M］．北京：中国金融出版社，1983.

库会计核算和内控管理等方面作了进一步完善和规范。同月，中华苏维埃共和国总金库在瑞金成立，中央根据地内各省、县金库相继设立，苏区国库体系初步建成。

国家银行金库体系的建立和相关制度的健全与完善，从操作上解决了财政统收统支的技术难题，为中央苏区推行统一财政管理奠定了扎实的基础。

二、中央苏区国库的主要做法

在没有成熟经验可供借鉴的情况下，中央苏区红色财政金融工作者在实践中不断探索，从无到有、从小到大，走出了一条独具特色的红色国库道路。

（一）制度层面上逐步明确了国家金库的代理机构及基本职能

早期的中国共产党人对红色国库的认识是一个逐步深入和清晰的过程，这一定程度也反映在相关的法律制度上。如在 1931 年 11 月，第一次全国苏维埃代表大会通过的《中华苏维埃共和国经济政策》提出“为实行统一币制并帮助全体劳苦群众起见，苏维埃应开立工农银行，并在苏维埃区域内设立分行，……这个银行应实行兑换货币，其分行并代征税收”，这是苏维埃政府第一次从国家法律层面提出由银行代理国库相关业务职能。12 月，《中华苏维埃共和国暂行财政条例》出台，再次提出“财政部得指定银行代理收税，……各级财政机关可收入之税款及政府经营事业的入款，罚金或没收的财产以及其他收入之款项，概应随时转送或直送中央财政部，或中央财政部所指定之银行”，此处财政部指定之银行即为国库的雏形。1932 年 8 月颁布的《国家银行暂行章程》，首次明确由“国家银行代理国库之一切出纳，代理政府发行公债及还本付息”，国家银行被正式赋予代理国库的法定职责。11 月，临时中央政府颁布《国库暂行条例》，规定“国库统由财政人民委员部国库管理局管理之，其金库则委托国家银行代理之”，进一步确定了由国家银行代理金库，其是财政资金收支、保管的专门机构。同时规定“国库掌握国家一切款项之收入、保管与支出之事宜”，明确了国库的基本职能，建立的目的是统一掌握国家收支，适应统一财政制度的需要。此后，财政人民委员部出台了一系列操作规则，进一步细化了国库的业务职责。在当时财政制度不健全、各地收支管理较混乱的背景下，国家银行代理金库制度的执行，对中央苏区集中财政收支管理、减少财政透支，起到了很大的作用。

（二）组织架构上努力争取国家金库的相对独立

国家银行成立后，正值党内两条路线在财政、金融领域斗争激烈之时，“左”倾路线在中央苏区逐步占据统治地位，国家银行日益沦为财政部的“出纳科”[①]。以毛泽东、毛泽民为代表的共产党人，坚持正确财经路线，竭力维护国家银行和国家金库的相对独立性，这在金库的机构设置与业务管理模式上可窥一斑。如在机构设置上，国家总金库设于国家银行总行，分支金库设于分支行，没有分支行的省、县，由总金库指定专人组织金库业务，规定机构可附设于省、县的财政部内，但不受其支配。总金库及分支金库的主任，由国家银行总行及分支行行长兼任。未设立分支行的省、县金库主任，先由总金库主任指定，然后申请财政人民委员部任命。国家金库的各项经费，均由国家银行负担等。在当时的中央苏区，国家银行共设立江西、福建两家分行和瑞金直属支行、兴国、石城、于都、胜利 5 家支行。1933 年 9 月，中央人民委员会召开第四十九次常委会，决定“国家银行应于九月起，在财政部监督下实行独立，执行银行本身职务”，这为国家银行独立行使国库职责提供更好的基础。国家金库的设立在一定程度上也促进了国家银行分支行的建设与发展，如兴国、瑞金等县支行就是在支金库的基础上进一步成立的。在业务管理上，国家金库体系实行总分库垂直管理模式，由总金库指导和管理分支金库业务，分支金库对总金库负责，其库款为总金库库款的一部分，并且“一俟总金库有命令来到，可以随时提出”。[②] 各级金库每天收支业务以不同联数的凭证报总金库同时记账[③]，每三天（或五天）编制“收支日报表”和

① 陈锋等．中华苏维埃国家银行流金岁月［M］．南昌：江西人民出版社，2016.

② 《国库暂行条例》第十四条。

③ 曹菊如．回忆中华苏维埃共和国国家银行［J］．争鸣，1982（1）.

“在库表”提交总金库和上级金库，总金库每天编制上述报表交财政人民委员部。如此一来，国家金库在保有相对独立的同时，也较好地解决了各地财政收支分散管理的技术问题。

（三）业务运营中统筹运用规范管理和创新思维

国家金库的业务运营体系可分为三个方面。

一是规范日常收支业务管理。在收入管理方面，要求国家的税收及所有的现金收入，包括打土豪筹款、战争缴获、征缴税款等一切收入都上缴各分金库、支金库。同时规定，任何征收现金的机关，都不得将征收的现金隐瞒不交。如有违反，按贪污、渎职处罚。在支出管理方面，国家银行根据“节省”与“反贪污、反浪费”两条基本原则严控库款支拨，要求各机关、部队的经费支出都应按《暂行财政条例》《国库暂行条例》等规定，编成预算交各级财政部审查并交中央财政人民委员部批准后，由国库管理局开出支票办理开支。各金库在收到支票后，应先行确定证明无误，然后才可支出现金。如无合规支票，则不予以支付。

二是严密秘密金库管理。1932 年 4 月，毛泽东指挥红一方面军获得漳州大捷，缴获百万元金银及大量战利品。毛泽东指示，为预防万一，为了政府和红军的紧急需求，国家银行要有特殊准备。① 为此，国家银行于 1932 年 8 月在石城县张坑村烂泥坑建立了秘密金库，用于保管漳州战役缴获的战利品。金库的建设和运营严格遵循保密原则，由毛泽东亲自勘测选定了秘密金库的地址②，毛泽民亲自参与金库的设计施工，并全程参与金库资金的运输、保管、交接和保密工作，在尘封 70 多年后，秘密金库才陆续被少数老红军和党史工作者零星披露。在秘密金库存续的两年多时间里，其资金只动用过两次：第一次是 1933 年 3 月，“各地银行发生挤兑现象”③，为维护国家银行信用，增进群众信心，举办了“金山银山”展览。第二次是 1934 年 10 月红军主力

① 莫小涛. 从童工到红色银行家——莫钧涛的革命岁月［M］. 北京：中国金融出版社，2010.
② 吴吉清. 在毛主席身边的日子里［M］. 南昌：江西人民出版社，1983.
③ 向富农捐募 30 万　发动群众停止挤兑［J］. 红色中华，1933－03－27.

部队长征，国家银行与中央相关部门组成第十五大队，随队带走全部资金，成为支撑红军长征的主要资金来源。

三是创新政府公债发行与兑付管理。1932 年下半年起，为缓解中央苏区财力困难，充实革命战争经费，国家银行受临时中央政府委托发行了两期“革命战争短期公债”和一期“经济建设公债”，实际共筹集 488 万元，对克服苏区财政困难起到了重要的作用。国家银行在代理公债的发行与兑付过程中，因地适宜、创新思路，不仅超额完成工作任务，其做法也为现行国债管理工作树立了良好典范。如在发行方面，通过加强报刊宣传、派员实地推销、组织竞赛活动等方式，使公债受到了广大群众的热烈拥护。第一期革命战争公债计划发行期 30 天，实际 20 天就完成了发行任务。第二期革命战争公债仅半个月就完成发行任务，实际发行 128 万元，比计划超发 8 万元。在兑付方面，经济建设公债采取先 7 年付息、后 5 年还本的先息后本形式①进行兑付。革命战争公债持有人可“以减下全票 1/4 的小条子交给分支库，作为付息的凭证”②，可“完全得以十足作用的完纳商业税、土地税等国家租税……准许买卖、抵押及代其他种现款的担保品之用”③，也可应需求调换为经济建设公债④等。此外，还有广大群众为支援战争和经济建设，将公债无偿退还政府。在中央政府发行的 300 万元经济建设公债中，绝大部分在红军长征后未予兑付。对此，中国人民银行和财政部分别于 1950 年、1958 年和 1980 年多次下文继续给予按本息足额收兑。2012 年，国务院下发了《关于支持赣南等原中央苏区振兴发展的若干意见》，仅 2012 年、2013 年，中央和省级财政分别下达给赣南补助资金 583 亿元（据测算，未兑付的苏区票证，按照货币的时间价值计算约为 347 亿元⑤），这既是对中央苏区人民为中国革命胜利付出巨大牺牲的充分肯定和补偿，也是党和国家在用另一种方式向赣南老区人民履行兑付承诺。

---

① 发行经济建设公债条例［J］. 红色中华，1933-07-26（96）.

② 《中华苏维埃共和国临时中央政府财政人民委员部布告第五号——二期公债付息问题》。

③ 《中华苏维埃共和国临时中央政府布告第九号——发行革命战争短期公债条例》。

④ 财政人民委员林伯渠关于二期公债的谈话［J］. 红色中华，1934-05-14（188）.

⑤ 刘居照等. 中央苏区货币兑付理论与考证——基于银本位制度框架［J］. 党史文苑，2015（10）.

（四）安全管理上建立完善了监督制衡与内控管理机制

临时中央政府成立之初，由于相关机制不健全，各级财政不同程度上存在坐收坐支、乱收乱支等现象。为此，中央政府通过建立健全监督管理机制，堵住了财政资金的“跑、冒、滴、漏”，有效地推进了财政资金的统筹使用。一是对外建立了多部门的制衡监督机制。通过机构设置与制度安排实现了部门间的分工协作和相互制约。如《统一会计制度》规定“把收钱的、管钱的、领钱的、支配的四个机关加以分开，不再混在一起，使收钱机关（税委与财政部）只准收钱，分文解交管钱机关（各级国库）。自由动用库款或埋伏短报者严办。领钱机关（各级政府各部队各司法教育机关）须按月作预算，按照系统送交本部①（支配机关）批准给支票，才得向国库领款。国库收到之款，只准送交上级国库或照上级支票付款，无支票乱付者严办”。《国库暂行条例》规定，工农检查委员会可随时联合财政人民委员部对国库工作进行监查。同时，在中央执行委员会下设立审计委员会，负责“审核国家的岁入与岁出，监督国家预算之执行”。② 由此，形成了包括财政人民委员部、国家金库、工农检查委员会、审计委员会在内的多部门监督制衡体系，有效遏制了权力滥用和贪腐现象。二是对内形成了较完善的核算管理体制。《统一会计制度》《会计规则》等制度对国库会计核算、内控管理等方面作了严格规定，如要求规范会计科目名称和使用范围，统一账簿单据和记账方法，建立严格的业务交接章程，防止交接中间的舞弊与损失等。这一时期的相关部门之间制衡以及严密核算管理体系在堵塞财政漏洞和严肃财经纪律等方面成效显著，有效遏制了地方财政管理乱象和贪腐行为。据记载，国家银行配合审计部门整顿财政经律，1934 年 3 月揭发和查处中央部门人员 21 人犯有贪污行为，贪污公款共计 2054 元。③

① 指财政人民委员部。

② 《中华苏维埃共和国中央苏维埃组织法》第四十一条。

③ 董化杰．红色国库历史钩陈与时代启迪［J］．青海金融，2020（1）．

（五）队伍建设上着重强化了干部的专业培训和实践锻炼

1932年2月国家银行成立伊始是世界上最小的“袖珍银行”，包括行长在内只有5名工作人员。随着国家银行业务迅速发展和各地分支行的设立，迫切需要一大批财政金融业务工作人员。为此，毛泽民等同志加紧对财经干部队伍的培养和储备，先后委托红军大学、苏维埃大学开设了供给班和财政金融班①，教授会计和财经知识。参考临时中央政府县级苏维埃干部培训班的做法，在各级政府和军队招收了50名有一定算数功底的学员到国家银行进行培训，莫均涛等5名学员毕业后留在国家银行工作，其余分配到辖内各县政府财政部门工作。并在1932年3月，受临时中央政府指示开设了银行学校，设立银行专业班和财政会计专业班，招收学员200人。其中，银行专业班主要针对分支行开设所需人才，财政会计专业班则根据草拟的财政会计制度及预、决算制度而办，目的是为各级政府培养财政干部。由于极度缺乏财政、金融相关资料，国家银行便发通知给各级政府和红军部队，广泛收集有关财政、银行、企业制度的书籍、文件和账簿、单据、报表等实物，为银行学校和各类培训班提供了珍贵的教学资料。与此同时，国家银行工作人员在实践中通过对缴获资料的钻研借鉴，结合苏区革命实践，逐步构建了包括财政预、决算、会计核算等红色国库制度体系。此外，通过开办吸收存款、发放贷款、承销债券、代理国库等业务活动，工作队伍也得以迅速的锻炼与成长。业务培训和实践锻炼双措并举，为苏区输送了大批财政金融人才，有力地支持了当时迅猛发展的苏区财政金融事业，也支撑了统一财政政策的有效贯彻与执行。

三、中央苏区红色国库基因的传承与发展

中央苏区国库的建立，有力地支持了革命战争和中央根据地的建设，为

---

① 高小琼主编．共和国金融摇篮［M］．北京：中国金融出版社，2005.

中国共产党夺取政权、治国理政积累实践经验作出了重要贡献。其丰富内涵和成功实践，为我们不断完善和发展国库体制提供了宝贵的历史经验。

（一）确立了“集中、统一”的立库思想

苏区国库的创建确立了维护中央权威和实现财政统一的立库思想，通过统一管理的国库体系支撑，实现中央政府对财政收支集中管理。这种集中、统一的国库体制，是由共产党领导的国家性质决定的。现行国库体制延续了苏区国库的总分支库模式，将国库设在人民银行总行及其分支行。在国库机构设置中，各分支库既是中央国库在地方的分支机构，也是地方国库；顺应国家治理及经济体制的变化，库款支配管理不再高度集中，地方库款缴入地方国库归地方财政支配使用。这种体制设计，充分考虑了中央、地方财权和事权匹配关系，也可有效实现中央对地方的全局把控。

（二）创建了央行国库业务的基本模式

土地革命时期，中华苏维埃国家银行代理国家金库，专门负责国家现金项目的收入、保管、支出以及公债发行兑付等业务。其业务模式和职责延续至今，构成了国库的基本业务职能。新中国成立以来，经过多年的发展，国库业务范围不断扩大，履职手段不断完善，为民服务、为国理财的职责得到进一步巩固和发展。比如，国库业务处理实现信息化，工作效率和服务质量大幅提升。在收支统计基础上，强化了国库统计分析职能，及时为国家决策提供有益参考。国债发行为国家建设筹集资金、为人民群众提供投资工具，成为央行服务民生、推进金融惠民的重要手段之一。苏维埃国库允许“如有剩余现金时，可由财政人民委员斟酌情况，将在库金存入银行。在此场合，可以生利息”，这可视为国库现金管理的最初实践。现代的国库现金管理在兼顾财政资金收益的同时，还有配合货币政策实施的职能。此外，红色国库不仅加强人员专业培训，还通过各类业务实践锻炼人才，为当前人才立行的工作思路提供了有益借鉴。

（三）建立了多部门相互监督的制衡机制

苏区国库根据实际需要采取了由国家银行代理金库的模式，但其保持国库相对独立性和建立部门间监督制约机制的成功实践，为此后国库完善监督体系，确保资金安全提供了有益经验。我国确立实施人民银行经理国库制度后，经过多年实践，逐步建立了包含人大监督、审计监督、国库监督、财政内部监督等监督在内的监督体系，监督范围涵盖预算收支事前、事中、事后全过程。就国库本身而言，监督是央行经理国库的本质要求，《国家金库条例》赋予了国库六项主要权限，对不合规业务明确“拒绝办理”，为国库实施事中监督提供了法理依据。国库依法履行监督职责，有效保障政府预算执行和防范国库资金风险。

（四）树立了红色国库的精神丰碑

土地革命时期，在没有成熟经验可供借鉴的情况下，红色财政金融工作者艰辛探索，结合革命实践，创造性地制定出预算管理、国库管理、会计核算等各项制度，构建了完备的制度体系。面对人员紧张、经费短缺、条件艰苦等不利条件，革命先驱们克服重重困难，建立了国家金库机构，推动国库业务正常运转，确保国库资金安全，有力地支持了苏区的财政金融工作。在苏区国库事业发展历程中，革命家表现出的坚定信念、务实作风、敬业精神和严谨的工作态度，为我们树立了苏区精神的时代丰碑，也为新时代国库工作者推动国库高质量发展提供了强大的精神指引和前进动力。

课题组组长：樊勇

课题组成员：周伟、彭炜（执笔）

人民币国际化新态势下离岸市场发展研究

——基于汇改前后美元流动性风险传导路径

中国人民银行南昌中心支行资本项目管理处课题组

一、概述

自布雷顿森林会议确立以美元为中心的国际货币体系以来，美元在全球范围内被广泛使用，并从欧洲美元离岸市场逐步形成以伦敦为中心、全球多节点相互交织的全球离岸美元交易市场网络。离岸美元市场的兴起与发展助推了美元国际化进程，确立了美元在国际货币体系中的关键位置。作为国际最重要的融资货币、主要储备货币和主要贸易支付手段，美元的流动性波动影响着全球流动性和资本市场的波动。

近年来，人民币国际化进程不断推进，以亚洲地区为代表的离岸人民币市场迅速发展。这一方面增强了其与在岸人民币市场之间的联动性，另一方面深化了同国际市场的接轨与融合，在为境内在岸市场的全面开放发挥缓冲作用的同时，也加大了其作为国际风险传导主要途径的可能性。

新冠肺炎疫情蔓延全球后，各国央行联手战“疫”，竞相实行货币量化宽松政策，在未来经济逐步正常化以后，政策调整所带来的影响和风险可能会多途径影响离岸人民币和在岸人民币。为此，研究新形势下离岸美元、离岸人民币、在岸人民币三者之间的基本关系以及离岸美元对离岸人民币和在岸人民币的具体影响路径，将对如何统筹在岸和离岸人民币市场发展以及国内金融稳定等具有重要意义。

二、国际货币格局下人民币市场发展

（一）国际货币市场格局

1. 当前国际货币体系

当今国际体系的核心特征是美元霸权。图1显示了2019年全球新冠肺炎疫情暴发前美元在国际货币体系中的地位，远远超过美国在全球实体经济的占比。

从流通手段看，美元在国际外汇交易量占比超过八成，从价值尺度看，美元计价的国际贸易占比超过五成，但与美国相关的国际贸易仅占世界贸易的一成。从支付手段看，美元在SWIFT跨国支付体系所占份额超过四成，从贮藏手段看，近五成跨国银行贷款和超四成国际债券用美元计价，六成全球官方外汇储备是美元。图2展示了20世纪80年代以来除中国之外的新兴市场国家的资本流入与金融危机出现的频率。新兴市场国家大量的资本流入，预示着未来金融危机爆发的概率迅速上升。美元独霸的国际货币体系加剧了全球资本流动的波动，严重威胁新兴市场国家的金融稳定。

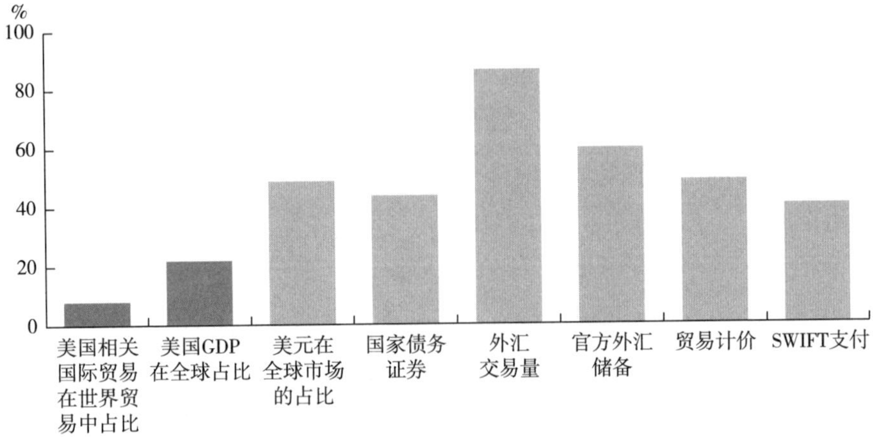

图1　2019年美元在国际货币体系的地位

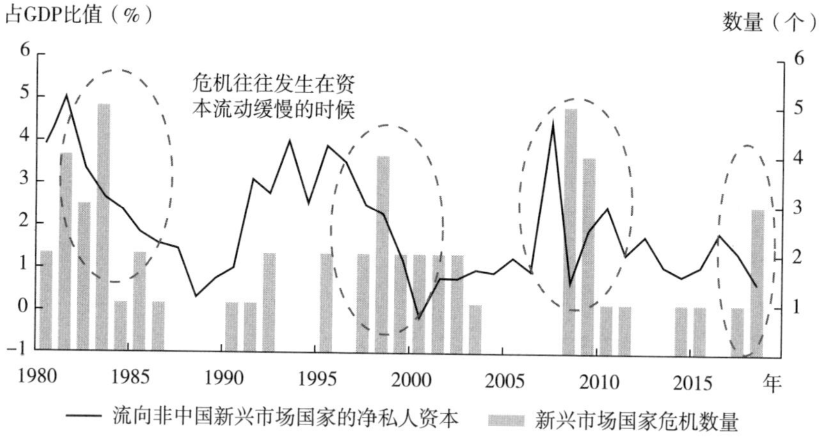

图 2　新兴国家的国际资本流入与金融危机

2. 离岸美元体系

美元离岸金融市场的快速发展助推了美元国际化，奠定了美元在国际货币体系中的重要位置，同时纽约离岸金融市场的建立也使美国发展起“在岸的离岸金融市场”。

离岸美元市场的最初形式是欧洲美元市场。第二次世界大战后，“马歇尔计划”实施和苏联等东欧国家将美元资产转存至英国伦敦，使欧洲美元市场初步形成。欧洲美元市场的出现，极大地推动了美元在全球范围内的流通，也使伦敦成为全球领先的金融中心。

离岸美元体系划分为顶端和外围三层，位于顶端的美国货币管辖区由以下 5 类机构的资产负债表显示：美联储和美国财政部，美国私人银行系统、国际货币基金组织（以下简称 IMF）和外汇稳定基金。外围的三层中，第一层是欧元区和日本货币管辖区，该层可以通过美联储的央行互换额度获得紧急的美元流动性。第二层是中国和俄罗斯货币管辖区，可以利用美联储提供的新回购工具来获取紧急美元流动性。第三层是孟加拉国和塞内加尔货币管辖区，只能通过特别提款权系统从美联储获得紧急美元流动性。

离岸美元资本流动主要分为四类，一是纯离岸交易，欧洲美元的来源和用途都在美国境外。比如 20 世纪 50—60 年代，苏联和东欧国家将境外美元存入伦敦的银行，伦敦的银行再将其转贷给其他欧洲国家。二是纯环流交易，欧洲美元的来源和用途都在美国境内。比如，美国跨国银行在海外设立分支行，然后利用分支行来调拨资金的美元存款。三是国际借贷流出，美国境内美元通过离岸金融中心借贷给其他国家。现今许多国家的美元外债，大多是从欧洲美元商场上借的。四是国际借贷流入，欧洲美元经美国跨国银行机构回流美国境内。

即使后来布雷顿森林体系导致的美元危机及美国经济危机频发，但美国通过与沙特开展石油交易美元结算等化解措施，巩固了美元霸主地位。反观日元，其虽在20世纪90年代，超过美元成为亚洲地区最主要的结算货币，国际化程度达到高点。但随着90年代日本严重的通货膨胀，东京金融市场缺乏进一步发展等因素，日元国际地位日益下降。可见，只有在实力强大的条件下，金融市场发展与开放能力、汇率抗压能力提升，才能实现真正意义上的货币国际化。

在新冠肺炎疫情冲击下，随着全球经济的重大变化，人民币正在成为美元真正的竞争者。中国国内国际双循环相互促进新格局的打造，庞大的内需市场正成为人民币在国际贸易领域推进国际化的战略支撑。随着金融市场开放和制度建设的加速推进，中国金融市场的深度广度也与日俱增，这两个重大结构性变化预示着人民币国际化的战略机遇期已将到来。

（二）离岸人民币市场发展现状

随着2009年《跨境贸易人民币结算试点管理办法》出台，离岸人民币市场逐渐发展成熟，并呈现出以下特点：

一是离岸人民币市场成熟度、活跃度不断提高。通过多年的发展，中国香港离岸人民币市场中心已逐渐发展形成，并辅以伦敦、新加坡等离岸人民币市场相互促进。离岸人民币产品包含货币、外汇、债券、证券、基金、保险和衍生产品市场等。到2020年底，中国香港人民币资金池规模已经超过6000亿元，人民币即时支付结算系统日均交易额超过1.2万亿元人民币。

二是离岸人民币资金池的稳定性增强，市场投资者的信心在增强。如图3所示，近年来人民币汇率双向波动程度加大，汇率弹性明显增加，应对经济波动和事件侵扰实力随之显著增强。从总体来看，作为离岸人民币资金池主要来源的离岸人民币存款余额也趋于稳定，受到汇率变化的影响边际弱化，表明市场投资者对离岸人民币的信心在持续增加。

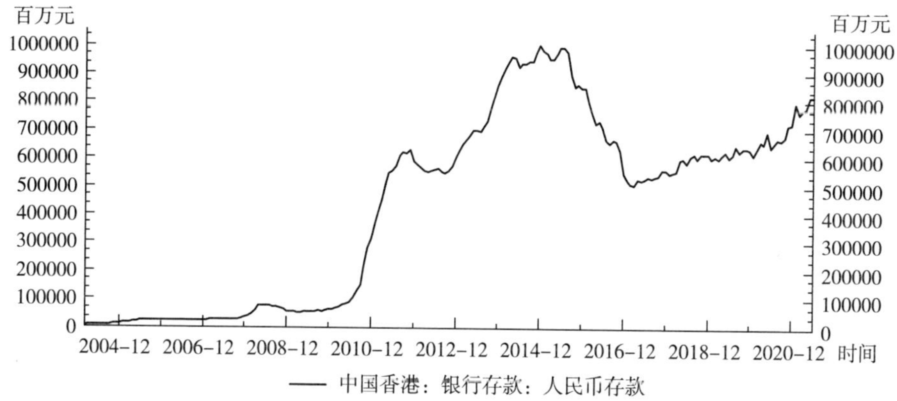

图3　中国香港离岸人民币存款余额走势

（资料来源：Wind）

三是结算场景加速向资本项下延伸，人民币资产吸引力持续提升。2018年A股加入MSCI新兴市场指数，2019年中国债券被纳入彭博巴克莱指数，标志着离岸人民币的结算场景呈现出向资本项下延伸的态势。2020年，在全球经济受疫情影响萎缩3.3%的背景下，中国经济仍保持正增长，表现出较强的韧性，促使国际投资者将目光转向以人民币债券为代表的人民币计价资产。如图4所示，2020年底，境外投资者持有境内人民币金融资产累计8.98万亿元，比上一年增长40.11%，人民币资产在国际投资者中的热度在持续发酵。

随着人民币国际化进程加快，其与各类货币在国际货币体系中相互影响，尤其是美元针对人民币国际化的战略压力，增加了宏观调控的难度，推升了跨国资本流动的风险，因此，厘清风险传导路径至关重要。

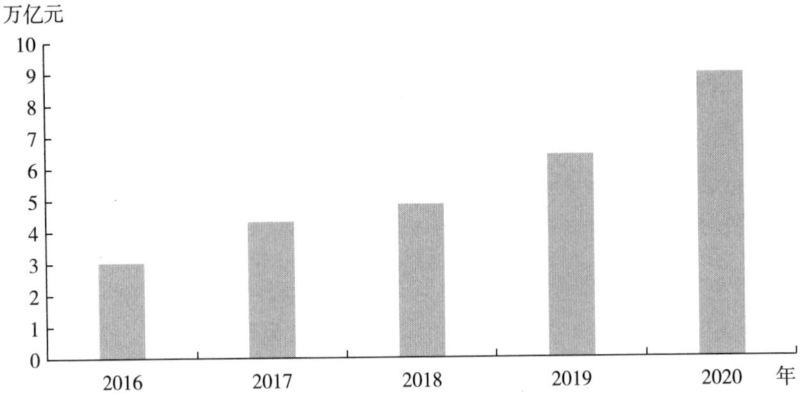

图4　境外机构和个人持有境内人民币金融资产

三、离岸美元对离岸和在岸人民币影响研究

（一）离岸美元对人民币影响路径理论研究

美元离岸市场的诞生颠覆了国际金融市场的运行方式，也为美元替代英镑成为国际主要货币作出了不小贡献。据环球金融电信协会和 IMF 2021 年数据显示，美元为全球第一大支付货币和储备货币。因此，美元货币政策的调整将显著地影响离岸和在岸人民币汇率。

为科学客观地分析离岸美元对离岸和在岸人民币的影响，本节将先从理论上分析离岸美元对离岸和在岸人民币的影响机理，并提出相应的研究假设，之后通过实证分析离岸美元对离岸人民币和在岸人民币的具体影响路径。

现有文献关于美元对人民币汇率的影响研究集中于美联储货币政策对在岸人民币汇率的影响以及离岸人民币和在岸人民币汇率联动关系两方面，未能将离岸美元、离岸人民币和在岸人民币纳入统一研究框架。现实中，中国香港、新加坡等人民币离岸市场具有高度自由的金融体制，对资本流动的限制较中国大陆更少，对美元货币政策等冲击的反应更加迅速。因此，理论上，离岸美元流动性或政策的变化可能将首先对离岸人民币市场产生直接的影响，进而通过离岸人民币这一中介影响在岸人民币，也可能直接传导至在岸人民币市场，再通过在岸人民币市场影响离岸人民币市场。

本文结合上述分析和对现有文献成果的研究，提出以下两点假设：

H1：离岸美元通过影响离岸人民币汇率进而影响在岸人民币汇率。

H2：离岸美元通过影响在岸人民币汇率进而影响离岸人民币汇率。

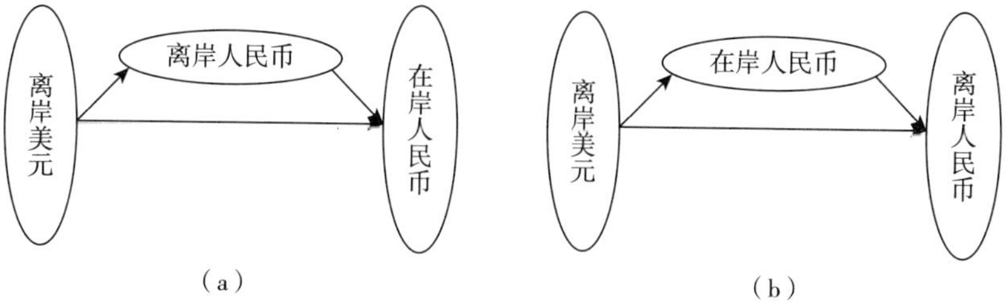

图5　离岸美元对人民币影响路径

（二）实证研究

本文将采用因果中介效应分析方法来探索离岸美元对在岸和离岸人民币的作用机制。

平均因果中介效应（Average Causal Mediation Effect，ACME）是基于反事实框架以及在同质交互作用、序贯可忽略等假设的基础上，通过标准的中介效应检验原理，即构建相应中介方程以及结果方程。之后通过模拟算法，分别将未受处理的单元当作已受处理的单元，代入相应的方程中，最终依据统计学的理论，得出相应结果。具体而言，假设处理变量为T_i，潜在中介变量为$M_i(t)$，处理单元为X_i，潜在结果变量为$Y_i(t,\ m)$，将处理变量T_i设定为一个随机变量，在序贯可忽略的假设条件下，比较可观测的实际结果变量值Y_i与潜在结果变量值$Y_i[T_i,M_i(T_i)]$。基于上述假设，各处理单元的总处理效应可设为：

$$\tau_i = Y_i[1,M_i(1)] - Y_i[0,M_i(0)] \tag{1}$$

进一步地，还可将上述总效应分成两部分。第一部分是因果中介效应：

$$\delta_i = Y_i[t,M_i(1)] - Y_i[t,M_i(0)] \tag{2}$$

第二部分是直接效应，代表其他因果机制效应：

$$\xi_i = Y_i[1, M_i(t)] - Y_i[0, M_i(t)] \tag{3}$$

通过推导可得，因果中介效应和直接效应之和等于总效应，即：

$$\tau_i = \delta_i(t) - \xi_i(1 - t) \tag{4}$$

而 ACME 和平均直接效应（Average Direct Effect，ADE）分别代表的是因果中介效应的平均值和直接效应的平均值。

1. 变量说明与数据处理

（1）处理变量

本文将用一个月的 Libor 美元利率水平作为处理变量，代表离岸美元的冲击。

（2）被解释变量

本文以在岸人民币汇率中间价或离岸人民币即期汇率为被解释变量，代表在岸或离岸人民币汇率水平。

（3）中介变量

在以在岸人民币汇率中间价为被解释变量时，本文以离岸人民币即期汇率为中介变量。在以离岸人民币汇率中间价为被解释变量时，本文以在岸人民币即期汇率为中介变量。

（4）控制变量

本部分采用了中国货币条件指数、美元指数、一个月的 Libor 美元利率、美国 1 年期和 1 月期的国债利率等一系列影响人民币汇率的控制变量指标，具体指标见表 1。

表 1　变量定义及描述性统计

变量名称	变量定义	均值
Libor	离岸美元利率水平	0.122
Usdcny	在岸人民币汇率中间价（取对数）	1.823
Usdcnh	离岸人民币即期汇率（取对数）	1.825
Cnyindex	中国货币指数	0.363
USdindex	美元指数（取对数）	4.564
Arate1y	1 年期美国国债收益率水平	0.162
Arate1m	1 个月美国国债收益率水平	0.042

（5）数据来源和处理

本部分所用数据均来自 Wind 数据库，时间跨度为 2012 年 5 月 3 日至 2021 年 6 月 30 日，并以“8·11”汇改为节点，分两阶段进行分析。在岸人民币汇率中间价、离岸人民币即期汇率、美元指数均取对数处理。

2. 影响机制分析

本文运用因果中介效应模型检验离岸美元对在岸和离岸人民币汇率的作用机制，在反事实分析框架下测算平均因果中介效应。参考韩志鸿（2019）的做法，离岸美元通过离岸人民币汇率间接地影响在岸人民币汇率的机制检验的结构化方程设置为

主效应方程：

$$Usdcny_t = aLibor + X_t \beta_i + \varepsilon_i \tag{5}$$

中介方程：

$$Usdcnh_t = bLibor + X_t \beta_i + \mu_i \tag{6}$$

结果方程：

$$Usdcny_t = clibor + d\,Usdcnh_t + X_t \beta_i + \nu_i \tag{7}$$

相应地，离岸美元通过在岸人民币汇率间接地影响离岸人民币汇率的机制检验的结构化方程设置为

主效应方程：

$$Usdcnh_t = aLibor + X_t \beta_i + \varepsilon_i \tag{8}$$

中介方程：

$$Usdcny_t = bLibor + X_t \beta_i + \mu_i \tag{9}$$

结果方程：

$$Usdcnh_t = clibor + d\,Usdcny_t + X_t \beta_i + \nu_i \tag{10}$$

在回归系数 a、b、d 皆为显著情况时，说明该作用机制有效，也表明相应的中介效应显著。此外，按照系数 c 的大小和显著性，中介效应可分为完全中介效应和部分中介效应。其中，若 c 不显著，则说明产生完全中介效应；若 c 显著且小于 a 时，则说明产生部分中介效应。本文参考 Imai 和 Yamamoto（2013）的估计方法，具体结果如表 2 至表 5 所示。

如表2和表3所示，当离岸人民币即期汇率为中介变量时，在“8·11”汇改前后，离岸美元利率均能通过离岸人民币汇率间接地影响在岸人民币汇率且均具有显著性，但在“8·11”汇改前效能仅有17.58%，低于20%的标准值，在“8·11”汇改后效能达到94.84%。

表2　中介变量为离岸人民币汇率的因果中介效应分析结果（“8·11”汇改前）

	估计值	95%置信区间下限	95%置信区间上限	P值
平均因果中介效应	0.0498	0.0407	0.06	0
平均直接效应	0.2327	0.2177	0.25	0
总效应	0.2825	0.2690	0.30	0
效能①	0.1758	0.1460	0.21	0

注：上述结果在R软件中运用Mediation程序包模拟1000次计算得到，下同。

表3　中介变量为离岸人民币汇率的因果中介效应分析结果（“8·11”汇改后）

	估计值	95%置信区间下限	95%置信区间上限	P值
平均因果中介效应	0.0596	0.0504	0.07	0
平均直接效应	0.0033	0.0005	0.01	0.02
总效应	0.0630	0.0535	0.07	0
效能	0.9484	0.9004	0.99	0

表4　中介变量为在岸人民币汇率的因果中介效应分析结果（“8·11”汇改前）

	估计值	95%置信区间下限	95%置信区间上限	P值
平均因果中介效应	0.2699	0.2436	0.3	0
平均直接效应	-0.0965	-0.133	-0.05	0
总效应	0.1734	0.1509	0.2	0
效能	1.5463	1.2978	1.84	0

表5　中介变量为在岸人民币汇率的因果中介效应分析结果（“8·11”汇改后）

	估计值	95%置信区间下限	95%置信区间上限	P值
平均因果中介效应	0.0587	0.0496	0.07	0
平均直接效应	0.0013	-0.0011	0	0.32
总效应	0.0600	0.0507	0.07	0
效能	0.9781	0.9396	1.02	0

① 效能为平均因果中介效应占总效应的比重，表示因果中介效应在总效应中的重要程度，也反映了对应的中介渠道的作用大小。效能越大，表示处理变量越倚重该中介变量去影响最终的结果变量。

如表4和表5所示，当在岸人民币汇率中间价为中介变量时，在“8·11”汇改前，平均因果中介效应为0.2699，平均直接效应为－0.0965，效能为154.63%，且均具有显著性。在“8·11”汇改后，平均直接效应不具有显著性。

根据上述结果，本文认为在“8·11”汇改前，离岸美元利率通过在岸人民币汇率作为中介变量，间接地影响离岸人民币汇率。在“8·11”汇改后，离岸美元利率通过离岸人民币汇率作为中介变量，间接地影响在岸人民币汇率。

但作为因果中介效应分析前提假设条件的同质交互作用与序贯可忽略假设尚无法基于数据进行检验。对此项做法是进行敏感性分析，即考察两项假设不满足时，平均因果中介效应如何变化。故本文参考Imai和Yamamoto（2013）的方法，就平均因果中介效应对同质交互作用和序贯可忽略假设的敏感性进行考察（见图6和图7）。

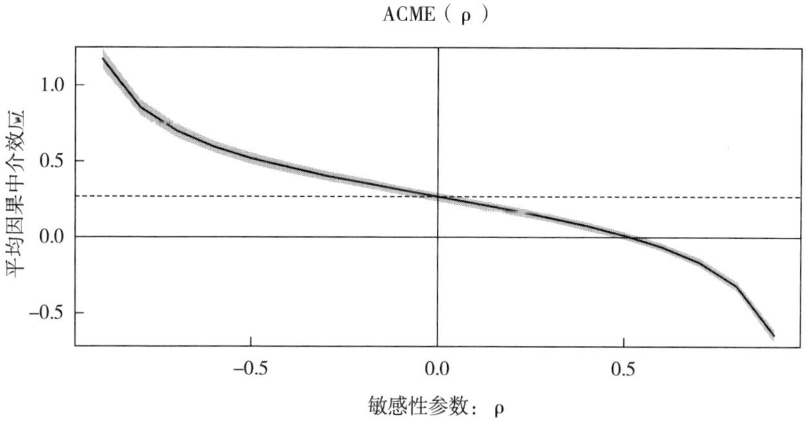

图6　中介变量为在岸人民币即期汇率（“8·11”汇改前）

图6显示了“8·11”汇改前，以在岸人民币汇率中间价作为中介变量的平均因果中介效应随敏感性参数ρ变化的变动轨迹。当序贯可忽略假设成立时（ρ=0），平均因果中介效应为0.2699；若违反序贯可忽略假设且中介方程残差与结果方程残差的相关系数（ρ=0.5）时，平均因果中介效应为0；

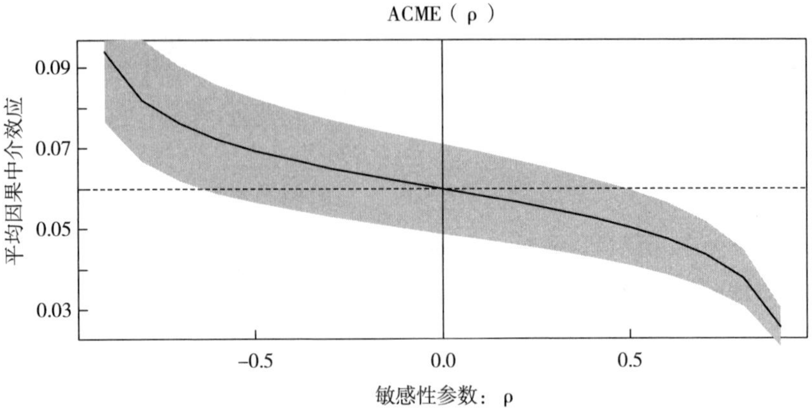

图7　中介变量为离岸人民币即期汇率（“8·11”汇改后）

当 $-1<\rho<0.5$ 时，平均因果中介效应的符号始终为正，即便相当大程度地偏离序贯可忽略假设，平均因果中介效应的符号依然稳健，说明结果稳健性较强。

图7则显示了以离岸人民币汇率中间价为中介变量的平均因果中介效应随敏感性参数 ρ 变化的变动轨迹。当序贯可忽略假设成立时（$\rho=0$），平均因果中介效应为0.0596；若违反序贯可忽略假设且中介方程残差与结果方程残差的相关系数（$\rho=0.9$）时，平均因果中介效应为0；当 $-1<\rho<0.9$ 时，平均因果中介效应的符号始终为正，所以结果稳健性非常强。

四、政策建议

从主要国际货币发展史来看，美元、日元等国际货币的形成和发展都离不开离岸金融市场的支持。美元确立国际货币的地位与欧洲美元市场的形成和发展紧密关联，日元国际化的关键环节则是欧洲日元市场的开放和东京离岸市场的建立。当前，人民币国际化正在快速推进，但发展人民币离岸市场也会加大跨境资金流动的波动性、增加货币政策执行难度、放大外部经济冲击等不利影响。本文实证结果表明，汇改后离岸美元利率会通过离岸人民币进而影响在岸人民币汇率。离岸市场由于不受在岸市场存款准备金制度的束缚，其创造出来的离岸贷款会弱化在岸市场采取的货币调控政策。因此，推进人民币离岸市场和在岸市场联动政策，积极推进相关体制和机制改革，有助于维护市场长期发展，提供健康的经济和金融基础。

（一）推动人民币离岸市场和在岸市场联动，构建抵御外部冲击“防火墙”

一是继续稳步推进利率市场化改革，发挥市场在金融资源配置中的决定性作用。加快建立和完善以 Shibor 为核心的货币市场基准利率体系，将其作为货币市场、票据市场、债券市场以及金融衍生产品市场的定价基准。加强对金融机构的指导力度，切实促进金融机构完善风险定价机制。二是全面深化金融体制改革，完善在岸金融市场。各国离岸市场发展经验说明，离岸和在岸市场应协同发展。当前，在岸人民币市场，在产品和市场深度方面都不及离岸市场。因此，在岸人民币市场应进一步推进汇率市场化改革，有条件降低银行间外汇市场准入门槛，优化外汇市场做市商制度，完善外汇市场交易品种和交易方式。三是扩大离岸市场与在岸市场的内外循环。发挥跨境贸易与投资的载体作用，提升境外对人民币的需求，加强人民币汇率管理。立足“一带一路”沿线国家，打通人民币固定的输出通道。通过中国香港与其他离岸市场形成的高效互通，吸引优质国际资产管理公司参与人民币资产配置，加入人民币离岸市场投融资活动。

（二）加强外汇市场统计监测，提升市场透明度，加强风险防范能力

一是完善离岸管理制度，对离岸金融业务作出大方向原则性规定，为健全离岸市场发展留出空间。此外，建立全面的离岸管理制度，确定对离岸金融业务的监管标准。二是强化外汇市场实时监测，重点关注市场交易状况、市场交易的影响及市场驱动因素。定期开展外汇市场结构性趋势分析，重点关注市场参与者结构、交易类型变化，以及跨市场交易活动的关联性。三是

依托大数据、区块链等金融科技手段建立金融监管信息平台，拓展监管空间，提高监管效能。加强在岸与离岸、外汇市场与其他境内金融市场数据的分析和使用，定期评估境内外汇市场与其他市场之间的关联性。

（三）提升人民币在全球货币体系中的地位，强化风险抵御能力

一是坚持稳健的货币政策，保持与货币市场的良性沟通。货币政策保持连续性、稳定性和可持续性，借鉴美联储“前瞻指引”的沟通方式，向市场传递明确的经济状况评估、政策决定和政策意图，为市场提供决策依据，积极引导市场预期，保持货币市场流动性平稳，尤其是离岸人民币市场。二是审慎推进资本项目可兑换。考虑到我国金融市场特别是衍生品市场尚处于起步阶段，金融机构在治理结构、风险控制等方面实践尚未成熟，金融体系在抵御系统性风险方面尚缺乏手段，资本项目可兑换应顺势而为，不可冒进。三是加快构建汇率风险分散机制。加快推动构建由企业、商业银行和央行三方共同参与形成的稳定金字塔结构，建立汇率风险分散机制。

课题组组长：钟春晓

课题组成员：魏有春、李磊、龚程昕、徐锐、陈颖

非法支付平台洗钱分析与治理对策建议

中国人民银行南昌中心支行反洗钱处课题组

近年来，全国各地陆续出现涉及非法支付平台的案件，且有愈演愈烈之势。2021 年 5 月 7 日公安部新闻发布会公布：2020 年以来，我国共打掉网络赌博平台 3400 余个，打掉非法支付平台和地下钱庄 2800 余个。非法支付平台，主要是指违反国家有关规定，在未取得人民银行颁发的“支付业务许可证”的情况下，利用银行、第三方支付等合法的支付平台，搭建非法资金通道，为以网络赌博为代表的“黑灰产”提供资金支付结算服务的行为。在实践中，非法支付平台绝大部分是利用支付宝、财付通等非银行支付机构（以下简称支付机构）进行资金结算，因此，也被称为“第四方支付”。[①] 非法支付平台较之支付机构更加便捷、隐蔽，具有涉及多环节、分布范围广等特征，严重破坏了我国金融管理秩序的同时，也为“黑灰产”筑起了坚实的资金壁垒，给公安机关侦查打击工作造成重大阻碍。

一、非法支付平台洗钱模式分析

（一）非法收取资金模式

1. 无交易背景模式

无交易背景模式按照收款账户的属性可分为个码跑分和商户轮询两种。

---

① 此处“第四方支付”主要是指执法、司法机关的惯用说法，而支付行业所称第四方支付通常指聚合支付，两者含义不同。

（1）个码跑分模式

个人账户非法收取资金最具代表性的形式就是跑分模式。犯罪分子建立专门的“跑分平台”（通常以 App 的形式出现），招募大量跑分人员（也称“码商”）向跑分平台指定的收款银行账户（平台资金归集账户）交纳保证金，平台以保证金金额或保证金加佣金分成金额为接单金额上限，根据对接的“黑灰产”推送的收款指令采用类似网约车派单或抢单的模式在 App 上发布跑分订单，跑分人员通过抢单，提供个人收款码（二维码或链接）的形式接收非法资金。平台会根据跑分人员收款成功信息，扣除佣金后向“黑灰产”结转资金，同时扣减跑分人员相应的保证金，跑分人员将收款银行账户或支付账户内的资金提现后可再次转至平台资金归集账户交纳保证金参加跑分（具体如图 1 所示）。在 2020 年广西北海、贵港两地公安机关联合侦办的“4·09”特大非法经营案中，犯罪分子搭建“飞某支付”平台，利用跑分平台为跨境赌博、电信诈骗等犯罪活动提供非法支付结算，涉案人员 300 多人、资金流水超过 300 亿元人民币。

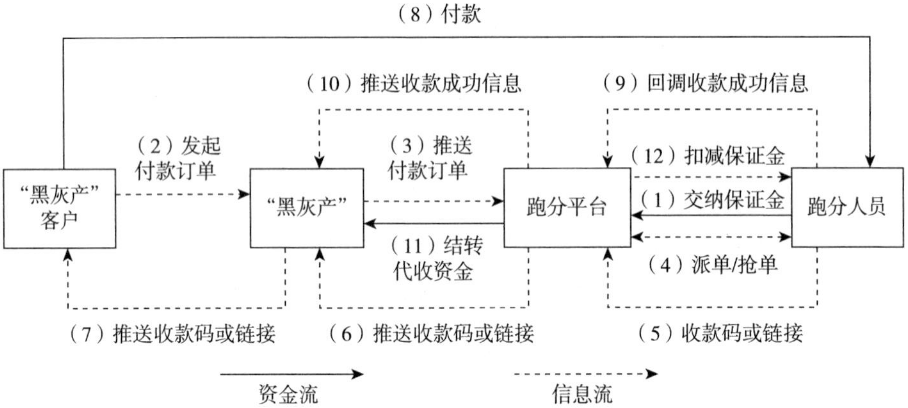

图 1　个码跑分模式非法支付平台流程

（2）商户轮询模式

犯罪分子通过支付平台注册大量单位支付账户、参照单位客户管理的个人账户①（以下统称商户账户），或通过互联网“码商”购买、租用已注册好的商户账户，利用商户账户具有的批量收款接口功能，如支付宝开放平台上提供了系统商模式、第三方应用授权模式和自研（小程序、生活号、网页、移动应用）三种接入模式，对接至非法搭建的支付平台上，再通过技术手段对接“黑灰产”，协助收取非法资金。在2018年江西萍乡侦办的一起网络赌博案中，犯罪分子先后搭建“优易付”“米宝付”“聚点付”3个平台，利用从合利宝、易宝、银生宝等支付机构开设的商户账户为赌博网站收取赌资，其中仅“聚点付”就累计代收近56亿元赌资。

2. 有交易背景模式

有交易背景模式按照是否有真实交易背景区分为纯虚拟交易背景和套用真实交易背景两种。

（1）纯虚拟交易背景模式

犯罪分子搭建非法支付平台对接赌博、诈骗、色情等“黑灰产”网站，通过拼多多、淘宝、闲鱼、苏宁易购等电商平台注册大量商户挂售各式商品（或者直接对接码商获取电商平台商户结算通道），利用出码系统根据“黑灰产”网站客户的充值订单信息模拟人为下单，以虚假销售货物订单生成收款二维码或链接，提供给“黑灰产”网站接收资金，最后归集资金扣除佣金后转至“黑灰产”指定账户，形成完整的非法支付资金通道。在2020年江西萍乡破获的“10·8”非法经营案中，犯罪分子搭建Y支付平台，与多个拼多多码商密切合作，将Y支付平台分别与码商的出码系统和赌博网站对接，赌客在赌博网站发起的充值指令经过Y系统传送至出码系统生成收款链接推送回赌客充值界面。充值完成后，出码系统通过Y系统自动回调充值成功信息至

① 《非银行支付机构网络支付业务管理办法》（中国人民银行公告〔2015〕第43号）第三十四条规定，评定为“A”类且Ⅱ类、Ⅲ类支付账户实名比例超过95%的支付机构，可以对从事电子商务经营活动、不具备工商登记注册条件且相关法律法规允许不进行工商登记注册的个人客户（个人卖家）参照单位客户管理。

赌博网站，网站据此给赌客上分，然后Y系统从码商的预付资金[①]中将相应资金扣除佣金后立即下发至赌博网站指定账户，涉案拼多多店铺多达3.3万家，其中仅2个码商操控的3001家拼多多店铺就代收赌资7亿余元。

（2）套用真实交易背景模式

犯罪团伙利用手机充值、油卡充值、虚拟币充值、视频会员充值等无实物、易转卖、交易频繁的商品作为媒介，通过非法网络支付平台，将合法充值交易与“黑灰产”的非法充值交易进行混同错配，实现套用合法充值为“黑灰产”资金进行隐匿、清洗。例如，非法支付平台勾结话费充值代理商批量、实时获取正常的用户充值订单信息，通过技术手段将赌客充值订单信息与话费充值交易信息进行等值错配，实现让赌客为手机用户完成话费充值，而手机用户支付的话费资金结算给赌博网站（见图2），2019年广东网警破获的“9·22”跨境赌博案就是运用该种手法为境外网络赌博团伙收取赌资的典型案例，涉案金额高达40亿元。另一种套用方式是非法支付平台从电信运营商或话费充值代理商批量购买手机充值卡，通过电商平台等形式销售充值卡，利用虚假销售供赌客以话费充值形式实现在赌博平台充值，再利用真实销售收取的话费充值资金回笼批量购买手机充值卡的资金，在2019年浙江丽水、龙泉破获的一起非法经营案中，犯罪分子即使用该方法购买13亿元卡密用于代赌博网站收取赌资。

（二）非法支付资金模式

“黑灰产”不仅需要收取资金，有时还需要付出资金，如赌博平台向赌客支付收益资金。非法支付平台为“黑灰产”提供的代付业务主要是企业账户批量支付模式，利用合法机构提供的各类代付功能业务进行批量支付。以支付宝为例，企业客户可以在支付宝开放平台上申请开通商家分账功能，开通后企业支付宝账户以接口形式按照预先设定的支付规则批量进行支付，达到

① 由于拼多多电商收取资金的结算时限是T+1日，无法在收取赌资后立即结转给Y支付，而Y支付必须在确认赌客充值成功后立即下发相应资金给赌博网站，因此Y支付要求码商先预付资金（押金）到其操控的归集账户上，码商代收资金的上限为其预付金额。

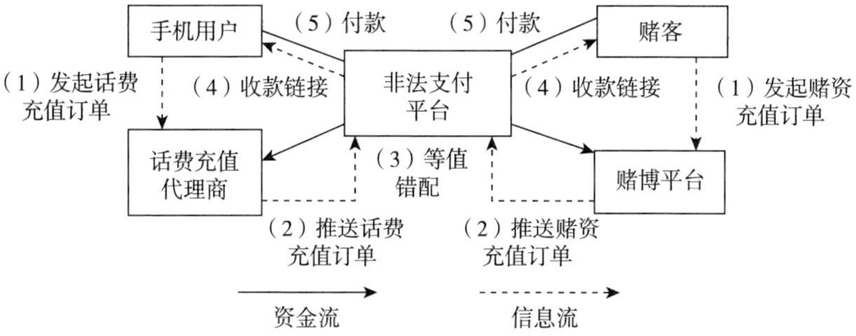

图 2　套用手机话费充值交易背景模式非法支付平台流程

在极短的时间内向大量账户进行付款的效果。在 2019 年江西宜春破获的一起开设赌场案中，犯罪分子搭建“付呗通”平台于 3 个月内为各类赌博网站收取赌资 5.6 亿元，该平台在代收赌资外，也代赌博网站支付赌客赢取的资金。

二、非法支付平台洗钱成因分析

（一）非法支付平台隐匿于庞大的支付体系中

中国银保监会公布的《银行业金融机构法人名单》（截至 2020 年 12 月 31 日）显示，我国 2020 年底有 4000 多家银行机构。中国人民银行官网政务公开显示，截至 2021 年 5 月仍可展业的已获许可支付机构共 232 家①，已注销许可的支付机构共 39 家。据统计②，2020 年，全国共开立银行账户 125.36 亿户，同比增长 10.43%；全国银行共办理非现金支付业务 43547.21 亿笔，金额 4013.01 万亿元，同比分别增长 7.16% 和 6.18%，其中电子支付③业务 2352.25 亿笔，金

① 其中广州银联网络支付有限公司、北京数字王府井科技有限公司、北京银联商务有限公司拟与其控股股东银联商务股份有限公司开展整合工作，向中国人民银行提交了中止续展审查申请，在中止审查期间继续开展业务。

② 资料来源：中国人民银行官网公布的《2020 年支付体系运行总体情况》。

③ 电子支付是指客户通过网上银行、电话银行、手机银行、ATM、POS 机和其他电子渠道，从结算类账户发起的账务变动类业务笔数和金额，包括网上支付、电话支付、移动支付、ATM 业务、POS 机业务和其他电子支付六种业务类型。

额2711.81万亿元；非银行支付机构处理网络支付业务[①]8272.97亿笔，金额294.56万亿元，同比分别增长14.90%和17.88%。非法支付平台的资金通道主要基于合法的银行和非银行支付机构，而中国的支付体系庞大且便捷，化整为零的非法资金流转隐匿于庞大的支付体系中，更容易规避银行、支付机构的风控措施，也极大地增加了办案人员追踪资金的难度。

（二）多元化支付方式便于非法资金转移

随着支付方式的日新月异，支付业务的层出不穷，资金转移渠道多元化、便捷性及资金转移时效性得到了大幅提升，但支付创新发展在推动金融普惠的同时也给非法网络支付带来了可乘之机。以支付宝、微信为例，收款方式除了广泛应用二维码扫码外，还有输入账户或手机号转账、AA收款、向微信/QQ朋友收款、赞赏码收款、群收款、面对面红包等，收付款人之间可以是支付宝、微信好友，也可以是完全的陌生人，传统银行转账业务必须输入收款人的户名和账号，而支付机构的转账完全不需要户名或支付账号，只需要扫描二维码或输入对方的手机号即可实现7×24小时实时到账。

（三）支付机构经营乱象助长非法支付

1. 客户身份尽职调查过于宽松

相较于银行等金融机构而言，支付机构的反洗钱工作起步较晚，又具有非面对面的特点，再加上认识不到位、市场竞争激烈等原因，导致支付机构开展客户尽职调查工作的内生动力不足，客户开户时的审查工作普遍“走过场”，持续识别工作多数仅停留在提醒客户更新过期证件的层面，特约商户巡检工作也流于形式。在2019年浙江丽水警方破获的缙云“12·3”特大非法经营案中，为获取暴利，犯罪团伙搭建了非法支付结算平台，并收买渤海银行长沙分行工作人员，用其搭建的“溢+”等支付系统对接银行支付系统，

① 非银行支付机构处理网络支付业务量包含支付机构发起的涉及银行账户的网络支付业务量，以及支付账户的网络支付业务量，但不包含红包类等娱乐性产品的业务量。

利用互联网违规购买、网上查询企业公开信息等方式获取150万条小商户信息并批量注册140余万个商户账户，日均收取赌客资金11万笔，该案除暴露出银行工作人员内外勾结外，也生动显现了支付机构在客户开户时的审查工作存在不少漏洞。

2. 违规提供T+0资金结算服务

《中国人民银行关于加强支付结算管理　防范电信网络新型违法犯罪有关事项的通知》（银发〔2016〕261号）规定，银行和支付机构不得为入网不满90日或者入网后连续正常交易不满30日的特约商户提供T+0资金结算服务。由于支付机构要全额缴存备付金，而且中国人民银行不对支付机构的备付金支付利息，客户资金无法产生收益；而提供即时资金结算服务可以提高客户满意度，赢取市场份额。因此，在实际操作中，大量支付机构存在违规为不符合条件的特约商户提供T+0资金结算服务的现象，导致犯罪分子能获取及时转移资金的便利，极大地增加了公安机关冻结涉案资金的难度。

3. 对异常客户资金疏于监测

近年来，网络支付交易规模在大幅上升，但支付机构的交易监测工作却未跟上其高速发展的步伐。一方面，支付机构缺乏开展异常交易监测工作的内生动力，在监测系统开发、监测模型更新、监测人员配备等方面都较传统金融机构投入不足，部分机构在交易监测分析人员不足的情形下，甚至直接关闭交易预警。另一方面，网络支付交易中的异常交易均化整为零地隐匿在庞大的业务体系中，涉及的不仅仅是支付机构，还包括银行、银联、网联等，信息割裂不利于完整地还原交易链条，也给支付机构的交易监测增加了难度。

4. 资金交易难以溯源

《非银行支付机构网络支付业务管理办法》（中国人民银行公告〔2015〕第43号）第三十五条规定，符合条件的支付机构对于已经实名确认、达到实名制管理要求的支付账户，在办理第十二条第一款①所述转账业务时，相关银

① 第十二条第一款规定，支付机构办理银行账户与支付账户之间转账业务的，相关银行账户与支付账户应属于同一客户。

行账户与支付账户可以不属于同一客户，但支付机构应在交易中向银行准确、完整发送交易渠道、交易终端或接口类型、交易类型、收付款客户名称和账号等交易信息。但在实际操作中，支付机构并没有落实向银行准确、完整发送交易信息的要求，银行只能看到交易对手为支付机构，无法有效获取支付账户户名和账号信息。并且，由于二维码对收款人账户信息进行了加密，办案人员也难以直观获取收款人账户信息，即使采用技术手段对二维码进行解析也仅能获取收款人的支付账户账号，而无户名信息，完整的支付账户信息必须到相关支付机构进行查询才能获取，效率低下。

（四）犯罪成本低

非法支付平台充分利用网络空间，将支付业务化整为零，可以无时空限制地不断发展普通民众参与到码商队伍中，只要提供支付宝、微信收款二维码，或者在电商平台免费注册商户，不需本钱，不需坐班，轻松赚取手续费，不劳而获的收入回报严重威胁到社会价值体系，许多学生、个体户、公司白领经不住诱惑而使用本人银行账户或支付账户参与到非法网络支付中，由于数量太多，在实践中，侦查机关难以逐一进行立案打击，多数只能以退赃了结。虽然《中国人民银行关于进一步加强支付结算管理　防范电信网络新型违法犯罪有关事项的通知》（银发〔2019〕85 号）规定，要加大买卖银行账户和支付账户、冒名开户惩戒力度[①]，但上述行为并不属于出租、出借、出售账户，不符合惩戒范畴。刑事和行政惩处无从着力，导致犯罪成本很低，大量人员参与甚至屡教屡犯。

① 第二点第九项规定，自 2019 年 4 月 1 日起，银行和支付机构对经设区的市级及以上公安机关认定的出租、出借、出售、购买银行账户（含银行卡）或者支付账户的单位和个人及相关组织者，假冒他人身份或者虚构代理关系开立银行账户或者支付账户的单位和个人，5 年内暂停其银行账户非柜面业务、支付账户所有业务，并不得为其新开立账户。惩戒期满后，受惩戒的单位和个人办理新开立账户业务的，银行和支付机构应加大审核力度。

三、非法支付平台治理对策建议

（一）指导义务机构合规有效运营

各级人民银行应有效指导、督促义务机构自上而下加强反洗钱工作意识，投入足够资源从组织架构、内控制度、系统建设、人员培训、考核和内审等多方面提升反洗钱工作，开展产品风险评估和管理，加强客户尽职调查，落实特约商户资金结算时限要求，推动支付机构准确、完整地跨机构发送交易信息，优化完善行业信息共享联防机制，加强支付业务全流程风险管理，指导支付机构、银行、银联、网联依托大数据和技术手段不断总结非法支付交易特征，更新和完善风控策略和监测规则，积极报送大额和可疑交易报告并对异常账户采取风控措施。依法对辖区内义务机构的支付结算、反洗钱工作加大检查力度，开展非法支付平台案件以案倒查，对未尽责履职的义务机构追究责任、进行处理。

（二）多部门和行业共同治理

除银行和支付机构外，非法支付平台还涉及非法网站/App、空壳公司、电商平台，以及电信运营商、石油供应商、视频网站、游戏网站等，系统性治理需要多部门和多行业的齐抓共管。如网信部门加强对非法网站/App的排查清理，市场监督管理部门加强对空壳公司的排查清理，电商平台加大对商户的审查和虚假交易的排查，电信运营商等企业应加强对代理商的管理，拒绝无资质的代理商且禁止代理商随意转卖用户提交的正常充值订单等。

（三）强化对涉案账户的惩戒

建议参照对买卖账户、冒名开户进行惩戒的做法，将使用本人账户参与非法网络支付的行为一并列入惩戒范围，包括但不限于限制开户、办理非柜面业务，以及纳入征信管理体系予以惩戒等。在合法开立和使用账户承诺机制中增加对使用本人（本单位）账户参与非法网络支付的相关法律责任和惩戒措施的告知，向客户进行宣传并予以确认，提高违法违规成本。

（四）建立快速查询冻结机制

建立打击非法支付的快速查询冻结机制以提高涉案资金查冻效率，尤其支付机构应当理顺本机构协助有权机关查询、冻结和扣划工作流程，向侦查机关提供快速解码工具，实现侦查机关高效查询账户信息和交易流水以及账户冻结、扣划，助力公安机关重拳打击非法支付平台及相关“黑灰产”。

课题组组长：花象清

课题组成员：吴俊、舒丹、李笑

加强政治监督与防范金融风险

——基于中央银行视角

中国人民银行南昌中心支行纪检监察办公室课题组

一、引言

习近平总书记在主持召开中央财经委员会第一次会议上强调，防范化解金融风险，事关国家安全、发展全局、人民财产安全，是实现高质量发展必须跨越的重大关口。中国人民银行作为党和国家制定和执行货币政策，防范化解金融风险的重要职能部门，如何围绕单位的权力运行、业务活动开展监督，强化政治引领、加强政治监督，推动党中央各项决策部署落地生根，打好防范化解金融风险攻坚战具有重要的现实意义。鉴于此，本课题结合人民银行分支机构监督实践及防范金融风险工作实际，在厘清政治监督与防范金融风险的关系的基础上，深入剖析在防范化解金融风险工作实践中加强政治监督的重要性和面临的困难，以习近平新时代中国特色社会主义思想为指导，提出有针对性的强化政治监督防范金融风险的对策建议。

二、政治监督和防范金融风险的关系分析

（一）基本概念

（1）政治监督。政治监督是一种政治权力关系，它旨在对行使公共权力

的机关和公职人员进行督促、约束和控制。在我国政治监督更多地体现为党内监督，即中国共产党通过其组织网络及专门的纪律检查机关，按照党章的规定和其他规章制度的要求，对各级党组织及党员特别是党的领导干部的行为所实施的监督。结合人民银行监督、执纪、问责工作实际，本文探讨的政治监督主体是人民银行各级纪律检查机关，监督客体是各级党组织及党员，特别是党的领导干部，监督内容是党规党纪约束下的权力运行。

（2）金融风险。金融风险是大量金融机构背负巨额债务导致资产负债结果恶化或者金融资产价格的异常波动，使这些金融机构在面临经济冲击时变得脆弱，并可能影响宏观经济的正常运行。随着中国的发展，中国金融结构逐步优化，我国目前金融形势总体稳定、金融风险总体可控，但在未来一段时间金融风险仍然易发、多发，如何落实好全面从严治党，加强党对金融工作的领导，在金融机构加强党组织政治建设，发挥央行监管功能，防范化解金融风险，是当前的首要工作。

（二）政治监督及金融风险的职能定位

1. 政治监督的职能定位

《中国共产党党内监督条例》规定，党的各级纪律检查委员会是党内监督的专责机关，履行监督执纪问责，加强对所辖范围内党组织和领导干部遵守党章党规党纪、贯彻执行党的路线方针政策情况的监督检查。《中华人民共和国监察法》规定，各级监察委员会是行使国家监察职能的专责机关，依法对所有行使公权力的公职人员进行监察，调查职务违法和职务犯罪，开展廉政建设和反腐败工作，维护宪法和法律的尊严。明确了政治监督的职能机关和具体职能，也决定了政治监督具有以下三个主要特征：

（1）鲜明的政治性。政党同一般社团相比，主要区别在于它的政治性。在我国，党是全国人民的领导核心，《中国共产党章程》规定，中国共产党“代表中国先进生产力的发展要求，代表中国先进文化的前进方向，代表中国最广大人民的根本利益”。党是全国人民的领导核心，党的领导和监督保证国家行政管理的社会主义方向。政治工作是一切经济工作的生命线，金融工作具有极强的政治性。

（2）监督的权威性。中国共产党是我国唯一的执政党，我国重大的方针政策都是由执政的共产党提出，经人大审议批准后交由政府执行；同时，共产党的执政地位决定了其对国家各项工作的领导，形成了“党管金融”的体制。党组织通过自己系统的管理体制，在政府机构中发挥政治监督的作用，使党的路线方针政策得以顺利实现。

（3）监督的政策性。一方面，党的章程、纪律、政策和制度是政治监督的依据和主要内容；另一方面，政治监督的工作程序、工作方法、工作手段以及目标，都是用法规、条例、制度等规范性文件形式确定的，使党的政策具体化、条文化。随着法治建设的不断完善，党更加强调依法治国，重视把自己的主张和政策法律化，从而在对政府工作的监督中发挥更大的作用。

2. 防范金融风险的职能定位

《中华人民共和国中国人民银行法》规定，中国人民银行在国务院领导下，制定和执行货币政策，防范和化解金融风险，维护金融稳定。明确了防范和化解金融风险是人民银行的三大职能之一。党的十九届五中全会再次明确要求，维护金融安全，守住不发生系统性风险底线。这是习近平新时代中国特色社会主义思想在金融领域的根本要求，是央行做好新时代金融工作的根本遵循。

（三）充分认识政治监督对防范金融风险的重要作用

习近平总书记曾指出，做好各方面工作，必须有一个良好政治生态。政治生态污浊，从政环境就恶劣；政治生态清明，从政环境就优良。政治监督有利于净化金融系统政治生态，确保金融改革发展的正确方向，从而为防范金融风险、维护经济社会稳定提供坚强保障。

（1）有利于形成风清气正的金融监管生态。政治监督的主体即各级纪委监委的主要职责是，维护党的章程和其他党内法规，检查党的路线、方针、政策和决议的执行情况，协助党的委员会推进全面从严治党、加强党风廉政建设和组织协调反腐败工作。在履行这些职责的过程中，纪委监委通过信访监督、巡视巡察、约谈函询、通报曝光等监督执纪问责手段，使“两个责任”得到强化，“咬耳扯袖”全面覆盖，“四种形态”不断深化，全面从严治党的压力层层下沉，提升了政治监督的公信力、威慑力，营造了干净的金融监管环境。

（2）有利于货币政策有效贯彻落实。金融风险的成因，除体制机制方面的因素，一个重要的原因是货币政策和宏观审慎政策未完全灌输传导至基层金融机构，一些业务监管部门领导干部，无视上级政策要求，制度执行不到位，甚至违规违纪、滥用职权，导致区域金融风险集聚。因此，加强政治监督，贯彻落实好货币政策，疏通政策传导机制，有效控制宏观杠杆率和重点领域信用风险，把握好稳增长、调结构和防风险之间的平衡，进一步提高金融服务实体经济能力，推动宏观经济高质量发展。

（3）有利于提高业务监管效率。强化人民银行分支机构政治监督，促使人民银行分支机构业务监管干部改进工作作风，创新工作方法和手段，自觉提升履职水平和效率，能结合新时代地方经济特点、难点，制订好区域防范金融风险的工作规划，做好风险点分类处置工作，实现高质量履职，切实将风险化解在萌芽状态。

三、政治监督在防范金融风险实践中的主要困难

习近平总书记在党的十九届中央纪委五次全会上发表重要讲话，明确要求，以强有力的政治监督，确保党中央决策部署贯彻落实到位。党的十八大以来，中央巡视组先后对多个中央金融机构开展针对党组织和党员领导干部的专项政治巡视，发现和查处了一系列违纪违法案件和金融腐败行为，凸显了政治监督的“利剑”作用。强化政治监督防范金融风险，在实际工作中仍然面临诸多困难。

（一）政治监督体制顶层设计不足

1998 年 5 月，党中央为了加强党对金融工作的集中统一领导，成立中共

中央金融工作委员会，监督金融系统的领导干部贯彻执行党的路线、方针、政策和遵纪守法、清正廉洁的情况等，在较长一段时期的强化金融党建、防范金融风险、深化金融改革过程中发挥了重要作用。“一行三会”监管格局形成之后，金融监管部门对金融系统的党建领导和政治监督趋于弱化，特别是在金融风险形势严峻和金融安全上升到国家战略层面的现阶段，仅仅依靠金融机构自身的纪检监察部门的政治监督、政治巡视，恐怕难以从更高、更客观的层面对防范系统性金融风险和金融机构高管特别是“一把手”腐败作出全面、深入的监督问责。

2017 年 7 月，国务院金融稳定发展委员会成立并将办公室设在人民银行，目的是强化人民银行宏观审慎管理和系统性金融风险防范职责，落实金融监管部门监管职责，并强化监管问责。但在政治监督方面，人民银行作为金融机构的最后贷款人，未被赋予对金融机构全面的政治监督职能。当前的管理体制，可能导致政治监督在金融系统一定程度的缺失，难以确保混业经营、资本逐利的金融机构与金融监管部门在防范金融风险工作中步调一致。

（二）政治监督存在时滞效应

从产生的过程来看，政治监督是对公共权力运行的监督，而公共权力是社会发展到一定阶段的产物；金融风险是伴随资金融通活动的产生而产生，它作为一种社会现象，早于政治监督而存在。从产生的效果来看，业务监管是通过窗口指导、业务检查，以及各种货币政策工具的运用，传导货币政策，调节资金价格和流动性状况，使金融现象得到改善，凸显监管效果；政治监督是通过强化政治意识、大局意识、担当意识和廉洁意识等，提升政治理念和为政从业操守，从而达到在行为上自觉遵守党规党纪。而人的理念思维的形成和行为方式的转变不可能一蹴而就，效果往往不太明显。

（三）政治监督缺乏信息共享机制

一方面，监管部门与金融机构之间缺乏政治监督信息共享机制。人民银行与金融机构的政治监督均是条线管理，金融机构纪委负责内部党建监督执纪工作，相关情况无须向人民银行进行报备、共享，导致金融监管部门对金融机构党建和金融方针政策执行情况一无所知，不利于及时化解区域金融风险。另一方面，金融监管部门之间缺乏政治监督信息共享机制。自 2003 年以来，各省级政府开始陆续成立金融工作办公室（局）。其间，中央逐渐将一些金融管理职责交由地方政府承担，逐步形成了以“一行二会”为主、各地方政府金融工作部门配合补充的金融管理体制。随着金融业的快速发展和以互联网为特征的新金融业态不断涌现，金融风险的复杂性日益凸显，现行监管体制一定程度上影响了金融运行及监管效率。地方金融办、银保监会、人民银行分支机构尚未建立统筹协调的工作机制，不同监管部门在领会和执行中央金融监管部门下发的相关政策可能会出现不对称、传导机制不畅通情况，导致部分政策执行出现“打架”现象，影响监管效率。究其根本原因，是金融监管部门之间未建立政治监督信息共享平台，不能及时对各机构重要岗位政策执行情况、风险点进行排查。

此外，金融监管部门之间存在监管交叉的模糊地带，有的监管部门政治站位不高，实际工作中往往导致“抓小放大”的现象，表面浅显的金融风险领域都插手去管，涉及深层次金融风险的难点反而没有监管部门主动去管。

（四）政治监督的方法手段不够

金融业务监管的手段主要是对各种指标进行日常监测、对各种数据进行比对分析、对各项业务开展专项检查或执法检查，在检查的基础上进行约谈、罚款等，方法固定统一，有长期积累形成的模式和经验，有法律法规统一的标准和要求，便于操作。政治监督的主要手段是执纪监督、派驻监督、信访监督、巡视巡察、谈话提醒和约谈函询、通报曝光等，没有具体的数据和模式，“四种形态”的运用、特别是第一种形态的运用操作起来比较困难。而政治监督的对象是“人”，即人的思想和行为，大多属于意识形态范畴，宏观性、战略性强，无法用具体的指标和数据进行量化，金融系统开展政治监督面临一定的困难。

（五）政治监督主体综合专业素养有待提升

政治监督的政治性与防范金融风险的专业性，在具体实践中是相伴相生的突出难题。要从政治监督上达到强化金融党建引领、防范金融风险的目标，就要求政治监督主体兼具政治性、专业性的深厚功底和素养。若没有一定时限的相关工作阅历和知识沉淀，在实践中可能较难精准地发现金融党建、金融风险的深层次问题，进而弱化政治监督效果。从当前金融系统纪检监察队伍现状来看，普遍存在政治素养不够、政治监督经验不足的实际困难，政治监督主体的整体综合素养和人员结构仍然有很大的提升优化空间。

四、强化政治监督防范金融风险的对策建议

党的十九大报告进一步提出了“深化金融体制改革，增强金融服务实体经济能力，提高直接融资比重，促进多层次资本市场健康发展。健全货币政策和宏观审慎政策双支柱调控框架，深化利率和汇率市场化改革。健全金融监管体系，守住不发生系统性金融风险的底线”，这是习近平新时代中国特色社会主义思想在金融领域的根本要求，是推进金融改革开放和防范系统性风险的根本遵循。

（一）加强顶层设计，坚持党中央对金融工作的集中统一领导

必须不断强化和健全金融工作政治监督的顶层设计，坚持党中央对金融工作的集中统一领导，充分发挥中央金融工作委员会的职能作用，集中统一领导金融系统党的建设工作，协调各金融机构党委之间、各金融机构党委与地方党委的关系，共同做好金融风险防范工作。通过工作督导检查等方式，压实各金融机构从严治党责任，通过专项工作巡视等方式，发挥震慑作用，在金融系统牢固树立“四个意识”，坚定“四个自信”，坚决做到“两个维护”，将金融工作放到党和国家工作大局中考虑，不折不扣贯彻落实党中央和国务院决策部署，强化政治监督和干部管理，及时校准偏差，坚决纠正偏离和违背党的政治方向的行为。

（二）提高政治站位，强化金融系统党的建设

人民银行要引导金融机构提高政治站位，坚决贯彻落实党中央从严治党的各项要求。要牢牢把握政治方向，将习近平新时代中国特色社会主义思想作为指导金融工作的行动指南；全面体现政治担当，金融机构党委要站在“两个维护”的高度，坚持金融为民的理念；切实强化政治责任，将党的建设摆在首位，认真落实管党治党职责，牢固树立“抓好是本职、不善抓是不称职、抓不好是失职、不抓是严重渎职”的主体责任观念，盯住“关键少数”，管住权力运行，强化整个金融系统党的建设。

（三）加强制度建设，守住不发生系统性金融风险的底线

人民银行应切实履行牵头管总责任，发挥国务院金融稳定发展委员会办公室统筹协调作用，进一步加强制度建设，强化金融监管协调，补齐监管“短板”。在防范系统性金融风险上，充分发挥部际联席会议制度作用，统筹金融改革发展与金融监管，加强货币政策与财政政策、产业政策等协调配合，防止宏观政策之间相互叠加导致出台的政策与其初衷背道而驰。在防范区域性金融风险上，建立省级及以下中央监管部门与地方金融管理局会商制度，在坚持金融管理主要是中央事权的前提下，强化属地风险处置责任。各级中央金融监管部门与地方金融管理局要根据中央的统一部署，发挥合力打好防范化解金融风险攻坚战这一战略部署，加强信息沟通共享，维护一方金融安全稳定。在防范单一金融机构风险向金融体系蔓延上，建立金融机构向监管部门的通报制度，防止乱搞同业、乱加杠杆、乱做表外业务，大搞内幕交易、关联交易、利益输送等问题。

（四）创新监督方法手段，提升政治监督质效

党的十九大和全国金融工作会议都明确了金融监管部门在新的历史时期的职责定位，人民银行要挑起货币政策和宏观审慎双支柱调控的担子，履行维护国家金融稳定和金融安全的神圣职责。着力构建金融业新型监管体系，

需要在强化业务监督的同时增加政治监督的内容。要把树立“四个意识”，坚定“四个自信”，坚决做到“两个维护”，坚持以人民为中心、金融为民等内容纳入宏观审慎评估内容，对金融机构的履职尽责行为进行政治评价。重点监督金融机构及高管人员是否认真贯彻落实党中央和国务院决策部署，针对政治监督中金融“脱实向虚”、金融风险积聚、金融改革不力的问题，采取监管部门对金融机构负责人约见谈话的方式，督促其强化政治担当，及时纠正工作偏差，并将监管部门掌握的政治监督情况向其上级行通报，建议其上级行进行追责问责，必要时对其高管采取限制直至取消市场准入的措施。

（五）以派驻机构改革为契机，实现监督对象全覆盖

金融系统要深入贯彻落实《关于深化中央纪委国家监委派驻机构改革的意见》相关精神，按照中央统一部署，成立相应的纪检监察机构，发挥“派”的权威和“驻”的优势，既要重点盯住被监督单位领导班子及其成员“关键少数”，又要充分挥纪检和监察的监督合力，认真梳理纪检和监察的职责范围、适用对象和方式方法，实现对所有金融机构、所有金融从业人员监督的全覆盖。着力强化日常监督，用好近距离、全天候、常态化的独特优势，自觉把监督寓于日常工作，使咬耳扯袖、红脸出汗成为常态。

（六）加强纪检监察部门自身建设，提升监督者的能力水平

增强政治监督本领，提升监督质效。加强纪检监察干部的党性修养，提升政治站位，对党负责、对人民负责、对国家负责。加强监督执纪操作规程培训，提高业务能力，提升监督执纪问责、监督调查处置水平。选配优秀年轻干部充实到纪检监察队伍中，在巡视监督中发现干部，在实践中考察识别干部，将敢于担当、作风过硬、综合能力强的干部充实到纪检监察干部队伍中。

课题组组长：李艳

课题组成员：吴云峰、黄颖、张思毅、王丹

养老信托商业模式创新与消费者保护研究

中航信托股份有限公司课题组

一、养老信托的宏观政策背景

（一）政策层面："十四五"时期养老成为民生重点

国家统计局数据显示，我国老龄人口占比和老年抚养比不断提升，已处于老龄化社会阶段。习近平代表中国共产党第十九届中央委员会在中国共产党第二十次全国代表大会上所作的报告从"增进民生福祉，提高人民生活品质"的角度提出："实施积极应对人口老龄化国家战略，发展养老事业和养老产业，优化孤寡老人服务，推动实现全体老年人享有基本养老服务。"为有效应对老龄化问题，党和国家将发展养老金融作为一项战略性问题，各项相关政策密集出台，为养老金融的发展提供政策支持。

国家相关部门于2011年底正式颁布《社会养老服务体系建设规划》，此后，《关于加快发展现代保险服务业的若干意见》《基本养老保险基金投资管理办法》《关于推进养老服务发展的意见》等一系列政策文件也先后出台①，旨在为政策层面引导养老金融的发展，鼓励丰富创新养老金融产品及服务。②

2020年10月，党的十九届五中全会正式召开，将人口老龄化确定为一项战略性问题，号召全社会各个领域全面应对人口老龄化，正式审议通过《关于制定国民经济和社会发展第十四个五年规划和二〇三五年远景目标的建

---

① 吴楠．养老金融：一个文献综述［J］．金融发展评论，2017（9）．

② 养老金融50人论坛．"养老金融"2020亮点回顾［EB/OL］．https：//www.sohu.com/a/450456863_759437，2021－11－18．

议》，提出制定长期性人口发展战略，全面发展银发经济。在 2021 年的全国“两会”上，养老信托问题备受关注。信托作为金融体系中的一个重要组成部分，凭借其在破产隔离、财富传承、账户功能等方面天然的制度优势，有望成为我国养老第三支柱的重要支撑部分。①

（二）社会层面：老龄化时代产生新的社会需求

据《2020 中国人口老龄化发展趋势及政策报告》显示，整个“十四五”期间，中国每年会新增 1140 万年满 60 岁的老年人，远远高于“十三五”期间年均 740 万的增速。“十四五”时期的养老社会保障建设以面向普通老年人为目标，突出重点地区、重点人群，加强健康养老服务体系建设的顶层设计，统筹完善基本保障、扶持发展、规范管理、综合监管等政策体系。总体来看，主要有以下几个趋势：②

1. 推动长期护险制度框架形成

长期护理保险制度的科学定位为养老、医疗、工伤、失业等之外的独立险种，纳入社会保险的政策框架，覆盖全民，尤其是长期失能、半失能人员等重点人群。从资金筹措的公平性、可靠性和可持续性来看，建议长期护理保险制度以社会保险为主，以商业保险为补充。

2. 加大农村医养服务供给

从农村的老龄化实况、未来走势以及农村老年人的经济实力、养老意愿等现实情况出发，在居家养老的基础上依靠社区提供养老服务，辅之以各类养老服务机构，在农村进行新型养老服务体系探索实践。

3. 认识养老意愿与行为变化

“十四五”时期，我国经济社会发展水平将再上新台阶。伴随“60 后”“70 后”等陆续步入老年期，其学历、养老思维和生活方式的代际迁移特征

---

① 郭树清．养老金融改革发展总方针是“两条腿”走路［EB/OL］．http：//www.xinhuanet.com/fortune/2020－10/22/c_1126640855.htm，2021－11－19.

② 刘厚莲．“十四五”健康养老向哪里发力？［EB/OL］．https：//m.gmw.cn/2020－11/24/content_1301833984.htm，2021－11－21.

相当明显，新时代的老年人对物质生活和精神生活的要求均有所提升，同时希望保持一定的社会参与度。

（三）经济层面：养老金“三支柱”模式亟待进一步完善

1. 养老金“三支柱”模式的发展

世界银行在1994年发布了《防止老龄危机——保护老年人及促进增长》报告，其中首次提出养老金“三支柱”模式，指出政府、企业和个人这三大主体需要共担居民养老责任。从国际社会来看，养老金“三支柱”模式得到了普遍性运用。当前阶段，国内的“三支柱”养老金体系的基本结构如下：

支柱一——指以政府为主导进行“公共养老金”设置，具体涵盖了法律所规定的、以广大就业者为主要参保对象的“城镇职工基本养老保险”，以及以无正式职业的普通居民为参保对象、参保人自愿缴纳的“城乡居民基本养老保险”；支柱二——指以企事业单位牵头、商业机构负责运作的“职业养老金”，其构成主体分为两大部分，即企业牵头设置的“企业年金”和事业单位牵头设置的“职业年金”；支柱三——指居民个人通过商业机构自行选购的“个人养老金”，其构成主体为“税惠型养老保险”和“非税惠型养老金”。

养老金第一支柱的特点是广覆盖、保基本，截至2020年底，公共养老金覆盖了我国67.3%的人口，参保人数达到了9.4亿人，但是替代率只有45%左右，并不能有效满足退休群体（尤其是高收入群体）的退休养老需求。第二、第三支柱作为第一支柱的有效补充，在第一支柱无法满足退休人员养老需求的时候（替代率无法达到70%～85%的水平时），就显得更为重要。

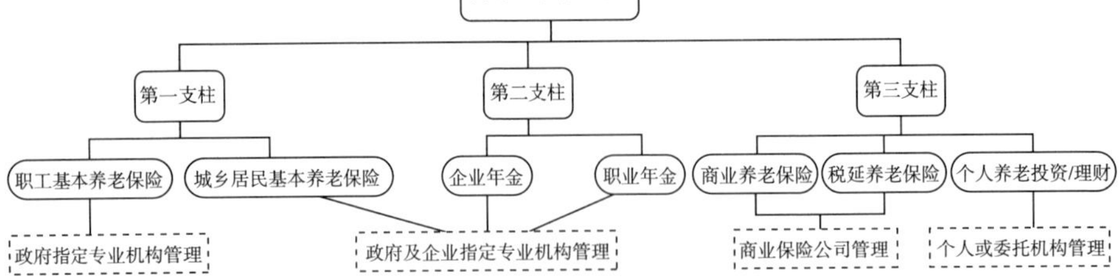

图1　中国养老“三支柱”体系示意

2. 养老金第三支柱亟待建设

在当前阶段，我国正围绕个人养老金制度进行新方案的探索和尝试。人社部、财政部、发展改革委、税务总局和“一行两会”在2018年初共同组建了工作小组，针对养老保险的第三支柱创建问题展开深入研究。2020年10月21日，中国人民银行党委书记、中国银保监会主席郭树清在金融街论坛上指出，养老金融改革总的方针是“两条腿走路”：一是进行业务规范，统一养老金融产品标准；二是大力发展真正具备养老功能的专业养老产品，包括养老储蓄存款、养老理财和基金、专属养老保险、商业养老金等。2020年中央经济工作会议着重要求要全面推动第三支柱养老保险的规范化发展，第三支柱养老金将迎来快速发展阶段。2021年初，人社部有关负责人游钧在新闻发布会上指出，中国不仅要发展延税型商业养老保险，同时也要推行信托形式的个人养老金计划，政府应在税收方面为其提供相应的优惠，同时在税务和金融监管机构的共同努力下，进行养老金融产品标准的设置，并对这项工作内容实施协同监管。

二、养老信托的制度优势与探索发展

（一）养老信托在养老金融体系中的发展定位

养老金融（Ageing Finance）指的是为了应对老龄化挑战，围绕社会成员的各种养老需求所进行的金融活动的综合，主要分为三个方面：养老金金融、养老服务金融与养老产业金融，从养老金融产品的提供、养老金融服务的延伸以及对养老产业的支持等多个角度，以金融的力量助力构建完善养老保障体系。[①] 发展养老金融有助于增加国家的养老资产储备，提升居民未来购买养老服务的支付能力，对应对老龄化社会具有重要的现实意义。在社会老龄化加速、养老保障需求提升以及政策的推动下，商业银行、商业保险机构、基

① 董克用，张栋．中国养老金融：现实困境、国际经验与应对策略［J］．行政管理改革，2017（8）．

金公司、信托公司等各类金融机构都致力于探索养老金融市场，初步形成了开放竞争的格局，养老金融的潜力正在逐步释放。

养老金融以民生福祉为导向、以金融为源头活水，作为养老金融体系的一部分，信托、银行、保险、基金等各业态都应当提升其社会公共价值，协同实现养老保障体系的功能完善。从《信托法》的界定来看，养老信托应是委托人基于对受托人的信任，将其财产委托给受托人，由受托人按委托人意愿以自己的名义，为受益人养老目的而对财产进行管理、处分，或为受益人提供全面养老服务的行为。中国养老金第三支柱——个人养老金制度正亟待建设，而信托公司在个人账户制方面具有得天独厚的制度优势。随着信托公司通过不断提高对养老需求、养老服务和养老市场的认知，养老信托作为服务信托的重要内容，在养老金融体系中的综合服务能力越来越受到重视。2021 年全国“两会”期间，全国人大代表、信托部主任赖秀福提案建议将信托系产品作为中国养老金第三支柱发展初期的产品主体之一，他指出，养老信托能够发挥信托制度独特的制度优势，为受益人提供“一站式”的综合养老服务。① 信托公司已经开始积极开展养老信托业务实践，探索养老信托在多个场景中的业务模式。

当前，养老金融体系发展的主要任务是推动养老金“三支柱”建设。信托公司能够发挥信托跨资金、资本、产业市场的优势，与商业银行、保险公司和基金公司互相配合、协同发展，为市场养老需求提供合适的养老金融产品和服务：第一支柱，信托公司能够提供基本养老基金的受托管理业务，以及提供适合基本养老保险基金和社保基金信托投资的信托产品；第二支柱，信托公司能够提供企业职业年金信托业务以及资金端投资业务；第三支柱，信托公司可以提供涵盖从个人养老账户的管理到配置养老金融产品的全链条服务。未来信托公司可以与养老金融体系的各业态共同完善养老金“三支柱”，协助打造以账户制为基础、集个人养老储蓄与投资于一体的养老保障体

① 养老信托发展空间将加大——专访全国人大代表赖秀福［EB/OL］．中国银行保险报网，2021 -03 -04.

系，立足民生，以社会可持续发展为导向，探索真正长期服务于居民养老需求的养老金融服务与产品。

（二）信托公司开展养老信托业务的制度优势

信托是英国衡平法精心培育的产物，在我国长期的司法实践中，信托富有弹性的社会机能，正是源于其独特的、创新的法律理念。[①] 在养老信托的业务场景中，信托制度实现养老财产管理功能的优越性主要体现在三个方面——整合性、灵活性和安全性，正是基于信托制度优势的发挥，养老信托成为完善养老保障、参与养老金融体系建设的重要力量。

1. 信托制度的整合性

养老信托的优势首先体现为信托制度的整合性，主要表现在养老信托的服务功能和服务范围两个方面。

从金融服务的功能来看，信托“受托人”这一中间设计能够将财产转移功能与财产管理功能整合为一体。基于这种整合性，受托人可以根据委托人的意愿，在同一个养老信托的架构中同时实现委托人对财产管理和财产转移的诉求，在保证受益人权益得到实现的基础上，还能与家族信托、慈善信托等业务相结合，进一步实现后续养老财产的代际传承以及对公益慈善的捐赠。

从金融服务的范围来看，养老信托可贯穿养老金、养老服务与养老产业三个领域，为信托公司综合性地开展“一站式”养老金融提供了制度保障：在养老金产品的提供上，信托公司可以为客户提供定制化的养老金增值保值及分配服务；在养老服务端，信托公司通过与专门机构开展合作，对接养老社区、医疗康养等养老服务机构，为受益人提供养老服务消费权益；在养老产业端，信托公司可以以长期养老资金对应优质养老产业的中长期投融资需求，从而将养老资金、养老服务和养老产业结合起来，形成养老金融的系统闭环。

---

① 周小明. 信托制度：法理与实务［M］. 北京：中国法制出版社，2019.

2. 信托制度的灵活性

随着社会养老的发展和家庭财富的积累，老年人对养老财产管理、养老服务提供、养老生活消费等方面的需求也更加复杂多样，而养老信托能够基于信托制度的灵活性，为老年人提升晚年生活质量提供更多选择的空间。

在养老金的管理方面，养老信托作为一项财产安排制度，为老年人财产管理的制度供给提供了补充，回应了老年人对养老财产管理的个性化需求。信托公司能够根据委托人不同的收益和风险偏好对养老财产进行保值、增值和分配，以受益人利益最大化为出发点，安排长期养老金管理和支出规划，设计收益权分层的结构化养老信托产品。

在养老服务的提供方面，信托机构能够根据委托人的意愿设定相应的条款，灵活提供包括养老社区居住、医疗康养服务等多种养老服务的消费权益。在服务管理中，信托机构作为受托人按照合同条款的约定，尽职完成主动管理，保证受益人的利益得到实现。

3. 信托制度的安全性

在社会养老发展中，养老财产的安全性是非常值得关注的问题。在养老行为中，老年人往往把养老财产移交给他人代为管理，在财产转移后，难以预防财产接受人因品行或能力方面的缺陷导致养老财产蒙受损失。相比传统财产转移和管理制度，信托制度具有独立性与安全性的特点。

在财产管理上，信托财产不仅独立于委托人、受托人和受益人的固有财产，其损益也具有独立性；在制度安排上，养老信托有受托人约定职责和法定职责的双重设计相互约束，受托人的职责非常具体明确。这是养老信托受托人的职责所在，也是受托人文化“守正、忠实、专业”的体现；在稳定性保障上，养老信托在法律上具有连续性的设计，养老信托设立后不因各种意外情况发生（如委托人失智、去世等）而终止，还可以根据需要设置监护人，以确保委托人意愿能够稳定实现。

（三）信托公司开展养老信托的展业方向

近年来，随着社会老龄化的发展，老年人对养老金融服务的需求也呈现多元化的特点。很多信托公司基于客户的现实需求出发对养老信托产品进行探索创新，其所开设的业务主要分为四种类型。

1. 以养老金保值增值为信托目的

为了实现养老金的保值和增值而设置的养老信托通常也被称作养老理财信托，在养老保障体系中，养老理财信托被划归为第三支柱的范畴。养老理财信托市场发展的时间并不长，与其他养老理财产品相比，养老理财信托具有风险和收益相对均衡的优势。从养老理财信托的委托人类型来看，机构和个人都能够委托信托公司设立养老理财信托，信托公司可以对企业年金和职业年金以及个人养老金开展长期受托管理，并基于委托人的具体需求，对普惠型的养老理财信托产品进行灵活的设计。

2. 以提供养老服务为目的

养老服务信托一般指的是以提供养老服务为信托目的或信托目的之一的养老信托业务，在具体业务实践中，主要体现为受益人享有相应养老服务消费权益等形式。

当前阶段，养老、医疗和康养等机构是养老服务市场的主要参与主体，养老服务由政府以及国有企业发挥主导作用，保险公司等金融机构发挥协同作用。养老服务信托能够基于信托制度优势，充分发挥信托账户的独立性与灵活性，为受益人提供资金监管、权益保障、资金个性化分配等多样化服务。基于当前社会上养老服务的需求越来越多元，信托公司也逐渐将养老信托作为战略方向之一，在医疗康养等养老服务领域开展业务布局，深耕养老市场供给端，打造养老“一站式”服务。

3. 包含养老保障目的的家族信托

包含养老保障目的的家族信托业务通常分为两类：一是先家族信托后养老保障；二是先养老保障后家族信托。基于兼备养老和传承的诉求，有越来越多的委托人开始选择依靠家族信托来制订今后的养老规划。从信托公司角度来看，养老型家族信托对其服务能力提出了较高的要求，既要为受益人提供高质量生活的保障、及时处理受益人更替的情况、支付合同约定的各项费用，还要保证养老财产实现长期的保值增值以及代际传承。

4. 以养老慈善公益为目的

包含公益慈善目的的养老信托，可称为养老慈善信托。根据《慈善法》的定义，是指包含“扶老”慈善目的的公益（慈善）信托，在实践中主要体现为公益（慈善）信托项目的受资助人或受益人群体为老人。养老公益（慈善）信托对信托公司的履职能力要求较高。与前述三类信托目的的养老信托相比，包含公益慈善目的的养老信托为完全他益信托，且由于受益人的不特定性，涉及社会公众利益，信托公司对慈善信托财产进行管理和运用的时候，必须做到诚信、审慎，严格履行受托人的管理职责。

（四）国内信托公司开展养老信托业务的实践

养老金融体系的建设与完善仍然任重道远，随着市场需求的扩大以及相关配套制度的完善，养老信托在养老金、养老服务与养老产业、养老公益慈善几个层面都将迎来较大的发展空间。未来信托公司可以与养老金融体系的各业态共同完善养老金“三支柱”，协助打造以账户制为基础、集个人养老储蓄与投资于一体的养老保障体系，立足民生，以社会可持续发展为导向，探索真正长期服务于居民养老需求的养老金融服务与产品。

1. 养老金信托

“三支柱”养老金体系在国内已得到了初步构建，但是总体结构的均衡度仍然有待提升。根据现有政策制度框架，信托公司主要参与第二支柱企业年金、职业年金，但参与深度和竞争力相对弱势，参与第三支柱个人养老理财投资从政策层面已经受到重视，未来将逐步发展成熟。①

（1）企业年金。就国内的企业年金管理工作来看，所牵涉的机构主体主要有四类：受托人、托管人、账户管理人和投资管理人。主体的认定工作由人社部统一承担并遵循资格管理制原则。信托公司在企业年金管理方面所获取的资质主要有法人受托机构和账户管理人两项，并只有两家信托公司享有此类资质：华宝信托两项资质均有获取，中信信托获取法人受托机构这一项

---

① 相关案例及资料来源：中国信托业协会．中国信托业发展报告（2020—2021）［R］．2021.

资质。根据人社部发布的数据，截至2020年末，国内已有10.52万家企业设立了企业年金，有2757.13万名员工参保，累计基金规模达到22496.83亿元，同比增速分别为9.58%、6.67%和25.09%（见表1）。

表1　2020年信托公司企业年金法人受托业务开展情况

企业年金基金管理机构	企业数	职工数	受托业务规模（万元）
华宝信托	328	181969	1270902.92
中信信托	15	3274	35701.08
信托公司小计	343	185243	1306604
年金市场合计	83435	20746740	156856924.41
信托类机构的市场占比	0.41%	0.89%	0.83%

资料来源：中国信托业协会．中国信托业发展报告（2020—2021）［R］．2021.

截至2020年末，信托公司受到343家企业的委托对其企业年金开展管理服务，共服务企业员工18.52万人，管理信托资产规模127.09亿元，市场占比分别达到了0.41%、0.89%和0.83%。

（2）职业年金。职业年金指的是事业单位及其员工参与基本养老保险的同时所参与的补充性养老保险制度。国务院于2014年完成了《关于机关事业单位职员养老保险制度改革的决定》，提出2014年10月在事业单位内部全面推行职业年金制度。《关于印发职业年金基金管理办法的通知》（暂行版）于2016年颁布，提出将职业年金划入养老金第二支柱，这为年金的发展储备了更为充足的动力。中央和地方在2019年之后开始全面推进评选职业年金受托人、投资管理人的各项工作。2020年，信托公司在职业年金受托上取得一定突破，10月29日，浙江职业年金管委会评选出12家年金计划受托机构，中信信托入选此名单。此外，中信信托还受托管理了广东省职业年金项目，作为辽宁省职业年金的候补机构也即将转正。根据信托业协会调研数据，截至2020年末，中信信托受托2只职业年金，管理规模达到118.73亿元，均为本年度新增受托业务。

（3）养老理财信托。2019年发布的《关于推进养老服务发展的意见》提到，要引导并鼓励银行、信托等金融机构对养老型理财、信托等金融产

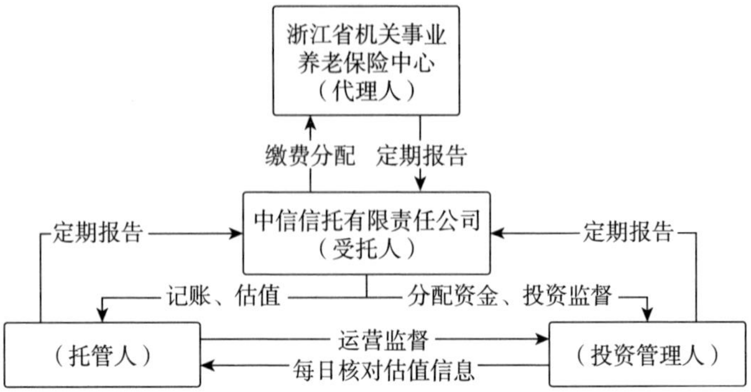

图 2　浙江省职业年金运营流程

［资料来源：中国信托业协会．中国信托业发展报告（2020—2021）］

品进行开发设计，在政策方面为信托公司开展养老金融服务提供支持。近年来，有多家信托公司从养老信托的模式、架构以及服务等多方面开展创新实践。

信托公司积极发挥信托功能优势，尝试成立以个人养老资产保值增值为目的的养老金融信托产品，是顺应我国社会发展大势的重要战略措施之一。信托产品不仅可以投资于资本市场、货币市场等金融市场领域，还可以直接连接产业市场，分享实体经济的增长收益，投资领域更加广阔、资金运用方式灵活，而且可设计结构化机制安排，满足不同风险和收益偏好的投资者需求。经过十多年的发展，信托产品以其相对中等风险、中等收益的特性，得到市场认可，在理财细分市场上占据重要地位。

2. 养老服务信托

中共中央、国务院在 2019 年底发布的《国家积极应对人口老龄化中长期规划》，为养老资金的市场化运行和养老服务的发展创造了良好契机。为了解决市场养老需求多元化，进一步发挥金融工具在跨期优化资源配置中的优势，有多家信托公司开始创新形式多样的养老服务信托产品，主要包括将养老信托与家族信托相结合、养老信托与保险相结合、养老信托与监护制度相结合以及养老信托与消费信托相结合等形式，旨在为老年人提供多元养老服务。

案例：中航信托“鲲瓴养老信托”。以账户为载体发挥信托制度的灵活优势，是养老服务信托未来发展的主要趋势。2020年重阳节，中航信托推出了“鲲瓴养老信托”品牌系列，区别于传统的养老产品，“鲲瓴养老信托”通过依托专属信托账户，创新性将养老服务、受托传承、投资保值“三位一体”有机结合，为客户提供“养老 + 传承 + 投资”“一站式”综合服务，通过养老信托专户，实现养老费用支付、养老社区入住以及保值增值等目标，为有独立养老意愿、高品质养老需求、养老传承兼得诉求的客户提供了综合性金融解决方案，积极构建养老服务信托新生态。

“鲲瓴养老信托”基于信托私募金融产品的定位，规模起点设定为1000万元人民币，在收益方式上采用定期浮盈分配和委托人指令分配相结合的形式，面向的养老客户群体在需求上也具有一定的共性：希望在本金保值增值的前提下实现高效传承、希望养老信托可以满足养老费用代理支付需求以及希望享受高品质的养老服务。

为实现有效传承、资金流动、无忧养老等综合服务目标，“鲲瓴养老信托”在产品设计上具有以下特点：在信托目的上兼顾养老与家族传承，通过金融架构设计确保养老资金在各个阶段的分配和管理；在养老服务提供上与国内大型养老社区展开合作，为客户提供高端养老社区入住权益和医养保障权益；在满足委托人需求上，针对各类型的养老诉求设计了多套养老方案，同时结合客户个性化需求提供定制专项服务；在资产配置上通过对各类资产的有效组合、专业配置，分散市场系统风险，实现养老财产的保值增值。

3. 养老产业信托

在人口老龄化矛盾愈演愈烈的情况下，国家对养老产业的发展问题给予了重点关注，先后颁布一系列针对土地供应、税费减免等方面的优惠扶持政策，并号召社会创办养老机构，鼓励社会力量参与到养老产业中。养老产业链以养老服务为核心，以医疗设备、养老地产和养老金融等领域为支柱，具备多元化特征，覆盖并辐射到了众多产业。主要包括：（1）以养老房地产开发、管理等为主营业务的房地产企业；（2）供应养老保险金融产品及服务的专业化保险机构；（3）负责提供照护、医疗、康养服务的服务商；（4）以资本为导向的投资机构。中国信托业协会所发布的调研报告显示，2020 年行业共新增 2 只养老产业信托产品，总规模为 13.76 亿元（见表 2）。①

表 2　2020 年成立的养老慈善信托情况

序号	信托名称	信托目的	受托人	信托规模（万元）	信托期限	备案时间
1	北方信托·助老慈善信托	为天津市失能老年人投保意外伤害保险	北方信托	20.35	2 年	2020-12-24
2	天信世嘉·信德扶老助困 03 期慈善信托	为天津市低保低收入老年人投保老年人健康意外险及其他形式	天津信托	25.7	2 年	2020-08-31
3	百瑞仁爱·敬老家园慈善信托	支持资助敬老、爱老、扶老相关的公益慈善事业	百瑞信托	10	永续	2020-12-28
4	桐庐县慈善总会百岁老人助老慈善信托	用于开展助老、扶老等慈善活动	万向信托	5	无固定期限	2020-09-28
5	光信善·养老金融慈善信托	资助中国养老金融 50 人论坛等与养老金融相关的公益活动中的个人、组织或法人机构	光大信托	10	永续	2020-08-10
	合计	—	—	71.05	—	—

资料来源：慈善中国网站。

4. 养老公益慈善信托

养老慈善信托是以扶老为目的的慈善信托。《慈善法》中对“扶老”的公益慈善性质进行了明确的表述。老龄化社会对具有公益属性的养老慈善事业提出了更高的要求，而现阶段我国的公办养老机构和公共养老服务远远不能满足社会的需要。养老慈善信托能够协同社会力量对养老慈善模式

① 相关案例及资料来源：中国信托业协会．中国信托业发展报告（2020—2021）［R］．2021.

进行改革和创新，汇集养老资源，为养老公益慈善事业提供更加全面的服务。

中国慈善网所发布的统计数据显示，截至2020年末，国内共有537单备案慈善信托业务，其中有78单包含扶老助老的慈善信托目的，2016—2020年这段时间内，养老慈善信托设立的数量为7单、12单、7单、18单和34单。在为病人提供病患资助方面，慈善信托资金被用于救助阿尔兹海默、白内障等老年疾病患者，还有部分被用于养老院的资助和捐赠等项目。

2019年，中航信托在中国扶贫基金会的委托下设立了“雅安公益养老慈善信托”，其信托目的在于为雅安当地的家庭、社区、非营利性的养老看护等机构所设立的助困养老项目提供支持，此信托的首期资金被投放到了当地社会福利院照护贫困失能失智老人的项目上，有效地提升了老人的生活质量，为养老慈善信托的发展提供了可借鉴的范例。

三、养老信托发展面临的挑战

（一）养老金信托：养老金“三支柱”尚未完善

中国的养老金融面临制度设计待完善、需求供给不匹配、市场秩序不规范等众多挑战。[①] 具体来看，养老金“三支柱”仍然承压：第一支柱（法律强制的公共养老金）覆盖率虽高，但保险替代率较低且因收支缺口所带来的财政补助压力巨大；第二支柱（企业和个人的职业养老金共担计划）呈现出较高的收益水平，但由于就业人口多数聚集于中小民企，年金的覆盖率并不高；第三支柱（个人养老储蓄投资计划）相比发达国家结构占比明显偏低，尚处于起步发展阶段，这些原因综合导致居民的养老积蓄不足。养老金信托是与养老保障“三支柱”紧密相关的信托业务。当前阶段，第一养老支柱信托开展业务相对较少，本节暂不分析。

---

① 董克用，姚余栋．中国养老金融发展：挑战与应对［J］．中国经济报告，2019（1）．

1. 养老金信托与养老第二支柱

在第二养老支柱中，企业年金、职业年金市场是典型的机构市场，银行、保险类机构的资源优势相对明显，和一些大型集团化企业的合作关系也比较稳定，因此占据了大量的受托人市场。相较而言，信托公司所管理的受托资金并不多，所管理的企业及员工数量也有限。

从企业年金业务的收益水平来看，投资管理业务能够创造极高的利润，收费较高且不用承担高额的成本，而仅开展受托及托管业务无法实现高标准收费，其中账户管理所创造的利润是最少的，而事务管理又最为烦琐。但是在具体实践中，信托公司在年金业务资格长期止步于法人受托机构和账户管理机构，短期很难在投资管理机构资格上取得突破。与此同时，开展企业年金信托业务也不会马上为信托公司带来较理想的盈利，再加上前期需要投入较高的系统成本，所投入资金要长期才能得到回报。在此种情况下，信托公司所受托的企业年金在短期内无法达到预期目的，这也是信托公司开展企业年金业务积极性不高的原因之一。就职业年金的管理来看，近几年事业单位先后都设立了职业年金，职业年金市场将迎来比企业年金更加激烈的竞争，但养老保险、银行类机构几乎垄断市场，信托公司中仅有中信信托在市场中抢占一席之地，未来拓展仍面临比较大的挑战。

2. 养老金信托与养老第三支柱

在养老第三支柱中，具有普适性的养老金信托产品也亟待发行。自 2020 年起，国家对发展第三支柱养老金的问题给予了重点关注，在中央经济工作会议上，第三支柱养老保险的规范化发展工作被置于非常重要的地位。

财政部社会保障司司长符金陵在 2020 年底曾公开表示，在科学、全面评估试点工作的基础上，财政部会协同人社部进行《支持养老保险第三支柱发展的措施和政策》的研究和编制，就此确保参保人员能够依法享受到更高的养老待遇。

银保监会也多次对第三支柱的发展做出工作部署。信托部主任赖秀福作为全国人大代表在 2021 年“两会”中提议将保险和信托列为国内养老金的第三支柱的产品主体，引导并鼓励保险、信托两大行业作为养老金第三支柱的试点行业，在此展开进一步的探索和尝试。但是，从规范发展养老金第三支柱体系、养老金产品创新、养老金经营主体等相关政策信息看，信托公司并未包含在内，未来信托公司能否参与，以及如何参与第三支柱的顶层设计存在较大不确定性。

（二）养老服务信托：养老服务需求与供给亟待平衡

2020年底颁布的《建立健全养老服务综合监管制度促进养老服务高质量发展》，其中分四个方面对监管重点的明确、监管责任的划分、监管方式的创新等十五项内容作出了重点表述。该文件提出要面向金融机构对其与养老金融产品及服务有关的创新性行为进行严格监管。全面排查并重点打击假借养老服务名号非法集资的不法行为，大力宣传各种政策并及时预警风险，对佯装提供养老服务而开展非法集资活动的养老机构进行严惩。养老服务信托作为养老信托的一个重点发展方向，开始驶入规范发展的“快车道”。

1. 养老服务信托的需求端

充足的收入积累是社会成员参加养老服务信托、进行养老财富储备的经济基础。相对发达国家而言，处于发展中阶段的中国在迈向老龄化阶段后，人均GDP值仍在5000美元以下，远低于发达国家人均GDP普遍在1万美元以上的水平，面对快速老龄化的挑战，政府和社会缺乏足够的资源储备，“未富先老”的情形十分严峻。与发达国家相比，很多居民的可支配收入并不充足，房地产等非流动性资产在其资产构成中占比过高，导致其对养老服务信托缺乏足够的参与能力。同时，由于信托产品高端私募合格投资者的现有定位，进一步制约了客群的范围。

2. 养老服务信托的供给端

从养老服务信托的供给端看，虽然部分信托公司从2015年以来就尝试推出养老服务信托产品，期望发挥信托特有的资产隔离、权利重构功能，打通养老理财和养老消费服务之间的桥梁。但是，与其他金融机构提供的养老服务金融业务相类似，现有养老服务信托产品并未完全实现养老金融服务导向，不排除一些养老信托假借“养老”的外衣进行其他金融产品的开发和供应，从投资周期、产品收益等方面来看，和其他产品的区别并不算明显。而且许多养老服务信托产品在服务提供方面缺乏深入的养老市场调研和需求分析，并非真正意义上的养老服务金融产品，养老服务信托在产品供给端仍需进一步的规范。

（三）养老产业信托：投融资和运营面临挑战

从投融资的情况来看，养老金融对于新兴养老服务领域的支持，特别是老年文娱、智慧养老、养老用品等方面的支持工具较为单一，中小民营养老服务企业“融资难、融资贵”的问题还十分突出。而传统的养老产业本身具有回款周期较长、收益率较低的特点。例如，在养老地产领域，虽然信托公司依托在房地产领域积累的专业经验，在参与养老地产建设方面进行了一定尝试，但由于信托资金来源有限、资金成本高、期限较短等特点，信托资金与养老产业的匹配程度仍然较差，依靠养老运营收入作为还款来源依然有较大难度，需要通过其他资金补偿渠道、或者项目中配套的住宅地产销售来实现资金回收，这在很大程度上制约了养老地产信托的展业空间。

（四）养老慈善信托和养老财产登记及税收问题

由于相关政策还未完善，养老财产尤其是非现金类财产在转让或者慈善捐赠的时候，会面临税收问题以及财产登记的问题，这对相关业务的开展造成了一定的阻碍。

1. 非现金类养老财产的登记问题

信托财产以资金为主，而从居民财富的积累来看，我国居民近 80% 的资产沉淀在房地产和定期存款上。由于相关信托财产登记、非交易性过户税收优惠等尚不明确，受制于信托财产登记和税收制度的缺乏，居民在以房产等非现金性财产作为养老资产资源、委托信托公司进行专业化受托管理服务时，面临交易成本过高等困难。

2. 养老慈善信托的税收问题

就养老慈善信托而言，现有规定要求，登记在内的基金会、慈善总会等慈善机构所开展的慈善捐赠活动能够享有免税或抵税政策。尽管慈善信托与慈善捐赠有着相似的功能，然而就当前的发展情况来看，慈善信托却不能享有和慈善捐赠相类似的税收优惠，导致慈善信托遭遇了一定的发展障碍。

四、养老信托业务未来的发展趋势

（一）参与养老金“三支柱”建设，完善养老信托产品

1. 拓展养老金第二支柱的参与空间

从市场实践来看，年金基金对稳定收益类非标资产具有较大的投资需求，后续投资运营规模有望继续扩充。信托公司作为年金产品的优质资产供应方，未来应高度重视，将信托产品作为年金投资管理的重要资产配置对象，助力年金基金获取长期稳定收益。此外，信托公司还应注重风险管理、资产管理、综合服务和科技引领四项能力的全面提升，在受托管理、账户管理及投资管理领域拓宽服务内容，创新服务模式，不断拓展年金业务范围，为养老体系第二支柱的发展全力助航。

2. 积极参与养老金第三支柱建设

养老金第三支柱是多层次养老体系中最具发展潜力的一环，发展以养老型金融产品为代表的第三支柱，可以有效缓解我国当前养老体系的压力，满足多样化的养老需求。我国目前正在逐步建立起涵盖各类金融机构的个人养老投资账户，将符合规定的公募基金、商业养老保险、银行理财等金融产品纳入第三支柱养老金融体系，同时也积极增强税收优惠对个人养老投资的激励，提高税收优惠力度。在这样的政策背景下，信托公司要积极争取监管部门支持，将符合规定的养老信托产品纳入个人养老投资账户的合格投资范围，积极参与第三支柱的建设。

（二）养老信托目的多元化，丰富养老服务信托场景

1. 提升服务能力应对多元养老需求

立足于现实的财富管理需求，针对养老、传承、慈善公益等多元场景，面向高净值客户的养老信托服务仍有较大想象空间。养老信托可以同时实现养老理财、养老服务以及财富传承等诸多目的。信托的财产隔离功能意味着养老信托既可以是委托人为自己的养老目标所设立的自益信托，也可以是为亲属制订长期配置方案的他益信托。委托人可就财富传承方式问题和受托人事先做好约定，预先确定未来对受益人开展收益分配的方式。

2. 借鉴国外养老信托服务经验

面对养老场景的多元化需求，参考国外养老信托的服务经验，能够对我国老龄化问题的应对和化解起到一定的辅助作用。例如，日本信托银行将部分持续性较强、风险较为可控的信托产品提供给社会公众，同时也负责一些财管、继承和遗嘱执行等服务的提供。在这种情况下，老年人的晚年生活通常都能保障相应的水平。三菱日联信托银行曾率先开展了代理支付这一信托业务，在委托人被阿尔兹海默等疾病所困扰时，信托业务能够代其办理银行取现、医药费支付等业务。瑞穗信托银行也开发了一项类似的业务——认知支援信托，能够帮助认知能力逐渐下降的委托人代为支付医疗等费用，让患病老年人不再担心自己无人看护，能够安心度过晚年。

（三）以信托文化为引领，维护养老投资者权益

1. 以信托文化作为养老信托价值引领

2020 年，中国信托业协会下发了《信托公司信托文化建设指引》（以下简称《指引》），以引导信托公司回归受托人定位，加快信托业转型高质量发展。《指引》提出了“信托文化”包括服务、民生、责任、底线和品质五大要点，要求信托公司回归受托人定位。

“信托文化”作为信托的价值内涵，能够有效为养老金融受托管理指路引

航。"落其实者思其树，饮其流者怀其源。"近年来，信托行业在监管部门的领导下，通过大力开展信托文化建设工作，逐步深刻阐释并系统地回答了信托的本质是什么、能做什么、优势是什么、怎么做等一系列根本性问题，更为当前信托公司全力实施战略转型提供了方向指引。[①] 充分发挥信托制度优势，大力发展养老信托，正是信托公司回归信托业务本源，践行"诚信、专业、勤勉、尽职"信托文化的本质需求，更是信托积极履行社会责任、创造社会效益、塑造良好企业形象以及成为完善我国社会治理体系重要力量的价值追求。

2. 多向度保护养老信托消费者权益

从现阶段的市场情况来看，一些养老金融产品的规范性并不强，而老年人普遍缺乏金融投资知识，风险意识及维权意识并不高，在金融消费活动中通常处于弱势。针对养老信托中存在的消费者权益保护问题，多家信托公司都将老年人权益保护作为消保工作的重点，通过开展多种主题活动，积极创新采取线上、线下相结合形式向广大投资者普及信托及金融知识，以各种方式保护老年投资者的权益。

例如，中航信托各财富中心积极组织开展金融知识"进养老院、老年大学、社区"等活动，针对一些电信诈骗、非法集资等可能侵害老年人正当权益的金融违法犯罪活动，做好防诈骗宣传工作，并注重提高老年人防骗意识和自我保护能力，提升老年人对智能技术的了解，让老年人能够更好地融入智能时代；杭州工商信托开展"有温度的金融服务，护航幸福晚年"主题宣传，向老年客户发送相关金融风险提示短信进行温馨告知，并在营业场所为老年客户提供老花镜、放大镜、业务办理指引流程等服务设施，积极提升老年客户感受；云南信托以消费者权益保护为主题，在企业内部开展知识竞赛活动，让员工树立起强烈的消费者权益保护意识，全面推动其个人服务水平的提升。渤海信托、中海信托、北京信托等信托公司则纷纷启动消费者权益保护教育宣传周活动，通过知识问答、防诈骗小贴士、金融小课堂等形式，

① 范华．以养老信托构建养老金融服务新生态［J］．银行家，2021（2）．

为投资者维护自身权益提供指南和帮助。

随着我国老龄人口占比的逐渐提升，在大力发展“银发经济”的同时，保护老年人金融服务权益的基础条件也需要进一步完备。基于我国养老金融服务体系的阶段性特征，未来养老信托依托其文化优势、制度优势、功能优势，不仅能够与养老保险、养老基金等养老金融体系多种金融工具协调发展、相互促进，还能够以慈善信托、服务信托等形式，在多层次养老保障体系中进一步发挥其社会治理功能。

课题组组长：范华

课题组成员：袁田、禄琼、王亚璐、刘珺洁

破产重整企业共益债务融资的实践探索

中国信达资产管理股份有限公司江西省分公司课题组

一、新形势下共益债务融资所处的市场环境

在习近平总书记提出的“双循环”新发展格局下，推进供给侧结构性改革和完善市场主体退出机制改革，将是今后一段时期的理论与实践工作重点。近年来，人民法院为配合“僵尸企业”出清和解决执行难问题，大力推广和倡导的“执行案件移送破产审查”制度，使法院受理的破产案件数量逐年增加。仅2021年上半年，破产案件相关公告共计27094件，发布企业预重整公告110件、重整计划草案公告23件。在此背景下，金融资产管理公司作为企业破产案件中的主要当事人和参与者，主动适应“破产浪潮”，是一个需要不断思考的课题。笔者认为，金融资产管理公司作为国家金融体系中的“金融稳定器”，肩负着化解金融风险和服务实体经济的重任，在破产重整业务领域主动作为，发挥积极作用，符合监管对公司的经营发展定位，是响应有关监管政策参与困境企业救助的应有之义。在传统不良资产处置方式的基础上，开展“共益债融资”既可以有效盘活破产企业，同时变被动处置为主动投资，最大化地提升债权回收现金额和增加处置利润。我公司及时介入“共益债融资”这个特殊的投资领域，摸索经验，锤炼团队，力求开创一片不良资产经营的“蓝海”。

二、现行法律下共益债务融资面临的问题与挑战

共益债务融资主要体现在《企业破产法》第四十二条和《破产法解释

（三）》第二条规定中，破产申请受理后，经债权人会议决议通过，或者第一次债权人会议召开前经人民法院许可，管理人或者自行管理的债务人可以为债务人继续营业而借款可参照共益债务的性质和顺位受偿。用一句话形容共益债务融资比较合适，“为众人抱薪者，不可使其冻毙于风雪；为自由开路者，不可使其困顿于荆棘”。但在现行法律框架下，共益债务融资依然面临许多的理论问题。

（一）共益债务融资的认定缺乏健全的法律依据

《企业破产法》第四十二条是以列举的方式确定了共益债类型，使共益债务的范围仅限于法律列举的六种类型，具有封闭性。而在《破产法解释（三）》出台后，共益债务的范围又变得具有弹性解释的可能。在司法实践中，各地法院破产重整判例将银行贷款、供应商赊销、建筑单位垫资续建、金融资产交易平台待售的信托产品收益权等认定为共益债务，存在扩大解释的可能。

（二）共益债务融资下破产管理人职业操守缺乏法律规制

破产管理人是破产程序中的重要角色，处于各方利益冲突的焦点，其所承担的民事义务与责任是破产债权人和其他利害关系人合法利益的重要保障。现行《企业破产法》对于共益债务融资中破产管理人的职业操守和责任义务缺乏更高标准的规范。由于破产重整与破产清算的终极目的不同，往往破产管理人在破产重整程序中所获得的费用报酬远高于破产清算程序。因此，在司法实践中，不少破产管理人为了帮助债务人企业顺利地获得融资，在面对询问和调查时，会对负面信息进行掩饰和隐瞒，失去了独立性和公平性。现行《企业破产法》规定，破产重整执行期间的执行人为债务企业，管理人作为监督方，向人民法院和债权人会议定期报告执行情况。这将导致即使共益债务融资债权人因信息不对称将资金提供给债务人后，依然不得不依靠管理人对债务人进行监督，缺乏事后救济能力。

（三）共益债务融资债权人保护力度不足

在司法实践中，共益债务融资债权人在明知债务人企业已经陷入财务危机的情况下，为其提供借款，承担着巨大的交易风险和市场风险。如果法律不能对共益债务融资债权人的利益提供合理保护，消除其对于债务人企业重整前景和资金安全性的担忧，将有可能导致债务人企业陷入“二次危机”，进而在市场上产生“劣币驱逐良币”的效应，违背了破产重整程序的立法目的。

从《企业破产法》的现状来看，有关共益债务融资债权人的保护主要体现在第四十二条、第四十三条、第七十五条和第一百一十三条几个条文中，对共益债务融资债权人保护不足的地方主要体现在三个方面。

1. 共益债务的优先性位阶不够

根据《企业破产法》第四十三条、第一百一十三条和《破产法司法解释（三）》第二条的规定，共益债务优先于职工债权、税款和普通债权清偿，但仍劣后于有担保的债权和破产费用。国外破产法为了提高参与破产重整主体的积极性，对于共益债务清偿顺位一般分为超级优先模式和共同优先模式两种规定，即共益债务优先于所有债权清偿和与其他享有优先受偿权的债权人共同优先清偿。

2. 为共益债务设立担保难度大，缺乏可操作性

《企业破产法》第七十五条第二款规定，债务人企业出于维持企业营运的目的可以对新发生的借款设立担保，表明法律对于已经设置担保的财产再次设立担保予以认可。但是在司法实践中，债务人企业已经破产且在银行、税务、政府部门失去信用，往往无法独立办理担保手续，需要人民法院统筹协调。

3. 共益债务融资债权人收益无法保障

在现行的《企业破产法》中，对于为债务人企业提供融资是否可以获得收益，法律并没有明确规定。司法实践中存在对借款认定为共益债务，但却没有认可相应共益债务利息的判例。如果共益债务融资债权人的收益无法得到法律保障，同时还需要承担债务企业重整失败转入破产清算，由于清偿顺位的非绝对优先性而面临共益债务融资无法收回的巨大风险。

三、我公司开展共益债务融资的实践尝试

2019 年，我公司从 A 银行收购不良资产包。自收购伊始，我公司就对资产包中与 B 公司有关的五户关联债权给予了高度重视和密切关注。当 B 公司进入破产程序后，我公司果断介入，获得了地方政府、破产管理人以及其他债权人的充分信任。同时，为提高破产重整的成功概率，引入集团内子公司中润经济发展有限责任公司（以下简称中润发展）担任 B 公司的重整咨询顾问。

经过联合尽职调查后，我公司形成了以共益债方式提供续建资金，盘活资产后以房屋销售收入清偿共益债本息的初步方案。我公司作为存量债权人，协调破产管理人及其他债权人促成重整方案落地，并发挥属地优势牵头项目投后管理。中润发展作为破产重整的咨询顾问，协助破产管理人制订重整计划和拟订破产清算转重整方案及后续工作流程。双方在对 B 公司负债和底层资产情况进行了深入、全面剖析后，均认为采用房地产操盘代建的模式，才能充分挖掘底层资产价值，助力问题企业重生，提升共益债资金安全性和优先性。经过与各方长达一年的艰苦谈判，最终形成以我公司、中润发展牵头，破产管理人居中协调监督，代建方、工程方、监管方共同参与的联合破产重整模式。

四、共益债务融资模式下债权人的经验与思考

我公司联合中润发展对 B 公司提供共益债融资的方案获得了债权人会议表决通过并取得人民法院批准重整计划的裁定。据悉，这是国内迄今为止最大的一笔共益债融资。江西省委政法委尹建业书记也在《江西法院简报》（2021 年 4 月 7 日第 10 期）《上饶中院成功重整全国规模最大的个案“共益债”融资破产案件》上批示：此案有典型意义，要认真总结，特别是在创新工作方式方法、保障债权人合法利益、有效化解社会矛盾、优化法治营商环境方面值得充分肯定。该案例被江西省高级人民法院作为典型案例推广。

在重整计划的草拟、批准至执行过程中，我公司对破产重整企业共益债务融资进行了大胆的实践探索，形成了一些有益经验与思考。

（一）破产项目的甄别与交易对手的选择

《企业破产法》第一条规定，即明确了破产法的立法目的是为规范企业破产程序，公平清理债权债务，保护债权人和债务人的合法权益，维护社会主义市场经济秩序。为此，《企业破产法》制定了三种破产程序：破产清算、破产重整和破产和解。

面对符合《企业破产法》第二条规定的破产条件的企业法人，破产清算程序仍为市场主体出清的最主要和最普遍程序，而破产重整程序则属于特殊程序，致力于“治病救人”。破产重整是一项耗时长、费用高的程序，一旦重整失败将会给债权人带来巨大损失。加之，企业一旦进入重整，有关债务人的财产保全措施将被解除，执行程序将被中止，包括担保权人在内的所有债权人的请求将被冻结。债权人的意思自治因重整计划制订过程中引入的分组表达方式和出资人权益而被削弱，企业债务按重整计划得到延期和减免，但重整对债务企业本身无制裁，企业主体不是经清算而消灭，而是继续经营。上述原因使破产重整极易被债务人作为逃避或减免债务的手段。因此，破产项目的甄别对于金融资产管理公司展业来说显得尤为重要。

1. 债务企业具备重整价值

债务企业具备重整价值的核心是其继续经营价值大于清算价值。对于债权人来说，重整程序下的债权受偿率要大于清算程序下的债权受偿率。总体来说，债务企业“打铁还需自身硬”。在司法实践中，各地法院从债务人经营情况、资质价值、品牌价值、社会公共价值、所处行业发展情况、产业链地位等各方面出发，出台了一些指导性规定，例如《深圳市中级人民法院审理企业重整案件指引》第二十二条第二款和温州市人民政府办公室印发的《企业金融风险处置工作府院联席会议纪要》第二部分第（二）条。

2. 债务企业具备“拯救可能性”

“拯救可能性”主要是指债务企业重整计划通过并执行的可能性，包括债务企业及其实际控制人的重整意愿及其配合程度、政府和法院对企业重整的支持力度、主要债权人对重整的看法和意向重整投资人投资意愿等各方面。一般情况下，我公司对信达系已持有存量债权和重整主体为上市公司或有上市潜力的债务企业更加青睐。对于房地产企业，我公司通常优先选择项目区位优势明显、业态合理、续建工程量占总工程量比例较小、未售货值占可售货值比例较大、有品牌房企作为联合重整方的破产重整项目。

（二）业务介入时机的选择

破产重整一般需要经历破产申请、受理裁定、遴选管理人、决定是否继续经营、召开债权人大会、招募投资人、重整计划制订、表决并批准、重整计划执行等环节。通常认为共益债投资是在管理人或债务企业决定继续经营需要对外借款之时介入，这是因为共益债务融资性质上属于共益债，法律规定的共益债务起始时间是破产申请受理后。

同时，破产重整的核心即重整计划，共益债融资方案是整个重整计划的重要组成部分。《企业破产法》第七十九条规定，重整计划制订期限是债务人或者管理人应当自人民法院裁定债务人重整之日起 6 个月内，同时向人民法院和债权人会议提交重整计划草案。在规定的期限届满，经债务人或者管理人请求，有正当理由的，人民法院可以裁定延期 3 个月。这就要求共益债融资方案需在制订重整计划之前完成公司内部的流程审批，取得总部批复。

在司法实践中，共益债投资人介入的时点根据破产项目的不同，可以选择在破产受理前、破产清算中和破产重整招募投资人期间。

1. 破产受理前介入

在破产受理前介入主要通过债务人（实际控制人）联合主要债权人进行预重整，这样可以一定程度上避免在重整程序中，因为共益债融资方案在债权人会议上与竞争者 PK 而出现“为他人作嫁衣裳”的窘境。预重整是债权人与债务人、出资人等利害关系人在债务企业进入法定重整程序之前，在庭外就债权债务等事项进行谈判并达成重整计划草案来拯救债务危机企业的一种机制。预重整是“庭外重组与庭内重整制度的衔接”的一种破产重整的创新模式。在通常情况下，预重整都会在地方政府或人民法院的授意下进行。在破产受理前介入可以抢占先机，与债务人、主要债权人、地方政府建立良好的沟通，了解各方的利益诉求，提高共益债融资方案通过的成功率。同时，发挥我公司的集团优势，为集团子公司挖掘破产重整咨询顾问的业务机会。

2. 破产清算中介入

我公司考虑到破产企业债权债务关系的复杂性，导致债务人企业重整价值判断不明晰时，也可在破产清算中，管理人对申报债权审核并有初步结果时再行介入。

在破产清算中介入，我公司重点是要与破产管理人密切交流沟通，通过破产管理人向当地政府、人民法院及其他利益相关人表达参与的诚意，最重要的是及时将共益债务融资方案提呈各方，及时掌握各方对于破产重整的态度，与反对方及时充分沟通，并以合适的方式提前说服，保证清算转重整后时间和结果的可控性。

3. 破产重整招募投资人期间介入

此时，破产管理人对债务企业债权的审核已基本确定，并正式向人民法院申请由破产清算转为破产重整。我公司若能联合意向投资人共同参与破产重整，借助意向投资人的管理能力和产业经验，将能保证未来重整计划执行有效落实。但此期间介入，我公司的共益债务融资方案将受限于意向投资人的整体重整计划，谈判处于被动地位，收益相对较低，对公司审批期限的时效性要求更高，且会面临多个意向投资人重整方案的比拼。

（三）破产项目的尽职调查

尽管破产项目先期有破产管理人对债权的性质、金额、法律关系进行审核，但是破产项目的尽职调查远比正常项目要复杂和必要。破产项目中债务人企业已属于财务危机的企业，按照“事出有因”的原则，对其所做的尽职调查内容更需深入细致，调查范围更需覆盖至所有利益相关方。以此为标准开展的尽职调查结果必将清晰反映出债务人企业的真实情况，而且直接影响共益债务融资方案风控措施的设立和执行。

各利益相关方的背景尽调，比如，破产管理人的操作案例、经办律师的经验、律师事务所主任的风格、与人民法院的紧密程度等，直接影响重整方案的细节，特别涉及小业主和春节前农民工工资等事宜的妥善处理。再如，抵押债权人是银行还是信托，银行资金是表内还是表外，信托资金是集合还是单一，债权是否经过转让，经过转让的债权背后是否有杠杆配资，这些债权人背景情况的区别都将影响重整方案的设计，甚至抵押债权人的背景区别直接影响该项目最终是破产清算还是破产重整。

针对破产管理人报告的交叉验证及特殊事项的补充尽调。比如，待确认债权的性质、数额等进行复核、对异议债权未来诉讼结果的预判、未申报的特殊债权（税收债权）是否存在补充申报、管理人行使的解除权、撤销权是否合理等。对于房地产破产项目尽调，除基本的法律尽调和财务尽调外，还需要聘请专业机构对房地产项目土地开发、规划、验收、按揭、税务等历史遗留问题进行针对性尽调。

（四）争取“府院联动”机制的建立

在破产重整程序中，人民法院和破产管理人除解决公平清偿债务等法律问题外，帮扶和拯救债务危机的司法资源相当有限，而地方政府及其有关部门对企业拥有大量的行政管理权力，如涉及的土地、房产、税收、信用、劳动以及企业帮扶、社会稳定等问题，都离不开当地政府及其有关部门的帮扶和支持。因此，《全国法院破产审判工作会议纪要》第十六条特别提出，人民法院要与政府建立沟通协调机制，帮助管理人或债务人解决重整计划草案制定过程中的困难和问题。

“府院联动”机制能为破产重整过程中遇到的社会维稳、欠缴税款、有瑕疵财产的处置变现，甚至缺乏重整费用等问题提供帮助。《全国法院破产审判工作会议纪要》第二十一条提出，企业重整后，投资主体、股权结构、公司治理模式、经营方式等与原企业相比，往往发生了根本变化，人民法院要通过加强与政府的沟通协调，帮助重整企业修复信用记录，依法获取税收优惠，以利于重整企业恢复正常生产经营。当债务企业的重整计划经债权人会议表决通过和法院裁定批准进入执行阶段后，为使债务企业恢复生产经营，人民法院在重整计划执行期间应当协助债务企业修复其信用。如根据债务企业的申请，与市场监管部门、税务部门以及金融机构进行协调，移除经营异常名录，恢复营业执照，删除征信不良记录，移除纳税失信名单，删除失信被执行人信息等。

在司法实践中，根据各个地方破产案件数量、影响程度、司法环境等因素的不同，“府院联动”机制通常分为有常态化专门重整联动机制、破产联动机制中的预重整机制、个案重整联动机制、某一事项联动机制（就个案或类案遇到某一重大或重要的事项进行联动，通过协调方式进行处置）和对自行预重整的联动监督机制。在破产重整程序中，“府院联动”机制是重整计划顺利执行和我公司共益债务融资安全退出的有力保障。面对破产项目的历史遗留问题，我公司需在共益债务资金投放前，取得类似于政府会议纪要的文件，明确政府各职能部门责任人配合重整计划执行。

在房地产破产重整项目中，启动项目后续建设工作，牵涉的利益广泛、维稳任务繁重，人民法院只能解决破产重整中所涉及的法律问题，而更为复杂的社会问题和维稳问题则需要依靠人民政府的支持。同时，因项目后续建设可能会涉及土地征收交付和延期、消防规划重新审核、施工许可证变更或重新办理、预售许可证办理等一系列手续，这些工作和历史遗留问题的推进和解决都离不开当地政府的协助与配合。另外，当地政府也可以协调税务部门，通过制定一系列的税收优惠政策来扶持企业重整，包括但不限于减免欠缴税费及滞纳金；对重整续建工程具备销售条件的，先行开具销售税票、完税证明以及增值税等税款待工程竣工验收和重整计划完成后一并结算和征缴等。

（五）共益债务融资债权人权益保障措施

1. 共益债务性质“三确认”

（1）程序确认。共益债务融资方案作为重整计划草案的一部分，根据《企业破产法》第八十四条规定，人民法院应当自收到重整计划草案之日起

30日内召开债权人会议，对重整计划草案进行表决。出席会议的同一表决组的债权人过半数同意重整计划草案，并且其所代表的债权额占该组债权总额的2/3以上的，即为该组通过重整计划草案。《企业破产法》第八十六条规定，各表决组均通过重整计划草案时，重整计划即为通过。

（2）司法确认。根据《企业破产法》第八十六条、第八十七条、第八十八条的规定，人民法院应当自收到申请之日起30日内裁定批准，终止重整程序，并予公告。在司法实践中，有的法院是裁定批准整体的重整计划；有的法院会应投资人请求，单独就属于共益债务性质的借款出具裁定书。笔者建议，应尽量与人民法院和破产管理人沟通，取得确认借款属于共益债务性质的裁定书，保证共益债务融资的优先退出权得到法院确认。

（3）文件确认。在共益债务融资方案中明确借款性质，约定借款的利息、滞纳金等法定孳息均属于共益债，设定明确的借款额度、利率、期限、投放条件、风控措施和违约责任等。若重整失败，共益债务融资人已投资的共益债中未使用资金应予以无条件退回。对因使用共益债资金实现的增值部分，共益债务融资人至少应有权获得第一顺位优先受偿。

2. 共益债务融资合同条款制定

上文提到的共益债在现行法律框架下面临的问题与挑战，也为共益债务债权人与各利益相关方留下了大量合同自治的空间。为保证共益债的安全，共益债务融资合同是最重要的规范文件，各方的权利与义务需在合同条款中得到明确体现。

根据共益债务融资的特点，共益债务融资合同条款的设置要着重注意使用用途、投后监管、管理人和债务人的协助报告义务、放款条件，尤其是债权人会议同意和法院认可需要作为放款条件。为保证共益债本息的安全，合同条款中可以安排优先清偿权和优先融资权。所谓优先清偿权，就是当债务企业已有存量信达债权时，共益债可优先用于清偿部分存量信达债权。优先融资权，是指未来新增融资时，信达可以保留优先融资的选择权。当有多笔共益债务时，可以在私法自治范围内，与管理人、其他共益债权人约定，不同共益债之间的优先顺序，甚至可以与管理人探讨，优先于管理人报酬清偿，这些都是根据实际情况能够约定的。在房地产破产重整中，由于破产重整周期较长，其间市场环境变化、评估价格和销售定价往往有一定的偏差，据此制订的重整计划清偿比例，会导致项目存在价格刚性。故重整计划一定要保守且列明所有清偿比例均为模拟，一切结果取决于市场，不排除债权二次打折的可能。从共益债务融资债权人角度，需要在共益债务融资合同中取得一定范围的价格调整权以及极端情况下无底价法拍的权利，以保障自身权益。

3. 关注重整计划与共益债务融资方案的衔接

重整计划草案是破产重整程序中的主要内容，是重整程序的核心，也是重整计划执行阶段的依据和规则。根据《企业破产法》第八十一条的规定，重整计划草案通常应包括债务人经营方案、债权分类情况、债权调整方案、债权受偿方案、重整计划的执行期限、重整计划执行的监督期限、有利于债务人重整的其他方案等。而我国《企业破产法》将重整计划草案的制定权仅赋予债务人或管理人，债权人和新投资人等利害关系人无提出重整计划草案的权利，这种法律制度的缺失，可能会使相关利害关系人的权益无法得到有效保障，也不利于调动新投资人参与重整程序的积极性。

我公司草拟的共益债务融资方案仅作为重整计划草案内容之一的债务人经营方案中的资金筹措及使用计划。若重整计划草案表决通过且经法院批准，将对所有利益相关方具有约束力且具有一定的强制执行力。因此，在破产管理人制订重整计划草案的过程中，我公司需要与管理人保持密切沟通，重点关注重整计划草案与共益债务融资方案的衔接，可要求在有利于推动债务人重整计划草案获得各表决组同意及人民法院批准的其他方案内容中，对共益债与有担保的债权人、其他共益债投资人之间就受偿顺位进行重新约定，同时调整各利益相关方的权利与义务。

4. 设定合理的投放规模和明确的支付条件

在确保重整受偿比例不低于模拟清算下受偿率的前提下，结合企业资金需求和现金流回款情况，审慎考量共益债投放规模。为保证共益债资金的用途，可根据重整计划执行情况，设置重要用款节点，既帮助债务企业降低财务负担，也为信达控制了整体风险敞口。

房地产破产重整项目要对去化速度和价格进行严格的双降测试，审慎预测未来现金流情况。未停产的生产型企业破产重整要有充足的订单支持现金流测算数据，并与企业的上、下游主要合作方进行复函确认。已停产的生产型企业要有下游客户、企业现有产能等佐证共益债到位后的复产能力。

5. 为共益债追加担保措施

根据《破产法司法解释（三）》第二条的规定，管理人或债务人可以为共益债务设定抵押担保，抵押物在破产申请受理前已为其他债权人设定抵押的，债权人可主张按照物权法第一百九十九条规定的顺序清偿。共益债的本质是为全体债权人提高受偿比例，为债务企业提供流动资金，帮助其恢复经营甚至“涅槃重生”。在司法实践中，共益债的投入将为企业的资产实现增值和增加产成品，对于资产增值部分和产成品均满足抵押条件的前提下，可为共益债追加担保措施。从底线思维的角度出发，若破产重整失败转为清算，追加了担保的共益债，将获得与担保债权人同等的清偿顺位，提高了共益债的安全性。

6. 设计合理可行的投后管控方案

在司法实践中，重整计划执行期间，一方面，共益债务融资债权人具体管控的实现主要通过改组董事会或者另行组建决策委员会的形式，实现抓经营决策，并由重整计划进行赋权；另一方面，则在审批流程关键节点派专人把控。除以上重大事项外，日常具体经营层面的决策，则在适当范围内放权给破产重整执行人即债务企业。

课题组组长：张波

课题组成员：黄兆南、熊凯、周慧华、潘茏、朱理宏

第四篇

普惠金融与乡村振兴

农村产权融资配套机制建设研究

中国人民银行南昌中心支行征信管理处课题组

一、农村产权融资现状及成效

（一）农村产权融资历史沿革及服务体系

1. 历史沿革

2007年1月，第三次全国金融工作会议提出要充分发挥农村各种金融组织的作用，适度放宽农村金融市场中金融机构的准入门槛。在2008年党的十七届三中全会上，“扩大农村有效担保范围”成为切实解决农民融资难的问题的重要观点。2008年10月，中国人民银行、银监会联合发文，并在东北三省和中部六省选择县市开展农村金融产品和服务创新试点。2010年5月，中国人民银行等部门出台了《关于全面推进农村金融产品和服务方式创新的指导意见》，提出关于“探索开展农村土地承包经营权和宅基地使用权抵押贷款业务”。党的十八届三中全会《中共中央关于全面深化改革若干重大问题的决定》提出完善产权保护制度，建立农村产权流转交易市场，推动农村产权流转交易公开规范运行，允许农民以承包经营权入股发展农业产业化经营。2015年，国务院印发《关于开展农村承包土地的经营权和农民住房财产权抵押贷款试点的指导意见》，部署试点地区稳妥有序开展农村承包土地抵押贷款业务。2016年，中共中央、国务院《关于稳步推进农村集体产权制度改革的意见》提出，有关部门要研究制定集体资产股份抵押、担保贷款办法，保障农民集体资产股份权利。之后不久，人民银行会同相关部门联合印发了《农村承包土地的经营权抵押贷款试点暂行办法》和《农民住房财产权抵押贷款试点暂行办法》，明确了推进落实“两权”抵押贷款试点的政策要求。近年来，中央一号文件也对农村产权抵押融资提出了明确要求。

2. 服务体系

近年来，全国各省、市、县逐步构建完善的农村产权融资服务体系。一是信用体系建设方面。主要通过运用现代信息管理技术，采集农村经营主体信息，开展信用评级，建立信用档案。二是政府信息共享方面。主要是建立农村产权交易信息数据库和农村产权信息查询系统，便利金融机构查询农地抵押信息。三是构建全覆盖农地经营权流转交易体系。依托农村产权交易平台、农地流转服务平台、农地管理服务机构，打造以资金、资产、资源为核心的“三资”数字化管理平台，建立农村产权融资服务链，完善抵押融资信息系统和抵押担保机制。

（1）运行模式。主要包括政府主导型和市场主导型。一是政府主导型（自上而下型）。政府出台规范性文件，主办银行开办业务，同时成立政府层面的农地经营权流转中心，来解决抵押物的流转和变现的问题。典型代表是宁夏平罗农地经营权抵押融资模式。平罗县成立农村土地经营管理制度改革服务中心，建立流转登记制度，设立土地收储基金。出台了《平罗县农村土地承包经营权、流转经营权和宅基地使用权抵押贷款管理办法（试行）》等文件，协同当地金融部门完善土地承包经营权抵押贷款所涉及的各类规范性制度，其土地承包经营权价值由农村土地经营管理制度改革服务中心或贷款银行评估。二是市场主导型（自下而上型）。政府仅出台相关政策或制度办法对土地经营权流转等环节进行引导和规范，不介入农地经营权抵押贷款操作的具体过程。典型代表是宁夏同心县农地经营权抵押融资模式。同心县农户在行政村成立流转合作社，农户以部分土地入股，合作社为农户贷款进行担保，农户以土地承包经营权向合作社进行反担保；农户归还贷款困难时，合作社代其偿还，并通过流转处置土地承包经营权获得补偿。

（2）农村产权价值评估机制。农地、农房等抵押物价值评估是农村产权抵押融资的重要环节。一是完善农村承包土地经营权和农民住房财产权的价值评估体系。为建立统一的评估标准和市场可比的价格体系，2016年，人民银行会同财政部等有关部门联合印发了《农村承包土地的经营权抵押贷款试点暂行办法》和《农民住房财产权抵押贷款试点暂行办法》，要求各试点地区稳妥有序开展“两权”抵押贷款业务，结合实际建立评估机制，运用多种方法开展评估。二是探索建立农村集体资产股份的价值评估机制。2014年，农业部、中央农办、国家林业局联合印发《积极发展农民股份合作赋予农民对集体资产股份权能改革试点方案》，陆续在全国各地开展试点。2019年，国家农业农村部联合有关部门深入研究集体资产股份的抵押担保贷款办法和价值评估机制。

（3）风险分担机制。建立农村产权抵押贷款风险补偿机制，有助于降低银行的风险预期和抵押品处置难度，破解农村“融资难、融资贵”问题。中央财政通过设立普惠金融发展专项资金，涉农贷款增量奖励和农村金融机构定向费用补贴，积极引导金融机构加大“三农”信贷供给。此外，中央财政还将联合金融机构共同出资设立国家融资担保基金，引导更多社会资本流向“三农”。与此同时，全国各省、市政府部门积极研究确定本地农村产权抵押贷款风险保障的具体举措，不断扩大农村产权抵押贷款规模和风险保障范围，引导国有担保机构加大惠农力度，创新农村产权融资保险产品，同时积极探索各种风险担保补偿机制。

（4）资产流转与处置机制。为有效解决农村产权流转、处置变现的问题，近年来，全国各省、市在政府统筹推动下，按照“政府主导、政策支持、市场化运作、公益性为主”的原则，共同培育和壮大本地农村产权交易市场，为农村各类产权流转交易提供场所设施、组织交易、纠纷仲裁等综合性交易服务，引导农户所有的产权进场交易，规范流转，溢价增值。形成以广西玉林农村产权交易中心为代表的“玉林模式”。当地从健全流转交易市场体系、探索价格形成机制、拓展现代农村金融服务，建立完善农村资源资产要素与交易市场有效对接的路径方式。一是建立“市县镇村”四级交易服务平台，实现全市交易数据信息同步。建立交易市场内部管理制度，制定各类农村产权交易服务指南、交易流程图和格式文本，规范平台运营和产权交易、评估、抵押等流转交易行为。二是完善流转交易价格形成机制，各类涉农资产交易公开透明可追溯。在全国率先创建土地承包经营权、林权交易价格指数，定期发布主要农村资产资源的平均价格和市场分析。三是拓展农村金融服务配套改革打造“交易鉴证—抵押登记—价值评估—抵押融资”四合一的农村产权流转交易综合服务模式，推动农村产权与金融机构对接、融资。

（二）江西省农村产权融资现状

近年来，江西省积极完善金融支农相关配套制度，在《关于扩大我省农村“两权”抵押贷款试点工作的实施意见》和《关于金融支持实体经济发展的若干意见》的基础上，积极引导辖内金融机构深入推进农村产权抵质押融资，支持地方发展特色现代农业。然而从全国范围来看，作为农业大省的江西，农地抵押贷款较为落后。江西第一笔土地承包经营权抵押贷款于2014年在新余市开展，贷款金额为100万元，抵押物为350亩耕地的承包经营权，贷款期限为2年。

2015年末，江西省安义县、乐平县等10个县（市）为农地抵押贷款试点，余江县、婺源县及会昌县3个县为农房抵押贷款试点。为做好“两权”抵押贷款试点工作，人民银行南昌中心支行从工作机制建设入手，积极争取建立江西省“两权”抵押贷款试点工作指导小组和联席会议制度，出台了《江西省关于推进农村承包土地的经营权和农民住房财产权抵押贷款试点工作的实施方案》《关于金融服务江西乡村振兴支持农业农村优先发展的实施意见》《关于开展农垦国有农用地使用权抵押贷款试点工作的实施意见》等多个政策性文件，明确“两权”抵押贷款试点工作的目标任务、推进进度和各试点地区、各部门、金融机构的工作责任，并对试点地区开展专项督查和指导工作。针对试点工作中出现的问题，指导出台《农村承包土地的经营权抵押贷款价值评估管理办法》和《关于规范农民住房财产权抵押贷款抵押物估价管理的指导意见》，解决了农地经营权和农房财产权评估难的问题。重点推动各试点县市政府开展综合化、专业化的农村产权交易中心建设，并会同相关单位出台了《江西“两权”抵押贷款不良资产处置管理暂行办法》，指导金融机构依法采取协议转让、交易平台挂牌再流转等多种方式处置“两权”抵押不良资产，解决涉农财产权益处置问题。针对新型农业经营主体的生产特点，探索“金融+财政+产业”“公司+基地+农户”“保险+期货”等多方合作的融资模式。在金融产品创新方面，开展农垦国有农用地使用权、生态产品价值等抵押贷款试点。其中，赣州市首创的“畜禽智能洁养贷”、生态产品价值实现机制、“信用+”经营权贷款机制三项金融创新模式入选国家发改委《国家生态文明试验区改革举措和经验做法清单》。推动各试点县、市政府建立“两权”抵押贷款风险缓释与分担机制，强化“两权”试点专项统计监测制度和考核，制定相应奖补资金管理办法，给予金融机构再贷款再贴现等政策激励，合理引导金融机构贷款投放。2017 年 7 月，13 个试点县市均建立风险补偿金，基金规模总计达 5200 万元。截至 2021 年 10 月末，全省涉农贷款余额 1.55 万亿元，较年初增加 1513 亿元，同比增长 10.8%。

2019 年 12 月，鹰潭市全域列入首批国家城乡融合发展试验区，明确将在建立农村集体经营性建设用地入市制度、完善农村产权抵押担保权能等五个方面进行改革探索。该市按照“资源变资产、资产变资金、资金促发展”的基本思路，创新农村产权抵押融资模式。全市共办理农村产权抵押担保融资超 1 万笔，获得信贷资金 35.5 亿元。2020 年 10 月 30 日，江西省首宗异地调整入市的农村集体经营性建设用地，在余江区公共资源交易中心摘牌，盘活了锦江镇前进村 94.5 亩农村集体经营性建设用地。余江区采取“国企建项目、村集体入股”的方式，以土地摘牌价作为抵押物评估价，成立余江区盛源经营管理有限公司，构建了“以企带村、以村带民”的发展格局。

二、农村产权融资影响因素分析——以承包土地经营权为例

承包土地经营权是农村产权的主要形式之一，本文以承包土地经营权为例，从承包土地经营权抵押贷款潜在需求和信贷供给意愿两个视角，分析贷款需求和信贷供给的影响因素。因贷款需求和信贷供给均为二分变量（有需求/无需求，愿意/不愿意），本文采用 Probit 模型进行实证。本文数据通过问卷星向农户和涉农机构信贷人员发放调查问卷，共收回 625 份有效农户问卷、

793份信贷员问卷。

Probit模型主要用于预测某种行为发生的概率，其表达式如下所示：

$$Y^* = \alpha + \beta X + \mu$$

其中，$Y = \begin{cases} 1, Y^* > 0 \\ 0, Y^* < 0 \end{cases}$，$\mu$ 是扰动项，服从标准正态分布，于是二元离散选择模型可以表示为：

$$\begin{aligned} \text{Prob}(Y = 1 | X = x) &= \text{Prob}(Y > 0 | x) = \text{Prob}\{(\mu > -(\alpha + \beta x)) | x\} \\ &= 1 - \Phi[-(\alpha + \beta x)] \\ &= \Phi(\alpha + \beta x) \end{aligned}$$

$\Phi(\cdot)$ 为标准正态累积分布函数，Y^* 为不可观测的潜在变量，Y 为实际观测的因变量，X 为实际观测的自变量。

（一）农地经营权抵押贷款潜在需求影响因素分析

1. 变量选取

Y表示贷款潜在需求，是一个二分变量（有需求、无需求），X_i 代表影响农户土地经营权抵押贷款潜在需求意愿的影响因素，包括个体特征（农户性别、年龄、学历、农户类型）、家庭特征（主要收入来源、收入水平、土地规模、信贷经历、家庭劳动力）、土地特征（土地规模、经营类型）、外部环境特征（区位优势、所属乡镇经济发展水平、社会保障程度）、贷款产品特征（贷款利率水平、贷款期限匹配程度）（见表1）。

表1　变量定义及预期影响

	变量	变量定义	预期影响
	农户潜在需求（Y）	0＝无潜在需求，1＝有潜在需求	
个体特征	性别（X_1）	0＝女，1＝男	+
	年龄（X_2）	0＝30岁以下（不含30岁），1＝30～40岁（不含40岁），2＝40～50岁（不含50岁），3＝50岁以上	/
	文化程度（X_3）	0＝小学以下，1＝初中，2＝高中，3＝中专，4＝大专及以上	+
	农户类型（X_4）	0＝普通农户，1＝种粮大户，2＝农业专业合作社，3＝农业企业	+

续表

	变量	变量定义	预期影响
家庭特征	主要收入来源（X_5）	0 = 经商，1 = 打工，2 = 农业	−
	收入水平（X_6）	0 = 中上，1 = 中等，2 = 中下	−
	土地规模（X_7）	0 = 1 ~ 10 亩（不含 10 亩），1 = 10 ~ 20 亩（不含 20 亩），2 = 20 ~ 30 亩（不含 30 亩），3 = 30 ~ 40 亩（不含 40 亩），4 = 40 亩以上	+
	信贷经历（X_8）	0 = 无，1 = 有	+
	家庭劳动力（X_9）	0 = 1 人及以下，1 = 2 ~ 5 人，2 = 5 人以上	+
土地特征	土地流转情况（X_{10}）	0 = 有土地转出，1 = 无土地流转，2 = 有土地转入	+
	经营类型（X_{11}）	0 = 非农业，1 = 农业为主，2 = 纯农业	/
外部环境特征	距县城远近（X_{12}）	0 = 大于 10 千米，1 = 5 ~ 10 千米，2 = 小于 5 千米	/
	乡镇经济发展水平（X_{13}）	0 = 欠发达，1 = 中等，2 = 较发达，3 = 发达	+
	社会保障（X_{14}）	0 = 不健全，1 = 中等，2 = 完善	+
贷款产品特征	贷款利率水平（X_{15}）	0 = 偏高，B 中等，C 较低	−
	贷款期限匹配（X_{16}）	0 = 不匹配，1 = 基本匹配，2 = 匹配	+

注：+表示预期变量与土地经营权抵押贷款潜在需求之间正向相关，−表示预期变量与土地经营权抵押贷款潜在需求之间反向相关，/表示无法确定预期方向。

2. 实证结果分析

模型 1 是将所有变量纳入代入回归方程检验结果，模型 2 是剔除不显著变量回归方程检验结果。从实证结果来看，模型总体显著性似然比统计量 LR = 118.86，大于 5% 显著性水平下自由度 16 的 χ^2 分布临界值 26.3，通过似然比显著性检验。16 个变量中有 10 个变量显著，其中，在 10% 显著性水平下通过检验的变量有 1 个，信贷经历（X_8），在 5% 显著性水平下通过检验的变量有 3 个，性别（X_1）、土地流转情况（X_{10}）、经营类型（X_{11}），在 1% 显著性水平下通过检验的变量有 6 个，文化程度（X_3）、农户类型（X_4）、主要收入来源（X_5）、土地规模（X_7）、距县城远近（X_{12}）、贷款利率水平（X_{15}）（见表 2）。

表2 模型运行结果

	模型1		模型2	
变量	系数	Z统计值	系数	Z统计值
c	0.272298	0.861644	0.30363	1.316159
X_1	0.273230 *	1.953603	0.296536 **	2.149053
X_2	0.099558	1.415987	—	—
X_3	-0.178604 ***	-3.949288	-0.188646 ***	-4.471194
X_4	0.266021 ***	3.352704	0.285491 ***	3.642641
X_5	-0.291457 ***	-3.371036	-0.296422 ***	-3.536136
X_6	-0.109690	-1.082544	—	—
X_7	0.123106 **	2.330762	0.141891 ***	2.784784
X_8	0.235533 *	1.850101	0.227365 *	1.828245
X_9	0.075232	0.400556	—	—
X_{10}	-0.241669 **	-2.194801	-0.232944 **	-2.166449
X_{11}	0.244890 **	2.231784	0.231268 **	2.152409
X_{12}	-0.251592 ***	-3.114122	-0.233894 ***	-2.971547
X_{13}	0.090703	0.90057	—	—
X_{14}	0.048951	0.498112	—	—
X_{15}	-0.257922 ***	-2.780939	-0.263075 ***	-2.88163
X_{16}	-0.172673	-1.619667	—	—
McFadden R^2	0.151647		0.142784	
LR统计量	126.2441		118.8653	
总计	625		625	

注：*、**和***表示在10%、5%和1%的水平下显著。

从实证结果来看，各变量作用方向与预期方向基本一致。

关于个体特征因素：（1）性别（X_1）。变量性别（X_1）的系数符号为正，说明男性比女性农户具有更强的土地承包经营权抵押需求。这与农村地区“男主外、女主内”这种传统生产经营模式相符合。（2）文化程度（X_3）。变量文化程度（X_3）的系数为负，与预期作用方向相反，可能的原因是问卷填写对象中中专和大专及以上学历农户占比较多，他们普遍在外务工，脱离农业生产，故无抵押贷款需求。（3）农户类型（X_4）。相对普通农户而言，农业企业、农业生产合作社及种粮大户扩大生产速度较快，普遍迫切需要更多、更好的金融支持和配套服务，因此，农业企业、农业生产合作社及种粮大户更愿意通过土地经营权抵押方式获取更多的生产资金。

关于家庭特征因素：(1) 主要收入来源（X_5）。变量主要收入来源（X_5）系数为负，即经商农户土地经营权抵押贷款需求意愿较高，打工农户次之，农业阶层最弱。越是以农业生产为主要收入来源的农户，其风险偏好就越低，会谨慎选择贷款。(2) 土地规模（X_7）。变量土地规模（X_7）系数为正，说明随着农户拥有的土地规模越大，其土地经营权抵押贷款需求意愿越高。(3) 信贷经历（X_8）。变量信贷经历（X_8）系数为正，表明较无信贷经历农户而言，有信贷经历的农户的金融基础知识和对信贷接受度较高，越有助于形成贷款的正确贷款预期。

关于土地特征因素：(1) 土地流转情况（X_{10}）。变量土地流转情况（X_{10}）系数为正，越有土地流入的农户，其用于生产性扩张的资金需求就越旺盛，土地经营权抵押贷款需求意愿越高。(2) 经营类型（X_{11}）。变量经营类型（X_{12}）系数为正，说明农户土地经营类型越是偏向于农业生产，其土地经营权抵押贷款需求意愿越强。

关于外部环境因素：距县城远近（X_{12}）。变量距县城远近（X_{12}）系数为负，农户距离县城越近，其拥有的土地经营权就越少，意味着用于抵押贷款的土地经营权农户土地经营权就越少。

关于贷款产品特征因素：贷款利率水平（X_{15}）。变量贷款利率水平（X_{15}）系数为负，表明利率值同农户抵押贷款需求意愿呈负向相关关系。

3. 实证小结

通过对土地经营权抵押贷款潜在需求影响因素实证分析，发现农户性别、农户类型、土地规模、信贷经历、土地流转、经营类型对贷款潜在需求有正向影响，距离县城远近、贷款利率弱化贷款潜在需求，为此以土地经营权为代表的农村产权抵押贷款，可以重点选择有信贷经历、有大量土地经营权、偏向农业生产经营的农户主体进行宣讲，配合财政、再贷款等政策优惠，降低土地经营权抵押贷款利率，解决农户融资难、融资贵难题。

（二）农地经营权抵押贷款供给影响因素分析

1. 变量选取

Y 表示贷款供给意愿，是一个二分变量（愿意、不愿意），X_i 代表影响农户土地经营权抵押贷款供给的影响因素，包括农户特征（农户性质）、土地特征（土地规模、土地评估价值、产权价值评估完善程度、产权的稳定性）、制度特征（抵押品处置机制完善程度、相关法律政策健全程度、地方政策导向变更风险、土地流转机制完善程度等）（见表 3）。

表 3　变量定义及预期影响

	变量	变量定义	预期影响
	农村金融机构信贷供给意愿（Y）	0 = 不愿意，1 = 愿意	
农户特征	农户性质（X_1）	0 = 普通农户，1 = 种粮大户，2 = 农业专业合作社，3 = 农业企业	+
土地特征	土地规模（X_2）	0 =1 ~ 10 亩（不含 10 亩），1 = 10 ~ 20 亩（不含 20 亩），2 =20 ~ 30 亩（不含 30 亩），3 =30 ~ 40 亩（不含 40 亩），4 =40 亩以上	+
	土地评估价值（X_3）	0 =3 万元以下，1 =3 万 ~ 10 万元（不含 10 万元），2 =10 万 ~ 30 万元（不含 30 万元），3 =30 万元以上	+
	产权价值评估完善程度（X_4）	0 = 不完善，1 = 一般，2 = 完善	+
	产权的稳定性（X_5）	0 = 不稳定，1 = 稳定	+
制度特征	抵押品处置机制完善程度（X_6）	0 = 不难，1 = 一般，2 = 很难	－
	相关法律政策健全程度（X_7）	0 = 不健全，1 = 一般，2 = 健全	+
	地方政策导向变更风险（X_8）	0 = 有所顾忌，1 = 没有	+
	土地流转机制完善程度（X_9）	0 = 不完善，1 = 一般，2 = 完善	+

注：+ 表示预期变量与土地经营权抵押贷款供给意愿之间正向相关，－表示预期变量与土地经营权抵押贷款供给意愿之间反向相关。

2. 实证结果分析

模型 1 是将所有变量纳入代入回归方程检验结果，模型 2 是剔除不显著变量回归方程检验结果。从实证结果来看，模型通过似然比显著性检验，9 个变量中有 6 个变量显著，其中，在 10% 显著性水平下通过检验的变量有 1 个，土地评估价值（X_4），在 5% 显著性水平下通过检验的变量有 1 个，土地流转机制完善程度（X_9），在 1% 显著性水平下通过检验的变量有 4 个，农户性质（X_1）、土地评估价值（X_3）、产权的稳定性（X_5）、抵押品处置机制完善程度（X_6）。

表 4　模型运行结果

	模型 1		模型 2	
变量	系数	Z 统计量	系数	Z 统计量
c	0. 557993	2. 865785	0. 485565	2. 585892
X_1	0. 210458 ***	3. 458693	0. 237094 ***	4. 160569
X_2	0. 042012	1. 076614	—	—
X_3	0. 170947 ***	2. 895844	0. 196684 ***	3. 683607
X_4	0. 238314 **	2. 049707	0. 203422 *	1. 792938
X_5	0. 530931 ***	4. 187547	0. 481489 ***	3. 910532
X_6	-0. 544478 ***	-5. 292554	-0. 50805 ***	-5. 077474
X_7	-0. 098481	-0. 878882	—	—
X_8	-0. 204314	-1. 265393	—	
X_9	0. 307015 ***	2. 690428	0. 263593 **	2. 538454
McFadden R^2	0. 196605		0. 192810	
LR 统计量	189. 8392		186. 1752	
总计	793		793	

注：*、** 和 *** 表示在 10%、5% 和 1% 的水平下显著。

从实证结果来看，各变量作用方向与预期方向基本一致。

关于农户特征因素：农户性质（X_1）。变量农户性质（X_1）系数为正，这表明金融机构更愿意向经营规模大的农业大户、农业专业合作社、农业企业提供土地经营权抵押贷款。经营规模越大的农户，其经营实力和可执行财产要更高。

关于土地特征因素：（1）土地评估价值（X_3）。变量土地评估价值（X_3）系数为正，说明土地的评估价值越大，金融机构提供土地经营权抵押贷款的意愿越高。（2）产权价值评估完善程度（X_4）。变量产权价值评估完善程度（X_4）系数为正，说明完善的农村土地价值评估标准及较为规范化的操作程序，为金融机构土地抵押贷款业务的开展提供了准确的价值参考，更有利于金融机构形成对土地经营权抵押贷款意愿的正确预期。（3）产权的稳定性（X_5）。变量产权的稳定性（X_5）系数为正，说明土地产权稳定与否是金融机构在发放贷款决策时需要考虑的因素。部分农村地区土地承包相关程序与手续不够完善，农民维护自身权益意识和认识度不够高，致使金融机构对土地产权稳定性没有足够的信心，一旦土地成为抵押品后，担心会因农村产权归属不清而产生矛盾纠纷。

制度特征因素：（1）抵押品处置机制完善程度（X_6）。变量抵押品处置机制完善程度（X_6）系数为负，说明当面临农户违约时，如何对抵押土地进行处理，金融机构能否及时赎回土地经营权直接抑制了金融机构开展农地经营权抵押贷款业务的积极性。（2）土地流转机制完善程度（X_9）。变量土地流转机制完善程度（X_9）系数为正，说明土地经营权流转市场完善程度直接会影响金融机构开展农地经营权抵押贷款业务的积极性。当部分农民因无法如期还款会失去土地的经营权，金融机构可通过土地流转形式实现其土地价值。

3. 实证小结

通过对土地经营权抵押贷款供给影响因素实证分析，发现农户性质、土地评估价值、产权价值评估完善程度、产权的稳定性、抵押品处置机制完善程度、土地流转机制完善程度对涉农机构办理土地经营权抵押贷款意愿有正向作用。受限于农村土地生存保障功能强、权利赎回难度大等，金融机构剔选和监督农户更加难，一定程度上影响了金融机构的积极性。应从法律层面尽快修订《农村土地承包法》等，并制定符合农村实际、科学合理的土地价值评价标准体系，完善相关风险保障机制。

三、完善农村产权融资配套机制的对策和建议

（一）完善相关法律与政策

提升农村资产效用的重要方式是市场化的农村抵押融资，完善的法律与政策是防范化解相关风险的前提。建议进一步建立健全农村产权抵押、流转的物权范围和制度体系，尽快修订《土地承包法》《物权法》《担保法》《土地管理法》等相关法律法规，进一步明确农村土地产权，解决相关法律条文在农村产权的规定不一致、过度保护以及处置农村产权抵押方面存在的法律障碍问题。在法律修订完成之前，可以按照逐步实现原则，先以司法部门作出司法解释作为法律支撑、出台地方性行政规定或者推行试点工作等方法，由点及面慢慢摸索累积经验，为政策制定提供依据。

（二）科学设计农村产权价值评价指标体系

农村抵押物的估值和抵押率的设定直接影响着贷款金额的多少，也是金融机构防范化解贷款风险的有效手段。建议设立专业的农村产权评估机构，因地制宜制定符合农村实际、科学合理的土地价值评价标准体系，引导金融机构设定合适的抵押率。例如，在设计农房财产权的评估标准时，除参考区域划分、地理位置、建造结构、拆迁征地补偿标准等因素外，添加农房的经济价值、农房流转的便利性等因素作为价值评估的指标，并在评估过程中，适当缩减银行业金融机构的评估权重，改变银行业金融机构在农村产权融资过程中“既当运动员，又当裁判员”的情况，防止抵押物价值偏离。同时，根据市场供需状况对农房价值评估指标实行动态调整，确保农房的评估价值符合市场规律，并在全省范围内建立农村产权价值评估系统，实现信息公开与共享。

（三）深入推动农村地区信用体系建设

一是强化农村地区信息共享。建设江西省农村经营户信用信息联网核查

平台，搭建涉农金融机构与政府部门信息共享通道，允许金融机构在获得农户有效授权的前提下，通过联网核查平台查询农户产权信息。引导金融机构依托联网核查平台开展产品创新，盘活农村产权融资。二是积极推广动产融资登记业务，充分借助动产融资统一登记系统全国电子公示功能，指导金融机构将农村动产纳入抵押范畴。三是深入开展信用创建工作。联合政府部门和金融机构等持续开展信用乡镇、信用村以及信用户的创评，探索信用县创建，形成信用典型示范效应，多措并举开展农村信用宣传等活动，持续强化农村经营主体信用意识。四是深入探索新型农业经营主体信用评价指标体系，建立健全农村信用评价体系。

（四）完善农村产权抵押融资风险保障机制

一是创建具有国资背景的农村产权流转担保机构，拓宽政策性农业保险的范围，大力发展农业保险以及农村产权抵押贷款保险，促进农村产权抵押贷款发放，同时也为办理贷款的金融机构提供保障，提升金融机构放贷的积极性，通过多种抵押担保和保险，降低农业生产经营风险。二是设立农村产权抵押风险专项基金，加强风险专项基金的规范化使用与管理，引导资金需求方与金融机构双方的参与积极性，从而使金融与县域经济的良性互利发展。三是建立农村产权收储中心，建立抵押产权违约处置机制，当贷款出现不良时，处置融资抵押物优先偿还借款人的贷款。鼓励采用土地经营权抵押行业协会担保、土地经营权抵押担保公司担保等模式以增强农户信贷偿还能力，分散、转移金融机构农地权利赎回风险。

课题组组长：郭斐

课题组成员：黎坚、邓晓峰、俞赛华、彭磊、蒋丽敏、刘峰

乡村振兴战略背景下
普惠金融助力农村家庭收入增长路径研究

中国人民银行南昌中心支行法律事务处重点课题组

一、引言

金融是重要的资源配置手段，是促进经济以及家庭收入增长的重要引擎和不竭动力。近十年来，我国逐渐将普惠金融作为一种重要抓手，出台了一系列发展规则和监管政策，如2016年颁布了第一个国家级五年规划（《推进普惠金融发展规划（2016—2020年）》。它明确了我国当前普惠金融的重点服务对象是“老、小、弱、残”等特殊群体。在党的十九大报告中，又要求将服务的重点放在广大农村。

2016年至今，我国普惠金融无论在覆盖广度、覆盖深度，还是在可负担性方面都进展良好。与此同时，2016—2020年，我国城乡家庭人均可支配收入相对差距呈下降趋势，城乡之比分别为2.73∶1、2.71∶1、2.69∶1、2.64∶1、2.56∶1。在此提出疑问，这两者是否存在关联呢？本文的研究重点是普惠金融是否有助于提高农村居民家庭收入，以及是否有助于缩小城乡收入差距。

二、文献综述

（一）国外文献

2005年有学者首次提出“普惠金融”概念，学界对其内涵和外延进行了广泛深入的研究，研究成果大致可分为以下几类：

（1）普惠金融与家庭收入呈正向关系。外国学者通常认为普惠金融有利于减贫、缩小收入差距。Copestake 等（2005）认为，满足低收入家庭的合理信贷需求，能显著增加其家庭收入。Mor 等（2007）认为，扩大低收入群体的金融覆盖面，有助于增加收入，改善生活状况。Bittencourt（2010）以巴西低收入家庭为分析对象，结果显示，普惠金融推进越深入，20%低收入家庭的收入增加越多。Gupte 等（2012）以印度作为研究对象，发现普惠金融有助于缓解收入不平等问题。

（2）普惠金融与家庭收入呈负向关系。有学者发现普惠金融未必能提升家庭收入，可能有负向关系。Arestis 等（2004）研究发现，普惠金融存在一定程度的金融排斥问题，部分弱势群体可能享受不了金融服务，与家庭收入变化并无必然联系。Chakraborty 等（2007）研究发现，即使高低收入群体有同等机会获得所需的金融服务，但由于低收入群体普遍在道德、知识和能力方面不如高收入群体，他们也未必能受益于普惠金融发展。Diniz 等（2012）发现，弱势群体受制于自身条件，不但得不到信贷资金所带来的资本升值益处，反而可能因借贷负担而陷入负债旋涡。

（二）国内文献

（1）普惠金融与家庭收入之间的关系。田杰和陶建平（2012）构建农村普惠金融指数并运用我国 2006—2009 年 1877 个县（市）面板数据进行实证检验，发现发展农村普惠金融能显著促进农户收入提高，其中组成农村普惠金融指数的地理渗透性和产品接触性等 2 个指标与农户收入呈正相关关系，而使用效用性这个指标与农户收入呈负相关关系。黄莹和熊学萍（2013）研究发现，金融机构为低收入家庭提供小额信贷、保险与汇款等普惠金融产品之后，显著提升了这些家庭的收入水平。周弘、夏鸣和李继增（2020）使用 2016 年 CFPS 数据，分析普惠金融对家庭风险资产投资的影响，结果显示普惠金融对于优化农村家庭投资风险资产配置的效果显著强于城市家庭。张晓玫、董文奎、韩科飞（2020）基于中国家庭金融调查与研究中心（CHFS）调研数据，研究发现发展普惠金融对农村家庭和低收入家庭的边际影响明显高于城镇家庭和高收入家庭。

（2）普惠金融与城乡收入差距之间的关系。徐敏和张小林（2014）运用VAR 模型、协整和格兰杰因果检验等实证方法，发现普惠金融与中国城乡居民收入差距之间存在长期均衡关系。李建伟、李树生和胡斌（2015）建立了VEC 模型及脉冲响应函数，研究发现普惠金融发展程度与中国城乡居民收入分配差距之间存在长期均衡关系。胡德宝和苏基溶（2015）运用GMM 动态面板估计法，使用2001—2011 年中国省级数据检验金融发展对收入分配的影响，发现金融发展能提高低收入家庭的相对收入并缩小收入差距。杜朝运和项燕红（2020）建立 PVAR 模型，以西部地区 12 个省（市、自治区）的2011—2018 年数据为研究样本，发现普惠金融和城乡居民收入差距之间存在单向格兰杰因果关系和长期均衡关系，提高普惠金融水平能缩小城乡居民收入差距。

（3）普惠金融与减贫效果之间的关系。郝依梅等（2017）基于新疆南疆3 地州 24 个县（市）2008—2013 年的面板数据，发现普惠金融发展对农村贫困减缓效果显著。何学松和孔荣（2017）分析了普惠金融的减贫效应，发现中部地区普惠金融自 2015 年以来得到明显提升，在 1% 置信水平上，普惠金融综合指数和广度指数每提升 1 个百分点，农村贫困率分别下降 0. 151 个和0. 122 个百分点。

（4）普惠金融与金融排斥之间的关系。尹志超、耿梓瑜和潘北啸（2019）基于 CHFS 数据研究金融排斥对中国家庭贫困的影响。结果显示，家庭面临储蓄和支付排斥时发生贫困的概率最高，接下来依次是家庭面临保险排斥时、面临信贷排斥时。尹志超和张栋浩（2020）利用 CHFS 2015 年数据并构建家庭普惠金融指数，发现普惠金融能明显降低家庭贫困发生率，且对低收入者等弱势群体的影响更大。

综上所述，学界基本上从理论和实证两个角度，对普惠金融与居民收入之间的关系进行了深入研究，但研究结论不尽相同。不过，主流观点普遍认为普惠金融有助于提高居民收入、缩小收入差距。需要指出的是，已有研究大多着眼于宏观视角，对收入差距的分析研究也多数是从城乡角度出发，较少从微观家庭层面来把握普惠金融对家庭收入的影响以及探究城乡家庭收入之间的差距。基于以上考虑，本文选取 CHFS 数据，采用分位数回归法进行实证分析，深入分析普惠金融对家庭收入增长和缩小收入差距两方面的具体影响。

三、理论分析

普惠金融是一种全新理念，是金融发展的新阶段。从普惠金融这个维度来分析和理解金融发展对家庭收入的影响途径，有助于增强各界对金融发展为了谁的理解，有助于政策制定者出台针对性更强、更务实的举措，推动金融持续良性发展。普惠金融影响家庭收入的途径可以分为直接途径和间接途径两种，其中直接途径包括金融服务门槛效应、金融排斥效应、金融减贫效应，间接途径主要通过“涓滴效应”发挥作用。

（一）金融服务门槛效应

金融服务门槛，主要是由金融服务价格和地域等因素造成的。首先，金融机构要实现自身的可持续经营，就要求其在提供金融产品和服务时有必要向客户收取一定费用，而那些难以承担费用的客户即被排除在门槛之外，其本身的有限资本也就无法获得升值收益。相反，对于具有一定资本积累的客户而言，他们不仅有能力获得所需的金融产品和服务，而且能坐享其增值收益。因此，这两类客户的收入差距就会被逐渐拉大。其次，金融机构的城乡、地区分布不均匀，比如有些偏远乡村没有金融机构网点，居民难以获得最基本的金融服务和产品；而城区金融机构网点分布广泛，群众可便捷获得金融服务。

（二）金融排斥效应

金融排斥效应，是指客户有金融需求，但难以得到有效满足。造成金融排斥的原因是多方面的。从政府视角看，由于金融行业属于特许经营行业，有较严格完善的金融法律法规和制度规范。当一国政府制定金融政策时，难以兼顾各个群体的利益，可能会无意间损害某些群体的利益，该群体则可能产生金融排斥心理。从金融机构角度看，金融机构在执行金融法规和政策过程中，出于自身利益，可能会对金融服务对象设置一些条款和门槛，从而导致某些群体被排斥在外。从金融服务需求者角度看，其中一部分群众可能不符合供给条件而被排斥在外，一部分尽管符合条件，也可能因使用不合理而面临更大风险。

（三）金融减贫效应

虽然我国已经历史性地解决了绝对贫困问题，但相对贫困问题将在很长一段时期内存在。这就需要深入推进普惠金融，向低收入群体提供基础性金融服务，使其共享金融发展带来的红利。其一，使低收入群体有机会获得金融服务体系中的各种金融资源，满足自身金融服务需求，获得增值收益。其二，让低收入群体获得正规的储蓄服务，有利于资本和财富逐步积累。其三，有助于低收入群体主动接受金融知识的普及宣传，提高风险防范能力。

（四）“涓滴效应”

“涓滴效应”是指持续地、充分地发挥普惠金融的资源配置和分散风险等功能，促进贫困地区经济增长，在此基础上带动低收入者或贫困地区发展和富裕。随着普惠金融的不断深入推进，融资约束将不断下降，越来越多需要资金的企业或个人的融资需求将能够得到满足。

四、实证分析

（一）数据来源与变量

本文采用 CHFS 采集的调查数据。该调查自 2011 年以来，每两年开展一次调查，已完成五轮追踪调查。为增强比较效果，兼顾数据质量，本文采用

2013年和2017年的调查数据进行比较分析。除去数据缺失值，最终2013年保留了13620个数据列，2017年保留了20618个数据列。通过对这两轮次家庭收入变化的比较，实证分析普惠金融对农村家庭收入变化的影响。

（1）被解释变量（PI）。农村家庭平均收入（PI）由家庭总收入除以家庭成员数量的比值来表示。CHFS中所涵盖的家庭收入包括工资收入、农业收入、工商业收入、财产收入和转移性收入五大部分。同时，农村家庭收入按分位数分组：Q90（0.9分位点）属于高收入组；Q70～Q80（0.7～0.8分位点）属于中间偏上收入组；Q40～Q60（0.4～0.6分位点）属于中间收入组；Q20～Q30（0.2～0.3分位点）属于中间偏下收入组；Q10（0.1分位点）属于低收入组，这类家庭通常享受农村低保等政策扶持。表1给出了2013年和2017年不同分位点上农村家庭人均收入值的情况对比。

表1　不同分位点农村家庭人均收入分组

分位点	Q10	Q20	Q30	Q40	Q50	060	Q70	Q80	Q90	收入差距比（%）
2013年	327	1333	2600	4162	5963	8066	10760	14370	20639	98.39
2017年	640	2098	3905	6098	8795	12089	16300	22449	33360	98.2
年均增长率（%）	18.3	12	10.7	10	10.2	10.6	10.94	11.8	12.76	—

如表1所示，Q10这一组的2013年和2017年农村家庭人均收入分别为327元和640元，但Q90这一组这两年分别为20639元和33360元，两者的绝对差距仍在拉大，而相对差距有所缩小（分别为98.41%和98.1%），贫富差距有所减缓，且2017年的人均收入均显著高于2013年。初步来看，这可能意味着国家实施普惠金融政策在一定程度上提高了各分位点上的农村家庭人均收入，年均增速分别达到18.3%、12%、10.7%、10%、10.2%、10.6%、10.94%、11.8%、12.76%，其中Q10上的收入提高幅度最高，其他分位点上的增幅低得多且随家庭收入增加，年均增长率呈“U”形增长。

（2）解释变量（X）。解释变量X为虚拟变量，当某农村家庭拥有存款、贷款、保险、理财、基金、股票、衍生品、债券中的至少2款金融产品时，我们把该类家庭视为普惠金融惠及家庭，以1来表示；当某农村家庭只拥有1款或没有金融产品时，我们把该类家庭视为非普惠金融惠及家庭，以0来表示。

（3）控制变量。影响家庭收入的因素有很多，本文选择家庭特征、区域特征作为一级控制变量，在家庭特征中又选择户主年龄、家庭成员平均受教育年限、家庭人口数作为二级控制变量；区域特征又以地区经济发展水平来代表，并选择国家统计局公布的2013年和2017年GDP的对数作为区域经济发展水平。所有变量的统计性描述如表2所示。

表2 2013年和2017年样本数据描述性统计

变量		观察值	均值	标准差	最小值	最大值
被解释变量	农村家庭人均收入	13620/20618	12931/22098	35418.4/70397.2	0/0	100000/500000
	农村家庭人均收入对数值	13620/20618	8.51/9.1	1.850/1.648	0/0	14.221/15. 425
解释变量	农村普惠金融惠及家庭	13620/20618	0.75/0.82	0.431/0.403	0/0	1/1
特征变量	户主年龄	13620/20618	51.1/54.7	13.73/13.50	17/4	113/117
	家庭成员平均受教育年限	13620/20618	1.48/2.50	0.931/1.058	0.071/0	8/9
	家庭人口数	13620/20618	3.80/3.41	1.79/1.72	1/1	19/15
	地区发展水平	13620/20618	9.53/10.41	1.038/0.77	6.72/7.170	11.04/11.38

注：/的前面为2013年数据，后面为2017年数据。

从表2中可知，（1）农村家庭特征方面，户主平均教育年限由2013年的1.48年提高到2017年的2.50年；家庭平均人口数由3.80人降至3.341人。这表明，随着我国义务教育的普及，农村家庭成员平均受教育年限逐渐提高，但家庭平均人口数也在不断下降。

（2）农村家庭人均收入方面，2013年和2017年我国农村家庭人均收入由12931元提高至22098元，呈上升趋势，但增幅放缓，说明普惠金融政策的实施可能有助于贫富差距有所减缓。

（3）普惠金融有关指数方面，普惠金融惠及家庭占比由2013年的75%提高至2017年的82%。说明农村地区基础金融服务覆盖面持续扩大，金融覆盖形式不断创新。最小值为0，说明个别家庭有待进一步提升金融素养，提升普惠金融的广度与深度。

（4）地区发展水平，2013 年为 9.53，2017 年升至 10.41，各地区经济呈现显著增长趋势，说明国家实施普惠金融政策可能是促进农村经济发展的重要抓手。

（二）模型设定

本文选择具有区间估计作用的分位数回归来估计。当解释变量普惠金融指数对不同分位数上的农村家庭收入的分布产生不同影响时，它能更全方位地刻画家庭收入分布的差异，并捕捉区间分布的尾部特征，通过不同的家庭收入分位数得到不同结果，进而分析普惠金融对不同家庭收入层次的不同影响。

1. 分位数回归的基本原理

其模型基本可以表示为：

$$Q_y(y/x) = \alpha_0 + \alpha_1 x_1 + \alpha_2 x_2 + \cdots + \alpha_k x_k + Q_u(\tau) \tag{1}$$

对于上述模型，可采取线性规划法（LP）来估计其最小加权绝对偏差，从而得到解释变量的回归系数，可表示为：

$$\min E\rho_x(y - \alpha_0 - \alpha_1 x_1 - \alpha_2 x_2 - \cdots \alpha_k x_k) \tag{2}$$

求解得：

$$\hat{Q}_y(y/x) = \hat{\alpha}_0 + \hat{\alpha}_1 x_1 + \hat{\alpha}_2 x_2 + \cdots + \hat{\alpha}_k x_k + \hat{Q}_u(\tau) \tag{3}$$

2. 普惠金融对农村家庭收入影响的分位数回归模型

本文选取农村家庭收入的对数作为因变量，建立普惠金融对农村家庭收入影响的线性回归模型：

$$\ln PI = \alpha X_{RIF} + \beta Y + \gamma Z + \varepsilon \tag{4}$$

式中，因变量 PI 为农村家庭人均收入；自变量 X_{RIF} 为农村普惠金融水平，为虚拟变量，取 1 或 0，估计参数 α 为普惠金融水平每提高 1 个百分点而引起的农村家庭收入变化的百分比（%）；Y、Z 分别为衡量家庭特征、地区特征的变量，估计参数 β、γ 分别为家庭特征和地区特征对家庭收入差距的影响程度；ε 指无法观测到的或难以度量的变量对农村家庭收入差距的影响，以降低遗漏变量可能导致的内生性问题。

（三）实证结果

本文既考虑农村普惠金融水平这一可能的主因对农村家庭收入的影响，也考虑家庭特征和地区发展水平这些可能施加重要影响的控制变量对家庭收入的影响。回归结果如表3和表4所示：农村家庭普惠金融指数、户主教育年限对家庭收入呈正相关关系，而户主年龄对家庭收入呈负相关关系。

1. 普惠金融指数对农村家庭收入的影响

如表3、表4所示，普惠金融对农村家庭收入影响的回归系数均显著为正。如表5所示，2013—2017年，普惠金融指数明显提高，农村家庭收入明显增加。

如表5所示：（1）普惠金融对不同分位点上收入水平的影响有所不同。从Q10到Q90，普惠金融发展对农村家庭人均收入的影响逐渐下降。在Q10这类农村低收入家庭，普惠金融指数每提高1个百分点，2013年和2017年的农村家庭人均收入分别提升1.531个和0.73个百分点；在Q90这类农村高收入家庭，普惠金融指数每提高1个百分点，2013年和2017年的农村家庭人均收入均提高0.172个百分点。

（2）普惠金融对家庭收入差距的影响。随着分位数上升，普惠金融家庭的收入增幅逐渐降低，即家庭收入越低，对增收的影响效果越大；政策实施越早，对增收的影响效果越好；反之亦然。

（3）从长期视角看普惠金融指数对农村家庭收入增幅的影响。与2013年相比，2017年普惠金融家庭比例由75%升至82%。从不同分位数看，普惠金融指数每提高1个百分点时，位于Q10～Q30的中低收入组的家庭人均收入增幅逐渐下降，位于Q40～Q70的中上收入组的农村家庭人均收入却逐渐上升，尤其是Q50的增幅最大，而位于Q80～Q90的中高收入组对收入增长没有显著变化，说明从长期视角来看，普惠金融对低收入家庭的影响最大，对中等收入家庭的影响呈稳定增长趋势，尤其是Q50的年均增长最大，而对高收入家庭收入影响则并不显著。

表3　2013年普惠金融在不同分位点上对农村家庭收入增长的影响

	Q10	Q20	Q30	Q40	Q50	Q60	Q70	Q80	Q90
家庭普惠金融	1.531	0.81	0.511	0.329	0.271	0.252	0.223	0.180	0.172
	(0.077)	(0.058)	(0.042)	(0.0348)	(0.0269)	(0.029)	(0.024)	(0.026)	(0.031)
平均教育年限	0.405	0.435	0.37	0.305	0.297	0.271	0.245	0.251	0.256
	(0.0451)	(0.0341)	(0.0261)	(0.0211)	(0.0159)	(0.0171)	(0.0150)	(0.0153)	(0.0189)
户主年龄	0.0119	-0.0044	-0.0134	-0.0165	-0.0160	-0.0161	-0.0151	-0.0129	-0.0120
	(0.0031)	(0.0020)	(0.0015)	(0.0011)	(0.0010)	(0.0010)	(0.0007)	(0.0009)	(0.0012)
家庭成员人数	-0.0172	0.0170	0.0261	0.0230	0.0261	0.0167	0.00754	-0.00279	-0.0247
	(0.0224)	(0.0172)	(0.0130)	(0.0101)	(0.0082)	(0.00817)	(0.00731)	(0.00748)	(0.00969)
lngdp	-0.0831	-0.0712	-0.0511	-0.0440	-0.0361	-0.0359	-0.0319	-0.0310	-0.040
	(0.0310)	(0.0229)	(0.0181)	(0.0139)	(0.0113)	(0.0114)	(0.0103)	(0.01004)	(0.0134)
常数项	5.121	7.161	8.291	9.019	9.246	9.631	9.901	10.20	10.59
	(0.365)	(0.281)	(0.211)	(0.170)	(0.134)	(0.134)	(0.119)	(0.123)	(0.161)
样本量	13620	13620	13620	13620	13620	13620	13620	13620	13620

表4　2017年普惠金融在不同分位点上对农村家庭收入增长的影响

	Q10	Q20	Q30	Q40	Q50	Q60	Q70	Q80	Q90
家庭普惠金融	0.731	0.543	0.441	0.369	0.351	0.315	0.272	0.180	0.172
	(0.061)	(0.0391)	(0.032)	(0.0271)	(0.0245)	(0.0244)	(0.0236)	(0.0261)	(0.0331)
平均教育年限	0.415	0.419	0.405	0.391	0.363	0.352	0.347	0.250	0.256
	(0.0239)	(0.0153)	(0.0131)	(0.011)	(0.00952)	(0.0094)	(0.00910)	(0.0152)	(0.0196)
户主年龄	-0.00749	-0.0185	-0.0213	-0.0213	-0.022	-0.0192	-0.0176	-0.0130	-0.0120
	(0.00187)	(0.00121)	(0.00097)	(0.00083)	(0.00076)	(0.00075)	(0.00073)	(0.0009)	(0.0015)
家庭成员人数	0.0206	0.0166	0.00188	-0.0120	-0.0320	-0.0491	-0.0691	-0.00285	-0.0261
	(0.0144)	(0.0092)	(0.00750)	(0.00630)	(0.00581)	(0.00571)	(0.0056)	(0.0076)	(0.00981)
lngdp	0.302	0.298	0.283	0.266	0.255	0.241	0.221	0.0312	0.0401
	(0.031)	(0.0201)	(0.0161)	(0.0141)	(0.0125)	(0.0125)	(0.0121)	(0.0112)	(0.0141)
常数项	3.094	4.617	5.535	6.196	6.720	7.197	7.771	10.21	10.72
	(0.348)	(0.223)	(0.187)	(0.157)	0.141)	(0.14)	(0.134)	(0.124)	(0.160)
样本量	20618	20618	20618	20618	20618	20618	20618	20618	20618

注：表中系数在5%的水平下显著。

表 5　2013 年和 2017 年普惠金融在不同分位点上对农村家庭收入的影响系数

被解释变量	年份	Q10	Q20	Q30	Q40	Q50	Q60	Q70	Q80	Q90
普惠金融指数	2013	1.531	0.81	0.511	0.329	0.271	0.252	0.219	0.180	0.172
	2017	0.731	0.543	0.441	0.369	0.351	0.315	0.270	0.180	0.172
变化幅度（%）	—	-80	26.7	7	4	8	6.3	5.1	0	0

2. 家庭特征变量对农村家庭收入分配的影响

如表 6 所示，农村家庭成员教育年限和户主年龄对农村家庭收入的影响都是显著的，家庭成员人数对农村家庭收入的影响则尚无定论。

表 6　家庭特征变量对农村家庭收入分配的影响

	年份	Q10	Q20	Q30	Q40	Q50	Q60	Q70	Q80	Q90
平均教育年限	2013	0.405	0.435	0.37	0.305	0.297	0.271	0.245	0.251	0.256
	2017	0.415	0.419	0.405	0.391	0.363	0.352	0.347	0.250	0.256
户主年龄	2013	0.0119	-0.0044	-0.0134	-0.0165	-0.0160	-0.0161	-0.0151	-0.0129	-0.0120
	2017	-0.00749	-0.0185	-0.0213	-0.0213	-0.022	-0.0192	-0.0176	-0.0130	-0.0120
家庭成员人数	2013	-0.0172	0.0170	0.0261	0.0230	0.0261	0.0167	0.00754	-0.00279	-0.0247
	2017	0.0206	0.0166	0.00188	-0.0120	-0.0320	-0.0491	-0.0691	-0.00285	-0.0261

如表 6 所示：（1）从教育年限看，户主的受教育年限对农村家庭人均收入的影响较大。从 2013 年和 2017 年这两次调查来看，农村普惠金融发展对位于 Q10 ~ Q20 这个区间的低收入家庭的收入增幅都超过 40%。同时，对其他区间的家庭人均收入增幅的影响均在 25% 以上。

（2）从户主年龄看，除了 Q10 这个区间外，其他收入区间家庭的户主年龄与家庭人均收入增长呈负相关，可见户主年龄越大，其对农村家庭收入增幅反而越低。

（3）从家庭人员数量看，在 2013 年这次调查中，Q20 ~ Q70 这类收入区间家庭的人均收入与家庭人数呈正相关，而 Q10、Q80、Q90 这三类收入家庭的人均收入增幅与家庭人数呈负相关；而在 2017 年这次调查中，Q10 ~ Q30 这类收入家庭的收入增幅与家庭人数呈正相关，而 Q40 ~ Q90 这类收入家庭的收入增幅与家庭人数呈负相关。

五、研究结论与政策建议

（一）研究结论

（1）本文研究表明，普惠金融有助于促进农村家庭人均收入提高和乡村振兴发展。不过，对不同收入水平的影响是不同的。其中，普惠金融确实能大幅提升农村低收入家庭收入，显著缩小贫富差距。如果从更长的视角来看，普惠金融对中等收入家庭的收入影响呈稳定上升趋势，有利于缩小贫富差距、促进农村家庭全面步入小康社会富裕阶段。

（2）本文研究也表明，家庭特征变量也确实会显著影响家庭收入。其中，户主年龄越大，对家庭收入增长的影响反而越低；而提高户主受教育水平确实有助于提升家庭收入增长，呈正相关关系。在此背景下，建立继续在农村广泛深入推进“金惠工程”并不断改进其运作模式，以提高农村金融教育效果，提升农民金融素养，提升风险意识，避免陷入非法金融活动的泥淖。

（3）在数字时代，应加大数字普惠金融发展力度，数字技术的广泛运用为快速推进农村普惠金融发展创造了积极条件，有助于更快提升农村普惠金融的广度、深度和效度。

（二）政策建议

1. 破除不必要的金融服务门槛，继续扩大金融服务覆盖面，不断提升金融服务水平

（1）针对农村金融服务覆盖面不足的问题，推动金融机构继续下沉服务重心，消除不必要的服务门槛和限制条件，免除不合理的收费项目，降低金融服务成本。推动继续扩大农村金融服务覆盖面，全面满足广大农村居民的基础性金融服务需求，并逐渐满足改善型金融服务需求。对于偏远农村地区，建议积极发挥数字普惠金融的作用和优势，提升农村金融服务的可及性。

（2）针对农村抵押物不足的问题，推动金融机构加大金融产品创新力度，推出差别化的金融服务，以满足乡村振兴多样化的融资需求。不断拓宽农业

农村抵质押物范围，如厂房和大型农机具抵押、圈舍和活体畜禽抵押、动产质押、仓单和应收账款质押、农业保单融资、林权抵押贷款等产品，鼓励通过融资租赁业务来解决生产资金不足问题。

（3）针对农村金融风险较高的问题，一方面金融机构要加大风险管控力度，避免出现农村区域性金融风险；另一方面要加强农村金融知识普及教育，避免农村居民陷入非法金融活动的泥淖。

2. 明确普惠金融重点支持对象，加大金融资源向乡村振兴重点领域和薄弱环节的倾斜力度

（1）聚焦农村产业兴旺这一重点目标，推动第一、第二、第三产业融合发展。满足农田水利、高端农机装备制造、农产品加工业、智慧农业产品技术研发与推广、农产品冷链仓储物流及烘干等现代农业重点领域的合理融资需求。支持农业产业化龙头企业及联合体发展，延伸农业产业链，提高农产品附加值。充分发掘地区特色资源，支持探索农业与旅游、养老、健康等产业融合发展的有效模式，推动休闲农业、乡村旅游、特色民宿和农村康养等产业发展。

（2）重点做好新型农业经营主体和小农户的金融服务。鼓励金融机构支持家庭农场、农民合作社、农业社会化服务组织、龙头企业等新型农业经营主体通过土地入股、土地流转、生产性托管服务等多种形式实现规模经营，不断增强金融资源的承载力。

课题组组长：袁新如

课题组成员：陈源、曾繁荣

普惠金融与绿色金融
融合发展路径及评估机制研究

——以赣州为视角

中国人民银行赣州市中心支行课题组

一、引言

普惠金融改革的目的在于确保民众获得金融服务权利、获得平等发展机会，绿色金融改革的目的在于让民众实现高质量、可持续发展。从国内外发展经验看，普惠金融和绿色金融发展迅速，但呈现出两个突出矛盾：一是普惠金融改革大多选择落后地区开展，主要目的是支持弱势群体获得金融权益和发展权利，但未关注绿色发展及发展质效的问题。如国外孟加拉“乡村银行”模式、印度“自助小组”模式、印度尼西亚“小额信贷体系”模式等，以及2016年以来我国开始推进的普惠金融改革试验区建设工作。二是绿色金融改革集中在大型企业、大型项目，对“三农”和小微等普惠群体的绿色发展支持相对欠缺。如美国和欧盟等发达经济体发展模式，以及2017年以来我国在五省（区）推进的绿色金融改革创新试验区建设工作，服务重点对象主要为大项目、大企业和大平台。

如何有效解决上述矛盾，充分发挥普惠金融改革和绿色金融改革动力，激发微观主体活力，支持经济社会又好又快发展，关键是要实现普惠金融和绿色金融融合发展。2017年6月，江西省被列为全国绿色金融改革创新试验区；2020 年 8 月，赣州市获批国家级普惠金融改革试验区。我们以赣州市为例，就普惠金融和绿色金融融合发展进行研究，探讨融合发展的机理和路径，构建融合发展评估指标体系，并对融合发展情况进行评估、分析，梳理融合发展"短板"，发掘融合发展潜力，提出有针对性的政策建议，对扭转欠发达地区发展"一步慢、步步慢"的不利境地有重要意义。

二、融合发展机理

（一）融合发展具有重要意义

（1）体现高质量发展战略的需要。2012 年以来，赣州市经济社会均实现了较快发展，但总体仍属于欠发达地区，绿色发展仍有较大提升空间。2020 年，赣州市单位工业增加值废水排放量较全省平均水平高 12.0%，单位工业增加值二氧化碳排放量较全省平均水平高 9.8%。而普惠金融与绿色金融融合发展，能够兼顾经济社会发展质量和效益，注重节能降耗和环保减排，主动适应"2030 年碳达峰、2060 年碳中和"发展形势要求，实现欠发达地区在高质量发展战略中"两步变一步""小步快跑不掉队"。

（2）体现深化金融改革的需要。随着我国金融改革的不断推进，信贷、债券及表外融资等金融手段得到快速发展，在支持国民经济发展中发挥了重要作用，但也不可避免地出现了一些结构性问题。赣州市则面临直接融资占比不高、信贷结构不合理等问题，在"房住不炒"和地方政府债务显性化等大背景下，金融体系深化改革面临的形势复杂多变。而普惠金融和绿色金融融合发展，将开拓新的金融蓝海，给融资结构优化、信贷结构调整、有效信贷需求发掘等带来发展契机。

（二）融合发展存在坚实基础

（1）发展理念具有一致性。普惠金融改革旨在提高金融服务覆盖率、可得性和满意度，坚持市场化和政策扶持相结合，建立健全激励约束机制，为小微企业、创新创业群体、“三农”和低收入偏远地区提供金融服务，帮助弱势群体提升“造血”功能，帮助人民群众解决“生存和发展”的问题。绿色金融旨在促进节能减排、环境保护，帮助人民群众解决如何“发展得更好、生活得更好”的问题。[①]归根结底，普惠金融和绿色金融都秉承“金融为民”的可持续发展理念。[②]

（2）支持领域具有重合性。普惠金融和绿色金融的支持对象在农业领域和小微企业领域存在普遍交叉。[③] 绿色金融支持绿色行业、绿色项目发展，居民园区和农村小规模绿色项目、农户绿色生产也将成为绿色金融市场的重点关注和焦点。[④] 普惠金融为低收入人群提供现金、信贷发放、支付、征信等基础金融服务。因此，普惠金融和绿色金融融合，体现在共同支持小微企业、个体工商户以及农业生产经营者，发展绿色高效农业、促进制造业节能减排、拓展绿色清洁能源、培育绿色服务体系架构等。

（3）配套措施具有共通性。一方面，绿色金融与普惠金融均具有正外部性的特点[⑤]，具有公共产品属性，单纯的商业化运营难以覆盖成本和风险，存在市场失灵的现象，因此需要一定程度的政府扶持和干预。另一方面，需要金融科技赋能。普惠金融涉及的群体数目庞大，需要借助网络、智能终端手段，将海量信息进行匹配、筛选，缓解信息不对称，同时需要大力发展数字风控技术，提高普惠金融管理效率。绿色金融在项目管理、认证管理、信息管理等方面要求较高，也需要借助大数据、云计算等现代科技手段。

三、融合发展路径

（一）融合支持绿色农业生产，助力“乡村振兴”发展

（1）融合支持状况。2021 年以来，赣州市先后出台了《赣州市创建普惠

---

① 刘超勇．绿色金融与普惠金融的逻辑关系分析［J］．湖南行政学院学报，2020（6）．

② 鲁政委．协同推进绿色金融与普惠金融发展［J］．银行家，2017（12）．

③ 陶蕾，李佳辉．绿色金融与普惠金融融合的理论探讨与实证检验［J］．甘肃金融，2019（2）．

④ 刘婷．普惠金融与绿色金融融合发展研究［J］．金融观察，2020（9）．

⑤ 蔡永卫．普惠金融与绿色金融融合发展的研究与思考［J］．财经界，2019（10）．

金融改革试验区实施方案》《赣州市发展绿色金融的若干措施》等文件，积极整合金融、财税、产业等政策，推动普惠金融与绿色金融协同支持乡村振兴。截至 2021 年 9 月末，赣州市普惠型绿色农业贷款余额为 32.33 亿元，占同期绿色贷款余额的比例为 11.40%，较全省平均水平高 4.34 个百分点；占同期普惠小微贷款余额的比例为 2.84%，较全省平均水平低 1.63 个百分点。

（2）融合支持面临的困难。一是农业绿色金融政策体系不健全。绿色农业产业指导标准、考核评估、产品创新推广不够完善。二是农业融资主体信用体系建设不够完善。绿色农业融资主体中的小微主体的信用体系尚未完全建立，融资信息不对称现象较为突出。三是配套政策不健全。农业风险补偿机制、农村产权交易机制、绿色有机认证等制度不完善，不利于撬动资本“下乡”。

（二）融合支持绿色制造水平提升，助力“节能减排”实施

（1）融合支持状况。2019 年以来，赣州先后出台了《关于金融支持工业增长调结构增效益的若干意见》《关于运用再贴现工具支持绿色票据发展的通知》等文件，持续推进“财园信贷通”“小微信贷通”等财政杠杆融资，引导金融机构融合支持小微企业提升绿色制造水平。截至 2021 年 9 月末，赣州市普惠型绿色制造贷款余额为 28.32 亿元，占同期绿色贷款余额和普惠小微贷款余额的比重为 9.99% 和 2.49%，较全省平均水平低 1.40 个和 4.72 个百分点。

（2）融合支持面临的困难。一是技术对绿色转型的支撑不足。赣州市研发投入和创新产出方面都与发达省市有较大的差距，先进节能环保技术、工艺和装备的绿色制造对企业减排降碳的贡献率仍然偏低。二是工业绿色金融政策体系不健全。目前尚未有针对碳减排等产品支持目录及核算标准，无法量化分析和评估低碳项目及其减排收益和潜在风险。三是配套政策不健全。相关产业准入与认定、财政奖励补贴等方面的激励政策不够完善，有关生态科技创新活动、成果转化、知识产权保护与应用等方面机制有待完善。

（三）融合支持绿色能源发展，助力“清洁能源”推广

（1）融合支持状况。2016 年，赣州发布了《国民经济和社会发展第十三个五年规划纲要》，其中提出推进光伏扶贫工作，大力支持光伏发电设备生产、安装和运营，同时在安装和上网电价方面给予补贴。同年，赣州推出“产业扶贫信贷通”精准扶贫产品，并将光伏扶贫作为投放重点之一，金融机构创新推出“光伏贷”“光伏易贷”等产品。截至 2021 年 9 月末，赣州市普惠型绿色能源贷款余额为 17.22 亿元，占同期绿色贷款余额和普惠小微贷款余额的比重为 6.07% 和 1.51%，较全省平均水平低 0.49 个和 2.64 个百分点。

（2）融合支持面临的困难。一是新能源与清洁能源装备制造专业性较高，小微企业面临较高的材料、技术、人才等方面门槛。二是水电、风电、核电等建设运营对资金和规模要求较高，小微企业难以企及，可介入的领域有限。三是光伏发电扶持政策出现较大变化。2021 年，光伏发电已取消各类补贴，上网电价回落至 0.41 元/千瓦时，建设投入回收期由原来的 3～5 年，拉长至 8～10 年，对光伏产业发展带来一定的影响。

（四）融合支持绿色服务体系构建，助力“双碳目标”实现

（1）融合支持状况。2020 年，赣州市出台了《智慧交通发展规划大纲》，金融系统积极对接智慧型综合交通运输体系建设，并在信贷投放方面给予了大力扶持。截至 2021 年 9 月末，赣州市普惠型绿色服务业贷款余额为 23.42 亿元，占同期绿色贷款余额和普惠小微贷款余额的比重为 8.26% 和 2.06%，较全省平均水平低 3.59 个和 5.44 个百分点。

（2）融合支持面临的困难。一是绿色发展规划不完善，绿色认证细化标准较为缺乏。截至 2021 年 9 月末，赣州市仅对 3 家发电企业开展了碳排放认证，其他领域尚未开展认证。二是绿色中介人才缺乏，除环境影响评价、环境标志产品认证和有机食品认证外，其他绿色中介服务领域几乎为空白。三是绿色认证意识较为薄弱，社会各界对绿色认证、绿色发展的重要性认识有待进一步提高。

四、融合发展评估

（一）基于德尔菲法构建评估指标体系

首先，我们将普惠金融与绿色金融融合发展的评估体系设定为“融合机制、融合支持、融合效果和融合配套”四大类，为了保证评估的科学性和合理性，本研究同时运用德尔菲法，通过匿名问卷的方式反复征询多名专家意见，从而获得一个相对客观的结论。具体包括以下几点：

（1）融合机制评估指标。宏观经济协调机制是推动普惠金融与绿色金融融合的必要条件。我们参考普惠金融和绿色金融等评估方案，建立了协调机制、政策制度和组织机构二级指标，并结合以往各类效果评估体系中定性指标及现有金融统计制度，建立了三级指标体系。

（2）融合支持评估指标。我们将融合支持分别设定为农业领域、制造领域、能源领域和服务领域四个方面，分成对应四类二级评估指标；结合当前普惠贷款和绿色贷款统计制度，将绿色贷款的 211 个三级细项指标按用途分类，把基础设施建设、大项目大企业领域以及公益性领域剔除，汇总测算出不同领域普惠型绿色贷款，并从增速、占比层面进行评估。

（3）融合效果评估指标。融合效果最终体现在绿色经济发展，即绿色农业经济、制造业节能减排、能源绿色发展和绿色服务体系。并根据各领域绿色发展定义、政策文件及相关文献研究和数据可得性等因素，设定代表绿色经济发展成效的三级指标。

（4）融合配套评估指标。财政、金融、税务等部门之间的协调机制，能够使普惠绿色金融融合发展形成有效工作合力，这种政策联动差异在试验区和非试验区之间表现得更明显。本文从财税支持、科技支持及其他支持设定二级指标，并根据以往配套政策设定三级指标。

（二）基于层次分析法计算评估指标权重

（1）确定指标权重方法。按照层次分析法的要求和形式，协助专家根据

“萨迪标度”判断评估指标的相对重要程度来构建两两比较判断矩阵，进行定量的表示。并在判断矩阵的基础上采用数学方法对各因素进行层次单排序，并将通过一致性检验的正规化后最大特征根所对应的特征向量 W = （w1，w2，…，wn）^{T}作为对于其隶属元素的排序权值。本文构建了 19 个判断矩阵，利用 Matlab 软件计算了各维度指标权重，并进行一致性检验，对一次性比例 CR 超过 0.1 的不予采用。

（2）确定一级指标权重。根据专家的排序权重（计算结果），利用算术平均完成数据集结，最后利用集结后的判断矩阵排序权重计算总排序权重。计算的结果为：最大特征根对应特征向量 = [0.0992，0.3778，0.4239，0.0992]^4（CI = 0.0621，CR = 0.0690），即融合机制、融合支持、融合效果和融合配套四个层面指标的权重分别为 9.92%、37.78%、42.39% 和 9.92%。

（3）确定二级指标权重。二级指标有 4 个判断矩阵，根据计算结果：协调机制、政策制度、组织机构的权重分别为 25.83%、63.70% 和 10.47%；农业领域、制造领域、能源领域和服务领域的权重分别为 16.86%、36.79%、36.79 和 9.56%；绿色农业、绿色制造、绿色能源、绿色服务的权重分别为 14.9%、52.52%、28.53% 和 4.06%；财税支持、科技支持、其他支持的权重分别为 63.7%、25.83% 和 10.47%。

（4）确定三级指标权重。二级指标有 14 个判断矩阵，计算的结果显示每个判断矩阵的一致性检验均通过，并得到正规化后最大特征根所对应的特征向量（见附表 1）。

（三）实证评估分析

（1）评估分值。为方便评估打分，我们将评估的总分值设定为 100 分，并乘以每个指标的权重，得到每个指标对应的分值。同时，对于部分指标的分值进行了取整微调。结果得到：融合机制、融合支持、融合效果和融合配套分值分别为 12 分、37 分、41 分和 10 分，分值基本与权重分配基本一致。在此基础上计算了 52 个三级指标的分值。

（2）评分标准。对于定性指标多以定性判断打分，即融合机制中和融合配套的18个定性指标以“有即得分、没有不得分”标准打分；正向定量指标以基础分加成方式打分，即“基础分+每超过全省平均水平加成，设定封顶分数”。以普惠绿色农业贷款占绿色贷款比重指标为例，以“基础分0.5分，每超过全省平均水平5个点以内加0.5分，3分封顶”打分；负向定量指标以平均水平比较打分，即高于全省平均水平不得分，低于则得分。

（3）评估结果。根据评估分值和评估标准及赣州市和全省数据①计算得到，截至2021年9月末，赣州市普惠金融与绿色金融融合发展综合得分为29分（见附表1）。总体来看，赣州市普惠金融与绿色金融融合发展程度不高、成效不明显，普惠金融与绿色金融融合还处在初步探索发展阶段。具体有以下几点：

一是机制“短板”明显，顶层设计缺失，融合机制和融合配套机制方面得分均为0。赣州市虽然是普惠金融改革和绿色金融改革试点地区，但从实践中看，普惠绿色金融融合在专项领导小组、协调机制、信息共享机制、财税奖补、风险补偿、监管政策等方面均为空白，不同政策之间的关联性和协调性不强，财政、金融、税务等部门之间的协调机制不顺畅，两者融合仍然停留在较为粗线条的规划目标和指导方案上。

二是技术手段落后，统计监测薄弱，专项统计和大数据技术应用方面得分均为0。普惠金融和绿色金融统计仍是以传统手段为主，缺少绿色金融科技支撑平台、ESG管理系统等，两者融合领域统计多依赖于手工或测算，统计标准不健全、统计线条不精细、数据指标不丰富等矛盾突出。

三是金融支持不足，指标全面落后，普惠型绿色农业、制造、能源和服务贷款方面合计得分仅为10分。从增速来看，仅普惠型绿色服务贷款余额和普惠型绿色制造贷款余额增速高于全省平均水平，普惠型绿色能源贷款余额增速仅为0.21%，与全省差距超出40个百分点；从占比来看，仅普惠型绿色农业贷款占同期绿色贷款余额的比重高于全省平均水平，其余指标占比均落后于全省平均水平。由此可见，赣州市普惠型绿色贷款总体规模小、增速慢。

① 融合机制、融合支持、融合配套均以截至2021年9月末为准；融合效果以2020年数据为准。

五、融合发展的政策建议

（一）完善制度设计

一是加快出台区域绿色发展规划，明确阶段性“碳达峰、碳中和”工作目标和工作措施，及时制订区域性的绿色金融发展规划；二是完善绿色发展标准，结合地方特色加快研究和明确具有地方特色的行业标准、地方标准、国家标准和管理体系；三是建立普惠和绿色融合发展机制，按照地方政府为主、金融监管协同、其他部门联动的理念，加快组建普惠金融和绿色金融协同发展的专项领导小组，建立信息合作共享机制。

（二）加强政策协同

一是健全政策激励机制。综合运用财税政策和金融政策，在奖励、补贴、贴息、风险分担、减费等方面给予政策支持，合理运用再贷款再贴现、碳减排支持等政策工具，共同引导绿色普惠金融发展。二是构建风险补偿机制。建立健全风险补偿基金。三是制定绿色产业项目清单。各政府部门协同金融部门加快细化绿色产业发展重点领域，制定普惠绿色行业支持名单库。重点领域包括：绿色种植、绿色养殖、农村绿色治理、乡村旅游康养、普惠绿色制造贷款、普惠绿色能源贷款和普惠绿色服务。

（三）加快金融对接

一是建立专业化金融组织体系。探索普惠绿色专营机构，指导普惠金融服务站进行功能“绿化”，积极承担绿色普惠金融信息汇集、项目筛选和社会监督等职责。二是加快普惠绿色产品创新。加大绿色小额产品研发和推广，丰富手机银行等线上产品，创新与碳足迹相挂钩的绿色信贷产品。三是促进金融产品与服务融合。探索小微企业绿色资源抵押的有效途径，探索碳排放权、林业碳汇抵质押授信模式，发展以提升林业碳汇能力为目标的信贷业务，完善绿色权益的作价评估、抵押流转等第三方服务体系建设。

（四）强化配套支持

一是加快培育绿色服务中介体系。加大对环境影响评价、环境污染治理、节能咨询等服务项目的立项、招标管理。二是拓展金融科技平台绿色功能配置。如在小微客户融资服务平台等系统开辟绿色金融板块，鼓励金融机构开发上线绿色小额信贷产品，面向中小微企业、个体工商户、“三农”群体等广大普惠金融服务对象开放。三是建立和完善监管评估体系。构建和完善普惠绿色金融融合发展评估体系，从实现政府部门和金融监管部门目标、绩效、激励、资源等一致性基础上，加强对跨行业、跨市场、跨部门普惠绿色金融活动效果评估。

课题组组长：夏春雷

课题组成员：刘国昆、钟承斌、彭志军、周子龙、徐宇光

附

表 1　赣州市普惠金融与绿色金融融合发展评估情况

一级指标	二级指标	三级指标	指标属性	指标权重	得分	赣州	单位	评分标准	得分
融合机制（0.0992）	协调机制（0.2583）	建立普惠绿色金融融合发展专项领导小组	正向	0.0066	1.00	无	—	有即得分	0.00
		建立普惠绿色金融融合发展协调机制	正向	0.0027	1.00	无	—	有即得分	0.00
		建立普惠绿色金融融合发展信息共享机制	正向	0.0163	1.00	无	—	有即得分	0.00
	政策制度（0.6370）	出台普惠绿色金融融合发展专项统计制度	正向	0.0234	2.00	无	—	有即得分	0.00
		出台普惠绿色金融融合发展评估考核制度	正向	0.0274	2.00	无	—	有即得分	0.00
		出台普惠绿色金融融合金融优惠政策	正向	0.0041	1.00	无	—	有即得分	0.00
		出台普惠绿色金融融合金融监管政策	正向	0.0083	1.00	无	—	有即得分	0.00
	组织机构（0.1047）	普惠绿色金融专营机构	正向	0.0036	1.00	无	—	有即得分	0.00
		普惠绿色金融发展中心	正向	0.0009	1.00	无	—	有即得分	0.00
		绿色小额信贷产品	正向	0.0059	1.00	有	款	有即得分	1.00

续表

一级指标	二级指标	三级指标	指标属性	指标权重	得分	赣州	单位	评分标准	得分
融合支持（0.3778）	农业领域（0.1686）	普惠绿色农业贷款增速	正向	0.0091	1.00	44.49	%	基础分0.5分，每超过全省平均水平5个点以内加0.5分，1分封顶	0.50
		普惠绿色农业贷款占绿色贷款比重	正向	0.0273	3.00	11.40	%	基础分0.5分，每超过全省平均水平5个点以内加0.5分，3分封顶	1.00
		普惠绿色农业贷款占普惠小微贷款比重	正向	0.0273	3.00	2.84	%	基础分0.5分，每超过全省平均水平5个点以内加0.5分，3分封顶	0.50
	制造领域（0.3679）	普惠绿色制造贷款增速	正向	0.0199	2.00	80.41	%	基础分0.5分，每超过全省平均水平5个点以内加0.5分，2分封顶	1.50
		普惠绿色制造贷款占绿色贷款比重	正向	0.0596	6.00	9.99	%	基础分1分，每超过全省平均水平5个点以内加0.5分，6分封顶	1.00
		普惠绿色制造贷款占普惠小微贷款比重	正向	0.0596	6.00	2.49	%	基础分1分，每超过全省平均水平5个点以内加0.5分，6分封顶	1.00
	能源领域（0.3679）	普惠绿色能源贷款增速	正向	0.0199	2.00	0.21	%	基础分0.5分，每超过全省平均水平5个点以内加0.5分，2分封顶	0.50
		普惠绿色能源贷款占绿色贷款比重	正向	0.0596	5.00	6.07	%	基础分1分，每超过全省平均水平5个点以内加0.5分，5分封顶	1.00
		普惠绿色能源贷款占普惠小微贷款比重	正向	0.0596	5.00	1.51	%	基础分1分，每超过全省平均水平5个点以内加0.5分，5分封顶	1.00

续表

一级指标	二级指标	三级指标	指标属性	指标权重	得分	赣州	单位	评分标准	得分
融合支持（0.3778）	服务领域（0.0956）	普惠绿色服务贷款增速	正向	0.0052	1.00	194.30	%	基础分0.5分，每超过全省平均水平5个点以内加0.5分，1分封顶	1.00
		普惠绿色服务贷款占绿色贷款比重	正向	0.0155	1.50	8.26	%	基础分0.5分，每超过全省平均水平5个点以内加0.5分，2分封顶	0.50
		普惠绿色服务贷款占普惠小微贷款比重	正向	0.0155	1.50	2.06	%	基础分0.5分，每超过全省平均水平5个点以内加0.5分，2分封顶	0.50
融合效果（0.4239）	绿色农业（0.1490）	农业增加值占比	正向	0.0023	0.50	11.68	%	高于全省平均水平得分，低于不得分	0.50
		农药使用强度	负向	0.0036	0.50	13.01	千克/公顷	高于全省平均水平不得分，低于得分	0.00
		化肥使用强度	负向	0.0036	0.50	231.51	千克/公顷	高于全省平均水平不得分，低于得分	0.00
		塑料薄膜使用强度	负向	0.0047	0.50	18.41	千克/公顷	高于全省平均水平不得分，低于得分	0.00
		畜禽粪污综合利用率	正向	0.0086	1.00	97.70	%	高于全省平均水平得分，低于不得分	1.00
		农产品抽检合格率	正向	0.0234	2.00	99.80	%	高于全省平均水平得分，低于不得分	2.00
		单位种植面积有效用标绿色食品产品数	正向	0.0169	1.50	0.70	个/公顷	高于全省平均水平得分，低于不得分	1.50

续表

一级指标	二级指标	三级指标	指标属性	指标权重	得分	赣州	单位	评分标准	得分
融合效果（0.4239）	绿色制造（0.5252）	工业增加值占比	正向	0.0102	1.00	31.42	%	高于全省平均水平得分，低于不得分	0.00
		小微型企业增加值占比	正向	0.0136	1.00	63.90	%	高于全省平均水平得分，低于不得分	1.00
		单位工业增加值能耗	负向	0.0368	3.00	0.32	吨标准煤/万元	高于全省平均水平不得分，低于得分	3.00
		单位工业增加值耗水量	负向	0.0167	1.50	39.70	万立方米/万元	高于全省平均水平不得分，低于得分	1.50
		单位工业增加值耗电量	负向	0.0198	1.50	953.97	万千瓦时/万元	高于全省平均水平不得分，低于得分	1.50
		单位工业增加值废水排放量	负向	0.0176	2.00	4.68	吨/万元	高于全省平均水平不得分，低于得分	0.00
		单位工业增加值二氧化碳排放量	负向	0.0582	6.00	18.96	吨/亿元	高于全省平均水平不得分，低于得分	0.00
		单位工业增加值固体废弃物排放量	负向	0.0176	1.50	0.71	吨/万元	高于全省平均水平不得分，低于得分	0.00
		工业 R&D 经费投入占工业增加值比重	正向	0.0320	3.00	3.34	%	基础分 1 分，每超过全省平均水平 5 个点以内加 0.5 分，3 分封顶	1.00

续表

一级指标	二级指标	三级指标	指标属性	指标权重	得分	赣州	单位	评分标准	得分
融合效果（0.4239）	绿色能源（0.2853）	能源消费弹性系数	负向	0.0293	3.00	0.66	—	高于全省平均水平不得分，低于得分	0.00
		电力消费弹性系数	负向	0.0227	2.00	1.42	—	高于全省平均水平不得分，低于得分	0.00
		一次能源消费比重	正向	0.0689	7.00	15.00	%	基础分1分，每超过全省平均水平5个点以内加1分，7分封顶	3.00
	绿色服务（0.0406）	绿色服务机构占中介服务机构比重	正向	0.0018	0.50	20.10	%	高于全省平均水平得分，低于不得分	0.50
		绿色服务项目数占比	正向	0.0044	0.50	2.83	%	高于全省平均水平得分，低于不得分	0.50
		绿色服务项目中选项目比重	正向	0.0110	1.00	2.76	%	高于全省平均水平得分，低于不得分	1.00
融合配套（0.0992）	财税支持（0.6370）	政策奖励机制	正向	0.0271	2.50	无	—	每出台一项奖励加0.5分，3分封顶	0.00
		税收优惠政策	正向	0.0271	2.50	无	—	每出台一项奖励加0.5分，3分封顶	0.00
		风险补偿机制	正向	0.0090	1.00	无	—	有即得分	0.00

续表

一级指标	二级指标	三级指标	指标属性	指标权重	得分	赣州	单位	评分标准	得分
融合配套（0.0992）	科技支持（0.2583）	金融科技平台	正向	0.0163	1.50	无	—	有即得分	0.00
		ESG 管理系统	正向	0.0066	0.50	无	—	有即得分	0.00
		信息接口连接	正向	0.0027	0.50	无	—	有即得分	0.00
	其他支持（0.1047）	出台普惠绿色金融融合支持清单	正向	0.0026	0.50	无	—	有即得分	0.00
		细化和完善《绿色产业指导目录》	正向	0.0078	1.00	无	—	有即得分	0.00
合计				1.00	100.00	—	—	—	29.00

数字乡村建设背景下的县域地区数字普惠金融发展实践分析

——以吉安市普惠金融改革试验区为例

中国人民银行吉安市中心支行课题组

一、问题的提出

近年来，国家不断加快数字乡村建设，提升乡村数字化生产力，2018 年中央一号文件明确提出“实施数字乡村战略”，2019 年中央一号文件强调“加强国家数字农业农村系统建设”，2020 年中央一号文件要求“开展国家数字乡村试点”，2021 年中央一号文件要求“实施数字乡村建设发展工程”，可见建设数字乡村已成为当前中国经济社会发展的重要议题之一。

中国互联网络信息中心（CNNIC）发布的第 48 次《中国互联网络发展状况统计报告》显示，截至 2021 年 6 月，我国网民规模达 10.11 亿，互联网普及率达 71.6%。其中，农村网民规模为 2.97 亿，农村地区互联网普及率为 59.2%，城乡互联网普及率差异进一步缩小至 19.1 个百分点。数据背后，体现的是数字乡村战略深入推进的成效，彰显的是乡村数字化发展趋势。数字乡村建设既是乡村振兴的战略方向，同时也是建设数字中国的重要内容。在数字乡村建设期间，数字技术必将加速融入乡村生产生活，也必将为县域地区数字普惠金融发展提供新的机遇。本文以欠发达地区江西省吉安市国家普惠金融改革试验区为例，探讨在数字乡村建设背景下推动县域地区数字普惠金融发展的有效路径，以期为欠发达地区数字普惠金融发展提供参考。

二、国内数字乡村和数字普惠金融相关研究

（一）关于数字乡村研究

2019年出台的《数字乡村发展战略纲要》提出，数字乡村是伴随网络化、信息化和数字化在农业农村经济社会发展中的应用，以及农民现代信息技能的提高而内生的农业农村现代化发展和转型进程，既是乡村振兴的战略方向，也是建设数字中国的重要内容。自中央提出数字乡村发展战略后，国内学者对数字乡村概念、数字乡村战略推进逻辑、数字农业发展、数字乡村实践模式等议题进行了探讨，提出了一些建设性论断，为后续研究提供了有益借鉴。王胜等（2021）认为，数字乡村不仅是数字技术的简单叠加，而且是农业信息化的进一步延伸，更是依托数字经济的发展，以现代信息网络为重要载体，以现代信息技术为重要推动力，重构乡村经济发展的一种手段、过程和状态。曾亿武等（2021）认为，数字乡村建设包含乡村数字基础设施建设、乡村数据资源开发与管理、乡村数字产业化、乡村产业数字化、乡村治理数字化五个方面，并以协同理论、信息可视化理论、内源式发展理论探讨了数字乡村建设的理论逻辑，提出我国数字乡村建设要沿着“顶层设计—试点探索—全面推广”的基本路径推进。温涛和陈一明（2020）总结了国内外数字经济与农业农村经济融合发展的相关模式，国外分别是以数据和信息为核心要素的精准农业模式、以大数据共享为突破路径的政企合作数字农业模式和以信息网络为主要载体的订单农业模式，我国特色实践模式则包括以数字金融服务“三农”的创新模式、基于现代信息技术的农业保险决策管理模式、以“互联网+”为平台的农业全产业链模式和以云计算为依托的“多位一体”智慧农业模式。梅燕等（2021）提出，构建以农户为核心，政府和互联网为农户数字赋能，电商平台、企业、高校、贷款机构、网络运营商等多方辅助的立体化数字乡村发展模式。

（二）关于数字普惠金融研究

李季刚和马骏（2021）实证研究发现，数字普惠金融发展确实可以助力乡村振兴建设，其中覆盖广度和数字化程度对于乡村振兴的促进作用较为显著，且数字普惠金融发展水平高于特定门槛值时，促进作用将大幅提升。当前，数字金融正逐渐成为农业农村高质量发展的重要动力，已形成了网络借贷、“互联网+”农业保险、龙头企业主导的农产品供销平台、智慧农业、农业供应链融资等一系列的实践模式（王小华等，2021）。秦金风和高传华（2019）认为，数字乡村建设为数字普惠金融发展提供了新机遇，有助于降低农村数字普惠金融的排斥性、降低农村数字普惠金融交易成本、提供个性化涉农数字普惠金融服务。同样地，数字普惠金融通过农村金融机构、农业供应链金融服务商、农村金融科技企业为数字乡村建设加油助力。杨哲和黄迈（2020）认为，在数字乡村建设中，银行机构应聚焦农村数字经济、乡村治理、信息惠民、网络扶贫、城乡信息化融合，为农户提供足不出村的便捷金融服务。

从现有研究来看，数字乡村建设的研究才刚刚起步，今年中央一号文件首次提出“发展农村数字普惠金融”，农村数字普惠金融发展空间广阔，对乡村振兴战略实施的推动作用明确，在数字乡村建设背景下，普惠金融与数字技术的有机融合，将进一步推进普惠金融向数字普惠金融发展。本文以江西省吉安市获批国家普惠金融改革试验区为契机，探讨数字乡村建设背景下发展县域地区数字普惠金融的有效路径以及政策建议。

三、数字乡村建设和数字普惠金融发展的关系分析

数字乡村建设有利于数字普惠金融发展，数字普惠金融发展有助于数字乡村更好建设，二者相辅相成。

（一）在目标广度上二者具有可互通性

数字普惠金融注重线上线下渠道融合，能有效普及数字乡村金融服务。

发展农村数字普惠金融，加强农村普惠金融服务点与益农信息社、电商服务站等线下资源融合共享，运用5G、千兆光网、图像识别、智能终端等推动服务设施智能化升级，全面打造“多项服务只需跑一次”的综合型金融“触点”，构建“线上线下打通、跨金融机构互通、金融与公共领域融通”的新型服务渠道，建立“一点多能、一网多用”的惠农综合服务平台，借助全国电子商务公共服务平台等载体，提升惠农服务覆盖面和满意度。

（二）在目标长度上二者具有可支持性

数字普惠金融注重供应链金融服务供给力度，能有效赋能数字农业产业现代化。数字普惠金融拓展农村地区中小企业融资渠道，优化贷款手续，强化对农村电商新基建、农产品仓储保鲜冷链物流设施、公益性农产品市场、县乡村三级物流体系、农村商业网络建设改造、县域连锁经营、农业品牌建设、农产品网络品牌建设和农村物流服务品牌建设的信贷支持，为链条远端农业经营主体提供便利的供应链金融服务。

（三）在目标深度上二者具有可共享性

数字普惠金融注重与民生系统互通，能有效便利数字乡村公共服务。建立在金融科技基础上的数字普惠金融将不断扩大农村地区征信系统覆盖范围，搭建包括个人基础信息、借贷信息、信用卡信息、社交数据、电商数据等在内的用户多样化、立体化信息数据库，充分实现信用数据资源共享，充分发挥其在促进乡村治理和推动信用体系建设方面的作用。如浙江平湖农商行推出的数字普惠金融产品“善治积分贷”以村民参与乡村治理获得的积分为授信基础，根据村民获得的“善治积分”高低确定授信额度大小及贷款利率高低，推动村民积极主动参与乡村治理，通过数字普惠金融这一载体，开创了乡村治理新模式。

（四）在目标力度上二者具有可互助性

数字普惠金融注重金融科技，有效助力数字农村基础建设。大力发展智慧农业，推动新一代信息技术与农业生产经营深度融合，建立农业农村大数据体系，搭建农村信用信息服务平台，提高信用体系覆盖面和应用成效，优化客户信贷体验，拓展农村居民应用场景。依据地区特征将大数据应用于普惠金融向农户福祉的传导路径关键环节，通过众筹、农村股权、合作担保等金融工具创新，使民间投融资向养老、医疗、教育、交通等公共服务方面倾斜，提高普惠金融对农村公共物品供给的促进作用。

四、以吉安市普惠金融改革试验区为例的县域实践

近年来，基于数字乡村建设背景下的数字普惠金融，在吉安市普惠金融改革试验区建设中发挥着越来越重要的作用，各县（市）和金融机构对数字乡村建设背景下如何推动数字普惠金融发展进行了积极有益的探索，其中既反映了与全国数字普惠金融发展实践模式的一致性，又体现了吉安市作为欠发达地区发展模式的独特性。

（一）吉安市数字普惠金融发展现状

吉安市的数字普惠金融业务在2011—2020年实现了跨越式发展，根据北京大学数字普惠金融指数，2011年吉安市数字普惠金融指数仅为36.31，到2015年增长到158.32，2020年进一步增长到247.45。2020年数字普惠金融指数是2011年的6.81倍，可以看出吉安市数字普惠金融的快速发展趋势。2020年，我国经济社会各方面均受到新冠肺炎疫情的严重冲击，全年经济增速较往年显著下降，但吉安市数字普惠金融指数仍然比2019年增长5.37%，显示了数字普惠金融在疫情时代的独特优势和强大韧性。

从分指数来看，在2011—2015年，数字普惠金融的数字化程度增长最快，数字普惠金融的覆盖广度次之，使用深度增长最慢。但2016年后，数字金融使用深度指数增长有超过数字金融覆盖广度指数的趋势，未来随着数字普惠金融的覆盖广度和数字支持程度达到一定程度，其进一步拓展的空间有限，数字金融的发展将有赖于使用深度的增长（见图1）。

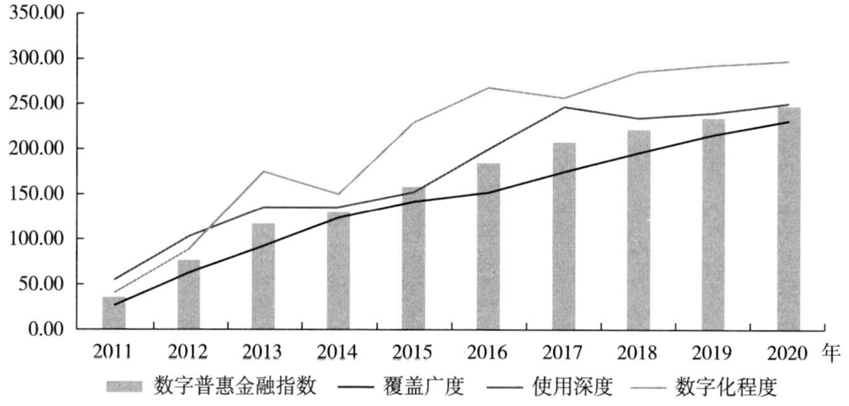

图 1　吉安市数字普惠金融指数

（二）吉安市数字普惠金融发展的地区差异

由表 1 和表 2 可知，2014—2020 年，吉安市各县域数字普惠金融均得到了迅速发展，各县（市）间数字普惠金融发展差距并不算太大，城市化水平越高的地区，数字金融发展水平越高。相较而言，安福县、吉水县、永新县数字普惠金融水平较低，主要是由于其数字普惠金融覆盖广度较低，2020 年安福县、吉水县、永新县覆盖广度指数分别为 91. 9、89. 62、89. 7，其余县（市）最高达 97. 15，吉州区最高为 102. 77。吉安县、井冈山市数字普惠金融发展水平较高，主要是由于其数字普惠金融覆盖广度、使用深度较高，使用深度中信贷指数位居全市前列。可见，虽然吉安市各县域数字普惠金融总指数相差不大，但在覆盖广度、使用深度、数字化程度上各县（市）均存在不同“短板”，未来需针对性地补齐弱项，推动数字普惠金融发展。

表 1　吉安市分地区数字普惠金融指数

县（市、区）\年份	2014	2015	2016	2017	2018	2019	2020
吉州区	—	—	96. 02	112. 87	114. 35	121. 47	123. 30
青原区	—	—	94. 57	110. 08	111. 73	118. 07	119. 32
安福县	41. 43	63. 46	89. 85	101. 69	100. 52	106. 88	109. 35

续表

县（市、区）\年份	2014	2015	2016	2017	2018	2019	2020
吉安县	47.76	65.3	88.18	103.39	105.20	115.00	116.00
吉水县	37.44	56.5	86.24	101.38	101.26	106.44	109.67
井冈山市	58.37	81.15	93.20	106.67	108.29	113.36	116.10
遂川县	40.41	62.07	88.55	102.22	102.20	107.95	110.92
泰和县	47.12	64.16	88.31	102.46	103.18	109.86	112.40
万安县	44.39	63.23	89.07	102.61	102.02	108.69	110.80
峡江县	46.26	64.89	90.54	100.92	100.92	107.21	110.72
新干县	51.26	65.99	88.68	100.88	103.81	110.13	112.39
永丰县	39.44	59.44	87.57	101.44	101.44	108.42	111.33
永新县	37.53	56.94	87.51	100.34	100.61	105.69	108.57

表 2　吉安市分地区数字普惠金融覆盖广度指数

县（市、区）\年份	2014	2015	2016	2017	2018	2019	2020
吉州区	—	—	97.52	98.76	98.31	100.67	102.77
青原区	—	—	95.75	96.92	96.03	98.69	100.87
吉安县	40.5	61.98	88.40	90.80	90.15	96.18	97.15
吉水县	25.06	44.32	84.86	85.66	83.89	86.89	89.62
峡江县	37.06	55.9	87.08	87.78	85.97	89.60	92.32
新干县	41.26	62.24	88.21	88.82	87.80	90.57	93.17
永丰县	34.17	54.61	86.07	86.92	85.31	88.86	90.90
泰和县	33.99	54.4	86.46	87.71	86.83	89.74	92.24
遂川县	31.76	51.6	85.95	87.05	85.65	89.09	91.79
万安县	33.21	53.13	86.20	87.03	84.85	88.83	91.40
安福县	34.23	53.41	86.48	87.32	85.87	88.99	91.90
永新县	23.53	43.23	83.96	84.63	83.64	86.49	89.70
井冈山市	64.77	84.11	91.04	92.22	91.26	93.52	95.73

（三）数字乡村建设背景下推动数字普惠金融发展的吉安探索

（1）基于代理网点的模式。近年来，吉安市银行机构不断完善广大农村ATM布设、POS机投放等普惠金融基础设施建设，以数字金融中介替代传统金融中介，打造集政策宣传、信息集成、业务咨询、信贷融资、保险服务、担保增信于一体的普惠金融综合服务站，实现了贫困村全覆盖，构建了“基础金融不出村、综合金融不出乡镇”的农村普惠金融服务体系。截至2021年8月末，全市共设立农村普惠金融服务站921个，其中贫困村576个，建立扶贫再贷款示范点66个，设立银行卡助农取款服务点2512个，基本实现金融基础业务“村里办”。

（2）基于移动支付场景的模式。全市银行机构大力推广“线上”金融服务，加大网上银行、手机银行、移动支付、手机号码支付等非现金支付工具推广力度。全市深入推进移动支付便民服务工作，在全省率先建成公交移动支付便民工程。截至2021年7月末，全市银行卡在用发卡数量达到1796.84万张，全市共布放POS机36843台，ATM 2882台，电话支付终端2037个，全市银联二维码月均活动商户数10940户，累计完成率156.29%，完成率全省排名第一。

（3）基于数字征信的模式。深化信用体系建设，全面推进“信用户、信用村、信用乡镇”评定工作，实现了县域全覆盖，在全省首创金融生态示范县（市、区）评选活动，落实奖励优惠政策，提高信用农户信贷需求获得率，提升信用农户“双免”贷款的占比，着力解决农村信用体系建设“最后一公里”问题，为农村数字普惠金融发展提供信用支撑。截至2021年8月末，农户信息采集已实现11个县（市）全覆盖，辖内农户信用信息数据库共录入农户85.9万户，录入其他农村经营主体1.08万户，全市“信用农户”共有41.67万户，“信用村”442个，获贷农户35.84万户，金融精准扶贫成效显著。

（4）基于新型农业保险的模式。近年来，吉安市着力推动农业保险由“保成本”向“保价格、保收入”转变，立足吉安市生态产品禀赋，创新开发了油料作物、井冈山蜜柚、金兰柚、黑木耳、中药材等特色农业价格指数保险，在相关农产品价格低于保险协议价时，由保险公司赔付农户损失，有效提升其应对灾害风险和市场风险能力。同时，在全省率先创新生猪价格“保险+期货”模式，目前已在吉安县、万安县、新干县三个养猪大县启动，通过期货市场对生猪价格波动进行合理、高效的风险分散，有效降低养殖户经营风险。

（5）基于数字平台的模式。创新发展数字普惠金融是《江西省赣州市、吉安市普惠金融改革试验区总体方案》最大特色和亮点，建立大数据共享平台和数字技术应用平台是推进数字普惠金融的基础。为此，吉安市构建了数字普惠金融“四个平台”。一是大力推广应用“江西省小微客户融资服务平台”，积极引导各银行机构现有和新开立基本结算账户100%在平台注册力求促进小微客户贷款需求“有求必应、合规授信、应贷尽贷、全程留痕”。截至2021年8月末，全市小微客户注册户数达8.51万户，银行机构成功放款1.86万户，金额295.59亿元，客户通过平台首次申请贷款户数占比高达53.13%。二是依托“企业收支流水大数据平台”，推动银行机构根据自身经营特点开发基于企业收支流水专项报告和信用评分的授信审批模式，鼓励银行机构创新与企业收支流水数据配套的信贷产品，如江西银行吉安分行线上“流水贷”。三是依托“中征应收账款融资服务平台”，聚焦重点产业链，积极推动发展应收账款池融资业务，探索“动态授信、循环使用、随借随还”融资模式。四是深入推进农户信用信息联网核查平台试点工作，在永丰县和吉安县分别进行数据落地和不落地试点，有效破解农村金融服务信息不对称难题（见表3）。

表3　部分金融机构助力数字乡村建设的措施

机构	措施
吉安农商银行	大力推进金融服务“村村通”“社区通”，针对年龄较大、行动不便、对电子银行产品接受能力较差等特殊群体，在农村逐步升级改造1899个“村村通”为普惠金融服务站，并逐渐将普惠金融服务站向城区渗透，目前已建立11个社区全功能型普惠金融工作站，使广大城乡居民足不出村（社区）就可以办理小额存取、转账、各种缴费、社保卡激活、贷款申请等便利的金融服务。开展派驻驻村（社区）金融助理推进“党建+普惠金融服务”促进乡村振兴工作，通过驻村金融助理积极融入乡村治理、参与乡村金融服务对接，将金融服务、民生服务送到百姓身边，目前该行已安排客户经理全部进驻134个行政村和8个居委会，并明确工作职责、张贴服务公示牌
建行吉安市分行	在省农业厅及市农业局的支持下，率先成功搭建吉安市农村土地经营权流转服务平台，“地押云贷”依托该平台，通过信贷系统与流转平台的对接，实现了“秒申、秒批、秒支、最快三分钟”资金到账，“7×24”小时全程服务，突破时间地域限制。至6月末，“地押云贷”累计向64户农业经营主体发放贷款5152.84万元

续表

机构	措施
九江银行吉安分行	为本地箱包产业整合定制“九银 E 链”供应链融资模式，对核心企业进行授信，为其上游供应商提供资金支持。该产品通过科技手段，实现核心企业上游供应商应收账款在线确权，形成电子付款承诺函——“云信”。核心企业和上游供应商可以使用“云信”替代银行承兑汇票、流动资金贷款等支付货款，有效提升企业资金周转率，降低企业融资成本
江西银行吉安分行	与火链科技有限公司、江西赣酒酒业合作，推出“动产数字贷”，以“酒基＋存货＋供应链＋区块链”模式，利用供应链中核心企业库存白酒可流通、可保值的特性，在动产融资统一登记公示平台进行质押登记，为下游经销商增信担保，银行为下游经销商发放信用贷款用于支付购买核心企业商品的货款

（6）基于乡村智慧治理的模式。建行吉安市分行积极响应并落实《乡村振兴战略规划》，构建农业农村应用生态，助力乡村数字化治理，先后与吉安市民政局、井冈山市委市政府达成合作，在井冈山市茅坪镇及其下辖神山村等乡村试点，围绕乡村治理这一主题，研发“吉安智慧乡村”综合服务平台，为乡村政务服务事项“一窗式办理”、部门信息系统“一平台整合”提供有力支持，把“互联网＋政务服务”平台加快延伸至村一级，形成了集乡村管理、乡村服务于一体的乡村管理创新体系，同时拓展打通建行吉安市分行裕农通、住房租赁、善融商务、裕农快贷等平台连接，嵌入“政融支付”，丰富乡村金融功能，积极助力数字乡村建设。截至 2021 年 8 月末，建行吉安市分行共开立农村集体经济组织账户 198 户；拓展裕农通服务点 2893 个；善融商务上线商户 69 家、成交额 970 万元；涉农贷款较年初新增 17.64 亿元。

（四）吉安市数字普惠金融发展存在的主要问题及障碍

（1）数字普惠金融发展水平仍相对较低。目前，国内各地数字普惠金融发展格局呈现自然演化态势，与当地整体经济实力、信息化水平和传统金融市场发展进程等基础条件紧密相关，数字普惠金融发展存在“天然差距”。在 2020 年，江西省数字普惠金融指数为 340.61，而浙江省、福建省分别高达 406.88 和 380.13，其中，吉安市数字普惠金融指数仅为 247.45，处于全省最低水平，不仅低于省内同期创建普惠金融改革试验区的赣州市的263.52，更是远低于龙岩市的275.94、宁德市的282.4和宁波市的301.13。

（2）农户数字金融素养普遍欠缺。互联网、大数据和人工智能的发展极大地提高了金融的普惠性，但在农村地区仍面临着严峻的“数字鸿沟”，不少农民难以掌握数字普惠金融的相关知识和技能，或者并不拥有支撑数字化的工具。吉安市农村地区大部分人口为留守老人、妇女和儿童，人口结构严重失衡，十分缺失数字金融、金融科技等相关概念知识，相较于数字化金融工具，农户更加倾向于传统交易手段和方式，普遍不敢、不会、不愿使用数字金融产品，大大降低了数字化金融手段的使用频率和使用效果。“数字鸿沟”不仅体现在农民身上，还体现在农业的数字化程度不高、数字农业基础不成熟、农村数据归集和利用水平低下、县级政府的数据治理能力不足等方面。即使有科技力量的支撑，但考虑到不少农户不在数字金融应用场景内或者因为数字乡村建设的滞后，“数字鸿沟”问题依然是一道难题。

（3）“三农”的数字化程度不高，数据归集和利用水平不足。吉安市数字农业的发展刚刚起步，物联网技术、智慧农业技术还未能广泛利用，相关基础设施不完善，农村的数字化程度不高，这都导致了“三农”数据的信息化不足，数字授信存在困难。

（4）农村数字普惠金融产品使用率有待提升。一方面，农村居民数字金融素养不高，通过数字金融服务平台获取贷款、支付、理财等金融服务的意识不足，互联网参与度低。另一方面，真正对口“三农”的金融产品还不够丰富，许多平台都是从“城里”直接搬回“乡镇”，适用性不高，反而浪费资源，阻碍数字普惠金融产品的创新和推广。

五、数字乡村建设背景下推动数字普惠金融发展的路径选择

2022年中央一号文件首次提出“发展农村数字普惠金融”，为县域地区数字普惠金融发展提供了广阔空间。在数字乡村建设背景下，作为数字经济

与普惠金融深度融合的产物，数字普惠金融的兴起将使金融服务具有更强的地理穿透性，进一步改善欠发达地区尤其是农村地区金融服务覆盖面小、成本高的情况。为此，笔者建议：

（一）夯实县域地区数字普惠金融发展的基础

一是相关政府部门要强化农村网络基础设施的建设和升级改造，提高农村光纤、5G网络覆盖面和信号强度，消除覆盖盲点，缩小因硬件建设不足造成的约束。二是银行机构要按照“八有”标准加快推进农村普惠金融服务站标准化建设，完善站点服务功能，对现有站点中功能落后的智能设备进行替换或功能升级，逐步消除“数字鸿沟”并培育农民的数字金融使用习惯。三是充分发挥普惠金融服务中心的平台作用，整合各有关部门间的信用信息资源，构建更加完整的农村信用主体网络信用。

（二）构建县域地区数字普惠金融发展的生态体系

一是涉农商业银行要主动承担发展普惠金融的社会责任，积极推进金融科技创新，研发适当有效的数字金融产品，主动服务农村地区的“长尾客户”。二是大力发展农村普惠电商平台。农村电商平台以数字支付为载体，通过互联网平台将线下农村资源与线上商业空间无缝对接，通过在互联网农业产业链嵌入金融服务和产品，实现资金流、信息流和物流的整合链接，催生互联网农业产业链金融新业态。三是加强与成熟金融互联网平台的合作。加强与蚂蚁集团、京东金融、宜信等成熟金融互联网平台的合作，走出一条可持续的农村数字普惠金融之路。四是提高农村居民金融素养。各银行机构要依托数字普惠金融服务站，通过“金融夜校”等形式大力开展金融知识普及活动，加大数字普惠金融知识的宣传普及，引导农村居民全面了解金融产品和服务，激发使用数字普惠金融服务的意愿，培育使用习惯。

（三）探索县域地区数字普惠金融发展的创新模式

农村金融机构的数字化转型、金融服务和产品的数字化创新对数字乡村建设尤为重要。金融机构要紧紧围绕各地优势特色农业，着眼于产业重点客户生产、加工、销售、仓储等全产业链需求，强化银政合作，加强客户走访，依托、对接政府产业平台跟进金融创新，积极寻求智慧农业金融服务创新的结合点，探索有效对接模式和路径。通过合作方式共建智慧农业和数字金融相融合的平台、场景、产品，努力将金融服务有机嵌入产业生产经营场景相关环节，打造产业场景闭环，在强化数据分析应用、客户精准画像基础上，配套数字化、便利化的线上农村金融产品，提升客户黏性。

（四）搭建县域地区数字普惠金融发展的共享平台

数字乡村的顺利推进，离不开综合服务平台的支持，这是目前金融机构在数字乡村方面开展竞争的重要领域，同业竞争十分激烈。金融机构要发挥特色优势，积极开发统一规范、界面友好、功能实用、适度开放的数字乡村综合服务平台。要契合县级政府数字乡村管理及监管需要，加载智慧农业管理系统；要适应农村发展实际，实现智慧农业、“三资”管理、智慧村务、智慧党务、农村电商、智慧旅游等便捷化管理功能；要满足金融业务营销拓展需要，在安全可控的基础上，加强和自身金融服务平台的对接开放，让金融融入场景，在场景中触达金融。金融机构要积极介入县级和乡村智慧政务平台建设，为政府相关部门、机构涉农资金管理、集体产权交易、农村产权管理、扶贫项目后续管理等提供便利，寻求业务切入点。如人民银行贵阳中心支行运用区块链技术开发了贵州省“农村资源融资信息管理平台（区块链）”，将农村资源信息与农户信用信息整合到同一个数据库系统，信息采集涵盖林权信息、农村土地承包、农村住房等，实现了农业、国土、林业部门和金融机构的有效连接，大幅提升了农村产权抵押授信审核效率。

课题组组长：黄晖

课题组成员：黄晖、杨晖、胡晓农、刘燕云、李韶辉、孙倩

农地产权制度改革
对农地金融发展的影响研究

中国人民银行萍乡市中心支行课题组

一、引言

农业是支撑我国国民经济建设的基础产业，关系着我国的民生和发展全局。农村土地是农业发展的根本，推动农业经济健康发展的关键在于正确处理好农村土地问题。长期以来，受制于农地制度和土地所有权属性，我国农村土地的资本属性未能得到充分激活，农业现代化发展面临资本不足的困境，资金供给不足问题所导致的“低水平均衡陷阱”成为制约我国农业生产和农村经济持续发展的重要“瓶颈”。

近年来，国家陆续出台了多项政策支持农村金融发展，但受农业生产周期较长、高风险、低回报等弱质性特征影响，“贷款难”问题一直未能得到有效解决。如图1所示，2011—2020年我国农业贷款余额不断增加，但农业贷款余额占全部贷款余额的比重却逐年下降，且低于第一产业增加值占国内生产总值的比重。2020年，全国农业贷款余额42700亿元，仅占全部贷款余额的2.47%，但第一产业增加值占国内生产总值的比重达7.65%，说明金融对农业的支持力度远低于农业对国民经济的贡献，我国农业贷款难的形势依然严峻。

农地金融为农业贷款和农村土地发展提供了新思路，它以农地产权为基础，使农户可以利用农地向金融机构融资，能够在很大程度上缓解农民融资

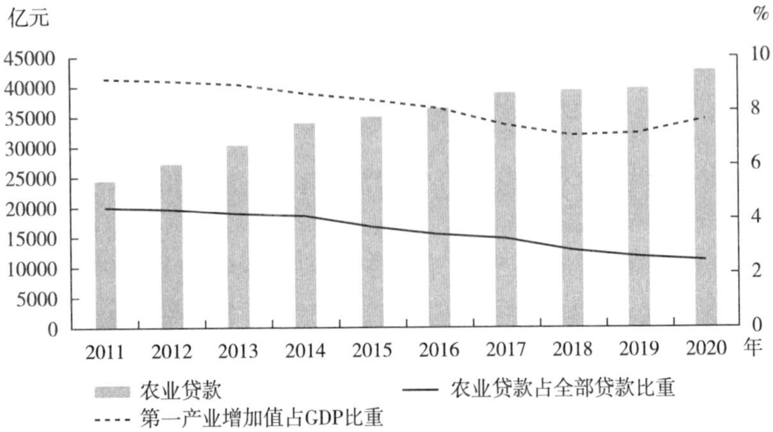

图 1　2011—2020 年我国农业贷款情况①

难、农地利用不充分等难题，是解决“三农”问题、促进农村经济可持续发展的重要途径。党的十八届三中全会提出，要稳定农村土地承包关系并保持长久不变，在保护耕地的基础上，充分保证农民行使其享有的对承包地占有、使用、收益、流转及承包经营权抵押、担保权利。随后，中央对农地确权和土地流转的工作做了进一步的改革部署，2014 年《关于引导农村土地经营权有序流转发展农业适度规模经营的意见》正式提出农村土地“三权分置”的改革思路，农村土地金融的政策环境和制度条件日趋成熟。2021 年 3 月 1 日，《农村土地经营权流转管理办法》开始实施，明确赋予承包土地经营权融资担保职能，为新时期推进农村土地金融的工作指明了方向。

目前，我国多地进行了农村土地与金融融合的探索，但其发展尚处于初始阶段，许多问题亟待解决。为此，本文利用 2010—2019 年我国 30 个省（自治区、直辖市）的面板数据进行实证分析，分析农村土地金融发展的理论机制，探究农地产权制度改革对农地金融发展的影响，为后续相关研究提供经验借鉴，对推动我国农地金融改革创新具有重要的现实意义。

① 图中贷款数据来自中国人民银行发布的《金融机构贷款投向统计报告》，第一产业增加值和国内生产总值数据来自国家统计局。

二、文献综述

早在19世纪末20世纪初，为应对农村资金匮乏、农业危机频发等问题，发达国家便开始了农地金融改革，当时主要是建立以政府担保发行农地抵押债券为基础的农地金融制度，引导资金向农村转移，支撑农业现代化发展（程郁和王宾，2015）。国内农地金融探索起步相对较晚。1988年，经国务院批准，贵州省湄潭县土地金融公司成为全国首家农地金融改革试点机构，新中国农地金融制度建设实践正式开始（孙鹏媛，2014）。尹云松（1995）率先提出要构建以农地使用权抵押为特征的农地金融制度，由此开启了我国农地金融研究的新纪元。2014年，农用地“三权分置”政策首次写入中央一号文件，明确了我国现阶段农地产权制度变革的基本方向（丁文，2017）。此后，以“三权分置”为制度基础的农地金融成为越来越多学者关注和研究的对象。

（一）有关农地金融发展成效的研究

国内外学者在农地金融发展成效问题上尚未得出一致结论。一方面，部分学者认为农地金融发展已取得一定的成效。Hans P. Binswanger和Klaus Deininger（1993）研究发现，农地规模细碎化会降低农地的利用率，而实行农地抵押贷款制度流转农地有利于合理配置农地资源，吸引外部投资，进一步提高农业产出效率。同时，研究还发现，土地银行在美丽乡村建设中存在良好的社会绩效（朱成敏，2019），金融素养显著促进农民农地转入、农地抵押融资规模（苏岚岚和孔荣，2021）。另一方面，部分学者认为农地与金融存在融合成效不明显的问题。农地抵押贷款、土地银行等在一定程度上有利于缓解大农户信贷紧张的情况（Stephen R. Boucher等，2008；Calum G. Turvey，2017），但难以解决小农户融资难的问题（Wu Qun等，2015；陈东平和高名姿，2018）。究其原因，土地经营权价值评估体系不完善及转让市场化程度低等容易带来农地经营权抵押贷款不顺利、服务流程不通畅等问题，影响农地金融发展（贺思博，2020）。

（二）有关农地金融影响因素的研究

学者从农地产权制度、农地流转市场等多方面对农地金融发展的影响因素进行了研究。首先，农地产权制度的完善程度是影响农地金融发展的基本要素。农地产权制度通过促进农地流转、提供抵押担保等途径推动农村信贷市场发展（J. Fenske，2011；周一成，2015），完善的农地产权制度有助于降低农地市场不确定性，缓解农地流转过程中农户贷款难、额度小、期限短等问题，提升资源配置效率，促进农地流转规模化、集约化及产业化（仇童伟等，2020）。其次，完善土地流转市场是促进农地金融发展的动力（史明灿，2019）。农地流转市场不完善和交易信息不充分，会增加交易成本（张溪，2017），缺乏系统完整的法律约束，容易产生违约及利益分配不均等问题（Zhaoxiang Wu，2018）。再次，完善的农村社会保障制度是保护农民利益、降低农地风险的有效途径。农地承担了农民养老、就业等社会保障功能（李长健和徐丽峰，2010），完善的社会保障制度不仅能提高农民的抗风险能力，还有利于实现再分配，保证物质再生产和社会稳定（任天驰和杨汭华，2020）。最后，健全的农村金融体系是农地金融发展的重要支撑（Daniel Domeher 和 Raymond Abdulai，2012；张珩等，2019）。通过政策引导，农村金融市场问题得到缓解，金融机构涉农贷款规模不断扩大，涉农金融产品趋向多元化，新型农村金融机构日益活跃，农村金融市场竞争力不断提升（舒凯彤，2019）。

（三）有关农地金融发展路径的研究

有关农地金融发展路径的文献相对较少，已有研究主要集中在农地产权制度、农地流转机制及农地流转市场建设三个方面。在农地产权制度方面，农地“三权分置”改革对实现农地金融协调发展至关重要。胡新艳等（2019）提出，“三权分置”改革有助于完善乡村金融体系，缓解农户资金难题，促进城乡资本流向农业生产经营和农地适度规模经营。在农地流转机制方面，区域性耕地资源、农户个体及家庭结构等方面的差异均会影响农地流转（何欣等，2016；Agnieszka Stacherzak 等，2019；Li Ma 等，2020）。郭熙保和苏桂榕（2016）提出“集体成员动态化”创新路径，把农村集体成员流动作为农地承包权转让的基础，保障新集体成员对农地的投资和农地规模化经营，实现农地最优配置。在农地流转市场体系建设方面，仇童伟等（2020）研究发现，产权改革在调整农地流转市场结构、提高农村要素可交易性和市场化特征的同时，也可能带来农业经营成本上升、农村治理秩序被市场因素所取代等问题，需要警惕农地流转市场转型过程中可能面临的风险。

（四）文献述评

综上所述，国内外学者在农地金融这一问题上已做了较多的研究，形成了较为丰富的研究成果，但仍存在以下拓展空间：第一，目前，我国对农地金融的探索尚处于初始阶段，相关研究多聚焦于农地抵押贷款、农村土地金融制度构建等，涉及农地产权制度改革影响农地金融发展的研究相对较少，且现有文献多从理论角度出发，实证研究较为缺乏；第二，制度变量具有内生性，潜在内生性的存在可能使研究结果存在偏误，需要尝试不同方法来检验及修正这种内生性；第三，目前学者多采用定点走访、实地调研的方式获取数据信息，导致研究样本多集中在农户层面，且样本量较少。

三、农村土地金融发展的理论机制分析

我国农地金融主要通过银行进行间接融资，农地经营权证券化等直接融资方式尚处于摸索阶段。因此，以下主要通过农地经营权的信贷需求效应和信贷供给效应对农地金融发展机制进行分析。

（一）信贷需求效应

借鉴 Mushinski（1999）信贷需求模型，假设农村贷款机构按照商业原则

以标准贷款合约向农户放贷，一份标准贷款合约主要涉及贷款利率 r、贷款规模 G、抵押物数额 S 及申请贷款获批的概率 p。其中，$p = p(x,G,S)$，即农户申请贷款获批的概率 p 取决于贷款机构可了解到的农村居民家庭基本特征 x、贷款规模 G 和抵押物数额 S。

当农地经营权可作抵押时，农户土地财富由实际经营的农地经营权价值 L 和非农地资产价值 M 两部分构成。标准贷款合约表示为：

$$A = [p(x,G,L,M),G,L,M,r] \tag{1}$$

假设农户效用函数形式为：

$$U(R,C,\phi) = U_1(R) - U_2(C) - U_3(\phi) \tag{2}$$

其中，$R = R(A,x,\bar{x})$，即收益取决于贷款合约、影响贷款获批概率的可观察家庭基本特征 x 和不可观察基本特征 $\bar{x}$；申请贷款的成本 $C = C(x,\bar{x})$，$U_3(\phi)$ 表示农户承担贷款合约风险的效用。

假设农户内源融资的期望效用为：

$$U = U_0(L,M,x,\bar{x}) \tag{3}$$

（1）当信息对称、不存在交易成本且农户申请贷款获批概率为 1 时，农户利用农地申请贷款的期望效用为：

$$U(L,M,r,x,\bar{x}) = \max U_1[\bar{R}(G,r,L,M,x,\bar{x})] \tag{4}$$

式中，$\bar{R}$ 表示获得贷款后的预期收益。

此时，若 $U(L,M,r,x,\bar{x}) > U_0(L,M,x,\bar{x})$，即当农户获得贷款后的期望效用大于内源融资的期望效用，借款的预期收益超过利息，农户将产生贷款需求。

（2）当信息不对称、存在交易成本且农户贷款申请获批概率不为 1 时，农户利用农地申请贷款的期望效用为：

$$\begin{aligned} U(L,M,r,x,\bar{x},\phi) = \max\{&p(G,L,M,x)U_1[\bar{R}(G,r,L,M,x,\bar{x}) - U_3(\phi)] \\ &+ [1 - p(G,L,M,x)]U_0(L,M,x,\bar{x}) - U_2(x,\bar{x})\} \end{aligned} \tag{5}$$

其中，$1 - p$ 代表农户贷款未被批准的概率。

同样，若 $U(L,M,r,x,\bar{x},\phi) > U_0(L,M,x,\bar{x})$，此时农户将产生有效信贷需求。

当借款的预期收益超过利息，但农户主动放弃贷款时，认为农户具备潜在的信贷需求。

可见，农户申请贷款获批的概率、交易成本、抵押物数额、农村居民家庭基本特征、贷款合约的潜在风险等因素均会影响农户使用农地抵押贷款的需求。

（二）信贷供给效应

由于信息不对称的存在，信贷供给过程中道德风险和逆向选择问题频发，为此银行需要设置非价格机制来筛选资金需求者，抵押便是其中的主要手段之一（吴一恒等，2020）。理想的抵押物应当具备以下特征：一是该抵押物具有很高的价值；二是能够以较低成本合法处置、占有（专用性）；三是合约期内抵押物可保值；四是易于变现以偿债；五是交易成本较低。

农地产权制度改革有利于明晰农地产权，提高农地的可专用性；农地流转市场的建立有利于提升农地流动性、提高可变现能力；农地规模化可以提高农村土地抵押价值，扩大贷款规模，降低平均交易成本。当农地可用作抵押物时，抵押物有效性的提高能够激励银行增加信贷供给，促进土地金融进一步发展（见图2）。

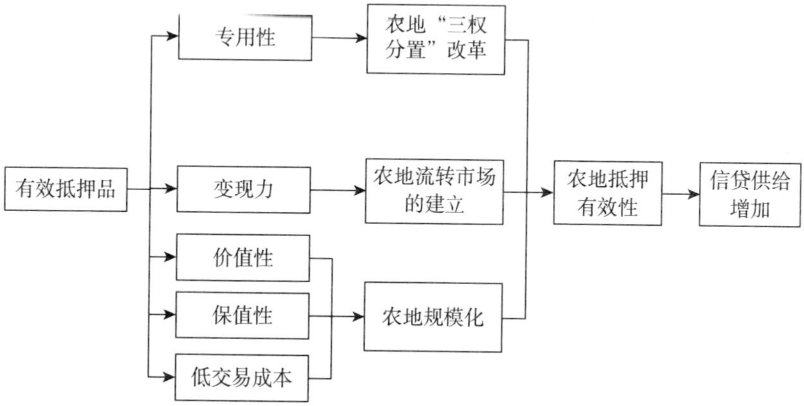

图2　信贷供给效应

四、研究设计

（一）模型设计

1. 基本模型设定

为探讨农地产权制度改革对促进农村土地与金融融合发展的影响，设定模型基本形式如下：

$$\ln Fw_{it} = \alpha_0 + \alpha_1 Lr_{it} + \alpha_2 \ln Lc_{it} + \alpha_3 \ln Pms_{it} + \alpha_4 \ln Mdex_{it} + \alpha_5 \ln Rk_{it} + \alpha_6 \ln Stru_{it} + \alpha_7 \ln Per_{it} + \varepsilon_{it} \quad (6)$$

$$\ln Fd_{it} = \beta_0 + \beta_1 Lr_{it} + \beta_2 \ln Lc_{it} + \beta_3 \ln Pms_{it} + \beta_4 \ln Mdex_{it} + \beta_5 \ln Rk_{it} + \beta_6 \ln Stru_{it} + \beta_7 \ln Per_{it} + \delta_{it} \quad (7)$$

式中，i 表示地区，t 表示时间。被解释变量涵盖农村金融宽度 Fw 和农村金融深度 Fd 两个维度。核心解释变量 Lr 是代表农地“三权分置”改革进程的时间虚拟变量。Lc、Pms、$Mdex$、Rk、$Stru$、Per 分别表示农村土地流转率、人均农村最低生活保障支出、市场化进程、农村固定资产投资、城乡二元经济结构、农村居民人均可支配收入。为使数据更加平稳，削弱模型的异方差性，除虚拟变量外，其余变量取自然对数形式。

2. 工具变量方程

考虑内生性问题，在进行基础回归前，采用工具变量法设定农地产权制度改革与工具变量之间的方程式：

$$Lr_{it} = {}_0 + \beta_{iv} IV_{it} + \beta_1 W_{it} + \mu_{it} \quad (8)$$

式中，β 为待估计参数，IV_{it}是工具变量，W 为控制变量。

其中，工具变量方程选用二元选择模型，模型矩阵式定义如下：

$$y = X\beta + \mu \quad (9)$$

y 为二分类变量（$y=0$ 表示未进行农地产权制度改革，$y=1$ 表示已进行农地产权制度改革），引入一个与 X 有关的潜变量，使得 $y^* = X\beta + \mu^*$，其中 X_1，X_2，…，X_n分别为影响 y 的解释变量；β 是回归系数，μ^* 是误差项。y 与

y^*的对应关系为：

$$y = \begin{cases} 0 & (y^* \leqslant 0) \\ 1 & (y^* > 0) \end{cases} \tag{10}$$

y的概率模型表达式如下：

$$p(y=0) = p(y^* \leqslant 0) = p(\mu^* \leqslant -X\beta) = F(-X\beta)$$
$$p(y=1) = p(y^* > 0) = p(\mu^* > -X\beta) = 1 - F(-X\beta) \tag{11}$$

μ^*服从正态分布，使用极大似然估计法（MLE）估计模型参数，对数似然函数为：

$$\log L(\beta) = \sum_{i=0}^{n} \{ y_i \log[\phi(\beta_i x_i)] + (1-y_i)\log[1-\phi(\beta_i x_i)] \} \tag{12}$$

（二）变量选取及数据来源

1. 变量选取

（1）被解释变量。被解释变量为农村金融发展水平，分别以农村金融宽度 Fw 和农村金融深度 Fd 表示。其中，农村金融宽度用农村小型、新型金融机构营业网点数量衡量并取自然对数形式，在一定程度上代表农户利用农地获得更多金融服务的可能性。农村金融深度多以单户农地实际贷款额度进行测度，囿于数据的可得性，本文使用金融机构涉农贷款数据进行衡量，并取自然对数形式，反映农户利用农地融资的参与热情。

（2）核心解释变量。核心解释变量为农地产权制度改革，用 Lr 表示。Lr 为虚拟变量，代表农地“三权分置”改革进程，衡量各地区农地产权制度的完善程度。根据确权登记的颁证时间①设定各地区 Lr 值，$Lr=0$ 表示尚未实施农地“三权分置”改革，$Lr=1$ 表示已开始实施农地“三权分置”改革。农地产权的明确界定有利于激发农业生产内生动力，促进生产要素投入，通过

① 我国农村承包地确权登记颁证工作于2009年在全国8个村试点，2014年正式开始整省改革试点。2014年，山东、四川、安徽三省率先开始登记；2015年，新增江苏、江西、湖北、湖南、甘肃、宁夏、吉林、贵州、河南、上海；2016年新增河北、山西、内蒙古、辽宁、浙江、广东、黑龙江、海南、云南、陕西；2017年新增北京、天津、广西、福建、重庆、青海；2018年西藏和新疆加入。

优化配置土地资源，有助于推动农地与金融融合发展。

（3）控制变量。农村土地流转率 *Lc* 代表农地流转市场的发育程度，人均农村最低生活保障支出 *Pms* 衡量农村社会保障制度的完善程度。其中，农村土地流转率由家庭承包耕地流转总面积与家庭承包经营耕地面积之比计算而得。农地流转率越高，说明农地流转市场越完善，农地抵押的变现能力越强，农户获得农地抵押贷款的可能性越大。人均农村最低生活保障支出较高，农村社会保障制度较完善，有利于减轻农民对土地的依赖，缓解农民流转土地的后顾之忧，促进农地抵押贷款。市场化进程 *Mdex* 参考樊纲等（2011）的研究，使用分省市场化指数进行测度。深化市场化进程有利于提高农村人均金融资产和人均贷款水平，抑制农村金融外流，但同时可能加剧农村金融风险（赵洪丹，2016）。城乡二元经济结构 *Stru* 强度越大，城乡之间经济发展差距就越大，抑制农村金融发展的可能性也越大。农村居民人均可支配收入 *Per* 越高，偿还能力越强，违约风险就越小。农村固定资产投资 *Rk* 越多，说明农户生产经营能力较强，更容易获得贷款。

（4）工具变量。制度变量通常具有内生性，需要找到一个与其相关且独立于随机扰动项的工具变量进行回归。本文采用农业机械总动力 *Power* 作为农地产权制度改革的工具变量，并取自然对数形式。机械化水平的提高对农村生产关系、土地流转效率等提出了更高要求，机械化水平较高的地区可能率先推进农地产权制度改革，农地产权制度改革有助于加快土地流转、促进土地规模化经营。而土地集中连片耕作又对农用机械的功率输出、作业效率等有着更高要求，激励农业机械化水平进一步提高。故机械化水平与农地产权制度改革具有较强的相关性，且不直接影响农民获取农地贷款，将其作为农地产权制度改革的工具变量是合理的。

2. 数据来源

考虑数据可得性，本文使用除港澳台和西藏外全国 30 个省（自治区、直辖市）2010—2019 年的面板数据，共计 300 个观测值。文中采用 Stata 15.0 软件进行计量分析，数据主要来自《全国农村经济情况统计资料》《中国农村经营管理统计年报》《2019 年中国农村政策与改革统计年报》《中国农村统计年鉴》《中国分省份市场化指数报告》《中国人口和就业统计年鉴》《区域金融运行报告》《中国金融年鉴》《中国农村金融服务报告》以及 Wind 数据库，个别缺失数据使用线性插值法补齐。其中，市场化进程指标数据来自《中国分省份市场化指数报告》（2018），由于报告中该指标数据仅更新到 2016 年，本文根据平均年增长率推算出 2017—2019 年的指标数据。变量描述性统计如表 1 所示。

表 1　变量描述性统计

变量	观测值	均值	标准差	最小值	最大值
ln*Fw*	300	7.6350	0.8325	5.0752	8.7358
ln*Fd*	300	8.6137	0.8755	6.2887	10.4794
Lr	300	0.4267	0.4954	0.0000	1.0000
ln*Lc*	300	3.2191	0.6216	0.9521	4.4698
ln*Pms*	300	7.6761	0.5605	6.3863	9.4014
ln*Mdex*	300	1.8241	0.3132	0.8459	2.3026
ln*Rk*	300	5.3723	1.1568	0.6931	6.8739
ln*Stru*	300	3.6352	0.2128	3.2007	5.9886
ln*Per*	300	9.2555	0.4637	8.1388	11.6447
ln*Power*	300	7.6350	1.1052	4.5433	9.4995

五、实证结果分析

（一）平稳性检验

为避免伪回归，本文首先采用 HT、IPS、Fisher - ADF、Fisher - PP 以及 Hadri LM 检验方法对各变量进行平稳性检验。如表 2 所示，各变量均至少通过了三种单位根检验，因此，可以认为变量是平稳的，适合进行面板数据回归分析。

表 2　2010—2019 年 30 个省（自治区、直辖市）面板数据单位根检验

变量	HT	IPS	Fisher - ADF	Fisher - PP	Hadri LM
ln*Fw*	-9.9803***	-2.6824***	148.6619***	201.7392***	6.1854***
ln*Fd*	-4.1034**	-2.7624***	132.3655***	172.7017***	6.6323***
ln*Lc*	0.0855	0.2935	146.1629***	156.7836***	6.6447***
ln*Pms*	-5.3976***	-2.5262***	119.3090***	134.2773***	6.5804***
ln*Mdex*	-11.1651***	-1.4169*	151.1757***	111.0590***	6.4230***
ln*Rk*	-0.4846	0.2257	122.8183***	104.5579***	6.7521***
ln*Stru*	-15.3322***	-3.1367***	109.6955***	95.7394***	5.5216***
ln*Per*	-16.4727***	-3.0481***	136.6179***	119.9067***	5.4228***
ln*Power*	-6.6364***	-2.4751***	97.2736***	89.8719**	6.8329***

注：*、** 和 *** 分别表示在 10%、5% 和 1% 的水平下显著。

（二）混合 OLS 估计

在进行条件混合过程估计之前，首先对式（6）和式（7）进行混合 OLS 估计，结果如表 3 所示。估计结果表明，农地产权制度改革、农地流转率、市场化进程以及农村固定资产投资在不同显著水平下正向促进农地金融发展。人均农村最低生活保障支出和城乡二元经济结构抑制农地金融发展。农村居民人均可支配收入正向促进单户农地实际贷款额度，但无法增加农户获得更多金融服务的可能性。

表 3　混合 OLS 估计结果

变量	模型（1）	模型（2）
Lr	0.1835*** (0.0644)	0.0974** (0.0613)
ln*Lc*	0.2318*** (0.0562)	0.3359*** (0.0535)
ln*Pms*	-0.4039*** (0.1114)	-0.2882*** (0.1059)
ln*Mdex*	0.8815*** (0.1219)	0.1935* (0.1160)

续表

变量	模型（1）	模型（2）
ln*Rk*	0. 5247 *** (0. 0234)	0. 5838 *** (0. 0223)
ln*Stru*	-0. 5085 ** (0. 2295)	-0. 9767 *** (0. 2183)
ln*Per*	-0. 0120 (0. 2153)	1. 0876 *** (0. 2048)
Cons	7. 4433 *** (0. 8000)	-0. 3016 (0. 7611)
R^2	0. 7754	0. 8163
观测值	300	300

注：*、** 和 *** 分别表示在 10%、5% 和 1% 的水平下显著，括号内为各系数对应的 *z* 值。

（三）考虑内生性偏误的条件混合过程估计

潜在内生性的存在可能使回归结果存在偏误，故采用 Roodman（2011）提出的条件混合过程估计方法（CMP）进行估计，该方法可检验并修正虚拟变量内生性。CMP 模型分工具变量方程和主方程，工具变量方程采用 Probit 模型，以农地“三权分置”改革变量 *Lr* 为被解释变量，主方程以农地金融发展水平为被解释变量。

表 4　CMP 主方程估计结果

变量	模型（3）	模型（4）
Lr	2. 1969 *** (0. 4543)	1. 9905 ** * (0. 4284)
ln*Lc*	0. 2318 *** (0. 0555)	0. 2367 ** (0. 1111)
ln*Pms*	-0. 7358 *** (0. 2400)	-0. 6003 *** (0. 2263)
ln*Mdex*	2. 2051 *** (0. 3801)	1. 4380 *** (0. 3584)

续表

变量	模型（3）	模型（4）
ln*Rk*	0.2808*** （0.0714）	0.3545*** （0.0673）
ln*Stru*	-0.8694* （0.5578）	0.3189 （0.5291）
ln*Per*	1.9691*** （0.6119）	0.7526 （0.5769）
Cons	21.4724*** （3.4464）	12.8898*** （0.7509）
atanhrho_12 内生性检验	-1.5715*** （-7.94）	-1.5562*** （-7.86）
整体拟合效果检验	448.03***	508.26***
观测值	300	300

注：*、** 和 *** 分别表示在 10%、5% 和 1% 的水平下显著，括号内为各系数对应的 *z* 值，整体拟合效果检验值为 χ^2 值。

工具变量方程显示，ln*Power* 的系数均在 1% 的水平下显著为正，证明农业机械总动力 ln*Power* 作为农地"三权分置"改革 *Lr* 的工具变量具有有效性。模型（3）和模型（4）分别以 ln*Fw* 和 ln*Fd* 为被解释变量，内生性检验 atanhrho 值分别为 -1.5715 和 -1.5562，对应的 z 统计值分别为 -7.94 和 -7.86，均在 1% 的显著水平下显著，因此拒绝原假设，认为虚拟变量 *Lr* 存在内生性，适合采用 CMP 方法进行估计。

通过对比表 3 和表 4 可知，纠正可能存在的内生性偏误后，除农村居民人均可支配收入指标外，各变量对农村金融宽度或农村金融深度的影响依然显著。模型（3）和模型（4）中整体拟合效果检验值均在 1% 的水平下显著，说明模型整体的拟合效果较好。农地"三权分置"改革的回归系数分别为 2.1969 和 1.9905，均在 1% 的水平下显著，验证了农地产权制度的完善程度与农村金融宽度、农村金融深度均存在显著的正相关关系，有助于增加农民获取更多金融服务的可能性。农村土地流转率 ln*Lc* 在 1% 或 5% 的水平下显著为正，表明农地流转市场的发育程度是促进农地金融发展的另一重要因素。

农地流转市场越完善，土地流转率越高，农地抵押的变现能力强，获得农地抵押贷款的可能性越大，农村金融服务水平越高。人均农村最低生活保障支出（ln*Pms*）显著抑制农地金融发展，表明随着农户降低对农地的依赖，农村社会保障制度亟待进一步发展和完善，农村社会保障制度的不足可能会对农地金融发展产生抑制作用。市场化进程（ln*Mdex*）、农村固定资产投资（ln*Rk*）、农村居民人均可支配收入（ln*Per*）对农户获得农地抵押贷款具有显著的正向促进作用。市场化进程通过优化农村市场的资源配置，加速融资渠道畅通。农村固定资产增加有利于提升农地抵押贷款获批的可能性，促进农村金融服务水平的提高。城乡二元经济结构（ln*Stru*）抑制农户获得更多金融服务的可能性，但无法提高农户利用农地融资的参与热情。

（四）机制检验

为进一步研究农地产权制度改革对农村土地金融发展的作用机制，在模型（3）和模型（4）的基础上，加入制度变量与各变量相乘的交互项 Z_X 建立交互效应模型（5）和模型（6），分析农地产权制度的完善程度对其他变量影响农村土地金融发展的调节效应，检验结果（见表 5）显示，适合继续采用 CMP 估计。

表 5　交互效应模型的回归结果

变量	模型（5）	模型（6）
Lr	0.8174** (2.60)	2.1557** (2.36)
ln*Lc*	0.2060*** (3.11)	0.1135* (1.18)
ln*Pms*	−0.1064* (−1.74)	−0.2017** (−1.67)
ln*Mdex*	1.1172*** (7.13)	0.2010* (1.75)
ln*Rk*	0.5393*** (19.40)	0.5812*** (25.55)

续表

变量	模型（5）	模型（6）
ln*Stru*	-0.6797** (-2.16)	-1.0092*** (-4.71)
ln*Per*	0.4760* (1.72)	1.0800*** (5.40)
Z_ln*lc*	0.1272* (1.07)	0.2228* (1.93)
Z_ln*pms*	0.6194*** (-2.73)	0.3382*** (-2.91)
Z_m*dex*	-0.3391 (-1.32)	0.0522* (1.23)
Z_ln*rk*	-0.0416 (-0.86)	0.0179 (0.38)
Z_ln*stru*	-0.1801 (-0.39)	0.1066* (1.24)
Z_ln*per*	1.0610** (2.51)	-0.2907 (-0.71)
Cons	9.6333*** (8.79)	-1.5019 (-1.42)
atanhrho_12 内生性检验	0.6515*** (11.29)	0.6124*** (10.61)
整体拟合效果检验	-1.6372***	-7.9000***

注：*、**和***分别表示在10%、5%和1%的水平下显著，括号内为各系数对应的z值。

模型拟合效果检验结果表明，模型（5）和模型（6）的整体拟合效果均较好。模型（5）和模型（6）中变量ln*Lc*的系数为0.2060和0.1135，分别在1%和10%的水平下显著，表明在农地“三权分置”改革前农地流转率的提升有利于农户获取农地抵押贷款，改革后Z_ln*Lc*的系数分别为0.1272和0.2228，均在10%的显著水平下显著。这说明，农地“三权分置”改革使农地流转率对农户获取农地抵押贷款的正向作用进一步强化，主要原因在于“三权分置”促使农民土地权利结构更加明晰、权益保障更加完善，加速农地资本化进程。ln*Pms* 的系数分别为 -0.1064 和 -0.2017，分别在5%和10%的水平下显著，说明农村社会保障制度与农地金融发展负相关。Z_ln*pms* 的系数为0.6194 和0.3382，均在1%的水平下显著，表明农地“三权分置”改革后农村社会保障制度显著促进农地金融的发展。

ln*Mdex* 的系数分别为 1.1172 和 0.2010，在 1%或 10%的显著水平下显著，考虑制度变革后，市场化进程加快有利于增加金融机构涉农贷款，但无法显著提高农户获得更多农地贷款的可能性。ln*Stru* 的系数分别为 -0.6797 和 -1.0092，均在1%的显著水平下显著，表明城乡二元经济结构对农地金融发展具有负向影响，而在考虑农地确权方面的因素后发现，“三权分置”改革会削弱城乡二元经济结构对获取农地贷款可能性的负面影响。ln*Per* 的系数分别为0.4760 和1.0800，在1%或10%的显著水平下显著，说明农村人均可支配收入对农地金融具有正向影响，Z_ln*per* 仅在模型（5）中显著，系数为1.0610，说明“三权分置”改革有利于强化农村人均可支配收入对实际获取农地贷款的正向作用，对获贷的可能性无显著影响。综上所述，各变量对农地金融的发展产生了明显的差异，农地产权制度改革能够通过农地流转市场、农村社会保障制度、市场化进程、城乡二元经济结构、人均可支配收入等因素影响农户农地抵押贷款及其可能性，进而对农地金融发展产生作用。

（五）稳健性检验

在基准模型中分别引入被解释变量 ln*Fw* 和 ln*Fd* 的滞后一期建立动态面板模型（7）和模型（8），采用系统 GMM 方法进行估计，回归结果如表6 所示。两个模型中 Arellano - Bond test for AR（1）均拒绝原假设，Arellano - Bond test for AR（2）均不拒绝原假设，说明动态回归方程的误差项不存在序列相关，保证了 GMM 估计具有一致性。Sargan 检验不拒绝原假设，说明工具变量是有效的。同时，拟合效果检验结果表明模型（7）和模型（8）整体拟合较好。被解释变量滞后一期系数显著为正，说明农村金融发展存在惯性。农地“三权分置”改革的系数显著为正，农地产权制度改革促进农户农地抵押贷款，对农村金融宽度和农村金融深度均具有显著的正向促进作用，与基准回归结果保持一致，其他重要变量的估计系数和显著性未发生较大变化。因此，有理由认为基准回归结果是稳健的。

表 6 动态面板回归结果

变量	模型（7）	模型（8）
L. ln*Fw*	1.0291 *** (18.24)	
L. ln*Fd*		0.9642 *** (83.79)
Lr	0.0094 * (1.59)	0.0311 *** (3.62)
ln*Lc*	0.0047 ** (2.29)	0.0221 *** (2.78)
ln*Pms*	-0.0179 * (-1.51)	-0.0558 * (-1.92)
ln*Mdex*	0.0204 (0.34)	0.0066 (0.54)
ln*Rk*	0.0193 * (1.73)	0.0201 *** (2.93)
ln*Stru*	-0.0237 (0.66)	-0.0565 (1.34)
ln*Per*	-0.0290 (-0.70)	-0.0181 (-0.46)
Cons	-0.1274 (-0.26)	0.6416 *** (4.59)
Arellano - Bond test for AR（1）	-2.3700 **（p=0.018）	-3.06 ***（p=0.002）
Arellano - Bond test for AR（2）	0.14（p=0.885）	-1.47（p=0.142）
Sargan 检验	15.27（p=1.000）	16.08（p=1.000）
整体拟合效果检验	2.87e+07 ***（p=0.000）	5.72e+07 ***（p=0.000）

注：*、** 和 *** 分别表示在 10%、5% 和 1% 的水平下显著，括号内为各系数对应的 *z* 值，Arellano - Bond 检验报告的是 *z* 值，整体拟合效果检验为 $Wald-\chi^2$ 值。

六、结论与建议

本文基于信贷需求效应和信贷供给效应，分析农地金融发展的理论机制，实证检验了农地产权制度改革对我国农地金融发展的影响。研究表明：（1）农地产权制度改革有利于明晰农地产权，提高农地专用性，通过强化农地流转对农地金融的正向作用，提高农地的变现力，推动农地金融内生发展；（2）农村金融发展存在惯性，农地流转市场的发育程度显著促进农地金融发展，人均农村最低生活保障支出显著抑制农村土地金融发展；（3）农村土地与金融融合发展是诸多因素综合推动的结果，市场化进程、农村固定资产投资增加、农村人均可支配收入增长显著促进农地金融发展，城乡二元经济结构对农地金融具有明显的抑制作用，但农地产权制度改革有利于削弱城乡二元经济结构对农地金融的负面影响。

基于上述结论，为促进农地与金融融合，提出建议如下：

一是以“统一”实现“标准”，优化农地金融市场功能。实证结果表明，土地流转市场的建立有助于强化农村土地变现能力，促进农地抵押贷款。为完善农地流转市场，建立统一的土地流转标准，需相关部门正确指导土地流转市场，减少农户使用农地抵押贷款的顾虑，提升农村贷款机构应对风险的能力。同时，土地价值评价难度较高，建立统一的土地管理与估价机构必不可少。通过推动第三方测评机构与政府部门建立合作，制定健全、可复制的土地价格测评机制，有助于促进土地流转有序深入开展。

二是以“创新”实现“多元”，健全农地金融市场体系。一方面，金融机构要创新农地金融品类。不断探索创新多样化信贷产品，积极试点推广农村土地信托，发展土地银行、发行土地债券等。同时，抢抓机遇发展“互联网+”农村土地金融。另一方面，农户要创新生产经营方式。倡导农户突破传统经营模式，创新生产经营方式，采用现代化经营模式进行生产，不断将新产品、新科技运用到实际农业经营中。

三是以“规制”实现“高效”，强化农地金融市场支撑。实证结果表明，农地产权制度对促进农地与金融融合具有重要的作用。首先，农地金融融合离不开法律制度的规范和保障，必须健全农村土地金融的法律制度，如有条件地起草制定《农村土地金融法》《农业保险法》等专门法。其次，建立有效的金融风险分担、防范和补偿机制，优化农村土地金融保险制度。金融机构可通过直接向龙头企业授信或向龙头企业提供担保贴息等方式，支持新型农业经营主体发展，完善信用担保机制等。

课题组组长：刘德林

课题组成员：李波、李增强、黎紫薇、黄雨露、钟丽

新形势下金融服务江西乡村振兴发展路径探究

——以农业银行江西省分行为例

中国农业银行江西省分行课题组

一、绪论

（一）研究背景

实施乡村振兴战略，是党在新时代的历史方位下，为实现亿万农民对美好生活的追求向往，加快纵深推进以同步实现农业农村与国家现代化建设进程中的必然选择。当前，我们清晰地发现，相较于高速推动的工业化和城镇化，“三农”问题颇为明显，农业基础依然薄弱、农民收入普遍偏低，农村发展长期滞后，社会经济的高质量发展亟待有效解决产业“长短腿”问题。2018 年国务院发布了《乡村振兴战略规划（2018—2022 年）》，为各领域研究乡村振兴问题提供了很好的依据。金融是推动农村经济发展的血脉，是推动乡村振兴战略实施的关键。2021 年，江西省委下发《关于全面推进乡村振兴加快农业农村现代化的实施意见》的一号文件，并于 3 月 1 日起实行《江西省乡村振兴促进条例》，为江西省乡村振兴建设指明了方向。

（二）研究意义

在深化农村改革发展的过程中，江西立足自身资源，大力发展新型农业经营主体，实现了农业的规模化、商品化和设施现代化。要促进农业的转型升级和高质量发展，金融是不可或缺的支柱力量。因而，找准当前金融支持江西省乡村振兴建设中的“瓶颈”和困境，并在前期农行江西省分行支持乡村振兴的典型案例中获取成功经验，对于农行探索江西省金融支持乡村振兴的有效途径有重要的研究意义。

（三）国内外文献综述

1. 国内研究

（1）乡村振兴发展路径选择与对策。焦倩（2021）从农作物结构、科技、人才以及农业绿色发展四个方面分析了我国农业发展现状与不足，并有针对性地给出了发展对策和建议。袁宇阳（2021）在国内经济大循环发展的背景下探究了乡村振兴和经济内循环的关系，研究发现乡村振兴能够促进经济内循环的发展，最后基于此结论提出深化农村改革，注重发展质量的建议。

（2）乡村振兴发展耦合度研究。信惠娟、段文军（2020）通过构建评价指标体系来评估乡村旅游发展与乡村振兴的耦合协调性。徐维祥（2020）等通过构建指标体系的方式，运用空间马尔可夫链、耦合协调度模型和地理加权回归模型对2005—2017年中国30个省（自治区、直辖市）乡村振兴与新型城镇化的耦合协调度以及动态演进过程进行了分析。

2. 国外研究

（1）乡村振兴的影响因素研究。美国学者Gladwin（1989）等对北佛罗里达州的农业企业家对区域经济情况的影响进行分析，提出在实现乡村振兴中农民创业精神发挥的重要作用。Johnson T. G.（1989）在研究农村发展问题时认为城市出现的“新经济”现象与农村有着密不可分的关系，应当在农村发展“新经济”。Greene M. J.（1988）针对农业发展的多元化倡议进行分析后，认为政府在乡村振兴中扮演着重要的角色。

（2）乡村经济发展与可持续发展研究。阿米塔·沙阿研究了在印度农业经济转型的背景下，古吉特拉邦的农村转型与该地区非农业部门之间的关系，结果显示古吉特拉邦的农村转型与农村非农业经济不存在显著关系。希门蒂·伊曼纽尔等研究并评价了欧盟地理认证制度对于农户收入和农村经济的积极影响。

（四）研究内容与方法

（1）研究内容。本文主要包括六个部分。

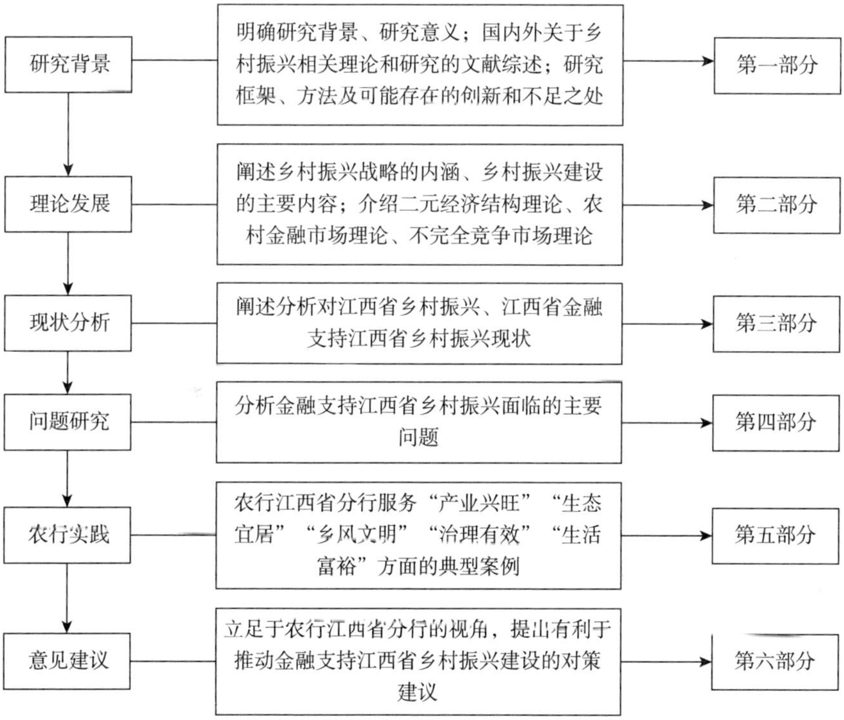

图1　研究框架

（2）研究方法。一是文献研究法。通过收集整理国内外相关文献资料，总体了解我国金融发展支持乡村振兴建设的现状和存在问题。总结了乡村振兴建设过程中金融所产生的内在作用机制。二是理论与实践相结合的方法。通过梳理国内外相关文献，了解相关金融理论来研究金融发展支持乡村振兴的内在机制、分析江西省目前金融发展支持乡村振兴建设的现状，为下一步提出发展路径建议提供参考。

（五）可能的创新及存在的不足

（1）可能的创新。在前期的研究中，涉及乡村振兴战略实施背景下的金融支持研究，基本上均是从整体国家层面入手，很少有从某省份视角着手的深层次探讨，而本文主要是基于江西省的视角，同时结合农行江西省分行服务县域的典型案例进行了分析。

（2）存在的不足。基于乡村振兴建设领域的研究，本文是从江西省整体现状展开研究，而不同区域由于地理位置、各类资源、人文风俗等原因市情县情各有所异，综合性的内容分析可能存在精准指导不足的状况。

二、相关概念界定及理论基础

（一）相关概念界定

1. 乡村振兴战略的提出（见图2）

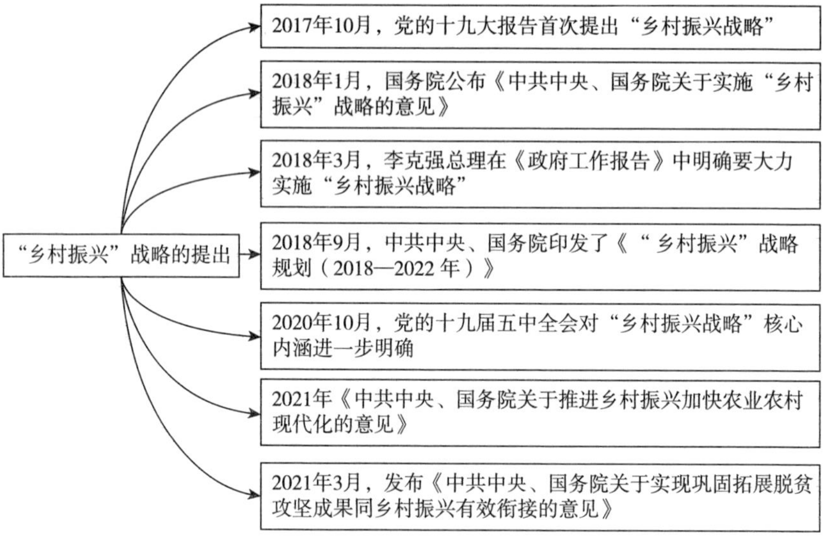

图2 “乡村振兴”战略的提出

2. 乡村振兴建设的主要内容（见表1）

2021年4月29日全国人大常委会二十八次会议通过的《中华人民共和国乡村振兴促进法》，乡村振兴应根据产业兴旺、生态宜居、乡风文明、治理有效、生活富裕的整体要求，促进乡村在农产品安全供给、生态环境保护以及优秀文化传承等功能充分发挥。

表1 “乡村振兴”建设的主要内容

乡村振兴的总要求	主要内容
1. 在促进乡村产业兴旺方面构建高效乡村产业体系	通过发展壮大乡村产业，激发农村创新创业活力，构建现代农业产业体系、生产体系以及经营体系，完善农业支持保护制度
2. 在促进乡村生态宜居方面实现农业绿色发展	提出强化资源保护与节约利用，推进农业清洁生产。集中治理农业环境中的突出问题，推进美丽宜居乡村建设，持续改善农村人居环境
3. 在促进乡村乡风文明方面推动乡村文化振兴	提出传承发展乡村优秀传统文化，培育文明乡风、良好家风以及淳朴民风，建设邻里守望、诚信重礼、勤俭节约的文明乡村
4. 在促进乡村治理有效方面推动乡村组织振兴	建立健全党委领导、政府负责、社会协同、公众参与、法治保障的现代乡村治理体制，打造充满活力、和谐有序的善治乡村
5. 在促进乡村生活富裕方面加快补齐农村民生“短板”	在改善农村交通物流设施条件、加强农村水利基础设施网络建设、拓宽就业转移渠道，以及加强农村社会保障体系建设等方面出台一系列措施

（二）理论基础

（1）二元经济结构理论。英国学者路易斯在《劳动无限供给条件下的经济发展》中明确了“两个部门结构发展模型”的概念，认为对于发展中国家来说，“自给自足的农业传统经济体系”以及“现代城市工业体系”同时存在，两种体系共同形成了“二元经济结构”。在发展中国家，出现了农业领域零边际生产率剩余劳动力的情况，这些剩余劳动力在进行非农化转移的过程中可以进一步削减二元经济结构。

（2）农村金融市场理论。此理论强调市场的作用，主张降低政府干预，鼓励放开利率管制，让农村金融机构的经营成本通过利率调节得以弥补。这样不但可以保证利润最大化，同时对农户储蓄也有促进效应，资金来源不足的压力能够得到充分缓解，确保在市场机制的科学调节下，农村金融资源配置更加合理。

（3）不完全竞争市场理论。此理论认为，由于供需双方信息的不对称，农村金融市场的资金供给者通常处于劣势而承担高风险，如果单纯依赖市场机制来调节农村金融资源，非常容易形成市场失灵。因而，不仅要充分保证金融市场的发挥，同时必须将政府等非市场的相关要素引入，适时干预农村金融市场的发展。

三、金融支持江西省乡村振兴建设的现状

（一）江西省乡村发展现状

江西位于长江中下游南岸，面积16.69万平方千米，地形概貌素有“六山一水二分田，一分道路和庄园”的说法，农业农村资源十分丰富，素有“鱼米之乡”的美誉，是新中国成立以来从没有间断输出商品粮的省份之一，是东南沿海地区农产品供应地。

（1）农业资源丰富，产业门类齐全。江西省农业特色鲜明，赣南脐橙、南丰蜜橘、绿茶、广昌白莲、泰和乌鸡、鄱阳湖大闸蟹等遐迩闻名。全省初步形成了大米、生猪、蔬菜、水果、水产、水禽、茶叶、中药材等主导产业，粮食、畜牧、水产、果蔬产业产值突破千亿元，茶叶、中药材、油茶突破百亿元。创建了4个国家级现代农业产业园、291个省级现代农业产业示范园、55个省级田园综合体；认定了42个中国美丽休闲乡村。

（2）区位优势明显，市场贡献较大。江西在全国属于重要水稻产区，其稻谷产量排名全国前列，以占全国2.3%的耕地面积生产了3.25%的粮食；江西也是柑橘优势产区，其产量也排名全国前5位（其中，赣南脐橙种植面积居全球首位、产量居世界第3）；年均外调粮食量达百亿斤、水果和水产品达上百万吨。在全省陆续形成了水稻、水禽、渔业、蔬菜、果业、茶叶等众多生产基地。

（3）乡村广袤秀美，发展基础扎实。江西顺利完成了农村人居环境整治三年行动，90%以上村庄生活垃圾、污水得到了有效治理，创建了19个美丽宜居示范县，打造了248条美丽宜居示范带，经营主体方面，培育省级龙头企业963家，国家级52家、农民合作社7.39万家、高素质农民18.7万人、纳入名录系统管理的家庭农场9万余家。

（二）江西省乡村振兴建设情况

江西作为传统的农业大省，“三农”县域经济在全省经济中占有重要的地位。2020年，全省县域经济总量占全省经济总量的60%，县域存、贷款总量（四行合计）分别占全省的46%、45%。但江西乡村振兴工作还面临不少问题和挑战，主要表现在：全省发展不平衡不充分问题在乡村尤为突出，特别是全省农业产业化水平不高，农业供给质量亟待提高；农村基础设施和公共服务相对滞后，城乡融合发展的机制亟待健全；农民收入总体不高，持续稳定增收的长效机制亟待建立；农村集体经济薄弱，农村资产资源资金大多处于“沉睡”状态，深化农村改革的红利亟待释放；农村基础存在薄弱环节，乡村治理体系和治理能力亟待强化。为此，江西省提出了《江西省乡村振兴促进条例》《关于全面推进乡村振兴加快农业农村现代化的实施意见》《关于确定省级乡村振兴“三类县”的通知》等一系列奋斗目标和工作措施，为全省推进乡村振兴战略实施提供强有力的制度支撑。

（三）江西省金融支持乡村振兴现状

江西省各家金融机构紧扣高质量发展主题，不断优化“三农”金融服务体系和机制，突出强化关键领域金融供给，着力提升县域金融服务质效、大力发挥保险保障作用，金融支持乡村振兴工作取得了新进展。

1. 江西银行业服务乡村振兴情况

（1）涉农贷款持续增长。截至2021年6月末，全省银行业机构涉农贷款余额15011亿元，较年初增加1074.09亿元，增长7.11%，占各项贷款余额的比重为36.09%。其中，法人银行机构涉农贷款余额5234.77亿元，较年初增加 282.61 亿元，增长 5.71%。

（2）普惠型涉农贷款增速高于各项贷款。截至 2021 年 6 月末，全省银行业机构普惠型涉农贷款余额 3421.50 亿元，较年初增加 287.77 亿元，增长 9.18%。高于各项贷款平均增速 1.67 个百分点，其中，法人银行机构普惠型涉农贷款余额 2590.86 亿元，较年初增加 167.57 亿元，增长 6.92%。

（3）县域存贷比稳步提升。截至 2021 年 6 月末，全省县域存贷比平均水平 82.12%，较年初提升 2.59 个百分点。安福县、余干县、宁都县、鄱阳县、乐平县、都昌县、永新县 7 个资金适配性较差县域存贷比平均水平为 59.38%，较年初提升了 1.94 个百分点。

2. 江西省保险业服务乡村振兴情况

截至 2021 年 6 月末，江西省农业保险签单保费 21.38 亿元，同比增长 27.72%，累计为 757.12 万户农户提供 869.79 亿元的风险保障，同比增长 21.15%。其中，25 个脱贫县优势特色农产品保险品种数量共 6 个，较年初增加 4 个。25 个脱贫县农业保险保额 332.03 亿元，较上年同期增加 60.31 亿元，同比增速 22.2%。农业保险实现扩面、增品、提标，服务“三农”水平不断提升。

（四）江西省金融服务乡村振兴的举措

（1）建立立健全乡村振兴专业化体制机制。农发行江西省分行成立服务乡村振兴战略领导小组，制定《2021 年服务巩固拓展脱贫攻坚成果同乡村振兴有效衔接工作要点》。农行江西省分行制定下发《关于 2021 年全面做好乡村振兴金融服务加快“三农”和县域业务发展的意见》等重要文件，将服务乡村振兴作为核心工作。建行江西省分行专门设立乡村振兴金融部（一级部），负责全行乡村金融推进工作，各地市分行成立乡村振兴金融经营中心（直营机构）。

（2）加大乡村振兴金融资源供给。农发行江西省分行与江西省农业农村厅签订了《支持乡村振兴合作协议》，拟在“十四五”期间提供 2000 亿元意向性融资额度用于支持全省乡村振兴战略实施。江西省联社明确实行

“三个优先”信贷政策，即乡村振兴信贷资源优先安排、支持乡村振兴贷款优先发放、乡村振兴金融服务优先满足，加大对乡村振兴重点领域投放力度。

（3）加强涉农金融信贷产品创新。北京银行南昌分行针对休闲农业和乡村旅游领域，量身定做“农旅贷”产品，融合“农业 + 旅游 + 文化”。农行江西省分行以“特色产业模式、能人模式、商铺贷模式、政府增信”四种专项建档模式推进“惠农 e 贷”业务发展。大地保险江西省分公司积极开展农产品“保险 + 期货”，引进外部资金进入江西，2021 年上半年分别在抚州东乡、萍乡芦溪落地生猪、鸡蛋“保险 + 期货”业务，提高风险保障 564 万元。

（4）推动“三农”领域数字金融应用。邮储银行江西省分行以信用村建设和产业链金融服务为抓手，探索采用“党建 + 信用村”的形式，运用移动展业 App 等综合举措，拓展服务信用村维度，加大水稻、猪肉等客户产业发展的支持力度。中国太保江西分公司基于“e 农险”数字化运营管理体系，利用“e 农险”新技术成果，最大限度降低人员面对面交互，及时高效提供农业保险服务，形成一体化、立体化的“太保服务”特色。

四、金融支持江西省乡村振兴建设面临的主要问题

（一）农业抗险能力不强，导致金融支持“慎之又慎”

（1）农业具有天然弱质性。当前，新型农业经营主体整体存在个体规模偏小，农产品种养和加工层次不高、附加值低，抗风险能力低的问题。截至 2021 年 7 月末，全省完成培训的农民合作社已达 7.43 万家、家庭农场达 9.2 万家，其经营范围内，60% 为种植业，10% 为养殖业，30% 为种养结合。大部分家庭农场及专业合作社只注重扩张种养规模，对产品品质提升重视不够，产品仍集中于粗加工，产业链延伸不足。

（2）农业风险保障难。农业保险由于农民普遍缺乏风险意识、认定补偿范围难度大等因素制约，其运用并不广泛、作用发挥不明显。尤其是当前灾

害损失补偿水平严重不足，风险化解覆盖广度不够，导致农户参保意愿不高，如遇自然灾害等不确定性因素，就容易形成不良贷款。

（二）金融服务体系不全，导致金融支持“力不从心”

（1）金融机构组织体系仍然存在“短板”。当前，县域“三农”领域的资金供应方主要是农业银行、农商银行、邮政储蓄银行等银行金融机构。农发行及其他商业银行限于网点及信贷管理和经营模式的制约，村镇银行、小额贷款公司等限于规模因素，农村地区服务乡村振兴战略力量仍然较为薄弱。

（2）农村金融服务覆盖面有拓展空间。虽然目前江西省基本实现了银行营业网点在全辖乡镇的全覆盖，但金融服务基础设施主要集中在城镇。截至目前，许多自然村金融服务设施仍然存在空白。

（三）金融产品创新不足，导致金融支持“停滞不前”

（1）金融机构产品创新力度不够。前期，各金融机构对乡村振兴服务工作的认识、分析和部署研究深度不足，在金融服务模式以及产品方面的创新相对滞后，针对专业大户以及家庭农场相应的信贷支持主要集中于农户自然人，从专业合作社的相关信贷支持情况看，普遍是向其社员直接放款，大部分机构未能制定个性化和差异化的服务方案和举措，金融支持的成效明显不足。

（2）贷款额度和期限难以满足新型农业经营主体多样化需求。现阶段银行的农户贷款投放普遍以一年以内的短期贷款为主，贷款金额通常在单户 5 万～10 万元，以规模在 50 亩上下的家庭农场为例，其授信额度一般不高于 10 万元，严格的额度限制使新型农业经营主体在发展生产过程中，普遍面临资金不足问题。贷款期限与产业发展周期难以有效匹配，将对新型农业经营主体的可持续发展造成影响。

（四）金融生态环境不佳，导致金融支持“心有余悸”

（1）担保不健全。目前，江西省融资性担保机构运作质效较低，银行和客户普遍反映担保门槛较高，担保机构对银行贷款只负80%的责任，并要求农户提供100%的反担保，担保户数少、担保金额小。

（2）贷款追偿难。银行对涉农逾期贷款普遍存在追偿难现象，往往是“赢了官司输了钱”。以中国银行井冈山市支行发放的首笔涉农扶贫贷款为例，中行向当地法院提起诉讼并胜诉，但至今尚未收回该项贷款，该行上级部门中止了其开办农户贷款的权限。在金融生态环境不理想的背景下，银行“胜诉易、执结难”现象依然存在，影响了涉农贷款扩大投入。

五、农行江西省分行支持江西省乡村振兴建设的典型案例

近年来，农行江西省分行认真贯彻落实中央和总行党委决策部署，“三农”县域业务实现了健康有效发展。主要表现在：一是县域存贷主体业务持续增长。2018—2020年，全行县域存款净增404.77亿元，年均增速5.57%；县域贷款净增637.28亿元，年均增速17.47%。二是金融扶贫工作成效显著。2020年末，全行在24个扶贫重点县贷款余额537.01亿元，全行精准扶贫贷款余额227.82亿元，累计带动贫困人口43.98万人。2021年省分行扶贫开发金融部被中共中央、国务院评为“全国脱贫攻坚先进集体”，是江西省唯一获奖的银行机构。三是县域扩户提质积极推进。2019—2020年，全行县域对公存款客户数（考核期间月均余额非零）净增13879户，年均增幅10.64%；县域对公贷款客户数净增3880户，年均增幅84.78%。四是县域业务风险总体可控。全行县域各项贷款账面不良余额由2017年末的18.39亿元下降至10.25亿元，净降8.14亿元；县域各项贷款账面不良率由2017年末的1.82%下降至0.62%，下降1.2个百分点。五是网点人员的相对优势仍然具备。与四大行相比，农行县域网点分布相对广泛，县域员工数量占优势。上述成效的取得和优势的积累，为农行江西省分行做好新时期乡村振兴服务工作奠定了良好的基础，其在乡村振兴各大领域采取的一系列行之有效的经验做法，具有一定的借鉴意义。

（一）支持“产业兴旺”案例

（1）“精准滴灌”服务“万企兴万村”。万载县农业人口多，如何加快产业发展，解决留守妇女的就业是乡村振兴过程中的现实问题。万载靠近湖南的几个乡镇有传统的花炮产业支撑，劳动力就业便利；而县城周边乡镇产业发展不足，劳动力就业不太好。江西瑛维箱包有限公司是一家从事包装袋出口业务的劳动密集型企业。该公司成立后，在当地政府和农行的扶持下迅速成长，在全县17个乡镇陆续建起49个扶贫车间，发展到员工4000多名（其中含脱贫户120多名），2020年实现产值上亿元。

农行宜春市分行充分结合当地特色产业优势，持续加大金融支持力度，推动巩固拓展脱贫攻坚成果同乡村振兴有效衔接，“精准滴灌”服务“万企兴万村”。

（2）银企同心为科技兴农添油强翼。江西瑞博特生物科技有限公司是在抚州宜黄经营了20多年的知名老企业，专注于生态种植，土壤修复重金属污染治理修复、降解的研究，并取得了一系列重大突破和成果。2020年，该企业碰到大难题，突发的新冠肺炎疫情，销售渠道暂时受阻，仓库里堆了将近5000万元的肥料，造成流动资金周转困难。当地农行在了解企业相关情况后，快速响应、特事特办，全程开通绿色通道，用时两天为企业发放2000万元流动资金贷款。后续，该企业与中国农科院创新工程团队通力合作，加大了在复合微生物生态肥、微生物菌剂、中草药农业生产应用技术方面的研发和推广，新研发的“黑老虎”生态肥已经覆盖了宜黄县70%的种植农户，周边省（市、县）近800万亩耕地也受益于它，有效地解决了土壤酸化和重金属污染日益加剧问题。

农行江西抚州分行把服务“三农”作为乡村振兴工作的出发点和落脚点，以金融支持科技含量高的当地特色农业产业为重点，带动农民增产致富，不断提升金融服务乡村振兴质效。

（二）支持“生态宜居”案例

（1）助力果渣深加工变废为宝。南丰县是驰名中外的蜜橘之乡，也是赣南周边县市的果品聚散、加工的重要基地。长期以来，果农采摘下来的残次果、饮料加工厂废弃的果渣，很随意地被当成垃圾丢弃，既影响广大果农的利益，也污染老百姓的居住环境。江西莱檬生物科技有限责任公司是2019年招商引资落户南丰工业园的一家科技创新型企业。该企业通过收购当地橘农手中的残次品蜜橘和废弃橘皮，采取精深加工模式，制作果胶和柑橘纤维。

当地农行在该企业进驻之初，第一时间跟进对接金融服务。2020年受新冠肺炎疫情影响，该企业厂房建设因为资金短缺，工期一拖再拖，工厂投产更是遥遥无期。农行江西抚州分行及时给予6000万元项目贷款授信解决其燃眉之急，江西莱檬生物科技有限责任公司的厂房正在紧锣密鼓地建设中，建成之后该企业将能收购当地橘农残次品蜜橘折合8亿斤，柑橘果胶以及纤维的年产量达到6000吨、预计达7亿元产值，带来就业岗位200余个。

（2）支持“渔光互补”让百姓生活更美好。“渔光互补”，是将太阳能发电与水产养殖有机结合，充分利用光伏板下水域进行鱼虾养殖，光伏板遮挡可以抑制水面藻类繁殖，提升水质，合理利用当地的水域资源，不必占用额外农业及工业用地。在节约土地资源的同时，开发了新能源，又促进了养殖业良性发展，具有明显的社会效益、经济效益和环境效益。隶属中国长江三峡集团有限公司的三峡新能源万安发电有限公司，在万安县韶口乡实施的“100MW万安渔光互补项目”，就是典型的“渔光互补”项目，总投资3.94亿元。

农行江西吉安分行在得知“100MW万安渔光互补项目”信息后，省、市、县三级行联动，第一时间对接三峡集团总部，在原有合作基础上更进一步加深合作，共同支持当地经济发展，成为该项目唯一合作银行，审批贷款2.96亿元，并签订了贷款合同。农行通过金融服务支持重点项目的发展，在秀美乡村建设的过程中不断贡献力量。

（三）支持“乡风文明”案例

（1）“公德银行”贷出新风尚。2019年10月，东山村在全县先行先试，争取到农行江西省分行把其作为全省首个推行“惠农e贷”的行政村，村两委手握贷出的信贷基金，在全村试行“公德贷”，加大对村民公德养成的“刺激”力度。村委会依据村民公德积分评定其信用等级，制定相应的贷款额度，80～85分可以获得10万元贷款授信额度，85～90分可以获得15万～20万元贷款授信额度，90分以上可以获得25万～30万元贷款授信额度。截至2021年3月，该村累计发放“公德贷”1400余万元，受益农户65户，村里农家乐、蔬菜大棚基地、苗圃种植等多个产业已经形成。

东山村农户贷款的快速发放，得益于农行九江分行与东山村联合建立“公德银行”，创新性地将公德积分有机地兑换信贷资金支持，完善评估体系。

（2）“信用村”铺就“致富路”。西坑村位于江西武夷山国家级自然保护区内，距离铅山县中心约1个半小时车程，共有村民201户、816人，那里山高林密，村民以种茶为生，曾是著名的穷乡僻壤。随着脱贫攻坚战役的打响，西坑村以其天然的生态环境、淳朴的民风成为新晋网红打卡地，游客的到来为村民的茶叶打开了销路，但也给该村村民梁亮带来幸福的烦恼。大量的游客让梁亮看到了经营茶文化民宿的商机，但无奈于资金短缺，无法将自家房屋改造成民宿。

就在此时，“信用村”的建设为梁亮解决了燃眉之急。在了解了梁亮的情况后，当地农行为他发放了信用贷款20万元，他还被选为村民代表参加“信用村”授牌仪式，见证西坑村的大事。近年来，农行江西上饶分行采取整村批量授信的模式，已为西坑村133户村民完成信息建档，发放经营性农户贷款超2000万元，并陆续通过深入各自然村，切实做好“三农”领域服务工作，通过信贷扶持激发村民内生动力，巩固脱贫成果，铺就村民“致富路”。

（四）支持“治理有效”案例

（1）支持沿河路网建设做好护水文章。江西省吉安市安福县平都镇罗家村被泸水河分隔成了南北两面。以前，村民从南面到北面很困难，要渡船才能过来，而且环境恶劣，到处是各类废弃垃圾。为落实国家乡村振兴战略，改善泸水河沿线环境污染，生态系统退化的状况，实现乡村“生态宜居、治理有效”，安福县委、县政府规划建设了泸水河生态旅游片区，总投资11.86

亿元。安福县泸水河生态旅游片区项目，通过建设泸水河沿河路网工程，以及对周边生态进行修复，建设两岸景观带，实现周边环境的美化、亮化，改善人居环境，提升附近村民的生活质量。

农行吉安市分行积极践行乡村振兴战略，主动对接当地政府，获取该项目信息后，第一时间与项目方取得联系，通过现场调查，收集资料，快速为该项目审批贷款8.39亿元。通过安福县泸水河生态旅游片区项目建设，把原来的煤矿废墟建设成为矿坑景区，对沿线景观进行提质，极大提升沿线村镇面貌，改善群众生活环境，提高群众满意度。

（2）森林赎买推动“两山”理论生动呈现。江西是全国首批绿色金融改革创新区之一，抚州市是全国第二个生态产品价值实现机制试点市。为打造美丽中国的“江西样板”，资溪县被省林业厅确定为四个森林赎买试点县之一。“资溪县重要生态区非国有商品林赎买项目”计划赎买商品林5.6万亩，其中赎买以杉木林为主的商品林4.1万亩，赎买毛竹林1.5万亩。此笔业务开创了森林赎买的先河。项目总投资1.4亿元（资本金4248万元，银行贷款9800万元）。

农行江西省分行全程参与设计政府的森林赎买方案制订，根据林业生成周期长、见效慢的特点，探索了“金融+林业”的合作模式，项目的实施，实现了社会效应，带动当地贫困户家庭脱贫增收。

（五）支持“生活富裕”案例

（1）支持稻鳖养殖造福一方百姓。抚州南丰县付坊乡是典型的山区农业乡。近年来，该县依托当地特色资源禀赋，大力发展“稻鳖养殖”产业。南丰县丰野甲鱼生态养殖专业合作社，是南丰县第一家引进、开发、探索稻鳖养殖综合种养技术生态商品养殖企业，长期聘请周边农户务工，带动100多家农户从事稻鳖养殖。2020年，该合作社想要扩大生产规模，多招一些周边农户，需要增加流动资金贷款，但迫于稻鳖养殖是新产业，各家银行都很谨慎。当地农行在实地调研后，迅速审批发放160万元贷款，带动该合作社进一步扩大了生产。

在助力乡村振兴的过程中，大力支持和发展现代农业，要实现农业现代化，科技创新是最核心的抓手。农行抚州市分行紧紧围绕粮食安全、幸福产业、乡村产业和乡村建设等重点领域扎实做好富民文章，带领农民增收致富。

（2）为大学生返乡创业撑起蓝天。大学生就业问题属于现阶段全社会关注的热点。近年来，农行宜春市分行针对返乡大学生创业和就业，从贷款准入门槛、办贷效率、抵押担保、利率政策等方面着力，根据大学生创业的不同情况推介适当的金融产品，并通过大学生创业带动周边村民在家门口就业，为乡村振兴的实现积极贡献农行力量。

周徐莎是一名大学生回乡创业者，2013 年她创办了高安市兴安养殖场。创业之初，因资金不足，只能小规模养殖。随着肉牛养殖知识的学习丰富和经验的积累，加上市场行情较好，想做大规模，但受困于资金短缺，又无有效抵押物，养殖场发展壮大很难。正当她走投无路时，当地农行主动找上门，通过政府增信模式，为其办理了 100 万元的财政惠农信贷通。截至 2020 年末，周徐莎的养殖场达到有肉牛存栏 687 头的规模，同时也带动了村里近 30 户农户从事肉牛养殖，户均全年增收近 2 万元。

六、农行江西省分行支持江西省乡村振兴的对策建议

新形势下做好江西省乡村振兴建设工作，农行江西省分行必须立足江西省情，抓住乡村产业和建设重点，针对存在的问题，不断总结成功经验，从战略、管理、业务和执行四个层面，统一思想，提高乡村振兴服务的科学性，提升市场竞争应变能力，紧盯规划打造农行助力富赣兴农的“江西样板”。

（一）战略层面：聚焦“两个明确”，使全行上下统一思想和行动，树牢精准服务乡村振兴的“风向标”

（1）明确全行“三农”县域业务的重要战略定位。服务“三农”是党中央赋予农行的历史使命和政治责任，也是农行的传统优势、立行之本。经

过多年的探索，农行积累了丰富的“三农”金融服务经验、客户群体，锻炼了一支专业的服务“三农”员工队伍，这是其他同业无可比拟的优势。近年来，江西省银行同业加快县域布局，县域市场竞争日趋激烈，面对当前经营形势，必须进一步提高政治站位，始终秉承服务“三农”定位，将助力乡村振兴作为抓手，全方位打造县域金融服务领军银行。

（2）明确打造乡村振兴领军银行的战略目标。按照谷澍董事长提出“打造服务乡村振兴领军银行”的战略目标，结合江西省情行情，江西农行必须以“三农主力行”谋划未来发展战略定位，旗帜鲜明地将打造“服务乡村振兴领军银行”作为第一要务。密切关注国家乡村振兴相关政策和总行信贷政策导向，吃透政策内涵，聚焦粮食安全、乡村产业发展、乡村建设行动、农村产权改革等重点领域，细化信贷支持和金融服务措施。加快县域重大项目的办贷效率，充分利用好高层团队营销、信贷平行作业、绿色通道等现有制度安排，争取在同业竞争中快人一步，抢占先机。加强与政府沟通，了解隐性债务化解方案，推动县域政府隐性债务置换业务的落地，尽可能争取到更多的项目资源。

（二）管理层面：注重“三个优化”，提高乡村振兴服务的科学性，夯实县域“三农”业务稳健发展“基本盘”

（1）优化机制打造县域支行竞争优势。持续提升县支行竞争力，不断扩大市场份额，继续深入开展县域专项营销活动，确保农行在县域市场中占据应有的地位，当仁不让做领军银行。推动县域支行机构改革真正落地，充实前台营销人员，优化县域支行营销体系和业务流程。强化县支行营销职能建设，完善营销人员考核奖惩办法。针对县支行当地资源禀赋、核心市场、核心客群、核心产品、核心渠道，完善细化考核办法，引导支行、网点集中有限资源，瞄准核心市场、目标客户，强优势、补短板，打好营销攻坚战，打造核心竞争力。对不同类别的县支行和服务“三农”示范标杆网点，穿透式实施差异化支持政策，配备专项资源。

（2）优化队伍建设机制壮大服务力量。一是加强县支行领导班子团队建设。通过对县支行班子全面考察，了解班子团结协作、专业能力、领导力、执行力情况，既要找准班子存在的问题，也要发现能者英才，更要识别庸者劣才。二是加强县支行客户部门、网点负责人和客户经理队伍建设。参照支行班子考察，对现任客户部门及网点负责人也要进行一次全方位的考核考察，听取员工的真实评价，对不适合继续担任负责人的要统一调整。也可以通过公开招标或选聘方式择优选拔网点负责人，实行任期目标考核。对存量农户客户经理，也要进行考核测评，对不担当作为的，要进行调整。三是要加强县域人才培养。对县支行行长要强化服务乡村振兴的专题培训，找准县支行的发力点；对网点负责人、客户经理要进行全面封闭轮训、通关考核，实行达标上岗，全面提升数字化工具应用、客户关系管理与营销、财富管理、业务联动和数据分析与挖掘等“五大能力”。

（3）优化完善信用风险管控模式。一是选准户。坚持“五不贷”，吃喝嫖赌的不贷、好吃懒做的不贷、坑蒙拐骗的不贷、涉黑涉恶的不贷、无生产经营能力和3年以上经营经验的不贷（精准扶贫贷款除外），确保贷款“四真”（真人、真生产、真需求、真担保）。二是看住钱。要实现贷款资金的闭环运行管理，运用信息技术搭建资金监控追溯的系统，管控贷款资金用途和流向，确保贷款资金按照贷款调查评估的用途投入农业生产经营的各个环节，不被挪作他用、归集他人或集中大额取现。三是管好人。从严治贷必先管人，开展县域网点负责人和客户经理的整风，坚决清除队伍中那些造成大额损失、恶意违规违纪和思想人品不端的“害群之马”，补充选拔一批优秀的大学生和青年英才充实客户经理队伍，并发挥党员在从严管贷治贷中的模范带头作用。

（三）业务层面：突出“两个强化”，提升市场竞争的应变能力，绘制高质量服务乡村振兴的“施工图”

（1）强化金融服务创新。一是持续推出“三农”专属产品。按年制订“三农”产品创新计划，积极开展绿色和普惠金融产品创新，明确重点产品推广目标，力争粮食安全、现代种业、乡村产业、乡村建设等每个领域都有产品或信贷政策对接，打造一批服务乡村振兴拳头产品。二是拓宽涉农抵质押方式。将农机具、农用车、农副产品、林地使用权和林木所有权、农村土地经营权、依法入市的集体建设用地使用权等纳入“三农特色押品”目录，开展抵质押担保业务。根据江西特色产业需求，对活体畜禽、圈舍、养殖设施等其他抵质押产品，创新押品评估、贷后监管方式，积极开展创新试点。三是不断强化金融科技创新的运用。加强涉农数据内外部整合与挖掘，推出更多涉农线上贷款产品。持续完善智慧乡村综合服务平台，尽快实现农村集体“三资”管理上“云”迁移，加快上线智慧农业、农村电商等场景。

（2）强化营销支持力度。一是强化网点阵地营销。进一步优化网点布局和分类，乡镇网点单列一类，分类配置人力资源，分类开展网点竞争力评价。二是强化公私联动营销。把握乡村振兴的机遇，以重大项目和源头项目为重点，加强县域新能源、抽水蓄能、公共基础设施、产业园区建设项目营销，加强惠民惠农财政补贴资金项目营销，实现批量获客。三是强化深耕乡村营销。要紧紧围绕“深耕乡村”这一主题，持续深入开展以农户信息建档为载体综合营销活动，多形式广泛宣传“送金融进村、帮老乡致富、助乡村振兴”的宗旨，使村两委认同、村民认可，做深做实做透“深耕乡村”拓户工作。四是强化数字化营销。要充分发挥大数据作用，依托“三资”管理、“数字乡村”服务平台和“掌银发展工程 2.0”，加大数字渠道的普及推广，利用平台渠道以及数字化工具服务营销现代职业农民和外出务工群体。

（四）执行层面：做到“三个紧盯”，立足省情农情和规划蓝图，打造金融助力富赣兴农的“江西样板”

（1）紧盯服务巩固脱贫攻坚成果。一是做好规划衔接。将农行精准扶贫纳入江西省乡村振兴整体框架，构建城乡融合、区域一体的规划体系。二是落实产业衔接。把产业扶贫摆在重要位置，助力贫困地区打造优势产业体系。发挥系统内联合贷款优势，运用银团贷款等业务产品，向贫困地区倾斜信贷资源，推动城市反哺农村。三是落实项目衔接。围绕农民增收、易地搬迁后续扶持项目等，做好脱贫攻坚与乡村振兴的有效衔接。

（2）紧盯服务乡村产业和建设。一是服务好“链长制”。把握江西省实行“链长制”机遇，以“链捷贷”为主打产品，加大对乡村产业产、供、销全产业链上下游中小客户信贷服务力度。适当放宽对省级及以上农业产业化龙头企业的准入条件，使其能比照一级分行核心客户，配套使用“保理 e 融”、“链接贷”等业务产品。二是服务好特色产业集群。优选县域特色产业集群，实施“一项目一方案一授权”，给予整体授信额度，圈定具体授信白名单客户，批量化服务产业集群客户。三是支持美丽乡村建设。对农村生活垃圾收运以及污水处理等领域强化扶持，进一步助力提升农村人居环境整治水平。四是支持乡村基础设施建设。全力支持农村公路建设、风电等清洁能源建设工程实施，推动 5G、智慧农业等领域建设。

（3）紧盯做实乡村服务场景建设。一是推进“惠农 e 贷”扩面上量。认真做好“三个一批”，即“利用特色产业服务方案，对村委干部致富带头人等农村能人、农业中的特色产业、县域城郊中的沿街商户等客户，批量准入一批；发挥农行贷款利率优势和‘惠农 e 贷’便捷性，瞄准他行优质客户，抢挖置换一批；加快农户信息建档白名单生成上报工作，快速审批一批”。二是加大场景建设力度。围绕品牌统建，实施双向嵌入，实施“引进来、走出去”双轮驱动，将县域政务高频事项引进掌银，将农行金融功能输出到政务平台。做好“三农”大数据引入和应用，创新推出适应乡村产业发展、乡村建设需求、农民生活场景变化的金融产品。同时，加大掌银乡村版的推广力度，将掌银乡村版打造为服务县域农村客户的新抓手、营销客户的新利器。

课题组组长：黎朝

课题组成员：肖连斌、梅开文、张效、龙淋（执笔）、刁强

普惠金融改革试验区政策优化研究

九江银行课题组

一、背景分析

（一）政策背景

2013年11月12日，中国共产党第十八届中央委员会第三次全体会议通过了《中共中央关于全面深化改革若干重大问题的决定》，该决定提出“发展普惠金融”，这是党的文件中第一次明确提出“普惠金融”的概念。2015年11月9日，在中央全面深化改革领导小组的领导下，《推进普惠金融发展规划（2016—2020年）》于第十八次会议通过，反映出国家对普惠金融的重视程度，“发展普惠金融”正式被提升为国家战略。在2019年10月28日至31日召开的党的十九届四中全会上，党中央明确强调要完善具有高度“适应性、竞争力和包容性”的现代金融体系，国家治理层面要有金融“普惠性”的特征。

（二）现实背景

赣南等原中央苏区长期以来存在相对贫困、产业基础薄弱、基础设施有限等问题，导致当地金融体系建设困难重重。赣州的经济和金融在全国范围来看属于典型的欠发达地区，金融排斥也是该类地区的典型特征。例如，在赣州本身长期存在的问题与多种外部因素影响下，金融服务不能有效地推广至弱势群体和低收入群体，金融机构较高的服务门槛也将他们阻隔在外。赣州还存在地形限制、产业转移有限、外部资金流入不足等外部因素，这些都对优化赣州的产业结构，提升第二、第三产业占比和扶助相对贫困，防止返贫产生不利影响。普惠金融的发展不到位，金融服务受众群体过少将会出现更加突出的“马太效应”，“富者愈富、贫者愈贫”，即人们贫富差距更加明显，不利于维护全面建成小康社会的成果。因此，改善当地大量群众长期以来没有接受正规金融服务，对于避免“马太效应”具有重要意义。在这种情况下，优化金融资源配置，完善普惠金融体系，以当地人民群众的想法意见为基础，从金融服务的覆盖面、可得性和满意度三个角度分析并改善，有利于为赣南地区的发展提供一定的思路与指导。赣州长期以来受中央重视，它弘扬了红军长征精神，是第三批普惠金融改革试验区。在党中央的支持下，赣州拥有有利的政策制定权，在全国范围内率先试点发展，在全国金融改革和扶贫工作快速推进的背景下，赣州这一优势越发明显。

（三）普惠金融改革试验区趋势

赣州市普惠金融改革试验区提出了五个方面的21项挑战和措施，这五个方面包括完善多层次、多元化的普惠金融体系；创新发展数字普惠金融；加强对农村复兴和小微企业的金融支持；加强风险管理以及创造环境友好的金融生态环境。力争用3年左右时间，基本建成与高质量发展要求相匹配的普惠金融服务体系、激励相容的政策体系、持续优化的金融基础设施。建立发展优质普惠金融服务的长效机制，为原革命地区普惠金融的发展寻求一条可持续、可复制、可推广的道路。

二、研究路径设计分析

普惠金融改革试验区在江西的建立，开辟了金融改革和创新的“试验田”。在此基础上，本课题对普惠金融改革试验区的政策优化进行了研究。为积极解决金融发展不平衡、不协调的问题，将金融服务普及到城乡，惠及到百姓，满足人民群众对优质、高效、规范的金融服务的新期待，有助于弥补江西省经济发展的不平衡，从而使经济金融发展由规模数量型向质量型转变，促进金融管理现代化，形成多层次的普惠金融服务体系，为江西普惠金融发展作出贡献，提高金融系统的稳健性。

课题组将从理论研究和实际调研两方面综合考虑、定性和定量分析相结合，并广泛使用各学科知识，利用文献研究、区域案例分析、调查问卷法等多种研究方法。本文拟通过对比分析近年赣州普惠金融相关数据，从组织服务体系、金融实施环境、融资信贷需求、金融产品多样化等方面归纳其基本现状，针对目前存在的主要问题展开分析，依据顶层设计理论与现实发展逻辑，为普惠金融改革试验区建设提出科学有效的政策优化建议。在分析与给出建议的过程中，本课题将吸收国内外普惠金融发展的理论，借鉴各地区的政策制定与普惠金融改革经验，并与赣州地理区位与特色产业优势进行有机结合，探索适合赣州的普惠金融发展之路。

三、数据收集和分析

（一）问卷的基本框架

本文致力于客观了解赣州市普惠金融的开展和实施的基本情况，并探究发展过程中存在的障碍，并进一步针对这些障碍制定促进赣州市普惠金融改革发展的政策措施。在构建了相关概念与理论的基础上，综合考虑赣州市金融服务可得性、金融服务覆盖度以及金融服务满意度三个因素，重点面向农户家庭、城镇居民、小微企业和个体商户以及当地金融机构定向投放问卷。本次调查主要采用在线填写调查问卷的调查方式，并对获取后的数据进行清理、合并和处理，获得有效的分析数据作为调查报告的基础。此次调查期间共收集了721份有效问卷。

本次调查问卷由四个部分构成：第一部分是调查对象的基本信息；第二部分是调查对象获得普惠金融产品和服务的难易度；第三部分是提供普惠金融产品和服务的金融机构网点数量以及普惠金融产品和服务的种类是否满足

需要；第四部分调查对象对赣州市普惠金融产品和服务的满意度。与此同时，为了构建起对区域普惠金融体系整体性、系统性的路径分析，本次调查分别针对农户、城镇居民、小微和个体户，以及本地金融机构设计了不同的问卷，中心都是围绕调查问卷的四个部分提问，以求全面掌握目前赣州市普惠金融发展的困境和制约其发展的“瓶颈”因素。

（二）数据分析

1. 金融服务的可得性分析

（1）农村金融机构网点数量有待提高。本次调查一共回收农户家庭有效问卷198份。调查结果显示，在这些家庭中，离家最近的金融服务点的距离在5~10千米的居多，一共有46户，占总数的23.23%；其次是距离3~5千米，有41户，占20.70%；距离1~3千米的与之相差无几，有40户，占20.20%；而距离在1千米以内的有37户，只占总数的18.69%；另外，值得注意的是，距离在10千米以上（步行约3小时）的有34户，占总数的17.17%（见图1）。

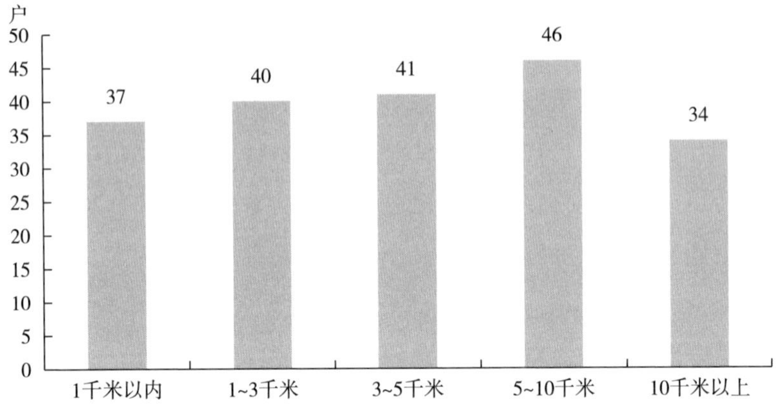

图1　农户家庭附近的金融服务点的距离

（2）农户家庭和城镇家庭的贷款需求相似。在经过数据的清洗、合并处理后，共筛选出有效家庭问卷362份，其中包含城镇居民家庭164份。本次调查发现，农户家庭和城市家庭的贷款需求在分布上有一致性。在贷款需求分布中，无贷款需求的家庭都占了多数，但相比之下，城镇居民无贷款需求的家庭数占比更大，为34.15%，农户家庭的占比则为28.79%。而对于有贷款需求的家庭来说，需求金额主要集中在10万~30万元，这对农户家庭和城镇家庭都是一样的。但所需资金的第二梯队，两种家庭表现出了不同，对农户家庭来说，有19.19%的家庭需要的资金在30万~50万元，而与之相对的，有19.19%城镇居民只需要5万~10万元。但这并不表示农户家庭所需资金一定大于城镇居民，从图2中可以看出，贷款需求在50万~300万元及300万元以上的家庭，城镇居民的占比要大于农户家庭。总的来说，农村、城镇在贷款需求的分布上没有很大的差异，且他们对各个档次的借贷资金数额的需求量保持了相似的趋势和占比。

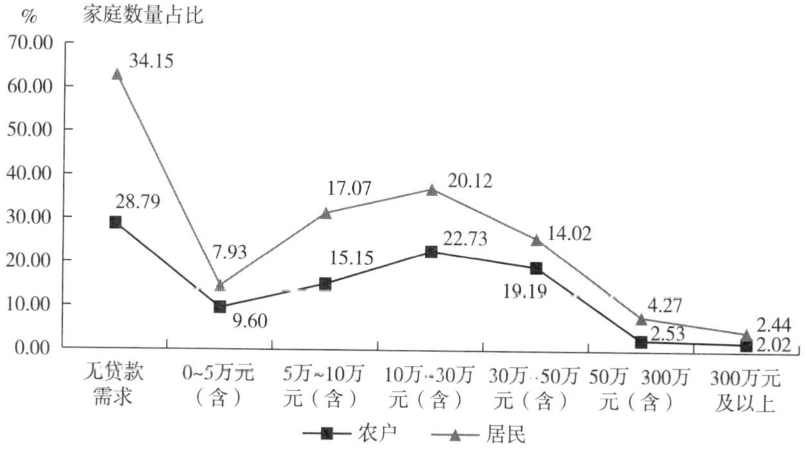

图2　农户和居民家庭的贷款需求

（3）普通居民贷款难的原因。解决贷款难的问题向来是提高金融服务可得性的重要抓手，所以此次调查分别重点询问了农户家庭和城镇居民觉得贷款难的原因，结果如下：对于农户家庭来说，超过半数的人认为贷款难的理由是“贷款门槛太高，农民无资产抵押”和“贷款规则复杂，对农民来说难以理解和操作”。结合图3中农民贷款可以提供何种担保方式来看，可以发现农村的征信系统不完善以及借贷担保方式过少。由此可见，想要加强普惠金融工作在农村的推进，就要尽快建立起完整的征信系统、创新担保方式以及加强金融知识的普及。除此之外，各金融机构网点的工作人员也需要具备专业的金融知识以及良好的工作素养，准确、耐心地为有借贷需求的农户家庭推荐合适的金融产品。

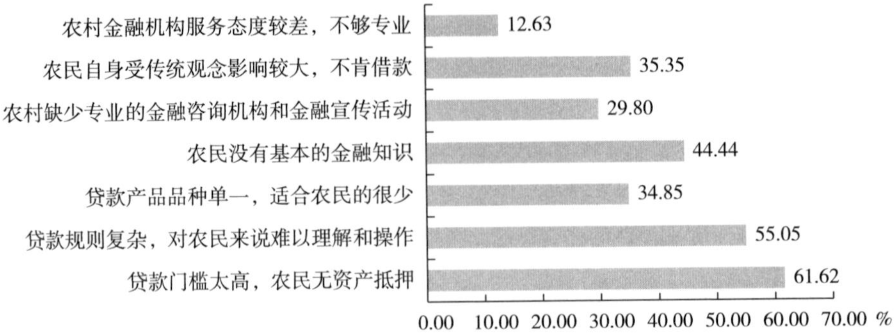

图3　农户家庭贷款难的原因（多选）

除上述的两个高票理由，剩下的理由按选择数量从高到低排列，依次是“农民没有基本的金融知识”“农民自身受传统观念影响较大，不肯借款”“贷款产品品种单一，适合农民的很少”“农村缺少专业的咨询机构和金融宣传活动”“农村金融机构态度服务较差，不够专业”。其实这些通过普及金融知识和提高服务网点工作人员整体素养都能解决，但其中“贷款产品品种单一，适合农民的很少”这一项，说明各金融机构针对农户家庭设计的普惠金融产品的多样性较差，现有的金融产品种类不足以满足部分农户家庭的需求。另外，在推出新的普惠金融产品后，也要做好产品的宣传工作，让客户及时获悉并找到合适自己的金融产品。

而对城镇居民来说，排名前两位的理由是“贷款利率太高”和“手续复杂”，所以调整贷款利率和简化贷款手续对城市的普惠金融发展来说，将会是最有效的手段。此外，排名前三、前五、前六的理由是“无抵押担保品”、“放款数量少”和“信用管制严格”。也就是说，对部分的城镇居民来说，导致贷款难度增加的一个原因还是现有的贷款门槛过高，这就需要相关部门和金融机构在有效控制信贷风险和满足市民借贷需求之间找一个平衡，真正突出普惠金融的“普惠性”。从图4中还可以发现，有37.20%的城镇居民觉得贷款难的原因是“不知道找什么样的机构贷”，之所以会出现这样的情况，是因为金融服务的覆盖度不够，市民平时对借贷产品的手续流程和利息计算方式缺乏了解，所以急需用钱的时候一时找不到合适的渠道，甚至被不正规的金融机构利用，落入包装完美的高利贷陷阱。为了解决这种困境，就需要银行等金融机构加强对自己旗下产品的宣传工作。

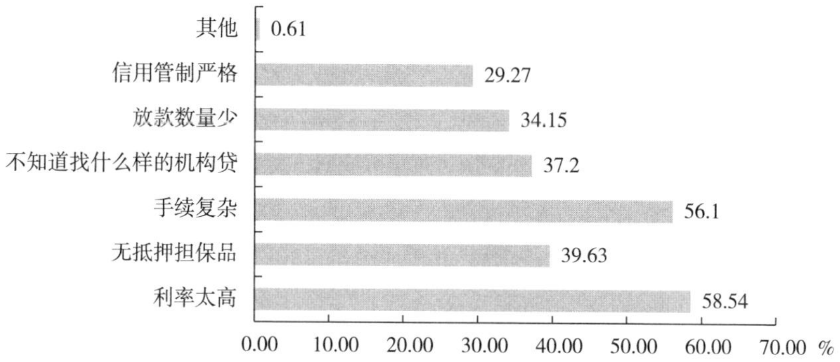

图 4　城镇居民贷款难的原因（多选）

（4）个体小微贷款难的原因。除了农户居民，个体户和小微企业也是普惠金融的“重点关注对象”，此次调查共回收个体小微有效问卷 145 份。对于贷款难的原因，个体小微给出的两个高票回答是“贷款利率太高”和“贷款期限太短”，结合个体小微贷款平均利率和借款平均期限来看，贷款平均利率落在区间 4. 35% ~7% 的数量最多，占总数的 57. 93%；而借款平均期限更多的在 1 ~3 年和 6 ~12 个月这两个区间，既然受访者认为贷款利率过高和借款期限过短影响了金融服务的可得性，那么在风险管控的合理范围内，尝试把贷款利率降到 4. 35% 以下以及提高借款期限至 3 年以上就是有必要的。

继续观察图 5 可以发现，个体小微也存在“担保条件太高”和“手续复杂”的问题，要解决它们，还是要落实到降低借贷门槛和简化借贷手续这两个关键步骤上。除此之外，针对回答中出现的“不知道找什么样的机构贷”、“缺少针对中小微企业的融资产品”和“金融机构业务流程设置不合理”的情况，就需要从加强机构旗下产品的宣传、丰富金融产品的种类以及按需规范接待手续步骤三方面出发来改革针对个体小微开展的普惠金融工作。

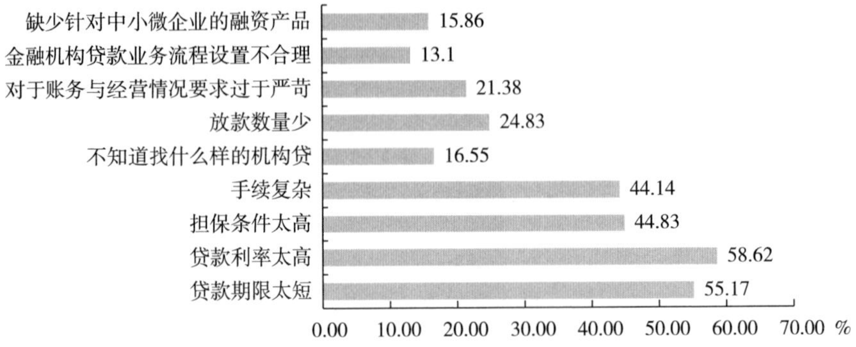

图5　个体小微贷款难的原因（多选）

（5）个体小微存在一定的信用风险。在调查个体小微的信用情况时，发现存在违约现象的企业占比高达53.80%，而且有28.97%的受访者坦言他们自身的信用情况已经影响公司的融资。可以看出，企业出现信用违约多半是因为合约到期时无力偿还欠款，不排除是由于过去两年的疫情导致许多行业进入“寒冬”，故此，应该鼓励金融机构根据企业申请，对符合条件、流动性遇到暂时困难的中小微企业和个体工商户贷款本金，给予临时性延期偿还安排，并免收罚息。鼓励银行加大对个体小微的信贷投放力度，努力降低个体小微违约比率。

（6）金融服务的供需侧基本平衡但不平等。为了对赣州市的普惠金融发展现状有一个全面、系统的了解，这次的调查对象不仅局限于对普惠金融的需求侧群体（农户居民、个体小微），还包含了普惠金融的供给侧群体——本地金融机构。此次调查共回收金融机构有效问卷214份。

回顾上文中提到的有关贷款难度大的原因，农户家庭给出的高票回答是“贷款门槛太高，农民无资产抵押”和“贷款规则复杂，对农民来说难以理解和操作”，城镇居民则是“贷款利率太高”和“手续复杂”。而个体小微是因为“贷款利率太高”和“贷款期限太短”。结合金融机构选出的普遍受普惠金融客户欢迎的政策来看，上述的大部分需求都能被这些政策很好地消化解决，值得贯彻和发扬，具有一定的可行性（见图6）。但是针对“规则复杂”“手续复杂”的说法，供需侧双方出现了分歧，绝大部分的金融机构认为普惠金融贷款的审批流程和审批标准与其他贷款相比都更为简单和宽松，这显然与大多数家庭的看法相悖，为了解决这一矛盾，还是要从普及金融知识、简化服务流程和提升服务人员的工作素养三方面着手。

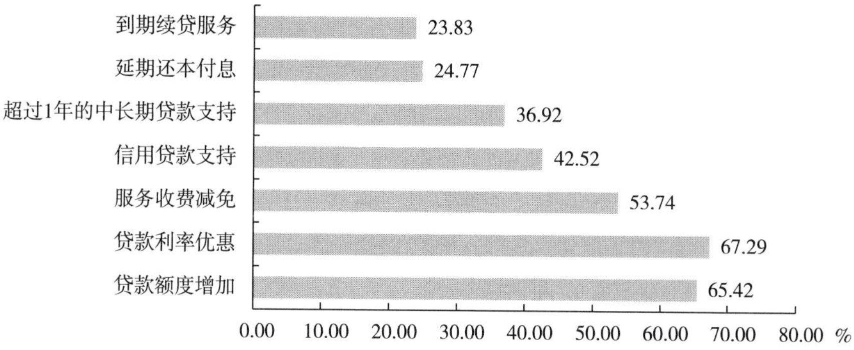

图6　金融机构认为受普惠金融客户普遍欢迎的扶持政策（多选）

2. 金融服务的覆盖度分析

（1）赣州市普惠金融服务的覆盖度不足。本次调查的第二个层面，就是调查普惠金融服务在赣州市的覆盖面。在参与调查的家庭中，比较了解普惠金融的人数只占总人数的37.57%，其中城镇居民占的比例明显大于农户家庭占的比例。有22.92%的受访者完全不了解普惠金融，可见普惠金融在赣州市的覆盖度有待进一步提高，具体方法参考“农户家庭了解金融信息知识的途径”可以得出，想要加大宣传力度，可以借助短视频平台、电视广告或者概念海报等方式，争取把普惠金融的重要意义深入到普罗大众的心中，这样才有利于普惠金融工作在赣州市的全面铺开。

（2）金融融资渠道呈现多样化。2021年，向银行和亲友借款仍是最主要的民间融资渠道，超过半数的人在需要借款的时候会选择这两种方式。而在其他民间融资渠道中，“支付宝、微信等小额线上贷款”是城镇居民的首选，接下来依次是“信用卡透支”“小贷公司或典当行借款”“股权性融资”“民间借贷”。值得一提的是，有6.06%的农户家庭在筹集借款时会考虑选择借高利贷。这表明，对于难以通过传统金融手段获得资金的农村居民来说，民间融资已经成为一种补充性的融资手段，其扩散范围在一定程度上反映了新型融资方式在民间的覆盖面有很大的进步空间。从贷款用途来看，农户家庭有45.45%的概率会把贷款投放在农业种植生产上，而城镇居民贷款的原因最主要也是为了满足日常生活费用的支出，这也从侧面说明民间对贷款的使用相对比较传统，对一些新开发的金融产品的消费仍旧相对保守。

（3）民间金融业务仍以传统“存、贷、汇”为主。调查显示，大部分居民对金融服务的需求仍然集中在“存款、贷款和汇款”上。从金融服务的类型来看，70.71%的农民对存款服务有需求，而城镇居民占比则为62.80%；农户家庭的贷款服务需求达到了66.67%，城镇居民占比则为46.34%；转账服务需求农户家庭达到了57.07%，城镇居民占比则为53.05%。但两类家庭对于新兴的投资理财服务和咨询类服务占比都不算高，这说明民间的金融需求仍旧以传统金融服务为主。

（4）数字普惠金融稳步推进，但深度不够。近年来，由于加大了普惠金融基础设施建设力度，有效提高了智能手机普及率和移动网络信号升级。比如，在此次调查中，发现有63.41%的城镇居民喜欢线上办理金融业务的方式，另外最受城镇居民欢迎的处理闲散资金方式就是存在活期或零钱宝中。智能手机普及、5G网络覆盖、微信支付宝App推广、事业单位结算升级等为民众获取数字普惠金融服务、提升金融能力奠定了基础。

从农户家庭使用过的数字普惠金融服务及产品上来看，使用率最高的是手机银行汇款转账，而后依次是移动支付、互联网金融产品（基金、保险等）和网络贷款。其中，手机银行汇款转账功能的使用率较高是因为查询和转账能减少村民去乡镇银行、信用社网点办理业务的麻烦；而移动支付使用频率的升高是微信、支付宝在网络转账和支付方面产生的替代效应所带来的。

（5）普惠金融的推广方式仍需以传统为主，创新为辅。和家庭部门的情况不同，个体小微获取贷款资讯的途径更多，难度也更低，正因如此，他们主要靠被动接收外界信息来获取资讯。从调研数据可以看出，“金融机构宣传”和“相关单位、部门组织的业务培训宣导会”是个体小微获取贷款资讯的主要方式，选择这两种方式的受访者高达67.59%和52.41%，接下来的回答按选择次数的高低排列依次是“亲戚朋友介绍”、“视频号、抖音等自媒体宣传”和“中介机构介绍”等，这可以给正在推广普惠金融产品和服务的金融机构一些指导性方向。

在参与调查的214份金融机构中，有47%的机构认为目前对普惠金融宣传（LED屏、折页等）的投入与回报成正比。与之相对应的，有67%的机构觉得将新媒体推广应用于普惠金融营销效果会更好。也就是说，运用新媒体推广比传统宣传方式更受机构的青睐，但结合个体小微获取贷款资讯的途径来看，传统宣传方式（LED屏、折页等）的接受程度要远高于新媒体（视频号、抖音等）的接受程度。所以金融机构在推广普惠金融产品时，除借助当下流行的自媒体宣传，也要注重对LED屏、折页等宣传方式的投入。

（6）大多数个体小微能从正规金融渠道获得资金支持。根据调研结果来看，比起其他融资渠道，正规金融机构几乎是大部分个体小微的首要选择，这些机构主要包括：工农中建交行、中信等股份制银行、邮储银行、农商行、九江银行等城市商业银行、互联网金融机构、小额贷款公司、证券期货公司和信托资产类公司。

（7）维持企业运转仍是个体小微首要目标。在调查个体小微的借款用途时，有65.52%的受访者会选择用来扩大生产规模，其次是用于流动资金周转和偿还旧债，只有17.24%的受访者会用于技术研发，说明维持企业正常运转仍是个体小微主要的经营目标，再加上研发投入的回报率不稳定，所以一般不会选择把贷款消耗在这上面。

在闲散资金的使用情况方面，个体小微的处理方式呈现多样化趋势。除了38.62%的受访者选择单纯存放在银行外，有34.48%的人会选择购买理财产品，32.41%的人会选择再投资于企业的再生产经营，26.90%的人选择投资房地产股票等，还有22.76%的人会投入到其他企业，这表明随着普惠金融基础建设的日趋完善，有越来越多的闲散资金进入金融市场，这对调动整个社会的资金流动起到了积极的作用。

（8）赣州市普惠金融的工作进展稳中向好。在收集到的214份金融机构有效调查问卷中发现，目前具有10户以上的已授信普惠金融客户的金融机构占比为66%，没有普惠金融客户的机构只占3%，表明普惠金融业务基本上已经覆盖了赣州市的金融机构。另外，在这些金融机构中，有64.49%的工作人员对机构内普惠金融办理的渠道充分了解，有27.57%的工作人员了解程度一般，有7.94%的人员不了解，说明金融机构的工作人员的相关专业知识虽然有待加强，但整体上可以应对日常的工作业务。

在调查客户对普惠金融贷款的需求程度时，有71.03%的金融机构给出的答案是“旺盛”，有26.17%的机构认为客户需求程度一般，说明赣州市的普惠金融工作发展空间较大，由于存在庞大的客户群，只要产品和服务质量种类能吻合客户需求，该项工作就能取得较快的进展。

3. 金融服务的满意度分析

（1）加大网点下沉率，争取全面惠及农村。此次调查的第三个层面是调查赣州市内群众对目前普惠金融工作的满意度。首先是农户家庭的调查结果，农户家庭在办理金融业务时遇到的普遍困难，一是“服务网点太少”，二是“服务网点距离太远”，这两点也顺理成章地成为会让农户家庭感到不满的主要原因。可见，农村的金融服务网点不够是当前普惠金改工作中亟待解决的问题。

综合前述情况来看，“办理业务的手续复杂”“工作人员服务态度不佳”“存款的利率过低”也是破坏农户家庭满意度的重要因素，要解决这三点，就要去除手续中不必要的形式化步骤和重复性的工作，创新担保方式，提高金融服务在岗人员的专业素质和耐心以及鼓励农户家庭学习如何投资理财产品，提高他们闲散资金创造的利润率。

（2）增加农村贷款业务，重视农村宣传工作。在收集农村现在最迫切需要的金融服务种类的回答时，有71.72%的农户家庭选择了需增设“贷款业务”，40.40%的家庭选择了“农业贷款、保险业务”，而选择了“理财产品业务”的家庭占比为38.89%，根据选择的比重来看，农村的贷款业务明显供小于求，所以接下来改革的一个明显方向就是增加农村贷款业务的种类和数量。不仅如此，服务于农村的金融网点还要重视产品的宣传工作，有43.43%的家庭表示根本不知道有什么金融政策，表明农村的宣传工作不到位。除了宣传力度方面，现行的普惠金融工作还存在贷款利率过高、贷款到位时间晚、信用评价不高和高利贷挤占正规市场的乱象，这些都需要借助政府和各金融机构的通力配合，比如逐级下达政策指令、确保工作的贯彻实施、提高工作时效以及依法整治市场乱象等措施。

（3）化简贷款手续，降低贷款利率。在调查城镇居民认为普惠金改过程中最应注重的方面时发现，有38%的居民认为应“简化普通居民贷款手续”，36%的居民选择了“产品和服务模式的创新”，还有26%的居民认为是“增加服务网点和服务设施”。结合上下文来看，无论是农户家庭还是城镇居民，抑或是个体小微企业，都提到了办理业务时手续复杂的问题，所以筛选并除去冗余和重复性的业务办理程序，是普惠金改中不可避免的一项重要问题。

接下来是有关“城镇居民贷款过程中看重的因素”，有三个因素的选择人数超过了一半，分别是占比为70.12%的“贷款利率”，紧接着是占比为68.29%的“办事效率”以及占比为54.88%的“服务态度”，和“化简贷款手续”的呼声相同，“降低贷款利率”已经成为有贷款需求一方的普遍诉求。而办事效率和服务态度的提高和改善，也是提高普惠金融服务满意度的必由之路。

（4）多数个体小微企业希望增加贷款额度，放松还款期限。此次调查中也着重询问了个体小微企业认为赣州市在普惠金融改革创新发展中应该改进的方面，有74.48%的调查对象选择了“简化小微企业贷款手续”，有49.66%的调查对象选择“增加服务网点和服务设施”，另外，还有64.83%的调查对象认为应“增加小微企业贷款额度”。同样地，在回答“您希望市政府出台何种金融扶持中小微企业等实体经济的政策?”这一问答题时，有效回答基本上可以从这几方面概括：高额度、低利率、长期限、免担保或是由政府担保、简化流程、加大扶持力度等。也就是说，目前赣州市的普惠金融贷款额度不能满足多数客户的实际需要，但这一点在回收的金融机构问卷中并没有体现出来，说明普惠金融产品的供需侧发生了一些偏差。除此之外，大多数个体小微企业也希望放松还款期限，有68%的调查对象选择了“每月还息，一次性还本”的方式。

（5）金融机构对自身普惠金融产品或服务有良好的认识。在对金融服务的供给侧进行调查时，发现尽管金融机构在个别问题的认识上与普惠金融需求侧的认识相比有偏颇，但整体上金融机构对目前普惠金融工作开展中需要加强的地方还是具备了一定的洞察力，在金融机构选择“客户在申请普惠贷款时最看重的方面”时，有37.85%的机构选择了“审批手续简便”，有33.64%的机构选择了“贷款利率价格低”，有17.29%的机构选择了“放款速度快”，这些其实都是在家庭部门调查问卷和个体小微问卷中被反复提及的问题。但是，选择“网点距离近”的机构只占0.93%，不到1%，这显然不符合农户家庭的需求，由于网点下沉机制不够完善，农村普惠金融服务可得性低，所以网点距离近其实能在很大程度上促进普惠金融工作在农村的展开。

除此之外，金融机构也可以通过客户的反馈获悉工作中需要改进的方面，有37.85%的机构收到了有关“申请贷款流程较为烦琐”和“贷款流程耗时较长”的反馈，有34.41%的机构被抱怨“贷款品种较少”，有32.24%的机构因“授信额度较低”和“利率水平价格偏高”被投诉，余下还有27.57%的机构被指出存在“申请资料过多”的问题，综合看来，这符合其他调查对象问卷中提到的“手续复杂”、“贷款利率太高”和“贷款额度低”等问题。

四、政策建议

（一）供给端优化

1. 增加普惠金融试点网点数，提高农村地区金融基础设施的覆盖率，实现区域均衡发展

金融基础设施在全国各省的分布有很大的差异：在经济发达的地区，当地金融机构往往会开设更多的分支机构，以方便居民可以很快地获取金融服务；而在经济发展比较薄弱的地区，金融机构的网点数量就比较少，这就在一定程度上造成普惠金融发展水平的不平衡。从赣州市的范围来看，金融基础设施的差异主要集中在城乡，为缩小城市和农村地区的差距，需要因地制宜，根据不同地区的金融基础设施情况采取不同的方法。在农村地区金融机

构应该开设更多的分支机构，增加基础金融服务，包括更多的 ATM 和 POS 机。除此之外，国外金融基础设施的建设经验丰富，如在农村地区和落后的省级城镇建立更多的社区银行、保险机构和代理机构，帮助农村和偏远地区的人们获得他们所需要的金融服务，这些我们都可以借鉴。另外，尽管互联网金融发展迅速，但网络银行和手机银行在农村和偏远地区的应用还不广泛。因此，金融机构需要提高农村的网络覆盖率，在农村地区建设完备的网络系统，以促进普惠金融的发展和深入。

2. 促进农村地区金融产品和服务的创新

随着农村居民收入的提高，他们对金融服务的需求已经超越了储蓄、支付和结算等简单的日常业务，大部分的客户也需要如贷款、理财、租赁和保险等更高层次的服务。近年来，金融机构推出了一些创新金融产品，如信用、保证、质押和抵押，这些产品能更好地服务于各种金融需求。但是，创新的同时也暴露出了一些问题，比如缺乏抵押物则无法获取抵押贷款、金融机构服务成本高以及不良贷款问题严重等，这些问题导致了农村居民的信贷需求降低，金融机构的风险增加，甚至一些金融机构出现对这类服务的不规范操作。因此，金融机构需要重视起金融产品的创新，以满足农村和城市居民的不同金融需求。例如，他们可以为客户推出不同的贷款方式，并为居住在农村和偏远地区的客户提供一些优惠条件；他们还可以为存款客户选择不同的存款类型。金融机构也可以引入创新的金融服务形式，在满足当地金融需求的基础上增加居民的选择方式。目前，许多村镇银行和互联网金融的出现，也有助于普惠金融的发展。

3. 抓住金融供给侧结构性改革的历史机遇，打造数字普惠金融平台

深化金融供给侧结构性改革，提高金融服务实体经济的能力是我国金融运行的主要任务，也是赣州市普惠金融改革的重点。当前，发展普惠金融是实现金融供给侧结构性改革的重要经济手段，而普惠金融的可持续发展也是验证金融供给侧结构性改革成效的重要信号。同时，监管部门出台了一系列鼓励银行发展普惠金融的政策，包括降低小额贷款和小额信贷利率的政策、定向降准政策、共享纳税信用评估结果政策，以及推动银行税收数据直连与

海关直连的政策。在这次金融供给侧结构性改革中，各政府部门从基层出发支持普惠金融的发展：《2021 年赣州市、吉安市普惠金融改革试验区建设工作要点》中明确提出推动普惠金融数字赋能，推广省普惠金融综合服务平台运用，提高试验区内银行机构本行开立基本账户企业服务平台注册率和使用率，进一步提高已注册客户的活跃度。赣州市各银行和非银行金融机构应继续引领金融科技发展，加大金融科技投入，将用户体验放在首位，将优秀的金融产品与现代的金融科技相结合，以产品发展客户，以技术服务客户，降低多余成本，把握普惠金融市场的先机。

4. 增加产品的多样性，扩大业务成长的空间

充分考虑到国内外银行发展普惠金融的成功模式，根据当前的商业环境，加强和更新银行的发展模式。除了向中小微型企业提供融资服务外，还应提供咨询和中介服务，将这两项服务贯穿于精简行政体系、完善财务制度、规范管理制度、规划收支计划、资本的保值和增值、库存管理、运输服务等过程，并与企业建立起更密切的关系。这有助于中小微型企业降低运营和管理成本、提高管理效率并学习经验。银行机构可以在这一领域为中小微企业提供支持和建议。例如，帮助中小微企业主管理资产、设立家庭信托、配置保险资金等；通过股权改革和进入资本市场直接融资，帮助中小微企业降低融资成本，实现业务增长；通过股权梳理、上市前咨询服务、投资与信贷挂钩等金融服务，帮助中小微企业实现跨越式发展。此外，银行需要拓展思路，通过不断开发创新、稳定、可持续的普惠金融产品，建立一个充分利用自身优势、具有自我特色的普惠金融产品体系。

（二）需求端优化

1. 普惠金融的发展离不开居民及中小企业的参与

对中小企业而言，对内要在普惠金融发展的大背景下，不仅仅局限于单一的盈利模式，要运用企业自有的资源优势，提高企业本身的综合素质，不断创新，这样就会吸引外部资金，促进自身的发展。对外要加强对社会责任的承担力度，提高产品质量及服务水平，更要提高自身的文化软实力，可以

借助银行等金融机构对中小企业提供的便利，在普惠金融发展中扮演着重要角色。对于农村居民来说，要在国家大力支持“三农”的政策环境下，提高农产品的产量和质量，积极参与金融服务，加强信用意识。

2. 提升金融参与能力

对农村居民来说，提高自身的金融参与能力不是一蹴而就的，不仅需要培养金融参与意愿，更要努力提高收入水平。在政府相关优惠政策的支持下，居民在提高农产品产量的同时，要注重提高农产品的质量，即在借助当地在种植方面的优势，利用机械化设备满足自身家庭需求外，也要争取走向市场，在赣州当地乃至全国形成品牌效应，达到利润最大化。同时，农村居民可以与当地企业合作，形成农产品生产、加工、销售一体化，使企业和农村居民达到共赢。农村居民金融参与能力低的一个原因是，他们对获取金融服务存在抵触心理，尤其是一些老人及收入低的居民，在他们看来，金融服务都是高收入人群才有权利获取的，他们则被金融服务排除在外。因此，居民应相信在金融机构面前人人平等，在需要金融服务时，要主动去享受金融服务为生活带来的便利。而且金融机构一般来说在向农村居民提供金融服务时，服务成本更低，政策也更加优惠。

3. 居民强化自身信用意识

当前，农村居民的信用意识淡薄，居民个人应该加强自身的信用意识。首先，居民应认识到信用的重要性，信用是人与人和谐交往的基础，信用的高低会影响居民在金融机构获取贷款等其他服务的便利与否。所以，居民可以利用电视、网络、报纸等媒介对信用知识的宣传方式，也可以利用金融机构不定期开展的关于金融知识及信用意识的讲座，努力学习，了解金融机构在向客户提供服务时，特别重视客户的信用，从而提高自己的信用意识。另外，居民应努力维护自己的信用，在金融机构建立信用档案，开立储蓄账户，还要按照金融机构的规定正确使用账户。在获得贷款服务时，要及时按规定利率还款，尽可能不要出现贷款逾期现象，这会影响居民信用等级的评定。最近几年，金融机构也通过在居民中开展活动的方式来提高居民的信用意识，例如对农村信用良好的居民发放“信用户”证书，对信用良好的村发放“信用村”证书，对信用良好的乡镇发放“信用镇”证书，这大大提高了居民加强信用意识的热情。

（三）政府端优化

1. 促进农村经济协调发展、提高农民收入水平、推进普惠金融区域化发展战略

随着居民收入的提高，居民对金融服务的需求会更加迫切，而且需求不仅仅限于存取款等简单的业务，甚至包括贷款、理财、保险等，从而扩大普惠金融的发展空间。所以，可以通过促进农村经济发展，提高农民收入来促进当地普惠金融发展。赣州市各级政府应出台相关优惠政策，引导先富农民企业家返乡创业，通过政府、市场、企业、农户相结合的方式，鼓励农民当地就业，促使农民增收，提高人均收入，积极推动当地农村经济发展。此外，还可采取多种形式安排农村富余劳动力异地就业，使农民收入来源多元化，夯实普惠金融发展基础。因赣州市各县（市）农村地区经济发展和普惠金融发展存在明显的区域性差异，宜采用差别性的金融政策，借助赣州市区辐射区区位优势，促进农村经济协调发展，吸引更多的金融资源，从而提高各地区的普惠金融发展水平。首先，应采取符合各地区实际情况的经济措施来缩小城乡收入差距，加快城镇化进程；其次，应加快农村经济结构调整，提高第二、第三产业的比重，为金融机构发展提供良好的市场环境；最后，应提高农村金融效率，通过改善农村金融环境、创新金融服务和产品、降低金融服务门槛、提高农村地区金融资源效率，促进农村金融的普惠程度，从而吸引更多的金融资源流入农村各地区。

2. 引导互联网金融，加强技术对普惠金融的支持

当今互联网技术的发展带动了互联网金融的发展，例如手机、网络的普及带动了手机银行、网上银行的发展，为居民获取金融服务提供了方便。但是互联网金融的发展也显示出一些问题，需要政府等监管部门加强监管，促进互联网金融蓬勃发展。另外，政府还要鼓励互联网进一步创新产品和服务，加强技术服务对普惠金融发展的支持。但是，互联网金融不能完全替代传统

金融，只有两者相互融合，相互完善，才能促进普惠金融的健康发展。

3. 加大对农村金融教育的普及

金融知识的缺陷，导致部分农户倾向于民间借贷。因此，需要对居民进行相关教育，提高居民的教育水平，尤其要提高农村居民对金融知识的了解程度。相比城市居民的教育水平，农村居民的教育水平相对较低，而对金融知识的教育程度就更加落后，这就导致整个农村的金融教育与当前我国金融行业的蓬勃发展形成鲜明的对比。农村居民金融知识水平较低，主要基于大多数农村居民将钱存在银行生息，很少有居民依靠投资理财来获得财产性收入。之所以将钱存在银行，原因在于农村居民的风险识别和风险承受能力较差。风险识别能力差会导致居民发生非理性投资，从而有可能面临被投资方违约的风险或金融诈骗；风险承受能力差会导致农村居民在短时间内很难接受金融创新产品和服务，这会降低创新产品在农村区域的推广速度。所以，政府加大力度提高居民的金融教育水平就显得尤为重要。例如政府鼓励学校专门增设关于金融基本知识的课程，下乡宣传金融服务，利用井冈山革命金融博物馆等资源，开展领导干部、金融工作者金融知识培训等。在赣州市广大的农村地区要加大教育的频率和范围，更多地从基础金融教育普及。而金融知识水平相对较高的地区就要调查居民需求的重点，依据重点需求来加强教育。另外，不同年龄段的居民侧重点也要不同，一般老年人记忆力差、学习能力弱，对他们进行教育的时候就要更详细。

4. 培养了解金融知识的基层干部

通过培养了解普惠金融的基层干部，可以让参与普惠金融建设的政府部门、工作人员知道普惠金融、了解普惠金融的内涵，这样才能建立更加科学有效的普惠金融工作领导小组，让基层干部明确自身的工作任务，更好地指导基层地区普惠金融的建设，解决普惠金融在基层地区建设没有方向的问题，从而更加高效地配置金融资源。针对政府部门和相关工作人员，赣州市应通过定期组织普惠金融知识培训、邀请专业人员开展讲座等方式，将普惠金融的观念深深植入人们心中；将基层干部派驻到各行政村、站在普惠金融建设的第一线，让其切身感受到普惠金融工作对县域经济的作用、给自身和居民所带来的经济利益，使其各方面都能够全身心参与到普惠金融工作中；建立优秀干部选拔机制，对普惠金融发展较快的行政村的干部进行表彰、优先提拔等，激发基层干部对普惠金融工作的热情。

（四）中介端优化

1. 担保机构应当主动加强与银行的合作

担保机构服务成本过高，难以达到提高小微企业贷款服务质量的初衷，而担保公司一旦介入就全担风险的模式也不利于降低成本。担保机构与银行合作以降低服务成本可从以下几方面入手：第一，通过与银行合作简化审批流程，合理分配贷款审批中各自专长的部分；第二，通过与银行分配利息收入，降低小微企业贷款的总成本；第三，按照利息收入的分配比例，议定与银行共担贷款风险的方式。担保公司在与银行合作中，创造业务“组合拳”，形成合作合力，真正扩大双方的收入来源，挖掘潜在目标客户，进而增加与银行的合作黏性，拓宽业务客户群的覆盖面。

2. 健全信用担保机制

在普惠金融发展中，通过担保可以缓解资金供给者和需求者之间的信息不对称问题。通过信用担保公司为资信不足的群体提供信用保证，既可以解决这些群体贷款难的问题，又有效地分担了银行的贷款风险，是支持普惠金融发展的有力措施，也是普惠金融模式可持续发展的必然要求。赣州市应完善“法人化管理、市场化运作”的担保机构运行机制，避免过多的政府干预，大力发展信用担保。首先，完善担保机构的风险补偿机制，并在初期由财政对担保机构进行兜底；其次，建立再担保基金制度、再保险体系，将担保机构的风险进一步分散；最后，根据现有的《融资担保公司监督管理条例》，进一步健全担保体系，规范担保机构的运行，促使融资担保企业更好地支持赣州普惠金融的发展。针对中小微企业，促成体系内的中小担保公司与中小微客户群体进行有效对接，通过政府及保险公司等在关键环节的有效介入，降低担保公司的实际风险承担，促进业务达成的可能。通过批量开展业务的模式，弥补单笔业务收入贡献率低的短板，增加规模效应，培育有黏性的客户群体，提升业务的综合贡献度。

3. 建立符合经营实际的客户及产品体系

客户、产品体系的合理设定有利于促成担保业务。设计符合经营实际的业务、产品体系，总体上做到区别产品区别对待、不同业务不同模式，实现量与价的合理配比。针对中小微企业的融资需求，加强担保公司与商业银行在客户群体上的合作，做好目标客户定位，锚定目标客户群体，培育包括战略客户、核心客户和普惠客户等优质客户群体。加强对普惠金融产品的研发力度，找准业务切入口，切实有效解决中小微企业的融资需求。加强对此类业务的区域性统筹思考，将赣州市城区和经济相对落后地区的客户作为业务合作开展重点。例如，赣州市大棚蔬菜产业，结合当前产业发展情况，九江银行创新涉农信贷业务方案“致富大棚贷”，在两年时间内迅速在赣南十余个县粘贴复制铺开，形成推广效应，也形成与产业共同发展的良性局面。

4. 打造以合作推动为核心的商业模式

担保公司与商业银行的业务合作，既是满足企业的融资需要，也是双方业务回归本源的有效路径。在双方间打造以合作推动为核心的商业模式，做好合作推动的路径设计，提升合作的开展效率。担保公司与商业银行可持续性业务的实现要围绕商业银行在信用保障、风险分担、综合收益测算等不同方面的实际需求，利用担保公司在产品建设、风险比例、资金杠杆等不同方面的资源优势，针对实际业务中双方不同的重点需求，设计真正适合双方的合作模式。在信用保障方面，担保公司要顺应商业银行风险防控的发展趋势，加快产品线建设，提升与银行合作的契合度。在风险分担方面，担保公司与商业银行间适当的风险分担既是对双方风险与收益的客观评价，又是对双方建立双重风险审核机制的有效促进。对于区域性项目，提高赣州市各地方政府对项目的重视程度并适当引入保险机构，对风险形成分摊，提升业务开展的可实现性，督促各参与方责任的履行。

课题组组长：张秋水

课题组成员：肖宇、敖颖、刘湘玲

第五篇

绿色金融

绿色金融视角下实现碳达峰、碳中和目标研究

——以江西省为例

中国人民银行南昌中心支行办公室课题组

一、导论

（一）引言

与其他发达国家能源结构不同，我国“富煤贫油少气”的能源供给现状使能源结构中以煤炭、石油、天然气为代表的化石燃料占一次能源消费的绝大比重，我国要实现碳达峰、碳中和目标要做的工作更为艰巨，但同时也是国内高质量发展的必然要求。基于绿色金融视角，研究实现碳达峰、碳中和目标，具有重要的现实意义。已有研究主要聚焦碳排放问题，鲜有细化到绿色金融视角的研究。因此，本文从江西绿色低碳经济发展基本情况出发，通过发放调查问卷、实地走访和座谈交流等方式，组织江西省金融机构和企业开展专项调研。

本文通过互联网问卷形式开展问卷调查，累计向金融机构发放807份问卷，向企业发放300份问卷；累计收回金融机构有效问卷800份，收回企业有效问卷300份。其中，金融机构问卷内容主要包括开展绿色低碳金融业务基本情况、开展绿色金融业务遇到的困难、绿色金融市场预期研判等，企业问卷主要包括当前绿色低碳环境对市场及企业的影响、绿色金融支持企业发

展情况以及面临的问题、对绿色低碳市场的前景研判等。在分析碳达峰、碳中和目标导向对产业结构、能源结构、金融稳定和货币信贷政策传导等影响基础上，提出了顶层设计、配套措施、企业融资、政策落地等方面需要关注的问题，以及进一步推动实现碳达峰、碳中和目标的思路，以期为江西绿色低碳转型和全国低碳发展提供参考。

（二）江西省绿色低碳经济发展总体情况

（1）减污降碳实现协同增效。江西是首批国家生态文明试验区之一和生态产品价值实现试点地，优美的生态环境为实现碳达峰、碳中和目标提供了有利条件。一是生态环境质量稳中向好，生态示范创建全国领先。截至 2021 年 6 月末，江西省 $PM_{2.5}$ 平均浓度为 30 微克/立方米，继续位居中部六省第 1 位。国家级“绿水青山就是金山银山”基地 5 个，数量位居全国第 2 位；国家生态文明建设示范市县 16 个，数量位居全国第 5 位；省级生态县（市、区）34 个，省级“绿水青山就是金山银山”基地 17 个，保持在全国“第一方阵”。二是污染物减排成效明显，环境质量持续改善。2020 年，江西圆满完成主要污染物总量减排任务，二氧化硫、氮氧化物、化学需氧量、氨氮排放量较 2015 年分别下降 15%、12.2%、4.8%及 4.7%。产业结构不断优化，生态旅游、休闲康养等绿色产业快速发展。三是碳达峰、碳中和措施得力，重点工作有序推进。完成碳达峰核心指标测算报告，推进全国碳市场首个履约周期顺利启动，开展碳排放知识培训宣传教育，在全国率先推动开展大型活动碳中和。截至 2021 年 6 月末，江西省累计开展会议碳中和 84 次，合计 1942 人次，中和碳排放 5990 吨。

（2）传统产业加快绿色转型。江西传统产业约占工业比重的七成，加快其绿色转型对缓解资源环境压力和实现经济可持续发展起到了决定性作用。一是推动技术创新，促进传统产业提速迈向产业链中高端。截至 2020 年底，江西省建成省级产业创新服务综合体 14 个、省级企业技术中心 404 家。贵溪市与高校院所合作共建产业研究院、联合实验室，激发铜企业创新创业活力。湖口县同方江新造船有限公司攻克十多项关键技术难题，完成亚洲领先的高端船舶研制任务。二是坚持绿色制造，推动传统产业向低碳、循环、绿色化方向迈进。截至2020年底，江西省共创建省级绿色工厂104家、绿色园区23家、绿色供应链企业2家，九江市获批建设长江经济带绿色发展示范区，宜春市引入全球最大的清洁燃气项目，萍乡市被国家发改委等部门列为“十四五”时期重点支持的产业转型升级示范区，江西铜业股份有限公司等4家企业被列入工信部工业产品绿色设计示范企业。三是推动两化深度融合，有效提升传统产业制造效率和综合水平。2021年，江西省201家企业通过国家两化融合管理体系认证，企业上云突破3万家，应用电子商务比例、部分重点领域数控化率均达60%以上。

（3）绿色金融发展稳步推进。2021年，江西绿色金融发展指数位居全国第4位，继续保持在全国“第一方阵”。一是绿色经济发展规模不断壮大。截至2021年6月末，江西省绿色贷款余额3352.95亿元，比年初增长20.71%；绿色贷款占各项贷款余额7.37%，比上年末提高0.70个百分点。丰富绿色融资渠道，指导地方法人金融机构发行绿色金融债180亿元，实现省内法人城商行全覆盖。二是绿色金融组织体系日渐完善。在赣江新区设立11家绿色金融专营机构，建成绿色服务、绿险创新、绿金评价认定3个中心。赣江新区制定绿色企业、绿色项目的相关标准，实现对企业和项目的“精准画像”。法人城商行开展环境信息披露，在全国率先落实金融机构环境信息披露责任义务。三是绿色金融产品创新力度不断加大。截至2021年6月末，江西省人民银行系统累计办理绿色票据再贴现23.22亿元。赣江新区创新推出绿色市政债、畜禽洁养贷、绿色票据、绿色园区债等22项绿色金融成果。抚州市创建全国生态产品价值实现机制试点，创新推出古村落金融贷、地押云贷、林农快贷、畜禽智能洁养贷等权益质押绿色信贷专属产品。研发环境云服务平台，推广环境污染责任险、家庭装修有害气体治理险、建筑工程绿色综合险等新产品。

二、目标导向对经济金融的主要影响

（一）产业结构：绿色经济含量进一步提升，产业脱碳化进程加速

金融机构调查问卷中“目前对传统高碳和绿色低碳产业您所在的机构态度是”选项结果显示，71.7%的金融机构被调查对象认为绿色产业比传统产业发展前景广阔，会优先考虑。在此趋势下，绿色产业发展将迎来新机遇，主要呈现三方面特征。

（1）产业转型升级提速，绿色可再生能源蓬勃发展。三次产业结构由2015年的10.2∶49.9∶39.9调整到2020年的8.7∶43.2∶48.1；高新技术产业、战略性新兴产业增加值占规模以上工业比重分别达到38.1%、22.2%，比2019年分别提高2.0个、1.0个百分点。截至2021年，江西省水面光伏装机110万千瓦，光伏发电总共装机788万千瓦。如某市已规划建设4个风电项目和6个光伏发电项目及氢燃料电池车辆加氢设施建设，预计到2025年新能源汽车装机提升到500万千瓦以上，支持提前实现碳达峰。

（2）清洁能源加快推广运用，生态修复和环境保护力度加大。如某市2016—2020年锂电行业工业总产值年均增速19.7%，高出规模以上工业总产值年均增速17.55个百分点，占规模以上工业总产值比重由2016年的3.55%提升至2020年的6.70%。某市2020年能源消费增量已控制在228万吨标准煤以内，单位地区生产总值能源消费和单位工业增加值二氧化碳排放量比2015年分别下降14%、22%。

（3）绿色全产业链逐渐形成，主导产业开始向绿色转变。如某市新能源汽车产业已初步形成5大整车、6大核心零部件、70余家汽车零部件的新能源汽车产业链，规划产能72.5万辆，投资52.68亿元建设新能源智能化汽车综合试验场。某市家具产业已形成集研发设计、加工制造、销售流通、专业配套、家具基地等于一体的产业集群，预计到2025年现代家具产业集群产值超5000亿元，产业智联网、直播平台、线下门店数字化改造各提升1000亿元。

（二）能源结构：高碳行业开始绿色转型，结构性摩擦风险不容忽视

根据调查显示，71.8%的金融机构被调查对象认为绿色产业相比传统产业发展前景广阔，在授信时会优先考虑；78%的企业被调查对象认为绿色低碳理念是大势所趋，市场更加认可。在此趋势下，传统能源产业开始进行绿色转型，但存在三方面风险隐患。

（1）市场前景差，行业规模收缩。随着各界对气候及碳排放愈加重视，加上对高耗能行业的政策限制增多，高碳排放的钢铁、煤炭、水泥、炼焦、有色金属等传统行业规模逐渐缩小。如工商银行某分行在某电厂项目投入的3500多万元贷款面临资产重评风险，热电型机组抵押物重评率不到30%。某农商行对一家长期不进行技术转型的高碳排放化工企业进行重新估值后将其贷款额度降低300万元。

（2）转型困难大，企业成本高企。调查显示，67.3%的企业被调查对象认为低碳要求在原材料价格上推高了企业成本，63.6%的企业被调查对象认为低碳要求在研发投入上推高了企业成本。如某水泥公司反映为达到环保标准临时增加设备改造投入5000万元，购买更优质替代材料导致企业成本增加5%以上，预计2021年低碳研发投入达到1500万元。某制药公司反映为完成节能减排目标，公司共实施技术改造项目128项，花费700多万元购买新设备。某钢铁企业2021年上半年环保支出3.21亿元，占营业支出的12%。

（3）模型风险高，预警功能不足。调查显示只有不到两成的金融机构被调查对象反映对开展低碳转型的企业开展了压力测试，且风险测试模型十分陈旧。如兴业银行某分行对转型企业的风险模型仍然套用以往内部风控模型，仅包含经营、财务、区域风险禀赋等因素，未纳入政策导向、市场偏好、转型企业资产折旧等因素。

（三）金融稳定：总体风险把控得当，非绿色贷款存在退出风险

金融机构调查问卷中“您认为开展低碳金融会对银行不良贷款率产生哪

些影响”选项结果显示，39.3%的金融机构被调查对象认为，绿色信贷将持续增长，对不良率影响不大；18.5%的金融机构被调查对象认为，绿色信贷短期会变化，对不良率长期影响不大；“您认为为实现低碳经济应该做哪些准备工作”选项结果显示，84.3%的金融机构被调查对象认为，应做好应对金融风险的准备，提前采取措施稳定金融市场。

（1）金融机构逐渐以绿色指标作为重要信贷依据，绿色信贷业务不良率整体偏低。调查显示，超过90%的金融机构被调查对象认为，未来银行信贷投放极可能将绿色低碳作为重要审核条件。如交通银行某分行将信贷客户分为“三色七类”，颜色信贷标识已经成为客户评级、市场准入、经济资本分配、贷款定价、信贷管理和退出的重要依据。工商银行某分行在信贷系统中增加环境风险标识，将企业名录与环评信息对接，实现环保风险识别与企业信用评级和授信挂钩。截至2021年6月末，江西省绿色信贷不良率为0.51%，低于上年末0.13个百分点。

（2）高碳行业资产价值下降，非绿色贷款面临退出风险。部分高碳企业在低碳转型中可能因技术改造、节能减排等措施导致成本上升、盈利收窄甚至亏损，或者在绿色低碳消费政策引导下可能因产品需求下降导致营业收入下降，进而引发银行局部信用风险。如某市高碳行业贷款主要集中在铜产业，超过90%的金融机构被调查对象认为银行为避免过多投入非绿色的“搁浅资产”而产生信贷风险，极有可能压缩铜企业非绿色贷款。工商银行某支行、中国银行某支行持有的污染性和高碳资产分别占信贷总资产的20.5%、17.3%，亟待调整资产配置，否则可能面临经营困难，增加贷款违约率。某农商行持有的某铜业企业2000万元贷款，在该企业因高排放高污染被要求停产情况下，企业后续发展不确定性增加了银行信贷风险。

（四）政策传导：绿色金融蓬勃发展，银企双方互利共赢

金融机构调查问卷中“目前您所在金融机构开展绿色低碳经济的最大动力是”选项结果显示，78.8%的金融机构被调查对象认为市场前景广阔是开展绿色低碳经济的最大动力。企业调查问卷中“低碳要求在哪些方面提高了

市场竞争力”选项结果显示，82.3%的企业被调查对象表示当前国际国内环境更加注重绿色低碳。

（1）金融机构参与绿色金融积极性显著提高，但是绿色低碳金融产品供给同质化、产品创新力不足。调查显示，66.9%的金融机构被调查对象反映针对绿色信贷业务建立了专门的绩效考核办法和激励措施且绿色信贷业务占比逐渐提高。但是绿色低碳金融产品主要集中在传统绿色融资，较少涉足投资交易及中间业务。调查显示，80.4%的金融机构被调查对象反映创新了绿色信贷产品，65.9%的金融机构被调查对象反映提供了信贷业务的环境风险评估，34.4%的金融机构被调查对象反映承销了绿色债券，33.1%的金融机构被调查对象反映设立了低碳理财类投资产品。而只有17.4%的金融机构被调查对象反映推出了咨询、担保、财务顾问类碳金融中介业务、13.4%的金融机构被调查对象反映开展了信用卡类个人碳中和业务、15.3%的金融机构被调查对象反映同时参与了一级CDM碳交易市场及参与或推出二级CDM等衍生品交易。

（2）金融机构切实降低绿色企业融资成本，但是对优惠政策的不了解是企业享受绿色优惠政策的主要障碍。调查显示，61.9%的企业被调查对象反映参与了绿色项目，金融机构绿色信贷业务较其他类型贷款利率普遍低10~30个基点，79.9%的企业被调查对象反映享受了优惠利率贷款、政府现金奖补、绿色产业税费减免等优惠政策。从企业享受绿色优惠政策时面临的困难看，46.2%的被调查对象反映不知道自己符合哪些优惠政策，35.5%的被调查对象认为优惠力度相对投入成本太少，28.1%的被调查对象认为奖补领取手续多，23.8%的被调查对象认为优惠政策条件苛刻，说明不了解绿色优惠政策是阻碍企业享受优惠政策的主因。所以，调查中54.2%的企业被调查对象认为构建低碳绿色金融体系亟须向市场普及绿色低碳的理念，64.6%的金融机构被调查对象认为推动碳减排工作应加强培训和政策解读。

三、目标导向下需要关注的问题

（一）顶层设计：绿色统计标准未统一，导致金融“助绿”难

金融机构调查问卷中“目前在开展绿色低碳经济业务方面有遇到哪些困难”选项结果显示，63.4%的金融机构被调查对象遇到过各方对接数据口径不统一问题。

（1）各部门缺乏统一绿色数据口径。实际中，人民银行绿色信贷统计和银保监会口径不统一，地方金融监管部门尚未建立绿色金融重点行业企业名录，村镇银行尚未在信贷管理系统中设置“绿色贷款”标识，一定程度上阻碍了绿色金融发展。如某环保科技公司由于雨污分离不达标需进行整改，因为没有标准化建设模板，导致企业无法把握雨污分离标准，至今整改方案历经反复修改仍未获通过。建设银行某分行支持的某风电项目在1.92亿元的授信审批通过后，因该项目干扰鸟类迁徙不符合生态环保政策要求，导致银行不能正常放款。

（2）绿色产业指导目录具体细节不清楚、行业范围偏窄。调查发现，部分企业虽然符合减碳减排要求，但由于绿色产业指导目录部分细节不全或企业未纳入绿色产业指导目录导致难以进入金融机构绿色项目库。如某农商行反映符合绿色产业指导目录规范准入但无法提供佐证材料的贷款户数占比接近九成。建设银行某分行反映内河水运公司水路符合减碳减排的绿色行业原则，但绿色产业指导目录中未纳入该行业，导致此类行业无法申请绿色信贷。

（3）企业环评信息数据获取难测算难。企业环境污染信息掌握在环保部门，未建立环保政策、企业环保信息的统一发布平台，对企业环境评价信息尚未强制要求公开披露，导致金融机构缺乏直接和公开的获取渠道。如某市环保部门碳排放数据仅限4类主要污染物排放总量统计数据且不对外公布。某市无相关部门负责捕捉企业碳足迹数据并对企业生产过程端自主填报的碳

排放数据进行审核确认。同时，银行内部测算企业碳排放能力不足。调查显示，59.6%的金融机构被调查对象反映从信贷数据直接获取，32.8%的金融机构被调查对象反映从第三方订购测算数据，24.2%的金融机构被调查对象反映自行开发测算软件或工具，28.9%的金融机构被调查对象反映未开展碳排放计算业务，67.6%的企业被调查对象反映认为碳核算方式种类太多、太复杂，缺乏有效的专业手段。

（二）配套措施：碳市场基础建设薄弱，导致经济“育绿”难

金融机构调查问卷中“目前在开展绿色低碳经济业务方面有遇到哪些困难”选项结果显示，60.3%的金融机构被调查对象认为缺乏统一的碳交易市场阻碍了绿色低碳产业的发展。

（1）碳交易市场基础薄弱。尚未出台碳减排的统一产品支持目录和核算标准，在项目风险评估中缺少有效的评估体系和量化工具，无法分析评估低碳项目及其减排收益以及高碳资产的潜在风险。如某市反映虽然建立了生态资源交易场所，但仍缺乏成熟规范的生态资源交易机制，政府部门补偿激励机制、风险保障基金等生态资源增信手段对于财税收入不充裕的地区难以持续。某农商行反映在办理绿色信贷业务时无法实时获取企业环保指标，只能依靠环保部门出具的环保评估报告，不利于环境和社会风险贷前评估和贷后风险管理。

（2）风险缓释不健全。绿色金融项目评估复杂、投资周期长、贷款风险高，针对该类项目的融资担保和风险补偿基金不完善，排污权、水权评估交易等市场机制建立和完善仍需较长时间，一定程度上制约了绿色金融产品创新。如某市设立了“两权”抵押贷款风险补偿金，如按风险补偿方案设计的1:8向投放“两权”抵押贷款的银行足额存入风险补偿金，则补偿金缺口达到10亿元。同时，生态保险覆盖面较小、赔付额较低，如商品林综合保险每亩最高保额不超过800元，保险赔付不能较好分担经营风险。

（3）激励机制不健全。如某市虽然出台了金融支持地方经济建设信贷考核奖励制度，但因财政资金未到位，奖励补贴仍停留在账面上。某农商行虽

然出台了绿色信贷管理制度，但主要是限制贷款投向高污染、高耗能行业，并未涉及正向激励绿色低碳信贷投放。

（三）企业融资：缺乏增信措施，导致企业“确绿”成本高

金融机构调查问卷中“您觉得目前在应对低碳经济哪些方面还存在欠缺”选项结果显示，近七成的金融机构被调查对象认为金融产品配套力度不大；企业调查问卷中“您觉得目前构建低碳绿色金融体系最急需的是什么”选项结果显示，近五成的企业被调查对象认为，构建绿色金融体系亟须提高对绿色低碳企业的政策支持力度。

（1）第三方机构的绿色认证费用较高。根据绿色产业指导目录，很多产业须满足一定行业技术规范标准才属于绿色产业，不符合相关条款而难以获得银行信贷支持。如某养牛公司在申请小额贷款时须提供绿色产业或绿色食品认证证件，而有机产品认证标准办理一般要2～3年时间，请专业机构进行鉴定需要花费1万～2万元，因申请认证成本太高，故而放弃申请绿色贷款。某农商行反映办理农业绿色贷款除需经过贷前调查，还要求经第三方专业机构认证，导致农业经营主体申请绿色贷款积极性较低。

（2）企业难以提供合适抵押物。“信用+”类生态贷款额度较小，难以满足生产经营实际需要，而大额贷款需要提供抵押物，部分从事绿色行业企业难以提供。如某牧业公司为生猪养殖场配备沼气沼液双重设备，改造升级花费达3000万元，养殖场造价达3000元/平方米，但因种养专用设备专业性太强、使用范围受限，未被银行认可作为抵押物用于贷款。某村镇银行的“造林贷”以评分方式审核客户，在客户增信措施不够情况下仍然采用抵押或保证的担保方式，而客户很难提供有效保证人。

（3）绿色行业自身回报率较低。绿色项目多为公益性质，项目回报率较低、存在较大市场风险。江西银行某支行发放某笔绿色贷款6.92亿元，贷款利率为4.9%，较同期平均贷款利率低2.6个百分点，贷款资金成本4.65%，计提拨备1.5%，按EVA（经济资本增加值）测算，计算风险资本成本后该笔业务投放首年负增长1500万元，之后存续期每年负增长400余万元。邮储

银行某市分行反映2020年沃德环保技术有限公司申请一笔2000万元垃圾处理收益权质押贷款用于垃圾处理设备采购，因该公司盈利能力（2019年营业收入185.5万元、利润2.1万元）与1.2亿元的项目、2000万元的信贷融资严重不匹配，故而未授信。

（四）政策落地："最初和最后一公里"尚未打通，导致基层"识绿"难

金融机构调查问卷中"您是否参加过'碳达峰、碳中和''30·60目标'相关知识培训"选项结果显示，在589位金融机构一线业务人员中有四成（235位）未进行过培训，其中有七成多（190位）集中于基层县市。

（1）基层人员设施受限，绿色信贷质量难以把握。如某城商行2020年信贷人员全程指导、参与办理绿色产业证书、完善绿色贷款资料并成功办理贷款户数只有9户，占绿色贷款总户数不足10%。工商银行某支行发放某笔绿色贷款1.95亿元，因一线人员未参加培训而未将该项贷款计入绿色信贷，也未向人民银行金融统计监测系统报送此项数据，造成统计数据失真。

（2）审批效率低，绿色信贷业务进度延缓。绿色信贷认定、省内金融机构发放等审批权限基本在省分行或总行层面，设区市层级除了流动性贷款在绿色信贷方面基本没有自主性，一定程度限制绿色信贷投放。如农业银行江西省分行连续多年未转授油茶种植固定资产新增贷款权限至地市级分行，导致油茶类贷款一度没有很好进展。同时，江西银行某分行反映对绿色信贷的授信审批缺乏明确标准，办理绿色信贷需多次补充材料。某县辖区企业反映从申请项目到最终适时开展一般要1个月左右，而如需补充完善材料则要2个月以上。

（3）还款来源落实难，绿色信贷内生动力不足。如某园区污水处理厂及污水管网建设项目向建设银行某分行申请融资1.2亿元，因该项目未被纳入政府PPP项目库，还款来源未获保证，导致未通过授信审批。

四、进一步推动实现“30·60”目标的政策建议

（一）完善政策措施、推进整合协作，凝聚绿色发展合力

一是建立绿色数据信息公开和统计体系。修订更新绿色产业指导目录，明确认定细节和标准，拓展绿色产业指导目录的行业种类。推动建立公益性的环境成本核算体系和数据平台，促进金融与环保部门信息共享，引导银行机构开展碳核算强制性工作，加强数字技术和金融科技在环境信息披露和共享等方面的应用。加快完善各方统一的绿色信贷统计口径，着力构建统一完善的绿色金融统计标准体系。二是健全绿色融资担保和风险补偿机制。建立绿色民生项目融资风险资金池，明确政银风险分担比例，合理分担银行机构绿色项目融资风险。合理规划 PPP 绿色民生项目，推动绿色民生 PPP 项目纳入地方 PPP 项目库，试点污染防治等环保领域 PPP 项目，为 PPP 绿色民生项目融资提供便利。三是完善绿色金融激励机制。在再贷款再贴现限额内留出一定额度支持绿色低碳企业，在宏观审慎评估等场景对金融机构支持企业减排情况进行评价，将金融机构设立绿色组织情况纳入人民银行综合评价，加强绿色低碳市场需求和货币信贷政策的协调配合。拓展绿色产业抵押物范围，鼓励金融机构将绿色产业专用设备纳入抵押物范围，搭建绿色产业专用设备处置平台。

（二）通过政府增信、数据增信、行业增信，降低企业绿色认定成本

一是健全绿色增信增贷机制。建立转型企业风险补偿基金，加大贴息力度，逐步放开贴息标准限制，试点财政部门委托金融机构管理绿色贷款贴息。加快探索节能环保项目特许经营权、排污权和碳排放权等环境权益及其收益权成为合格抵质押物的路径，对转型企业不符合绿色环保要求的贷款项目建立过渡期，在贷款金额、期限等方面给予环保技术转型企业一定优惠。探索

建立低碳产业引导基金和低碳产业股权投资基金，鼓励有条件的绿色企业进行直接融资，创新开展碳排权质押贷款、农林资源经营权质押贷款等信贷产品。二是加快发展区域性碳交易市场。健全应对气候变化的统计核算体系，建设服务全国的区域性低碳经济交易平台。建立独立的碳排放数据公布平台，要求企业公布碳排放和环评等信息并在企业生命周期内记录市场评级、奖惩等信息。完善碳减排压力测试，将环境和气候变化相关风险纳入金融机构发展战略和风险管理框架，搭建企业碳排放和环境信息数据平台。三是建设第三方绿色认证机构。重点支持和发展第三方检验检测认证等专业科技服务机构，培养一批专业性、高水准的第三方龙头碳核算机构。

（三）加强人员培训、推动服务体系下沉，提升绿色信贷工作准确性和时效性

一是加大专业人才培养力度。加强对银行机构一线绿色金融从业人员的专业知识培训，提升金融机构一线人员在绿色信贷统计、绿色金融产品开发、绿色可持续性投资等方面的能力和水平。建立绿色低碳金融人才战略培养计划，积极向绿色低碳金融先进地区学习，引进绿色低碳金融方面的技术，营造浓厚的绿色低碳金融研讨氛围。二是畅通政银企业对接沟通平台。定期梳理绿色产业融资需求，及时向银行推动绿色项目库，持续跟进解决项目融资对接梗阻问题。实行绿色低碳政策“一本清”，培养绿色低碳政策宣讲员，入园、入企、入社区开展绿色低碳政策宣讲，增强市场主体对绿色低碳政策的认知。三是推动资源下沉、权限下放、服务下移。引导金融机构简化农业经营主体绿色产业的认定程序，推动金融机构探索建立涉农绿色产业贷款快速认定机制，地方政府适当减免农业经营主体绿色产业认定费用。完善绿色信贷考核机制，将办理绿色信贷的绩效考核提升至与办理小微信贷同等重要的位置，加强绩效激励，激发员工积极性。

课题组组长：刘居照

课题组成员：徐峻、张朝洋、易校萍、汤教泉、朱脂红

数字金融促进了企业绿色发展吗

中国人民银行景德镇市中心支行课题组

一、引言与文献述评

改革开放以来，中国经济取得巨大成就，同时也带来严重的环境污染问题。如何进行污染治理也越来越受到党和政府的重视。党的十九大报告明确提出，构建政府为主导、企业为主体、社会组织和公众共同参与的环境治理体系。作为经济活动的主要参与者，企业是污染防治的主体，在生态建设方面负有不可推卸的责任。国家对污染企业采取了十分严格的管控制度，比如对污染排放不达标企业执行高额罚款甚至限产停产，不仅如此还构建了完整的环境治理信用体系，建立排污企业“黑名单”制度并向社会公开，这些高压政策迫使企业不得不加大环保方面的投入。尽管如此，企业环保投入能力强弱仍然是一个难以回避的问题，它将直接影响企业污染防治和生态建设的效果。

已有研究发现，与内销企业相比，发达国家出口企业拥有更低的排放强度，而背后的主要影响机制是出口企业的生产率相对较高（Cui 等，2016；Richter 和 Schiersch，2017）。企业的低效率通常意味着更低的加成率和利润率，这会影响企业的技术选择（Bustos，2011；刘啟仁和黄建忠，2015），甚至环保投资决策，最终影响企业的污染排放强度。不仅如此，当企业面临严重的财务困境时，便会致力于维持生计，疲于应付公司基本运转经营，更加没有能力与精力进行环保投资。当企业生产率低下或面临财务困境，通常意味着企业更低的利润率，便很难承担绿色转型的成本。金融发展有利于生产效率的提升（King 和 Levine，1993），有助于企业解决技术进步中面临的资金困难（伍海华和张旭，2001）。但是中国传统金融存在明显的资源错配问题（Hsieh 和 Klenow，2009），资源配置不当是生产率差别巨大的重要原因（Banerjee 和 Duflo，2005）。在中国传统金融市场上，金融机构通常凭借企业拥有的显性资源进行资源配置，企业最主要的显性抵押资产便是房地产，可以说以房地产为主的抵押品分布直接影响了金融资源的分配，资源通常流入那些拥有更多房产的企业。这与本该由生产率水平决定金融资源分布的高效率分配方式相悖，进而极大地制约了金融效用的发挥。传统金融发展所面临的困境，特别需要创新型的金融模式才能够解决。近年来，凭借大数据、云计算、区块链等技术的发展契机，金融与新兴技术的结合催生了数字金融的产生。数字金融的出现减轻了金融市场中的信息不透明程度，加速了资金供给双方的信息交互。资源配置不再单纯依靠企业的显性资源，数字金融凭借数据挖掘技术，使公司商誉、未来成长性等更多的隐性资产信息能够反馈到金融机构，从而起到"纠错配""补短板"的作用（唐松等，2020）。然而，与传统金融相比，数字金融是否能够释放更大的金融效用呢？数字金融是否能够帮助企业提升生产效率、摆脱财务困境，从而更好地改善环境绩效呢？遗憾的是，对于这些问题以往研究并没有提供一个完整的分析框架和统一的研究结论。鉴于中国数字金融高速发展及在全球金融科技发展中的"领头雁"地位，在大数据、区块链等新一代信息技术纵深发展的大趋势下，探究如何借力数字金融驱动企业绿色发展的内生动力具有较强的实践价值和生态意义。

本文存在的几个边际贡献：第一，将宏观层面的数字金融水平具体化到微观，在企业层面研究了数字金融对绿色发展的影响；第二，着重考察数字金融与企业环境绩效的关系，重点探究数字金融赋能企业绿色发展的具体路径。对于这些问题的深入挖掘，有助于厘清数字金融赋能企业绿色转型的内生路径，为激发数字金融的"绿色基因"赋能企业经济提质增效提供了有力的经验支撑。

二、理论基础与假设

绿色发展的核心要点是将效率提升、能量转换以及自然资源价值纳入经济核算体系，通过不断提升技术创新，达到改善生产与消费的目的（Jouvet和Perthuis，2013）。有大量研究表明，金融发展是改善企业环境绩效的重要因素，对于微观企业而言，解维敏和方红星（2011）认为，金融发展推动了我国上市公司研发投入，金融科技发展是促进企业创新的重要手段（李春涛等，2020）。主要原因是，金融发展能够显著缓解企业融资约束（沈红波等，2010）。金融效率的提升是跨越企业创新投资过程中规模瓶颈的重要途径（王昱等，2017）。对于中国宏观经济而言，金融发展显著提升了技术创新效率（李后建和张宗益，2014）。金融发展可以提高技术创新效率和要素配置效率（芦云鹏，2015）。徐璋勇和朱睿（2020）以中国西部地区为研究样本，发现金融发展显著促进了地区绿色全要素生产率的提高，绿色技术效率的提升与绿色技术进步是实现绿色可持续发展的路径。这些研究都为金融发展促进技术创新和提升生产效率提供了可靠的经验证据。

值得注意的是，中国金融体系还存在许多缺陷（钟腾和汪昌云，2017），传统金融的资源错配、低效率、金融服务供给不足等问题极大地限制了金融效用的发挥。并且传统金融对物理网点的依赖度高，信息传递存在明显的边界限制，金融服务范围受限、服务运营成本极高。然而，数字金融借助大数据分析、区块链、云计算等信息技术，能够有效克服传统金融市场上的“地理排斥”、“评估排斥”和“产品排斥”现象，破除传统金融服务时空受限（张勋等，2019）、运营成本高和逆向选择的难题。金融科技为降低金融服务门槛、拓展金融服务范围和丰富金融服务产品提供了技术支持。各类新兴的金融服务业态，如移动支付和在线借贷更是改变了以往传统商业模式中的价值交付环节，丰富了融资渠道和融资方式，同时也释放了新经济业态，为实现经济结构的转型升级赋能。根据以上分析，本文提出如下假设：

H0：数字金融能够促进企业绿色发展。

从数字金融改善微观企业环境绩效的具体路径来看，主要表现为助力企业提高全要素生产率和帮助企业解决财务困境，从而增强企业绿色转型升级的成本承担能力。在提高生产率方面，数字金融的发展有助于提升企业技术创新能力（万佳彧等，2020）、优化信贷资源配置（徐子尧等，2020）和转变企业生产投入要素。具体来看，数字金融具有“增量补充”和“存量优化”作用（唐松等，2020），这让金融机构在大数据技术、人工智能和分布式计算等信息技术的支撑下，能够以低成本、高效率的方式，集中长尾群体金融资源的同时刺激传统金融业务提质增效。伴随金融科技的发展，金融机构对数据仓、数据湖等大数据资源库构建的需求日益迫切，这会倒逼金融机构转型升级，进而有助于提升资源配置效率。更重要的是，党的十九届四中全会正式将数据明确为一种新型的生产要素，而数字金融正是以数字资源为纽带进行的金融资产配置过程，这将改变企业过去以土地、劳动力和资本等传统要素投入为主的发展模式，这对企业进行绿色转型升级，在应对传统要素红利衰减方面具有重要的现实价值。在帮助企业解决财务困境方面，数字金融的发展通过缓解企业融资约束（Laeven 等，2015）、降低企业融资成本（Gomber 等，2018）和杠杆水平，帮助企业增强研发投入和设备升级的成本承担能力。数字金融提供的丰富融资渠道为企业技术转型提供了基础，再加上数字金融内嵌的数字技术增强了企业财务信息输出能力（唐松等，2020），金融机构凭借数据挖掘技术能够快速识别出具有较好发展潜力的优质企业进而提高资金获得性。更重要的是，数字金融在区块链、分布式计算等信息技术的支撑下，简化了传统融资方式的烦琐程序甚至突破了传统金融固有的融资边界束缚，降低了金融市场的交易成本和风险识别成本，为企业节约了高昂的融资交易费用。进一步地，企业融资困境得到缓解以后，便不会主动寻求高杠杆高风险的负债经营模式，这在一定程度上可以优化企业资产负债结构，降低不必要的杠杆水平，使企业财务状况趋于稳健发展。企业在满足基本日常经营需求，保持经济状况稳健发展以后，便会主动为后续提高生产效率、加快技术升级投入更多的努力。根据以上分析，本文提出如下假设：

H1：数字金融通过提高企业全要素生产率和帮助企业解决财务困境促进企业绿色发展。

三、研究设计

（一）样本选取与数据来源

本文选取北京大学数字金融研究中心和蚂蚁金服集团共同编制的中国数字普惠金融指数（郭峰等，2020）作为衡量地区数字金融发展水平的代理变量。微观企业数据均来自 CSMAR 和 Wind 数据库，选取 2011—2019 年中国 A 股上市公司为研究样本，用省级数字金融指数与上市公司所在省份进行匹配。各省 GDP 数据来自中国统计年鉴，数据经平减后得到各省份的实际 GDP。此外，本文还对样本数据进行如下处理：（1）剔除金融与房地产行业的研究样本；（2）剔除在样本期间 ST 或 *ST 的上市公司；（3）剔除资产负债率大于 100% 以及数据缺失的样本。最后我们对所有连续变量进行上下 1% 缩尾处理。

（二）模型构建与变量定义

构建如下基准回归模型：

$$\ln CEP_{i,t} = \alpha_0 + \alpha_1 DFI_{i,t-1} + \alpha_2 Control_{i,t} + \sum year + \sum industry + \varepsilon_{i,t} \tag{1}$$

在模型（1）中，$\ln CEP_{i,t}$ 为企业 i 在 t 时期的环境绩效，$DFI_{i,t-1}$ 为企业 i 所在省份在 $t-1$ 时期的数字金融发展水平，$Control_{i,t}$ 表示一系列的控制变量，$\sum year$ 表示控制时间固定效应，$\sum industry$ 表示控制行业固定效应，$\varepsilon_{i,t}$ 表示随机扰动项。

本文的主要变量定义如下：

1. 企业环境绩效（$\ln CEP$）

考虑到中国微观企业环境数据的可得性，我们采用经济效益法来衡量企业的环境绩效，即企业营业收入与缴纳的和环境有关税费的比值。考虑到样本期间内有部分企业缴纳的与环境有关的税费是0元，为了确保样本数据的完整性和平稳性，我们将企业缴纳的与环境有关的税费加以处理，同时将该比值取对数。

具体来看，参考已有文献（于连超等，2019）和参照经合组织对环境税的定义，我们采用广义环境税，即政府强制征收的，与环境有关的任何税收和收费。企业环境绩效的计算公式如下：

$$\ln CEP_{i,t} = \log \frac{operating\ income_{i,t}}{(the\ environmental\ related\ taxes\ and\ fees_{i,t} + 1)} \tag{2}$$

2. 数字金融（*DFI*）

本文将北京大学中国数字普惠金融指数省级层面的数字金融总指数作为地区数字金融发展水平的代理变量。为了消极变量间的量纲关系，我们将指数进行归一化处理，指数越大表示该地区的数字金融发展水平越高。此外，考虑到数字金融对企业环境绩效的影响存在一定的时滞效应，同时为了减轻内生性问题，我们将指数进行滞后一期处理。

3. 传统金融（*TFI*）

我们参考Song等（2020）的研究，以各省份每万人拥有的银行业金融机构营业网点数作为传统金融的代理变量，以检验数字金融与传统金融的绿色驱动效果差异。为保证数据之间的可比性，我们同样将传统金融数据做了归一化处理，并对其滞后一期进行回归检验。

4. 企业全要素生产率（ln*TFP*）

本文借鉴Levinsohn－Petrin（2003）的方法，构建模型计算企业全要素生产率：

$$y_{it} = \beta_{0i} + \beta_{li}\ln l_{it} + \beta_{ki}\ln k_{it} + \beta_{mi}\ln m_{it} + \omega_{it} + \eta_{it} \tag{3}$$

模型（3）中，y_{it}代表企业i在第t年的主营业务收入取自然对数；$\ln l_{it}$表示公司员工人数取自然对数；$\ln k_{it}$代表企业的资本投入，即用固定资产的自然对数表示；$\ln m_{it}$是指公司购买商品接受劳务支付的现金取自然对数，表示公司中间投入；ω_{it}即代表企业全要素生产率。预测的企业生产率水平如模型（4）

所示。最后，我们将估计的企业生产率水平取自然对数，即代表企业的全要素生产率。

$$\widehat{w}_{it} = \exp(y_{it} - \hat{\beta}_{li}\ln l_{it} - \hat{\beta}_{ki}\ln k_{it} - \widehat{\beta}_{mi}\ln m_{it}) \quad (4)$$

5. 控制变量

本文选取微观企业层面和宏观层面的相关变量作为控制变量。企业层面变量包括：公司上市年龄（*age*）；公司规模（*size*），即总资产的自然对数；收入规模（ln*TI*），即总收入的自然对数；资本密集度（*Capital*），即公司总资产与主营业务收入的比值；营业收入增长率（*Growth*）；资产回报率（*ROA*）；净资产回报率（*ROE*）；第一大股东持股比例（Shrcr1）；两职合一（*Dual*），即公司董事长与总经理为同一人时取1，否则为0；独立董事比例（ln*dep*），即独立董事占公司董事总席位的比例；公司产权性质（*SOE*），即国有企业为1，否则为0。宏观层面变量包括：各省经济发展水平，即实际GDP取对数。不同行业的环境绩效也同样存在差异，为了消除时间和行业特征对企业环境绩效的影响，我们控制了年份、行业固定效应。

6. 描述性统计

从表1可以看出企业环境绩效（ln*CEP*）的均值是13.34，中位数是9.41，这说明样本企业的环境绩效整体分布不均匀。经过归一化处理的数字金融指数（*DFI*）的平均值是0.57，最大值是1，最小值为0。同样进行归一化处理后的传统金融指数（*TFI*）的平均值是0.47，最大值是1，最小值为0。企业全要素生产率（ln*TFP*）的平均值是15.92，方差是1.05，这表明样本企业的全要素生产率存在较大差异。

表1　变量描述性统计

变量	观测值	平均值	方差	最小值	中位数	最大值
ln*CEP*	15888	13.34	7.05	2.06	9.41	27.81
DFI	15888	0.57	0.24	0	0.6	1
TFI	13088	0.47	0.24	0	0.39	1
ln*TFP*	15882	15.92	1.05	10.67	15.81	20.65

四、基准实证结果

（一）数字金融与企业环境绩效

表2是模型（1）对“数字金融与企业环境绩效”关系的基准回归检验结果。在第（1）列中，只控制行业和年份固定效应。结果显示，数字金融与企业环境绩效的回归系数为7.618，且在0.01水平下显著。这说明数字金融能够显著改善企业环境绩效。第（2）列加入控制变量以后，上述结论依旧成立。第（3）～（5）列分别是数字金融指数滞后二期、三期、四期的检验结果，结果显示上述基本结论在较长的时间序列上都稳健成立。这说明，在其他条件不变的情况下，随着企业所在地区数字金融发展水平越来越高，企业环境绩效得以逐步提升，并且随着时间的推移，展现出数字金融强大稳健的绿色驱动效应，过去企业牺牲资源环境换取经济效益的短视行为可能有所遏制，有利于引领企业摆脱“粗放低效”的经营困境。

表2　基础回归：数字金融与企业环境绩效

变量	(1) ln*CEP*	(2) ln*CEP*	(3) ln*CEP*	(4) ln*CEP*	(5) ln*CEP*
L. DFI	7.618*** (10.508)	6.471*** (8.484)			
L2. DFI			7.747*** (9.210)		
L3. DFI				8.857*** (10.117)	
L4. DFI					9.142*** (10.131)
Constant	9.146*** (24.743)	2.282* (1.703)	2.204 (1.488)	1.113 (0.691)	0.832 (0.488)
Controls	No	Yes	Yes	Yes	Yes

续表

变量	(1) lnCEP	(2) lnCEP	(3) lnCEP	(4) lnCEP	(5) lnCEP
year	Yes	Yes	Yes	Yes	Yes
industry	Yes	Yes	Yes	Yes	Yes
N	12096	12096	9820	7811	6081
R^2	0.46	0.47	0.482	0.482	0.458
adj · R^2	0.459	0.469	0.48	0.48	0.455

注：*、** 和 *** 分别表示在 10%、5% 和 1% 的水平下显著。括号内报告的是 t 值，经 Robust 修正，下同。

（二）稳健性检验

在前述研究中，我们对数字金融指数进行滞后期处理，一定程度上缓解了反向因果的内生性问题，但是即便如此，仍然可能存在其他因素导致的内生性问题。鉴于此，我们在模型中采用控制“时间 × 行业”的高阶联合固定效应（Moser 和 Voena，2012）对回归结果重新进行验证。此外，由于直辖市具有较大的经济特殊性，其地区数字金融发展程度、企业环境绩效表现可能因特殊因素存在较大差异。因此，我们剔除了中国 4 个直辖市的样本，并重新回归验证。表 3 的结果显示，本文关于数字金融显著提升企业环境绩效的基本结论仍然保持不变，因此本文的基准回归结果是稳健成立的。

表 3　联合固定效应模型与剔除直辖市的样本

变量	(1) 年度 - 行业联合固定效应	(2) 剔除 4 个直辖市	(3) 剔除直辖市 + 年度 - 行业固定效应
L. DFI	6.438*** (8.530)	7.161*** (6.363)	7.197*** (6.478)
constant	2.354* (1.783)	6.156*** (4.230)	6.561*** (4.556)
controls	Yes	Yes	Yes
year	Yes	Yes	Yes

续表

变量	（1）年度－行业联合固定效应	（2）剔除4个直辖市	（3）剔除直辖市＋年度－行业固定效应
industry	Yes	Yes	Yes
year#Ind	Yes	No	Yes
N	12095	9793	9793
R^2	0.487	0.501	0.517
adj · R^2	0.482	0.499	0.511

五、数字金融提升企业环境绩效的作用机制

（一）数字金融、企业全要素生产率与环境绩效

尽管前述研究基本证明了数字金融具有显著的绿色驱动效应，但值得检验的是数字金融是否通过生产效率的提升对企业产生绿色发展的驱动力呢？并且与传统金融相比，数字金融为企业环境绩效带来的裨益是否更强呢？对于这些问题，我们选取了企业全要素生产率（ln*TFP*）作为考察生产效率提升路径的代理变量。为进一步刻画数字金融与传统金融影响企业环境绩效的生产率提升渠道效果差异，我们构建如下回归模型：

$$\ln TFP_{i,t} = \beta_0 + \beta_1 DFI_{i,t-1} + \beta_2 Control_{i,t} + \sum year + \sum industry + \varepsilon_{i,t} \quad (5)$$

$$\ln CEP_{i,t} = \gamma_0 + \gamma_1 DFI_{i,t-1}(TFI_{i,t-1}) + \gamma_2 \ln TFP_{i,t-1} + \gamma_3 Control_{i,t} + \sum year + \sum industry + \varepsilon_{i,t} \quad (6)$$

在模型（1）证明了数字金融对企业环境绩效具有积极促进作用的基础之上，我们结合模型（5）与模型（6）联合验证企业全要素生产率的传导路径是否成立，表4汇报了回归检验结果。数字金融有促进企业创新、优化资源配置和转变生产要素的作用，对企业生产效率的提升具有明显的驱动力。表4第（3）列显示，数字金融对企业全要素生产率的系数显著为正，意味着数字金融极大地提升了企业生产率。结合第（5）列将企业全要素生产率放回基准

回归方程中，我们可以看出企业全要素生产率的系数仍然显著为正，且数字金融对企业环境绩效的影响系数，相比于第（1）列基础回归有明显下降。这说明，在企业生产率得到提升的情况下，企业更有能力为后续清洁生产做出努力。同时，表4还汇报了数字金融与传统金融的绿色驱动效果差异，并且均通过了似无相关检验。这证明了无论是对企业环境绩效还是全要素生产率，数字金融的驱动效果都要优于传统金融结论是可靠的。第（7）列是将数字金融与传统金融同时纳入回归模型的检验结果：数字金融对企业环境绩效的影响系数为3.424，而传统金融仅为1.210，这同样验证了二者的绿色驱动效应存在显著差异。这意味着，数字金融基于传统金融的优化补充，新型金融服务模式在赋能企业生产率方面表现出更加强劲的渗透力。

表4　数字金融、企业全要素生产率与环境绩效

	(1) ln*CEP*	(2) ln*CEP*	(3) ln*TFP*	(4) ln*TFP*	(5) ln*CEP*	(6) ln*CEP*	(7) ln*CEP*
	模型1		模型5		模型6		
L. DFI	6.471*** (8.484)		0.527*** (14.479)		5.902*** (7.716)		3.424*** (3.548)
L. TFI		1.809*** (9.044)		0.049*** (5.116)		1.756*** (8.794)	1.21*** (4.803)
L. lnTFP					1.050*** (5.792)	1.159*** (6.407)	1.077*** (5.929)
Suest 检验	83.61***		185.39***		56.01***		
R^2	0.47	0.468	0.947	0.946	0.472	0.47	0.471
adj · R^2	0.469	0.467	0.947	0.946	0.47	0.469	0.469

（二）数字金融、企业财务状况与环境绩效

接下来，我们转向数字金融帮助企业解决财务困境路径的考察，采用分样本回归验证。研究表明，数字金融显著缓释了企业“融资难、融资贵、杠杆高”的境遇，帮助企业减轻负担。其中，Panel A是数字金融与企业环

境绩效关于融资约束关系的回归检验。我们借鉴 Kaplan 和 Zingales（1997）的方法构建 KZ 指数代表企业融资约束程度。结果显示，传统金融对企业融资约束的缓解作用不存在统计意义上的显著性，但数字金融极大地缓解了企业融资约束。进一步地，数字金融对企业环境绩效的改善作用在融资约束较高的组别中更加显著（对高融资约束组影响系数为 8.968，对低融资约束组的影响系数是 3.491，且均在 1% 的水平下显著；Suest 检验结果为：Chi2（1）=13.89、Prob > Chi2 =0.0003）。这意味着，在企业融资境遇得到改善以后，企业有较为充裕的资金流可以为进一步的清洁生产、研发投入以及设备升级提供资金支持，从而改善环境绩效。

除此之外，数字金融还具有显著的降成本作用，可以降低融资成本，增加企业可用资金、缓解企业经营负担。Panel B 是数字金融与企业环境绩效关于融资成本关系的检验结果，在这里我们用利息支出占总负债的比例来衡量企业融资成本。结果表明，数字金融的“降成本”作用更加明显（传统金融的回归系数为 -0.002，而数字金融系数为 -0.029）。此外，数字金融对企业环境绩效的改善效果在融资成本较高的样本中更加显著（对高融资成本组影响系数为 9.178，对低融资成本组的影响系数为 2.697，且均在 1% 水平下显著；Suest 检验结果为：Chi2（1）=15.12，Prob > Chi2 = 0.0000）。在资源有限的情况下，企业财务费用的降低意味着可用资金的增加，这在一定程度上能够减轻经营负担，为企业后续开展节能环保的绿色生产活动提供动力。

通常情况下，企业杠杆水平越高，资金链条越发趋紧，企业无法承担周期长、高风险的巨额投资项目，这在一定程度上会影响企业的绿色转型成本承担能力。Panel C 是数字金融与企业环境绩效关于杠杆水平关系的检验。结果显示，传统金融和数字金融均起到了显著的去杠杆作用，但数字金融的去杠杆效果更加明显（数字金融的回归系数是 -0.221，而传统金融的回归系数仅为 -0.015）。此外，我们进一步验证了数字金融对企业环境绩效的改善作用在杠杆率较高的组别中更加有效（对高杠杆率组影响系数为 10.077，对低杠杆率组的影响系数是 2.338；Suest 检验结果为：Chi2（1）=33.19、Prob >

Chi2 =0.0000）。因此，数字金融的去杠杆效应有益于企业绿色转型。尤其是数字金融的发展能够帮助企业提升资金管理水平，降低企业杠杆需求，为实体经济长期稳健发展产生明显裨益（见表5）。

表5　数字金融、企业财务状况与环境绩效

PanelA 企业融资约束	（1）KZ	（2）KZ	（3）lnCEP High constraint	（4）lnCEP High constraint
L. TFI	-0.042 （-0.850）			
L. DFI		-0.739 *** （-4.297）	8.968 *** （8.210）	3.491 *** （3.297）
Suest 检验	60.08 ***		13.89 ***	
N	11626	11724	6174	5949
R^2	0.295	0.297	0.432	0.518
adj · R^2	0.293	0.295	0.428	0.515
PanelB 企业融资成本	（1）DFC	（2）DFC	（3）lnCEP high cost	（4）lnCEP low cost
L. TFI	-0.002 *** （-2.764）			
L. DFI		-0.029 *** （-2.983）	9.178 *** （8.624）	2.697 ** （2.494）
Suest 检验	6.74 ***		15.12 ***	
N	11448	11544	6536	5560
R^2	0.016	0.017	0.462	0.491
adj · R^2	0.013	0.014	0.459	0.488
PanelC 企业资产负债率	（1）Lev	（2）Lev	（3）lnCEP High leverage	（4）lnCEP low leverage
L. TFI	-0.015 ** （-2.533）			
L. DFI		-0.221 *** （-10.551）	10.077 *** （8.768）	2.338 ** （2.360）
Suest 检验	59.97 ***		33.19 ***	
N	11998	12096	6265	5831
R^2	0.44	0.444	0.422	0.544
adj · R^2	0.438	0.443	0.419	0.541

由此可知，数字金融通过提升企业全要素生产率和帮助企业解决财务困境，从而有效改善企业环境绩效。一方面，通常企业较高的生产率水平往往伴随着更高的附加值和利润率，因此企业更能够负担起高额的技术创新成本，加大研发投入。另一方面，数字金融帮助企业减负去杠杆，为企业生产效率的提高以及设备升级提供更加稳健的资金基础，增强企业绿色转型的成本承担能力，这最终也会影响企业的环境绩效。

六、结论与政策建议

（一）研究结论

移动支付、网络借贷、数字保险和线上投资等新型金融模式在中国得以快速发展，这些新兴的金融服务业态不仅深刻地改变了人们的生产生活方式，还对整个中国经济的发展质量和运行效率产生深远影响。本文就数字金融如何为企业绿色发展赋能问题展开探讨，结合北京大学数字金融研究中心编制的数字金融指数与微观企业数据库，考察数字金融对企业环境绩效的影响以及其中的路径机制。研究表明，数字金融会显著提升企业环境绩效，并且数字金融的绿色驱动效应在长时间序列上都稳健成立。影响路径检验表明，数字金融显著提高了企业全要素生产率，帮助企业解决财务困境，从而显著提高企业环境绩效。区别于传统金融，数字金融对企业环境绩效、企业全要素生产率以及减负去杠杆的促进作用都要更加明显，这凸显了数字金融在驱动企业经济发展质量上的绝对优势地位。

（二）政策启示

结合以上结论，本文可以得到如下启示：

首先，数字金融能够成为推动企业经济绿色发展的新动能，国家及政策制定者应当加大对数字金融的建设投资力度。特别要加快构建数字中国，开发完善大数据、区块链以及人工智能等金融科技技术，助力数字金融服务的深化发展，进一步巩固数字金融对企业绿色发展带来的红利优势。同时，充分给予科技创新与金融发展深度融合的支持政策，鼓励企业以及金融机构进行数字创新，推动数字资源在金融市场的高效流动，为数字金融赋能企业绿色发展提供制度保障。

其次，数字金融提高企业全要素生产率、帮助企业解决财务困境，从而对企业绿色发展带来内生增长动力的路径机制，证明了“数字中国”“科技兴国”能够赋能企业经济绿色、高质量发展。同时，也意味着为了更好地驱动企业进行绿色创新、提高生产效率，资金的可获得性和融资成本对企业来说尤其重要。这就需要金融机构制定更为便捷、价格更为优惠的特色金融服务产品，鼓励构建多元化的金融生态，继续延伸数字金融的可触达范围。

最后，数字金融较传统金融对企业环境绩效、企业全要素生产率以及减负去杠杆的促进作用都要更加明显。因此，传统金融机构应当顺应数字金融发展趋势，拥抱数字技术，充分将金融资源下发到助力实体经济的深度发展中，对那些具有强烈融资需求且创新能力优质的企业给予更多的资金支持。重视数字技术带来的金融变革，提升资金配置效率，改善金融配置结构，尽力破解传统金融市场中存在的道德风险与逆向选择难题，着重构建公开、透明、高效的金融服务平台。

课题组组长：黄伟

课题组成员：黄春玲、王志民、吴晓明、周翊、彭诗璐

碳中和背景下我国商业银行环境风险监测体系研究

中国人民银行宜春市中心支行课题组

一、引言

2030 年前实现碳排放达峰、2060 年前实现碳中和，是以习近平同志为核心的党中央作出的重大战略决策。随着全球气候与环境风险的日益显现，金融机构面临的环境风险①也不断提升。2021 年 3 月 20 日，中国人民银行行长易纲在中国发展高层论坛上指出："绿色转型可能使高碳排放的资产价值下跌，影响企业和金融机构的资产质量。"可见，发展低碳经济，不仅能推动产业转型升级，而且将给商业银行风险防控带来重大影响。厘清环境风险来源，分析环境风险传导机制，构建环境风险监测体系，具有较强的现实意义。一方面，商业银行可以通过环境风险监测体系实时监测因环境因素变动引发的风险，对风险进行及时处理，防止风险蔓延；另一方面，金融监管部门可以根据商业银行环境风险监测的结果，较好地掌握环境风险的变动情况，判断和检验现有绿色金融政策效果，并不断进行优化和完善。

目前学术界和银行界已对环境风险评估和监测展开了大量的研究，也尝试构建了环境风险监测框架，但从总体上看，关于环境风险评估的多，关于环境风险日常监测的少，关于高污染行业的环境风险评估和监测较多，关于

① 本文的环境风险是指因环境因素或环境保护相关政策的变化而给商业银行带来的直接或者间接风险。

全行业的环境风险评估和监测较少。鉴于此，本文试图构建商业银行环境风险日常监测体系，弥补学术界这方面的不足。那么，到底环境风险是如何传导至商业银行的？商业银行应该如何识别和判断环境风险呢？又该如何实现对环境风险的日常监测呢？这些都是本文需要探索的问题。

本文立足于商业银行视角，在分析环境风险传导渠道的基础上，从企业端选取监测指标，包括企业环境风险应对、灾损类环境风险和转型类环境风险三个维度。本文的创新性主要体现在两个方面：一是指标选取角度新。考虑到环境风险是从企业端传导到商业银行，本文重点从企业端选取监测指标，补强我国环境风险分析的“短板”。二是研究方法科学。本文在确定指标权重时，不仅考虑了指标间的线性关系，而且对非线性关系也进行了处理，引入了个别指标的二次项。此外，为验证环境风险监测指标体系的适用性，本文分结构进行了检验，确保了指标体系的客观性和科学性。

二、文献综述

（一）环境风险的定义及类型

关于环境风险的定义，刘勇（2007）、徐凌鸿（2014）认为，商业银行的环境风险就是特指由环境问题而引发的高污染企业还贷风险、银行承担污染连带责任风险、第三方要求损害赔偿的法律风险和声誉风险与不适应新的环境要求而失去市场份额的风险。谭培（2019）认为，商业银行环境风险是指因为国家更改和修订环境保护相关的规章制度和法律政策，或者因企业在生产和经营过程中因不环保的行为无力偿还贷款，从而给商业银行带来巨大损失的经济风险。马骏（2020）认为，商业银行的环境风险泛指气候变化所导致的风险和非气候领域的环境因素（如空气污染、水污染、土壤污染等）所导致的风险。本文拟采用马骏的定义对环境风险展开研究。综合来看，因环境因素或环境保护相关政策的变化而给商业银行带来的直接或者间接风险就是环境风险。

关于环境风险的分类，徐凌鸿（2014）将环境风险分为直接风险、间接风险和声誉风险，其中直接风险是指企业的贷款违约风险，间接风险是指银行因为客户而可能支付的治污、赔偿和诉讼风险，声誉风险是指银行为对应的企业所引起的环境问题承担声誉风险。刘霞（2015）将环境风险分为运营风险与抵押品风险，运营风险是指因环境问题而导致借款企业遭受经济损失，从而无力偿还贷款；抵押品风险是指因环境问题而导致抵押品贬值，当出现因借款人违约而需要将抵押品进行处置变现的情形时，银行贷款债权将遭受损失。郭琪旭（2014）、林韵嘉（2018）、谭培（2019）均认为，环境风险主要可分为以下三种：因贷款企业无法达到环保部门的规定要求无法按时偿还贷款而导致银行资产受损的信用风险、因违反监管要求而面临的法律诉讼和受到监管机构的相应处罚所带来的法律风险和因商业银行向污染企业发放贷款而带来名誉损失的声誉风险。马骏（2020）和王信（2020）认为，环境风险可以分为物理风险和转型风险，物理风险包括各种与环境和气候相关的自然灾害和事件，转型风险一般是由于政府政策和技术等人为因素导致的与环境相关的变化。由于本文重点探讨的是环境因素或环境保护政策的变动给商业银行带来的风险，本文结合马骏（2020）关于环境风险的分类，将环境风险分为灾损类环境风险和转型类环境风险。

（二）关于环境风险评估的研究

环境风险评估是指采用压力测试和情景分析、环境风险评级等评估方法，对某一时段环境风险进行量化分析，目前学术界主流的方法有以下两种。

一是压力测试和情景分析。中国工商银行环境因素压力测试课题组（2016）选择火电、水泥等主要污染行业作为研究对象，首次使用压力测试评估环境因素变化对银行信用风险的影响。苏州农商银行环境因素压力测试课题组（2020）基于纺织行业构建了环境风险压力传导路径，量化分析、识别不同压力情景下的潜在环境风险。鲁政委、方琦和钱立华（2021）认为，气候与环境风险的独特性与情景分析和压力测试方法的适用情境十分吻合，通过构建气候和环境风险传导模型，以评估气候与环境风险如何传导至金融机构。中央财经大学绿色金融国际研究院发布“基金与保险资产管理业环境压力测试方法”学术成果，模拟分析未来可能发生的环境和气候事件等环境压力情景下资产组合中股票、债券、股权的价值变动，从而为资管业提供决策依据。

二是环境风险评级或评分。常杪、任昊和李冬溦（2010）基于钢铁行业，从企业环境违法风险检查、环境风险控制重点行业识别、企业环境管理能力检查、重点鼓励发展技术识别、重点行业环境风险评估五个方面构建环境风险评估体系，采用环境风险评级的方法对企业的环境表现进行识别，并根据评级结果对不同级别的企业采用差异化信贷政策。和讯网社会责任评分系统从股东回报、员工关爱、消费者权益、环境保护以及公益社会责任五个方面评价上市公司的社会责任履行情况。标准普尔、穆迪公司等机构开发了环境、社会和公司治理（ESG）评估方法，即在现行的法律法规制度下考察企业的ESG表现与财务表现之间的关系。

（三）关于环境风险监测体系的研究

环境风险监测是指采用某一框架体系定期对环境风险进行监测。目前，国内外环境风险监测体系主要有两类：商业银行自主实践和学术界的研究探索。商业银行的自主实践主要是国外以花旗银行为代表的赤道原则、国内以工商银行和兴业银行为代表的环境风险监测（见表1）。从表1中可以看出，无论是国内银行还是国外银行，商业银行环境风险监测多是从定性角度进行的，如环境风险管理措施、信息披露、相关影响等；从监测对象来看，花旗银行主要针对的是贷款项目，重点监测的是贷款项目对环境和社会的影响，而工商银行、兴业银行针对的是银行本身进行环境风险评估，重点监测的是商业银行管理环境风险的政策和措施。

表1　国内外商业银行环境风险监测指标体系

金融机构	环境风险监测指标
花旗银行（赤道原则）	A类：（1）对地方社区有重大影响（比如土地征用、非自愿迁移、土著居民等）；（2）对生物多样性和自然栖息地有重大影响；（3）对文化遗产有重大影响；（4）多种多样的实质性影响
	B类：（1）潜在的影响没有A类项目那样严重；（2）潜在负面影响只覆盖本地区，可以制定出合理措施防治和控制污染
	C类：对社会或环境只造成最小程度的影响或没有影响

续表

金融机构	环境风险监测指标
工商银行、兴业银行环境风险监测指标	环境信息披露情况（10%）
	制定环境相关政策（15%）
	实施环境相关措施（10%）
	环境专责部门设置（15%）
	限制“两高”贷款情况（20%）
	环保贷款情况（20%）
	加入国际环保准则（10%）

资料来源：根据中国知网数据整理。

学术界关于环境风险监测指标体系的探索较少，从现有体系来看（见表2），一类是从贷款项目端进行监测，如符森、谭小波（2011）关于钢铁行业环境风险监测体系的探讨，包括定量指标和定性指标，重点关注的是项目对自然环境和社会环境的影响，而没考虑项目在应对环境风险时所采取的措施。另一类是从商业银行端进行监测，重点关注的是商业银行是如何从政策和方法上管理环境风险的。

表2　学术界环境风险监测指标体系

文献	一级指标	二级指标
符森、谭小波（2011）（主要针对钢铁行业）	A 自然环境类	土地利用指标
		生物多样性指标
		污染物排放
		资源与能源消耗
	B 社会环境类	政策与法规指标
		社区健康与安全
		工作环境
		当地社区交流
刘霞（2016）（环境与社会风险监测 ESRM）	A 政策框架	政策范围
		组织架构
		产品覆盖
		涵盖因素

续表

文献	一级指标	二级指标
刘霞（2016）（环境与社会风险监测 ESRM）	B 实施方法	评估优先级
		实施工具
		评估流程
	C 管理体系	管理政策
		监督政策
		信息披露
		反馈机制

资料来源：根据中国知网数据整理。

（四）综合评述

综上所述，学术界已经逐渐意识到环境风险评估和监测的重要性，展开了大量的研究，但依然存在以下不足。一是研究范围较窄。现有文献多是探讨高污染行业的环境风险评估，而缺乏全行业环境风险监测分析。二是研究方法单一。多数文献采用定性的方法对环境风险评估和监测进行分析，即使是定量分析，一般均采用压力测试和情景分析的方法测试商业银行的风险承受能力，侧重于环境风险的评估，而缺乏对企业环境风险的日常监测。三是研究角度较少。目前在构建环境风险监测指标体系时，多数研究或实践是从银行端或贷款企业/项目对社会经济的影响方面选取指标，而对企业/项目应对环境风险能力、环境风险来源方面的关注太少。鉴于此，本文立足于商业银行视角，研究和探讨环境风险的日常监测体系，弥补环境风险监测研究方面的不足。

三、环境风险传导渠道分析

当环境因素或环境保护相关政策发生变化时，一方面，企业的财务支出（包括环保投入、污染治理支出、技术改造支出、保险支出等）、环保处罚金额等增加，给企业经营带来直接影响，资金压力增大，影响第一还款来源，银行的资产质量受到冲击。另一方面，企业资产价值、抵押物价值将受到明显侵蚀，高碳企业资产面临搁浅风险，影响第二还款来源，银行的资产质量也会受到冲击。环境因素或环境保护相关政策的变化给商业银行带来的这类风险就是环境风险，也是环境因素变动转化为商业银行环境风险的过程，即环境因素变动—企业—商业银行。本文结合马骏（2020）对环境风险的分类，将从灾损类环境风险和转型类环境风险两方面来研究环境风险的传导渠道。

（一）灾损类环境风险传导过程

灾损类环境风险是指气候变化、自然灾害、环保事故等相关事件通过影响贷款主体财务状况、抵押物价值以及银行贷款违约情况，对银行资产质量造成冲击的风险。

灾损类环境风险传导渠道主要有三条。一是资金周转渠道。灾损类环境风险能够造成企业财务支出增加，可用资金减少，利润空间收窄；同时，银行在对市场和企业进行重新评估后，可能会降低企业的可贷额度，企业的外部融资渠道受阻，两者均会使企业资金周转能力下降，银行面临的环境风险增大。二是抵押物渠道。自然灾害会破坏企业的固定资产、存货资产等，增加银行的潜在损失。三是供应链渠道。自然灾害等极端天气的发生，会使物流网络中断，企业与产业链上下游的原材料、产品运输受到影响，这不仅会影响产业链上产品的流通，而且会影响资金的流动，整条产业链的资金周转压力增大，企业还款能力下降，银行面临的环境风险也随之增大。灾损类环境风险传导过程具体见图 1。

（二）转型类环境风险传导过程

转型类环境风险是指在低碳转型过程中，由于环保政策、标准、技术、法律等人为因素的变动给贷款主体生产经营、资产及资金情况带来影响，进而给银行资产质量带来冲击的风险。

转型类环境风险传导渠道主要有三条。一是资产减值渠道。经济向低碳经济转型的过程中，尤其是“30・60”目标提出后，煤炭、石油等传统高碳行业将会受到巨大冲击，其资产和企业价值下降，从而给为其提供信贷支持

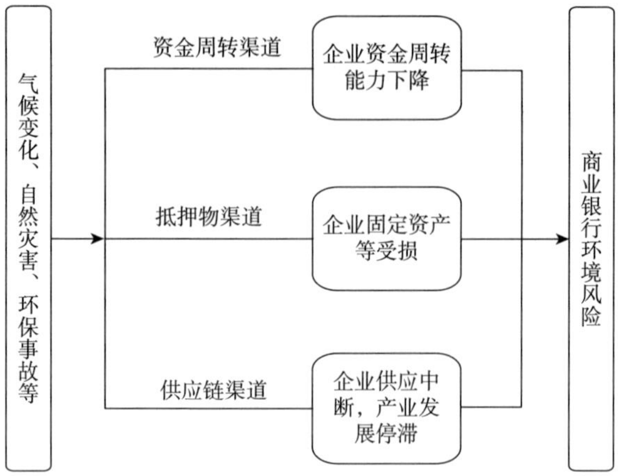

图 1　灾损类环境风险传导过程

的商业银行带来风险。二是技术改造渠道。随着环保标准的提高和清洁能源技术的更新迭代，低碳企业研发投入和环保支出不断增大，给企业资金周转带来压力；高碳企业由于技术落后而被替代，甚至退出市场，这些都将影响银行的信贷质量。三是流动性渠道。环保执法力度的加大、环保税的征收和提高，将增加企业的罚款、治污费用等财务支出，带来直接和间接的经济损失，利润空间受到挤压，影响传统能源企业从商业银行进一步获得融资的能力，最终形成恶性循环，可能导致传统能源企业的风险集中爆发（见图 2）。

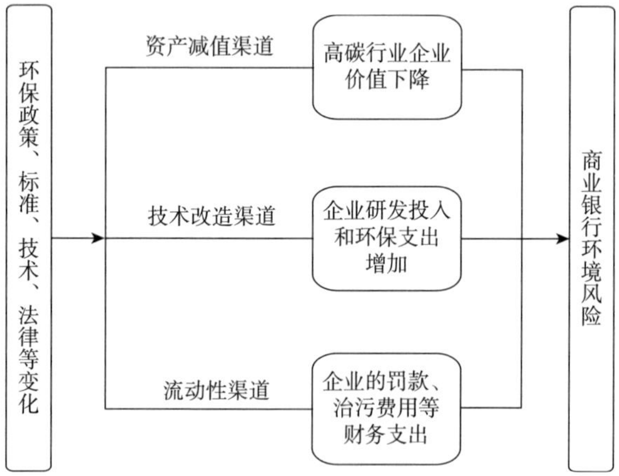

图 2　转型类环境风险传导过程

四、商业银行环境风险监测体系构建

（一）基础指标选择

考虑到环境因素的变动是从企业端传导到商业银行，因此，在构建商业银行环境风险监测体系时，本文从企业端入手，从企业环境风险应对能力、灾损类环境风险、转型类环境风险三个方面选取了21项基础指标构建了环境风险监测三级指标体系（见表3）。构建原则：一是科学性原则，分析灾损类环境风险和转型类环境风险，并将企业环境风险应对能力纳入监测体系，全面科学评估商业银行面临的环境风险大小；二是代表性原则，立足于国内外现有的理论与实践，选取能代表商业银行环境风险大小及企业环境风险应对能力的指标，突出指标的全面性和客观性；三是实用性原则，首先要数据可得，降低数据获取成本，避免指标体系难以在实践中应用的局限性，其次对于不同行业都应具有普遍适用性。

表3　环境风险监测指标体系

一级指标	二级指标	三级指标	指标计算方法	指标方向
企业环境风险应对能力	财务状况	净资产收益率	净利润/平均净资产	负向
		资产负债率	总负债/总资产	负向
		总资产增长率	（本年总资产－上年总资产）/上年总资产	负向
	外部融资	银行贷款增长率	（本年银行贷款余额－上年银行贷款余额）/上年银行贷款余额	负向
		股票、债券等直接融资增长率	（本年直接融资总量－上年直接融资总量）/上年直接融资总量	负向
		贷款利率	企业贷款利率	正向
	环境风险管理	是否存在控制污染、环保的管理岗位或部门	“是”赋值为1，“否”赋值为0	负向
		管理者薪酬是否与环境业绩有关	“是”赋值为1，“否”赋值为0	负向

续表

一级指标	二级指标	三级指标	指标计算方法	指标方向
企业环境风险应对能力	环境风险管理	环保设施是否正常运行	“是”赋值为1，“否”赋值为0	负向
		是否具有排污许可证	“是”赋值为1，“否”赋值为0	负向
		在工厂或整个企业是否执行了ISO 14001标准	“是”赋值为1，“否”赋值为0	负向
		是否与上下游签订了有关环保的条款	“是”赋值为1，“否”赋值为0	负向
		环境信息是否披露	“是”赋值为1，“否”赋值为0	负向
灾损类环境风险	保险支出	环境类保险支出二次项	环境类保险支出是指企业自然灾害类保险保费支出、环境污染责任险保费支出和抵押物财产保险保费支出之和	正向
		环境类保险支出一次项		负向
转型类环境风险	环保支出	环保改造投入	企业每年环保改造的投入	正向
		环保税支出	企业每年环保税支出金额	正向
		污染物处理支出	企业每年处理污染物支出	正向
		资源与能源消耗	企业每年用水、电、煤及天然气总支出（以金额计算）	正向
	环保绩效	污染物排放	企业每年二氧化碳、二氧化硫、氮氧化物、颗粒物等总排放量（t/a）	正向
	环保处罚	环保处罚次数	企业每年受到环保处罚的次数	正向
		环保处罚金额	企业环保处罚总金额	正向

资料来源：根据Wind数据整理。

从环境风险应对来看，企业既要有充足的资金，又要有较高的环境风险管理能力来应对环境因素的变动。因此，本文选取了财务状况、外部融资、环境风险管理三个二级指标。财务状况越好、外部融资越顺畅、环境风险管理能力越强，则企业环境风险应对能力越强，商业银行面临的环境风险也越小。

从灾损类环境风险来看，从前文的分析中可知，灾损类环境风险传导主要有资金周转渠道、抵押物渠道和供应链渠道，但由于灾损类环境风险发生的概率较低，无法从资产损失、资金周转等方面对其进行衡量，因此，本文用企业环境类保险支出来衡量灾损类环境风险。对于商业银行而言，企业保险支出越多，灾害或事故后的保障越多，环境风险也越小；但当企业保险支出超出一定限度时，支出的增加一方面会通过财务状况影响企业经营，另一方面表明企业灾损类环境风险太大以至于要买过多的保险。因此，鉴于保险支出与环境风险存在这种非线性关系，本文在监测指标体系中加入保险支出的平方项，用环境类保险支出的平方项和环境类保险支出的一次项表示灾损类环境风险。当保险支出小于一定程度时，商业银行面临的环境风险随保险支出的增加而减少，当保险支出大于一定程度时，商业银行面临的环境风险随保险支出的增加而增大。数值表现为保险支出平方项为正向指标，保险支出一次项为负向指标。

从转型类环境风险来看，转型类环境风险传导主要有资产减值渠道、技术改造渠道和流动性渠道，当转型类环境风险越大时，企业环保设施改造支出、污染物排放、罚款支出等越大，因此本文用环保支出、环保绩效以及环保处罚反映转型类环境风险。若此三类指标越高，说明企业的环保成本较高，要实现低碳转型面临的转型类环境风险就越高，商业银行面临的环境风险也越高。

（二）监测体系构建

1. 数据来源及处理

考虑数据的可得性，本文选取了两类样本，一类是宜春市近五年来受过环保处罚的企业，共 78 家；另一类是宜春市工业和服务业景气系统中的 56 家监测企业（剔除与第一类重复的企业），共计 134 家样本企业。本文通过问卷调查的方式，收集样本企业 2017—2020 年的监测指标数据。为消除某些年份异常值波动的影响，本文采用各项指标 2018—2020 年的三年平均值进行实证分析。

2. 构建方法选择

在现有的指标体系评价方法中，对基础指标进行赋权较为常用的主要有四类：第一类为因子分析和主成分分析法，主要是根据数据信息浓缩原理测算指标权重，未考虑数据自身反映出的真实信息。第二类是 AHP 层次法和优序列图法，主要是根据数据的重要性程度进行权重计算，通常需要专家结合自身判断对指标的重要性进行评分，为主观赋权法。第三类为 CRITIC 法、独立性权重和信息量权重，主要是根据数据的波动性或相关关系进行权重计算。第四类为熵值法，采用数据信息量大小进行权重计算。相较于其他方法，熵值法属于一种客观赋值法，目前已广泛应用于各个领域，适用性较高。考虑到本文的数据特性，选用熵值法进行指标体系权重测算。

3. 构建过程

（1）无量纲化处理。为确保数据的可比性，本文采用极值法对指标进行归一化处理，消除因数据单位或属性带来的指标差异。具体处理公式见式（1）、式（2）。

正向指标：

$$X'_{ij} = \frac{X_{ij} - \min\{X_{ij}, \cdots, X_{nj}\}}{\max\{X_{ij}, \cdots, X_{nj}\} - \min\{X_{ij}, \cdots, X_{nj}\}} \tag{1}$$

负向指标：

$$X'_{ij} = \frac{\max\{X_{ij}, \cdots, X_{nj}\} - X_{ij}}{\max\{X_{ij}, \cdots, X_{nj}\} - \min\{X_{ij}, \cdots, X_{nj}\}} \tag{2}$$

式中，X'_{ij} 为第 i 家企业第 j 项指标无量纲化处理后的数值，$\max\{X_{ij}, \cdots, X_{nj}\}$ 和 $\min\{X_{ij}, \cdots, X_{nj}\}$ 为全部企业第 j 项指标的最大值和最小值。由于熵值法要求指标均为正值，因此本文采用数据的平移处理来消除负值或零值指标，将平移后的指标记为 X'_{ij}，则 $X''_{ij} = X'_{ij} + v$，其中 v 设为 0.000001。

（2）指标熵值及权重计算。先将无量纲化处理后的数据代入式（3）中，计算第 j 项指标下第 i 个样本对象的贡献度 Y_{ij}；然后基于贡献度计算第 j 项指标的熵值 e_j ［见式（4）］；再次，计算第 j 项指标的差异系数 d_j ［见式（5）］；最后，计算评价指标的权重 W_j ［见式（6）］。

$$Y_{ij} = \frac{X''_{ij}}{\sum_{i=1}^{m} X''_{ij}} \tag{3}$$

$$e_j = -k \sum_{i=1}^{m} (Y_{ij} \times \ln Y_{ij}) \tag{4}$$

$$d_j = 1 - e_j \tag{5}$$

$$W_j = d_j / \sum_{j=1}^{n} d_j \tag{6}$$

其中，$k = 1/\ln(m)$，m 为样本数量。

（3）综合评价得分计算。

$$S_{ij} = W_j \times X''_{ij} \tag{7}$$

4. 结果分析

最终测算出商业银行环境风险监测体系各指标的权重如表 4 所示。

表 4　环境风险监测指标体系权重

一级指标	二级指标	三级指标	三级指标权重
企业环境风险应对能力（35.87%）	财务状况（0.24%）	净资产收益率	0.15%
		资产负债率	0.05%
		总资产增长率	0.03%
	外部融资（1.06%）	银行贷款	0.05%
		股票、债券等直接融资	0.03%
		贷款利率	0.98%
	环境风险管理（34.57%）	是否存在控制污染、环保的管理岗位或部门	5.91%
		管理者薪酬是否与环境业绩有关	3.04%
		环保设施是否正常运行	9.32%
		是否具有排污许可证	6.48%
		在工厂或整个企业是否执行了 ISO 14001 标准	3.66%
		是否与上下游签订了有关环保的条款	2.35%
		环境信息是否披露	3.81%
灾损类环境风险（5.73%）	环境类保险支出（5.73%）	环境类保险支出一次项	5.68%
		环境类保险支出平方项	0.05%
转型类环境风险（58.40%）	环保支出（41.19%）	环保改造投入	7.29%
		环保税支出	14.45%
		污染物处理支出	8.65%
		资源与能源消耗	10.81%
	环保绩效（7.93%）	污染物排放	7.93%
	环保处罚（9.28%）	环保处罚次数	3.23%
		环保处罚金额	6.05%

资料来源：根据 Wind 数据整理。

从表4可以看出，企业端指标能够很好地反映商业银行面临的环境风险大小。其中，转型类环境风险是商业银行面临最大环境风险，其次是企业环境风险应对能力和灾损类环境风险。随着碳达峰、碳中和进程的推进，环保标准、要求提高，环保处罚力度加大，低碳经济转型已上升至国家战略高度，转型类环境风险进而成为环境风险之最。

从影响转型类环境风险的指标来看，环保税支出占比最高，其中，资源与能源消耗、污染物处理支出影响最大。环保税主要是对企业排放的污染物征税，其数值越高，反映的是企业排污越多，风险也越大，污染物处理支出也是类似的逻辑。而资源与能源消耗高的企业转型类环境风险也较大。

从影响灾损类环境风险的指标来看，企业环境类保险支出二次项的系数为0.05%，一次项的系数为5.68%，表明当企业环境类保险支出的无量纲化值小于56.8时，商业银行环境风险随保险支出的增加而减少，当企业环境类保险支出的无量纲化值大于56.8时，商业银行环境风险随保险支出的增加而增大。从现有的样本来看，企业环境类保险支出无量纲化的均值为0.0068，尚处于前一阶段，即保险支出越大，商业银行面临的环境风险越小，这与我国巨灾类保险市场发展缓慢有关。

从影响企业环境风险应对能力的指标来看，环境风险管理能力是企业应对环境风险的关键所在，其中，环保设施的运转情况、排污情况和环保专岗情况是反映企业环境风险管理能力的最重要的指标。可见，要想降低环境风险，商业银行应当督促企业提高对环境保护的重视程度和加强环境的日常管理。

（三）监测体系的适用性分析

为进一步测试环境风险监测指标体系的适用性，本文对现有样本进行了三组比较：一是对环保处罚金额高[①]的企业组和环保处罚金额低的企业组测算

① 环保处罚金额的高低划分：环保处罚金额高于样本平均值的企业为环保处罚金额高组；环保处罚金额低于样本平均值的企业为环保处罚金额低组。

出的商业银行环境风险进行比较；二是对高碳企业①组和非高碳企业组测算出的商业银行环境风险进行比较；三是对2018—2020年每年商业银行环境风险进行比较。具体比较结果见表5。

表5　环境风险分组比较

分组		商业银行环境风险评分	其中：环境风险应对能力②	其中：灾损类环境风险	其中：转型类环境风险
环保处罚金额高低	环保处罚金额高的企业组	0.0157	0.0028	0.0011	0.0118
	环保处罚金额低的企业组	0.0067	0.0029	0.0003	0.0022
是否高碳企业	高碳企业组	0.0115	0.0022	0.0005	0.0089
	非高碳企业组	0.0057	0.0029	0.0004	0.0024
时序分析	2018年	0.4937	0.3161	0.0100	0.1675
	2019年	0.3030	0.0420	0.0470	0.2140
	2020年	0.2034	0.0006	0.0003	0.2024

资料来源：根据Wind数据整理。

一是受转型类环境风险大的影响，环保处罚金额高的企业给商业银行带来的环境风险高于环保处罚金额低的企业。从表5可以看出，环保处罚金额高的企业组环境风险评分为0.0157，较环保处罚金额低的企业组高出0.009。其中，环保处罚金额高的企业组转型类环境风险评分占比达75.16%，分值较环保处罚金额低的企业组高出0.0096，为二者差值的主要贡献点。环保要求和标准的提高，被环保处罚的企业不断增加，且金额不断扩大，越是受过环保处罚的企业，为对冲环境风险的支出越大，转型类环境风险也越大。

二是高碳企业组给商业银行带来的环境风险高于非高碳企业组，且高碳

① 高碳企业是指高污染、高耗能企业，包括煤炭开采和洗选业，石油和天然气开采业，黑色金属矿采选业，有色金属矿采选业，非金属矿采选业，造纸和纸制品业，石油、煤炭及其他燃料加工业，化学原料和化学制品制造业，化学纤维制造业，橡胶和塑料制品业，非金属矿物制品业，黑色金属冶炼和压延加工业，有色金属冶炼和压延加工业，金属制品业，电力、热力、燃气及水生产和供应业。

② 由于环境风险应对能力是负向指标，所以当环境风险应对能力评分值越高时，企业环境风险应对能力越差。

企业的环境风险应对能力高于非高碳企业。从表5可以看出，高碳企业组环境风险评分为0.0115，较非高碳企业组高出0.0058。其中，高碳企业的环境风险应对能力评分为0.0022，低于非高碳企业0.0007，表明高碳企业的环境风险应对能力高于非高碳企业。这主要是因为随着低碳经济转型进程的加速，环保部门对于高碳、高污染企业提出了更高的要求，强制其披露环境信息，环保设施标准不断提高，排污许可证也必须具备，甚至对其内部环境风险的应急机制提出了要求，因此，从我们选取的指标体系来看，高碳企业的环境风险应对能力要高于非高碳企业。

三是随着企业环境风险应对能力的加强，近年来商业银行环境风险有不断降低的趋势。从表5可以看出，2018—2020年，商业银行环境风险评分分别为0.4937、0.3030和0.2034，呈逐年下降趋势。分结构来看，降幅最大的是企业环境风险应对能力的得分，从2018年的0.3161下降至2020年的0.0006，由于企业环境风险应对能力与环境风险评分是反向指标，因此这表明企业环境风险应对能力在逐年提高。近年来，低碳经济转型和绿色金融发展已上升为国家战略层面，企业绿色意识不断增强，对环境保护和环保设施改造的力度不断加大，环境管理能力不断提升，应对和防范环境风险的能力也不断增强，商业银行面临的环境风险也不断下降。

五、结论与政策建议

（一）结论

为有效识别、量化和管理环境风险、推动碳中和目标实现的同时更好地防范和化解金融风险，本文根据环境因素变动—企业—商业银行传导链条，立足于商业银行视角，从企业端的环境风险应对、灾损类环境风险、转型类环境风险三个维度，运用熵值法构建了环境风险监测指标体系。同时，从环保处罚金额高低、是不是高碳企业、不同时间段三个组别对监测指标体系的适用性进行了验证。研究结果表明：一是企业端指标能够很好地反映商业银行面临的环境风险大小。其中，企业转型类环境风险是商业银行面临的最大环境风险，尤其需要关注企业环保税支出、资源与能源消耗、污染物处理支出。二是企业环境风险应对能力对商业银行环境风险的影响仅次于转型类环境风险，重点需要关注企业环境风险管理，包括环保设施的运转情况、排污情况和环保专岗情况。三是企业保险支出与商业银行环境风险呈非线性关系，当保险支出小于某一数值时，保险支出越大，商业银行环境风险越小，当保险支出大于某一数值时，保险支出越大，商业银行环境风险也越大。截至2021年初，我们正处于保险支出越大、商业银行环境风险越小的阶段。四是环保处罚金额高的企业给商业银行带来的环境风险高于环保处罚金额低的企业。五是高碳企业组给商业银行带来的环境风险高于非高碳企业组，且高碳企业的环境风险应对能力高于非高碳企业。六是近年来商业银行环境风险有不断降低的趋势。

（二）政策建议

基于构建的商业银行环境风险监测指标体系，本文提出以下政策建议。

一是要重点关注转型类环境风险。企业是环境风险的直接来源，对于监管部门而言，在监测环境风险时，不仅要对“两高一剩”行业贷款和绿色贷款的增速、占比、动向、成本、质量等进行监测，更重要的是要关注企业的环境风险，从源头上防范环境风险的扩散，尤其是碳中和背景下企业的转型类环境风险。定期收集绿色金融政策对企业转型的影响，检验政策效果，形成绿色金融政策的正反馈机制，并及时调整绿色金融政策工具的种类、力度和作用时间，提升金融服务实体经济的水平。对于商业银行而言，要及时学懂学透国家、省等各级部门出台的绿色产业和金融政策，及时向贷款企业宣传和解读，千方百计推动企业绿色转型。同时，既要关注“两高一剩”企业的环保支出、环保绩效、环保处罚等情况，也要关注低碳企业的环境风险管理、保险支出等情况。

二是要着力提升企业环境风险应对能力。从前文可以看出，在环境风险监测指标体系中，企业环境风险应对能力占比达35.87%，也是商业银行监测企业环境风险的重要一环。任何企业或实体不能忽视环境风险，都要提高应对环境风险的能力和水平，加大应对环境风险的投入。对于监管部门而言，应引导金融机构加大对企业环保改造升级的支持力度，降低绿色企业/项目的融资成本；同时，发展多层次资本市场，拓宽企业外部融资渠道，增强企业外部融资能力。对于商业银行来说，应通过贷前辅导和贷后管理，督促企业根据环保部门要求，规范生产流程，改良生产工艺，从源头上防范环境安全事故的发生，完善环境风险应急防控体系。同时，督促企业加强日常环境风险管理，对企业的环境安全隐患进行定期、定点的检查，提高安全保障能力。

三是商业银行应将环境风险监测贯穿于信贷管理全过程。商业银行应将环境因素纳入信贷管理的各流程中，对企业环境风险进行实时动态监测。在贷前调查阶段，银行在核查贷款对象生产经营和财务状况后，需要重点关注其环境风险应对能力，包括环境风险管理、外部融资、环保支出、保险支出、环保绩效、环保处罚等，对贷款对象潜在环境风险进行预判。在贷中审查阶段，银行需定期根据环境风险监测结果对贷款对象进行评级，将评级结果纳入贷款额度和利率的计算中，实时把控贷款对象的环境风险。在贷后管理阶段，银行要对环境条款的落实情况进行实时跟踪，同时要对贷款对象的环保支出、污染物排放、资源消耗、保险支出等变动情况进行实时监测，建立环境风险预警机制，做到风险早发现早处理。

课题组组长：艾兵

课题组成员：胡战勇、陈勇、江浩、彭珊（执笔）、袁霞（执笔）、丁飞（执笔）

地方金融发展对当地碳排放的影响探究

中国人民银行抚州市中心支行课题组

一、绪论

国际能源署相关资料显示，我国已成为全球最大的碳排放国家之一，但在人均碳排放量上，则远低于美国、澳大利亚等发达国家。随着世界各地的碳排放量持续不断地增加，全球生态环境和社会均遭受了不同程度的影响，因此，如何节能降碳成为全球当下迫切关注的一大问题。而对于我国来说，“双碳”目标既是作为大国主动肩负责任的体现，也是促进我国经济高质量发展的必由之路。

（一）研究背景与意义

我国作为碳排放大国之一，降低碳排放，走低碳经济道路是未来发展的主要方向。尤其是在2021年中央经济工作会议中，将“做好碳达峰、碳中和工作”作为当年的重点工作之一。从当前国内各地发展模式来看，污染较高的传统制造业依然是大部分地区经济发展的主要支柱之一。

金融作为经济发展的加速器，其发展能对社会经济中的碳减排起到良好的引导作用。比如，通过加大对节能减排行业的资金支持能促进低碳技术的发展，进而减少生产过程中的碳排放。但金融发展也会使企业获得更多融资，扩大企业的生产规模，金融资金独特的乘数效应使其在作用于低碳产业和技术的同时也会通过产业链向上下游作用于其他非低碳行业，进而使这些行业的碳排放增加。因此，研究如何增加金融对经济绿色低碳发展的正向刺激，防止金融政策的“大水漫灌”导致政策失效对政府部门而言具有十分重要的现实意义。

（二）相关文献综述

当前我国正处于经济发展和节能减排的关键时期，在“双碳”目标的规划下，如何发挥金融对经济发展的导向作用，顺利实现“30·60”目标成为近年来学术界广泛研究的议题。通过分类汇总，相关方面的研究结论主要分为以下几个类别。

1. 金融发展会减少碳排放

Katircioğlu 和 Taşpinar（2017）认为，短期内金融发展对碳排放的抑制作用十分有限，但从长期来看，金融发展的降碳效果的确明显存在，政府需要为碳减排设置一个长远的目标才能使金融政策的效用达到最大化。叶初升和叶琴（2019）研究发现，偏市场化的金融结构能够通过增强金融发展的创新机制来显著降低碳排放强度。何运信、许婷和钟立新（2020）从金融总量和金融结构两个角度出发对碳排放的作用效果进行研究，结果显示，两者能有效降低碳排放强度。

2. 金融发展会增加碳排放

张丽华、任佳丽和王睿（2017）通过把控金融发展指标进行横纵对比分析，得出：我国当前的金融发展还有较大的提升空间，金融资源并无法做到在支持对象间合理匹配，这也使得无论是不是低碳企业都会随着金融的支持而加速对外扩张，这样势必会增加整体的碳排放强度。赵军、刘春艳和李琛（2020）利用我国省域数据进行实证分析，得出我国的金融发展整体上增加了碳排放量。

3. 金融发展对碳排放存在非线性影响

有的学者指出，金融发展与碳排放二者间并非存在线性关系。如严成樑、李涛和兰伟（2016）在探究金融发展是如何影响碳排放的过程中发现，金融发展与碳排放之间并非简单的促进或抑制关系，而是存在先促进后抑制的倒“U”形关系。李寿国和宋宝东（2019）在对我国西部地区的碳排放和金融发展水平进行研究时也发现两者之间存在某种非线性关系。除此之外，还有部分学者从金融发展的不同维度来分析二者间的关系，发现金融发展指标的选择在很大程度上会影响二者间的关系。如彭智敏、向念和夏克郁（2018）以长江经济带城市群为样本来研究其金融发展水平和碳排放之间的关系，采用了金融规模和金融效率两大指标对金融发展进行量化研究，结果表明，对长江经济带城市而言，金融规模的扩大会先促进碳排放量增长之后再起抑制作用，二者呈倒“U”形关系，而金融效率的提升则能减少碳排放。汪中华和赵葆奇（2019）选取保险规模、信贷规模、金融规模和金融效率这四个指标分别作为门槛变量来考察金融发展与碳排放间的关系，发现随着保险规模的逐步扩大，碳排放会呈现先增后降的趋势而其他指标则与碳排放呈现负相关关系。

4. 文献评述

通过对以上文献的整理与分析，不难看出金融对碳排放的作用主要是以经济、产业和技术等作为介质来影响生产生活中的碳排放水平，但受研究视角和研究方法的区别影响，社会各界对金融发展与碳排放之间的关系也有着不同层面的理解，因此所得出的关于金融发展影响碳排放的结论也有所不同。

但现有研究仍存在如下两个方面的不足：第一，现有研究主要通过实证分析考察金融发展对二氧化碳排放的影响，理论模型方面的分析还不够深入。第二，大多数文献都是从国家层面剖析金融发展对碳排放的影响，较少考虑区域层面。而由于我国各区域经济增长的主要动能存在差异这也导致了金融支持的侧重也有所不同，因此各地的金融发展与碳排放之间的关系也可能存在差异，如果不将这些区域差异纳入研究范围之内势必导致研究结论与实际相脱节无法反映区域金融发展与碳排放的真实关系。

对此本文首先对金融发展对碳排放影响的相关文献进行梳理，并结合前人研究成果对两者作用机制进行更深入的理论分析与实证检验，在此基础上，以江西省为案例对当地金融发展及碳排放状况进行分析，并提出相应的对策建议。

二、金融发展对碳排放影响的相关理论基础

探究金融发展影响碳排放的理论路径是进行实证分析的前提条件，为更好地探究金融发展与碳排放之间的影响关系，本文先从概念上对这两者作了基本阐述，然后对碳排放的影响因素和金融的作用机制进行分析。

（一）金融发展与碳排放概念

碳排放一词源自温室气体排放，其主要成分为二氧化碳，该气体主要由煤炭、石油、天然气等化石能源燃烧产生。温室效应导致的全球温度上升其根源就在于碳排放增加。随着人们生活水平和个人素质的逐步提高，对生活环境的要求也随之而增长，对环境保护的呼声也越来越高，绿色低碳发展正成为全球的共同发展目标。尤其是在近两年来，随着我国“两山理论”思想和“碳达峰、碳中和”目标的提出，节能减排、生态发展正逐步成为各地的流行趋势。

金融发展是经济发展的加速器，金融发展有利于资金在市场上流通，通过激活闲置资金、杠杆配资为社会生产和经济发展提供强有力的保障，激发投资企业的活力。同时，金融发展还是有效调配社会资源的调节器，能促进社会资源合理化配置，通过引导资金扶持新兴产业，撤出不适应市场需求的企业，以达到产业结构调整转型的目的。金融发展对碳排放的影响也正是基于金融的调节器作用，不同的支持对象所产生的碳排放量也并不相同。

（二）金融发展与碳排放之间的经济联系

由环境库兹涅茨曲线可知，当一个国家的经济发展水平较低时，该国的环境污染程度也较小，但是随着经济发展水平的逐步提高，粗放的经济发展模式使之对环境的污染和破坏程度也随之而增加；然而当经济发展提高到一定水平之后，生产力的提高和技术进步使经济发展对环境的牺牲更少甚至可以通过节能减排等方式减少污染程度改善环境质量。

可见，高能耗的粗放式发展模式是初级经济发展的特征之一，低下的生产力注定要攫取大量的生态资源进行低效生产，这也导致了经济发展初期的碳排放量大幅增加，即为经济发展对碳排放的规模效应；而在经济发展到一定程度之后，技术进步使对资源的利用效率增加，使经济结构由资源密集型转为技术密集型，具体表现为单位产出所需的能耗即碳排放下降，而这种由产业结构调整和技术进步带来的高效低碳生产则体现了技术效应和结构效应。

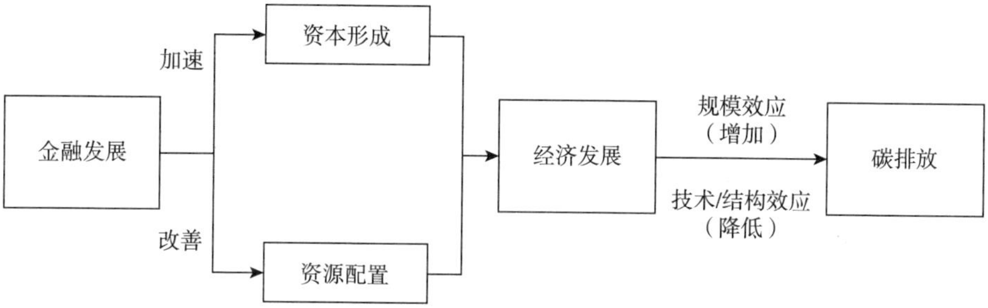

图 1　经济发展各阶段的金融支持对碳排放的影响

三、金融发展对碳排放影响的实证分析

在上述理论分析的基础上，本文以省级面板数据为样本，将碳排放强度作为被解释变量，将金融发展水平作为解释变量，并引入产业结构、技术创新和城镇化率等指标作为控制变量，以此进行实证计量分析以进一步验证金融发展与碳排放之间的作用机制。

（一）模型设定和变量选取

1. 变量选取

由于部分年代和地区的数据存在缺失，因此本文采用了 2003—2019 年全国 30 个省及直辖市[①]的面板数据，各变量的选取及相关数据来源如下：

① 西藏数据缺失较多，故不纳入分析。

（1）二氧化碳排放强度（CO_2/GDP）。关于碳排放量，以国际能源总署的二氧化碳排放测算方式为权威，国内虽然各机构基于自身条件也推出了不同的测算方式，但省级层面的数据和统计标准存在一定差异，因此仍缺少国内官方机构的统一认定，本文经比对决定参考林伯强和刘希颖（2010）在其相关研究中使用的碳排放的计算方法，对各省份碳排放进行一个初步测算。测算公式如下：

$$CO_2 = \sum \alpha_i E_i$$

式中，α_i 为第 i 种能源的二氧化碳排放系数，E_i 为第 i 种能源的消费量，各省能源消费量可由 Wind 数据库查询获得。碳排放主要来源于化石能源的燃烧，经对相关资料进行查阅和整理，各能源的二氧化碳排放系数如表 1 所示，基于该排放系数并结合各省的能耗数据即可以计算出各省的碳排放量。

表 1　各能源二氧化碳排放系数

能源类型	煤炭	焦炭	汽油	煤油	柴油	燃料油	天然气
单位	吨/吨	吨/吨	吨/吨	吨/吨	吨/吨	吨/吨	吨/亿立方米
CO_2 排放系数	1.647	2.848	3.045	3.714	3.15	3.064	21.67

注：该数据由联合国政府间气候变化专门委员会和国家发改委能源研究所相关资料整理获得。

考虑到各省区市的经济体量不同，发展方式也存在差异，因此本文在此基础上采用单位 GDP 的二氧化碳排放量（二氧化碳排放强度）来构建被解释变量。这样一来，既可以充分体现出当地的经济发展质量高低，也能有效解决计量变量之间的量纲一致性问题。碳排放强度指标的含义为，每单位 GDP 的产生会伴随释放多少二氧化碳，该指标越小说明经济发展的质量越高，对环境的污染程度越小。

（2）金融发展水平（FIR）。本文参考美国经济学家 Raymond W. Goldsmith 的相关研究成果，决定使用金融相关率 FIR 来表示地方金融发展水平，即地方金融资产与当地 GDP 的比值，若地方的金融发展程度越好，则金融资产也会越多，该指标值也会相应的提高。计算方式为：

$$FIR_i = FT_i / GDP_i$$

式中，FIR_i 为地方金融相关率（本文直接将其作为金融发展水平指标），FT_i

表示当地金融总资产（本文用存贷款余额表示），GDP_i 为地区 i 的生产总值。

（3）其他控制变量。城镇化率（UR），该指标为各地区城镇人口占总常住人口的比重，可直接由 Wind 数据库导出，相关研究表明，人口与碳排放具有显著正向关系，因此本文将城镇化率作为人口影响因素纳入模型。技术创新程度（TECH），以各地区专利授权数来代表当地的技术创新水平，数据来自 Wind 数据库。产业结构（STRUC），以地方工业部门增加值占当地 GDP 的比重来表示，一般来说，工业部门增加值越高，碳排放量也就越大。

各变量计算方法如表 2 所示。

表 2　变量指标名称与计算方式

变量名称	变量含义	计算方式
CO_2/GDP	二氧化碳排放强度	（∑各能源碳排放系数×各能源消费量）/GDP
FIR	金融发展水平	地方存贷款余额/当地 GDP
UR	城镇化率	本地区城镇人口数量/常住人口
TECH	技术创新	本地区当年专利授权数
STRUC	产业结构	本地区工业增加值/当地 GDP

2. 模型设定

在前文分析的基础上，本文构建如下回归方程：

$$\ln(CO_2/GDP) = \alpha_0 + \alpha_1 FIR + \alpha_2 FIR^2 + \alpha_3 UR + \alpha_4 TECH + \alpha_5 STRUC + \varepsilon$$

其中，被解释变量为二氧化碳排放强度（CO_2/GDP）。核心解释变量为金融发展水平（FIR），为检验金融发展和碳排放之间是否存在非线性关系，在模型中进一步引入其平方项（FIR^2）。一般来说，平方项系数为正，一次项系数为负时，说明存在非线性关系且符合环境库兹涅茨曲线的相关理论。

根据前文的理论基础，将技术进步和产业结构以及城镇化水平等影响因素以控制变量的形式纳入模型中，同时，通过对历年各地区碳排放强度的数据观察，发现当期的碳排放可能会受到上一期碳排放的影响，即碳排放可能存在路径依赖的特性。因此，本文考虑构建动态面板模型以使其更加贴近实际情况。由于仍可能存在部分影响因素并未被纳入模型中，引入一阶滞后项控制遗漏项也能在一定程度上解决模型内生性问题。因此模型最终设计为：

$$\ln(CO_2/GDP) = \alpha_0 + \theta L.\ln(CO_2/GDP) + \alpha_1 FIR + \alpha_2 FIR^2 + \alpha_3 UR + \alpha_4 TECH + \alpha_5 STRUC + \varepsilon$$

（二）实证结果分析

经计量分析所得的结果如表3所示，其中二氧化碳排放作为模型的内生变量处理。其中，回归模型（1）、模型（2）、模型（3）、模型（4）和模型（5）分别表示不同回归方式①下的相应结果。

通过对个回归结果的观察和分析，本文得出如下结论：地方金融发展水平对当地的碳排放总体上存在先扬后抑的关系，这正与环境库茨涅兹曲线理论相对应。金融发展对碳排放既存在促进效应又存在抑制效应，两种效应的大小在不同的经济社会发展阶段也会随之而不同。简单来说，在经济社会发展初期，金融对碳排放的促进效应会大于抑制效应进而使碳排放随着金融发展而增加，在经济社会发展到一定阶段之后，抑制效应则会大于促进效应，使碳排放随着金融发展而减少。

表3　回归分析结果

	(1)	(2)	(3)	(4)	(5)
L. ln（CO_2/GDP）				0.761*** (10.7)	0.928*** (23.67)
FIR	0.362 (1.33)	0.136*** (2.78)	0.228** (1.99)	0.212*** (7.62)	0.179*** (5.22)
FIR^2	−0.011*** (2.23)	0.038* (−1.79)	−0.065*** (−3.65)	−0.017*** (−5.21)	−0.003* (−1.65)
UR	−0.019 (−1.16)	0.381 (0.37)	−0.015*** (−1.88)	−0.009 (−0.79)	−0.023*** (−2.02)
TECH	−0.461* (−1.88)	−0.301*** (−2.11)	−0.287*** (−2.76)	−0.109*** (−3.01)	−0.081*** (−2.29)

① 回归方式有混合回归、固定效应、随机效应、差分GMM、系统GMM这五类。

续表

	(1)	(2)	(3)	(4)	(5)
STRUC	1.999*** (3.67)	1.012 (1.16)	-0.725 (0.57)	0.142 (1.52)	0.285*** (2.25)
AR（2）P值				0.281	0.326
Hansen P值	1	1	1	1	1

注：*、** 和 *** 分别表示在10%、5%和1%的水平下显著。

从表3的回归结果中，我们还可以看出，不同的控制变量对碳排放的影响作用也并不相同。其中，城镇化水平越高会使碳排放水平降低，这一结果可以解释为，城镇化水平是居民生活水平的一种体现，正如前文所述，随着生活水平的提高，居民对绿色健康的生活追求和环保意识也会随之而提高。此外，这也正与发达地区对节能环保和绿色出行的号召和引导所表现的一样，绿色低碳的生产生活有效地降低了当地的碳排放。技术创新程度则与碳排放之间呈现显著的负相关性，这也正如理论部分所分析的，技术进步带来了更加高效节能的生产力，通过淘汰落后产能，促进低碳高效生产使单位产出下的碳排放下降。产业结构与碳排放之间表现为正相关性，因为产业结构指标是工业增加值占GDP的比重，而从我国实际产业情况来看，工业虽然是GDP的主要支撑因素之一，但当前的工业生产模式还是以传统生产技术为主流，即产出越多耗能越多，碳排放也就越多。滞后一期的碳排放与当期碳排放正相关说明了碳排放确实存在路径依赖的特性，即当期碳排放会受到上一期碳排放的正向影响。

四、江西省金融发展与碳排放分析

江西省虽然经济体量在全国相对靠后，但却有得天独厚的生态环境优势，尤其是在近年来随着生态发展和“两山”理论的提出，江西始终坚持高质量的绿色低碳发展方式，并取得了良好的效果。

（一）金融支持碳减排的现状

从能源消费结构来看，2003—2019 年，江西省能源消费以煤炭为主，煤炭的年消费量由 2003 年的 3088.6 万吨上升至 2019 年的 7995.94 万吨，占全部能源消费比重的 80%以上，但总体能耗增速自 2011 年之后呈现快速下降的趋势。

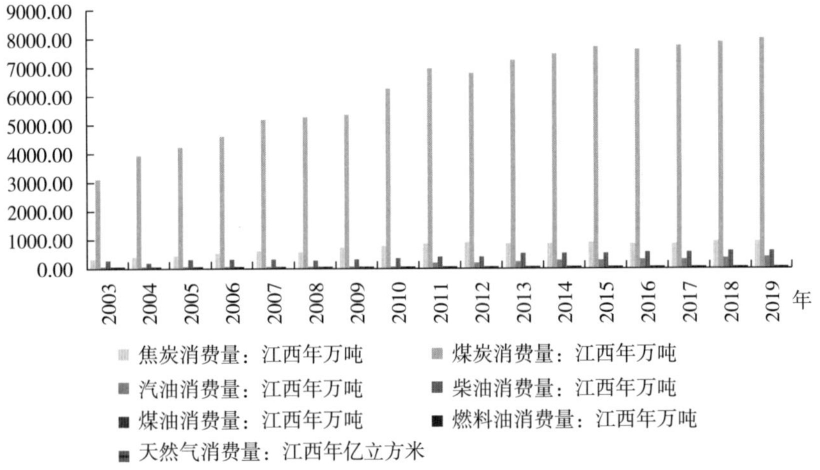

图 2　江西省各类能源消费情况

从碳排放强度和金融发展水平来看，一方面，江西能源消费的碳排放增速小于 GDP 增速，因此碳排放强度呈现逐年下降趋势，按照前文的碳排放系数进行计算，2003—2019 年，江西省碳排放强度由 2.51 万吨/亿元逐步降至 0.79 万吨/亿元。另一方面，江西的金融发展水平呈“U”形趋势，在 2003—2008 年逐年下降，在 2008—2019 年逐年上升，如图 3 所示。

由于区域样本数据较少，无法进行有效的回归分析，但从碳排放和金融发展的波动趋势可看出，江西的碳排放强度和金融发展水平之间也存在先扬后抑的倒“U”形关系，而且随着江西对绿色经济金融发展的高度重视和高效落实，当前江西的绿色低碳发展进入了良性循环阶段。从当地金融发展现状来看，江西的金融发展对碳排放的抑制作用显著，这得益于当地绿色金融的快速发展。

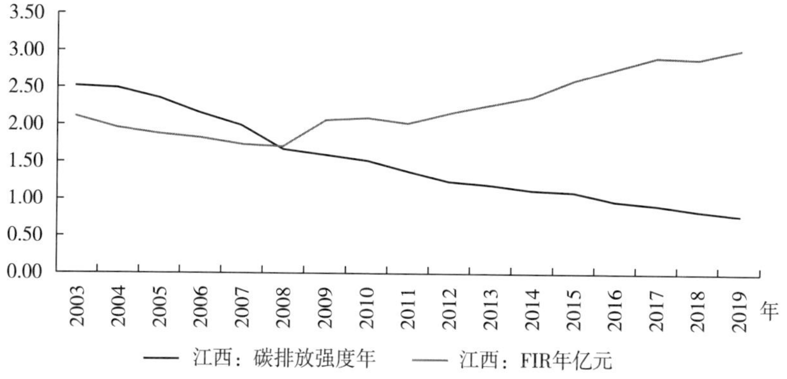

图 3　江西历年金融发展水平与碳排放强度波动趋势

（二）金融支持碳减排存在的问题

江西绿色金融发展形成了一定的江西特色，但发展过程中面临的问题同样不可忽视，主要体现在顶层设计、产品创新及服务、企业转型等方面。

一是在当前的制度框架构建方面，绿色发展战略的顶层设计仍存在一定缺陷，缺乏公共财政补贴配套激励措施和政策，使金融机构在开展绿色金融工作时创新动力不足，更加青睐于传统的风险规避方式。同时还缺少具体的、便于执行的公共财政补贴措施和税收优惠办法；财政支持机制不健全，企业强制披露环境信息不到位。要促进绿色金融发展战略实施，需要扩大专项资金来源，建立专项资金配套政策，规范并拓宽资金使用渠道，对专项资金投向进行有效监控，提高专项资金使用效率，对环保资金收益进行有效评价。

二是在金融产品和服务方面，金融机构的绿色金融产品种类较少，可选择范围较窄，无法有效覆盖全部辖内的绿色资源，导致绿色资源变现效率相对较低。同时现有产品也是基于银行业金融机构的绿色信贷产品以及部分绿色债券产品，而绿色基金、绿色保险、绿色票据等均处于起步阶段尚未形成规模，社会资本对绿色金融发展仍处于被动接受的态度，主动参与程度较低，这也使绿色金融业务和规模短期内难以扩大。

三是在企业减排转型方面，高昂的技术改造和转型成本使企业的主动减排意识不强。尤其是对于辖内广大的中小企业而言，尚处于资本的原始积累阶段，自身的逐利性较强，社会意识欠缺导致企业的节能减排意识淡薄。同时，考虑到企业的生存能力，监管政策对企业的节能减排约束并不严格，对企业的环评标准相对较低，即使存在高污染排放也只是以收取少量罚金作为惩罚手段，这也间接导致了企业对环境保护的轻视。政府、各界机构和社会团体对节能减排的宣传力度还有待进一步加强，以便在企业和居民部门中形成观点鲜明的价值导向，促使社会各界提高节能减排的认知度和主动参与的积极性。此外，从当前省内各地的绿色和生态发展工作进展来看，绿色产品投资周期长，见效慢、公益性强、投资回报率低等天然缺陷依然是阻碍社会资本参与的主要症结所在，提高企业和社会个人的主动减排意识依然任重道远。

五、结论与对策建议

本文构建了一个同时包含碳排放强度、金融发展、技术创新和产业结构在内的内生增长模型，研究了地方金融发展对当地二氧化碳排放的影响。并以江西省为例进行了更加深入细致的分析。

（一）主要结论

从回归结果上看，金融发展水平与碳排放之间存在先扬后抑的关系，符合环境库兹涅茨曲线相关理论。金融发展主要是通过作用于经济发展、产业转型和技术创新三方面，根据所产生的规模效应、技术效应和结构效应的大小进而表现出对碳排放的促进或抑制作用。

从地方微观层面来看，江西的金融发展与碳排放也呈现倒“U”形关系，且受益于绿色金融的快速发展，2021 年江西的金融发展对碳排放表现出抑制作用，即处于倒“U”形曲线的后半段。但当前绿色金融的发展仍面临着顶层设计欠缺，创新服务不足和企业转型被动等问题。

（二）对策建议

对于以上结论，本文提出相应的对策建议：一是要充分发挥金融对降碳减排的促进作用。参考文中所述的作用机制，从技术创新和结构调整上入手，促使金融资本向绿色低碳行业倾斜，进一步加大对企业节能减排行为的支持，提高对高能耗、高排放企业的处罚力度，同时尽快在金融机构之间形成统一权威的绿色资金融通架构，面对企业的融资行为着重考察其在绿色减排方面行为的贡献度，对于能高效实现减排降碳的技术要主动担保增资并推出与之相适应的金融产品，以绿色低碳为主要目标加快地方金融市场化进程。

二是加快企业自主创新进程，以创新驱动推动低碳经济发展。这包括广义的技术创新和特定的低碳技术创新。广义技术创新是指通过增加 R&D 支出，提升总体技术水平，加快经济增长方式转变。特定技术创新是指通过研发节能减排技术，使单位 GDP 的能耗下降，降低化石能源在地方能源消费中的比例。此外，增加节能减排的财政支出力度，配套相应的税收政策和金融支持，鼓励企业加快技术创新和低碳技术研发。

三是完善绿色金融发展制度体系，绿色金融产品资产价值的评估和监管是绿色金融发展过程中的两大难题，从江西情况来看，虽然赣江新区绿色金融改革创新试验区在认定评价办法方面发布了绿色企业认定、绿色项目认定、企业环境信息披露等几项办法，与完善江西绿色金融监管和发展评价体系的目标要求还存在距离。应探讨建立适合江西绿色金融发展监管机构，使其有效履行绿色金融监管职能，同时还要建立科学有效的评判体系对绿色金融发展状况作出评价并肩负起指导区域金融健康发展的职责。

课题组组长：邱曙辉

课题组成员：杨发根、刘希阳、邹力宏、王理政

碳达峰碳中和目标下绿色金融创新路径研究

——以江西省碳排放交易体系为例

江西联合股权交易中心股份有限公司课题组

一、相关基础概念

金融是实体经济的“血脉”，绿色金融在实现碳达峰碳中和目标中起着关键助推作用。绿色与低碳的经济转型，必须多措并举齐发力：一是以绿色资金支撑绿色工业的发展；二是大力推动和保障碳排放交易体系的设立。关于绿色金融和碳排放金融市场之间的联系，原央行行长周小川认为，碳排放金融市场在实质上是市场经济，这对于绿色金融的形成也有重要意义。此外，加快落实全国碳排放交易市场在中央经济工作会议和政府工作报告中多次提到。全国碳排放交易市场的开市标志着全球最大的碳市场的成立，对相关高能耗行业，将带来新一轮高质量的供给侧结构性改革。

2016 年 8 月，江西被列入首批我国生态文明试验区名单，同月底，江西省成立了碳排放权交易中心；2017 年 6 月，赣江新区被国务院批复为全省绿色金融改革创新的五大试验区之一；2021 年 1 月，江西省表明在“十四五”期间全省将围绕“双碳”目标，协同推进气候变化与生态环境的应对治理，加强碳交易市场建设，促进社会经济发展绿色转型升级。面对“碳达峰”“碳中和”的双重挑战，以及承接经济发展转型的现实压力，江西省必须积极行动、主动作为，因此，探索碳达峰碳中和目标下绿色金融创新路径，维护江西绿色生态，构建人类命运共同体，是促进江西经济效益和生态效益双提升的重要抓手。

（一）碳中和

“碳中和”是指一种动态的平衡，也被称为净零二氧化碳排放，是指在特定时期内，直接或间接产生的二氧化碳排放量与通过植树造林、农业改造等消除的二氧化碳量相等，实现二氧化碳“零排放”。实现碳中和一般有两种常见路径：从碳排放角度，大力降低碳排放总量，一般是通过技术创新和生产过程优化等方式；从碳吸收角度，加快植树造林和植被恢复、采用碳捕获与封存等技术手段加大碳吸收能力和总量，进一步促进碳中和的实现。

（二）绿色金融

在《关于构建绿色金融体系的指导意见》（银发〔2016〕228号）中，绿色金融被定义为金融机构在为支持环境保护、实现碳达峰碳中和“双碳”目标过程中所提供的金融服务和经济活动。在此之前，也有不少机构对绿色金融进行了定义。世界银行也把绿色金融界定为有显著环境效益的投融资；在经济合作与发展组织（OECD）研究中，绿色金融是指为了“实现经济增长并且尽量减少环境污染和温室废气排放量，尽可能地降低耗费，进一步提高资源的利用”而进行的金融服务。虽然各机构对绿色金融的定义不完全一样，但一致的是绿色金融是为绿色事业而服务，以绿色事业为目标，以绿色手段为方法的金融服务。

（三）碳排放交易

碳排放交易是指以碳排放交易权为买卖标的物，并在碳市场进行交易买卖的经济活动。政府确定碳排放总量后，根据既定的碳配额分配法，将碳排放权分配给企业。如果公司的碳排放量超过了其被分配的碳配额数量时，而减排成本也超过购买配额的成本费用时，公司可通过碳排放交易购得相应缺少的碳排放量配额；同样，如果有剩余的配额，就可从碳交易卖掉。通过双方的买卖活动形成市场化的碳价，通过碳排放交易，降低了行业整体的减排成本，进一步促进减排目标的实现。

二、江西能源生产消费和二氧化碳排放现状

（一）关于碳排放量计算方法及数据来源介绍

全球大部分碳排放数据库的计算方法是基于《国家温室气体清单指南》（以下简称《指南》），《指南》从 1994 年批准，1995 年出版以来，历经了 1996 年修订、2006 年版本、2013 年、2019 年等多次修订。按照该《指南》测算的二氧化碳排放量通常采取部门方式，即根据各政府部门、分能源种类、各设备单位的能源消费量等经济活动水平数值、加上相关的环境污染因子等参数，再经过逐级累加后综合测算所得到的排放量。其计算公式如下：

$$\text{温室气体排放量} = \sum\sum\sum(EF_{i,j,k} \times Activity_{i,j,k})$$

式中，EF 是排放因子（kg/TJ）；$Activity$ 是燃料消费量（TJ）；i 为燃料类型；j 为部门活动；k 为技术类型。燃料消费量以热值表示，需要通过将实物量数据乘以折算系数获得。

同时，这些方法也能够使用《指南》中给出的参考方式加以试验，如根据不同化石燃料的单位表观消费量及按照不同能源种类的单位平均发热量、含碳量和按照焚烧各种能源的主要设备额平均氧化量，以及按照化石燃料非能源使用的单位固碳量等参数综合统计后得出。参考方法较为简单，是对部门排放量的重要补充。

由于各碳排放数据库的数据采集方法、原始数据、估计值等不同可能导致各数据库的最终结果不同。以 2019 年为例，CEADs 公布的部门核算法，我国二氧化碳排放量是 97.95 亿吨，而 EDGAR 公布的我国化石燃料二氧化碳排放量数据为 115.35 亿吨，差异达 17.76%。通过对各碳排放量数据库系统的调查研究，本文以对世界碳排放量的分析数据为主参考世界大气研究与排放

数据库系统（EDGAR）；对中国内部碳排放量的分析数据，首先参考了统计透明性较高且符合国情的中国国家碳排放量数据库系统（CEADs），该信息库的原始数据大部分来自中国相关数据年鉴，涵盖 17 个化石燃料和 47 个经济部门。

（二）全球碳排放情况分析

根据全球大气研究排放数据库（Emissions Database for Global Atmospheric Research，EDGAR）公布的数据显示，2005 年我国化石燃料二氧化碳排放量超过了美国成为全球二氧化碳排放量最大的国家（见图 1）。但从人均来看，2019 年我国人均二氧化碳排放量为 8.12 吨，而美国人均为 15.52 吨。

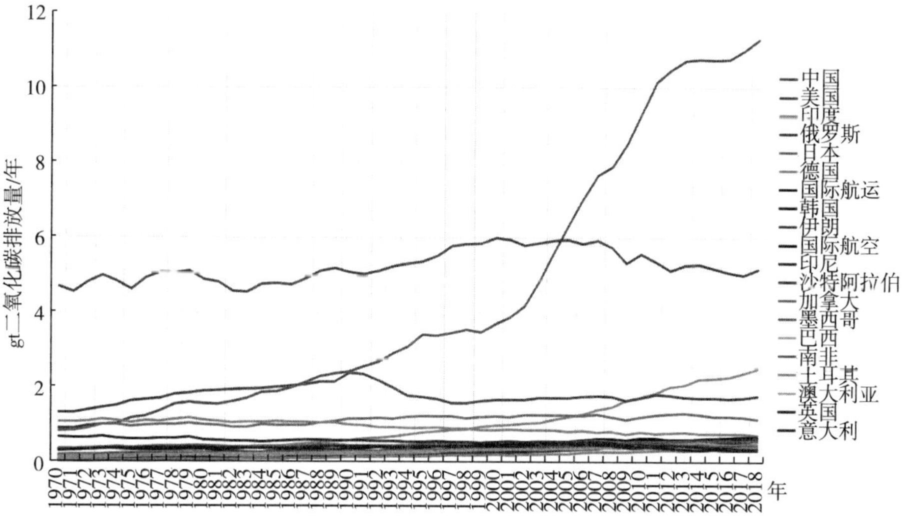

图 1　全球化石燃料消耗二氧化碳排放量前 20 的国家历年趋势

（资料来源：根据 EDGAR 数据整理）

2019 年全球建筑部门二氧化碳排放量为 35.98 亿吨，非燃烧部门二氧化碳排放量为 43.52 亿吨，其他工业燃烧部门二氧化碳排放量为 82.48 亿吨，电力部门二氧化碳排放量为 136.19 亿吨，运输部门二氧化碳排放量为 8.20 亿吨，世界人均二氧化碳排放量为 4.93 吨。

从国别来看，根据 EDGAR 2020 年公布的《世界各国的温室气体排放量2021 年报告》，中国、美国、欧盟 27 国、印度、俄罗斯和日本仍是世界上最大的二氧化碳排放国——它们合计占全球人口的 49.5%，占全球国内生产总值的 61.8%，占全球化石燃料总消费量的 65.2%，占全球化石燃料产生二氧化碳总消费量的 66.7%。受新冠肺炎疫情影响，在全球六大排放国中，只有中国的排放量在 2020 年有所增加（+1.5%），而其他所有国家的排放量都有所减少：欧盟 27 国减少了 10.6%，美国减少了 9.9%，日本减少了 6.8%，印度减少了 5.9%，俄罗斯减少了 5.8%。

尽管中国的排放量在 2013 年已经趋于稳定。它仍然是世界领先的能源消费国和二氧化碳排放国，约占全球排放量的 30%。根据《世界各国的温室气体排放量 2021 年报告》公布的数据显示，我国化石燃料二氧化碳排放量电力部门占比最大，其次是其他工业燃烧部门，其中 1990 年、2005 年、2018 年、2020 年二氧化碳排放量分别为 24.25 亿吨、63.39 亿吨、112.6 亿吨和 116.8 亿吨。从人均二氧化碳排放量来看，1990 年、2005 年、2018 年、2020 年二氧化碳人均排放量为 2.07 吨、4.80 吨、7.96 吨和 8.12 吨。2020 年相比 1990 年，二氧化碳排放量运输部门上升 926%，电力部门上升 650%，其他工业燃烧部门上升 288%，建筑部门上升 53%，其他部门上升 463%，总上升 382%。

（三）我国总体碳排放情况分析

通过整理 CEADs 公布部门方法（数据范围包括 47 个经济部门、17 个化石燃料和水泥生产过程）计算得出的数据，我国二氧化碳排放量从进入 21 世纪开始便有了较大幅度的增长，到 2013 年左右趋于稳定。同时，这一趋势得到了参考方法的印证（见图 2）。

从各部门二氧化碳排放量来看，以 2019 年为例，通过部门核算方法显示，我国二氧化碳排放量达 97.95 亿吨，其中，电力、蒸汽和水的生产和供应占比最大达 47%，二氧化碳排放总量 46.43 亿吨；其次是黑色金属的冶炼和压延占比为 19%，二氧化碳排放总量 18.53 亿吨；再次是非金属矿物制品

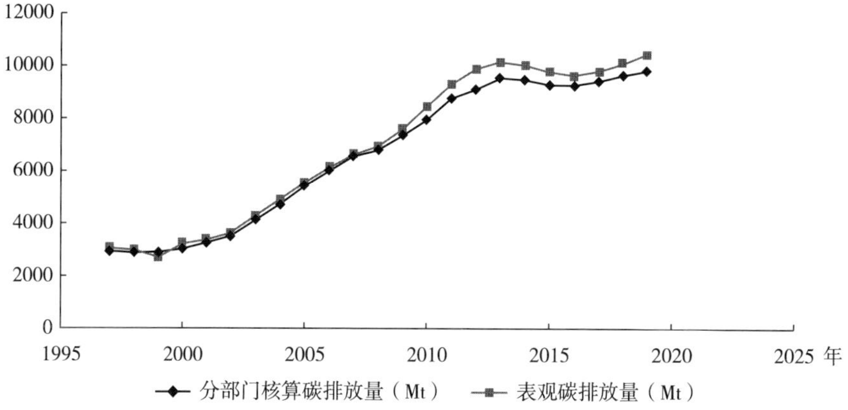

图 2　我国两种算法的历年二氧化碳排放量趋势

（资料来源：根据 CEADs 数据整理）

占比为 11%，二氧化碳排放总量 11.12 亿吨（含其工业过程产生的二氧化碳达 6.81 亿吨）；最后是运输、仓储、邮电服务占比为 7%，二氧化碳排放总量 7.32 亿吨（见图 3）。

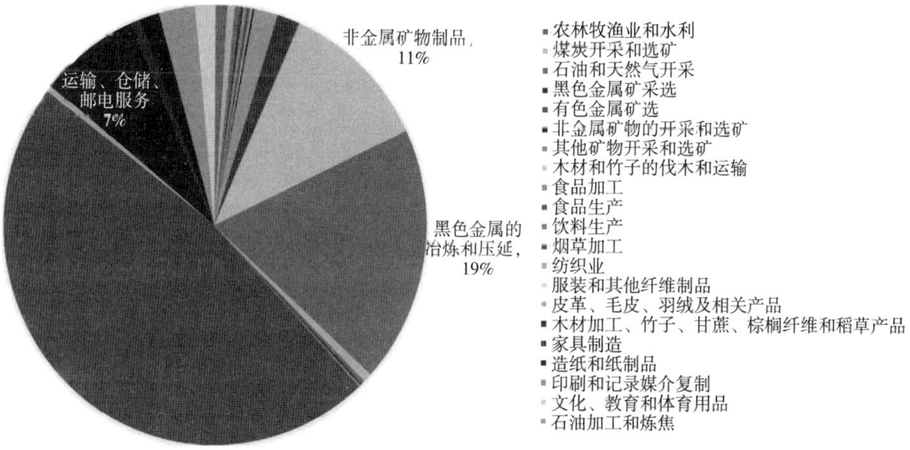

图 3　2019 年我国分部门二氧化碳排放量饼图

（资料来源：根据 CEADs 数据整理）

从能源消耗来看，原煤是产生二氧化碳消耗最多的燃料，占所有燃料消耗产生二氧化碳总量（91.14亿吨，不含工业过程产生的二氧化碳）的54%，产生二氧化碳49.12亿吨；其次是焦炭占比为14%，产生二氧化碳12.93亿吨；再次是其他煤气（包括高炉煤气、转炉气体、其他气体）占比为14%，产生二氧化碳7.46亿吨；柴油和天然气占比均为5%，其中柴油略高，产生二氧化碳4.58亿吨，天然气产生二氧化碳4.27亿吨。

（四）全国各省碳排放情况分析

从全国各省情况来看，各省的趋势和全国的趋势基本一致：在进入21世纪后各省碳排放量均呈现上升趋势，在2013年左右趋于平缓（见图4）。

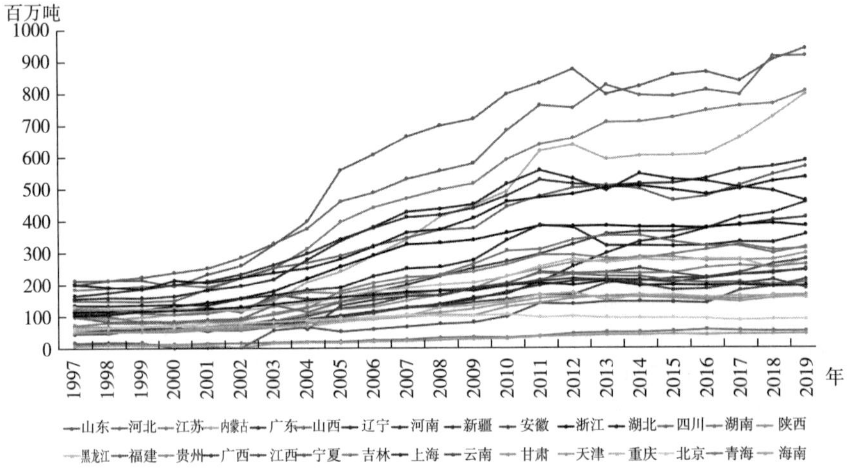

图4　全国主要30个地区历年二氧化碳排放量

（资料来源：根据CEADs数据整理）

从碳排放总量来看，山东、河北、江苏、内蒙古从2004年以来其二氧化碳排放量一直保持在全国前四，2019年分别为9.37亿吨、9.14亿吨、8.05亿吨和7.94亿吨，从2014年左右河南二氧化碳排放量开始下降，安徽从2013—2014年超过四川、湖北跃居前十，而后2015年超过浙江，到2019年达到4.08亿吨。新疆在2016年开始超过安徽、浙江，跃居前十，2019年达到4.55亿吨（见图5）。

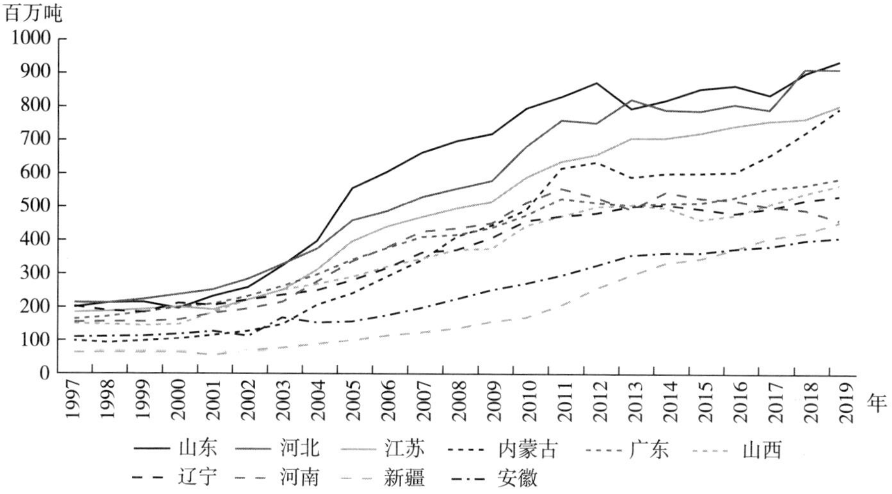

图5　全国二氧化碳排放量前十地区历年数据情况

（资料来源：根据 CEADs 数据整理）

从2019年各省二氧化碳排放量来看，排放最多的省份一般为富裕地区（如江苏），或是有许多制造业或能源生产企业（如河北和内蒙古），以及是人口众多（如河南）（见图6）。

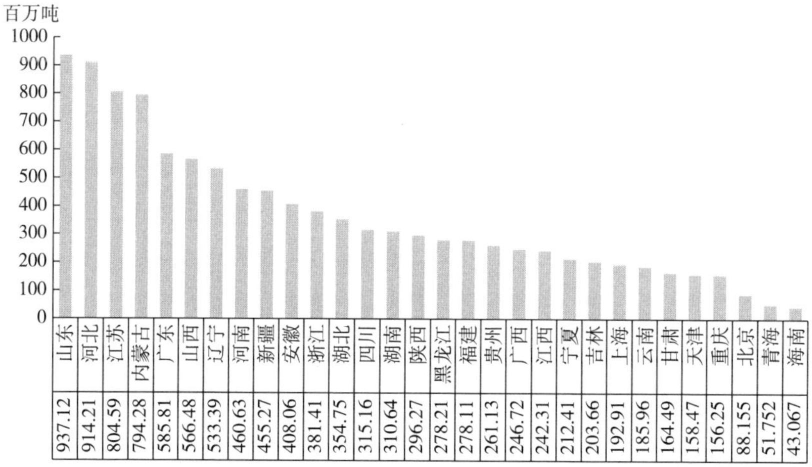

山东	河北	江苏	内蒙古	广东	山西	辽宁	河南	新疆	安徽	浙江	湖北	四川	湖南	陕西	黑龙江	福建	贵州	广西	江西	宁夏	吉林	上海	云南	甘肃	天津	重庆	北京	青海	海南
937.12	914.21	804.59	794.28	585.81	566.48	533.39	460.63	455.27	408.06	381.41	354.75	315.16	310.64	296.27	278.21	278.11	261.13	246.72	242.31	212.41	203.66	192.91	185.96	164.49	158.47	156.25	88.155	51.752	43.067

图6　2019 年全国主要省份二氧化碳排放量

（资料来源：根据 CEADs 数据整理）

从排放强度（单位 GDP 排放）来看，宁夏（0.57 吨/千元）、内蒙古（0.467 吨/千元）和新疆（0.337 吨/千元）是 2019 年排名前三的省份，表明了这些省份的碳密集型经济结构。而与之相比，北京（0.025 吨/千元）、上海（0.051 吨/千元）、广东（0.054 吨/千元）、浙江（0.061 吨/千元）的排放强度最小。这四个地区是中国较发达的地区，可知其经济结构以服务业为主（见图 7）。

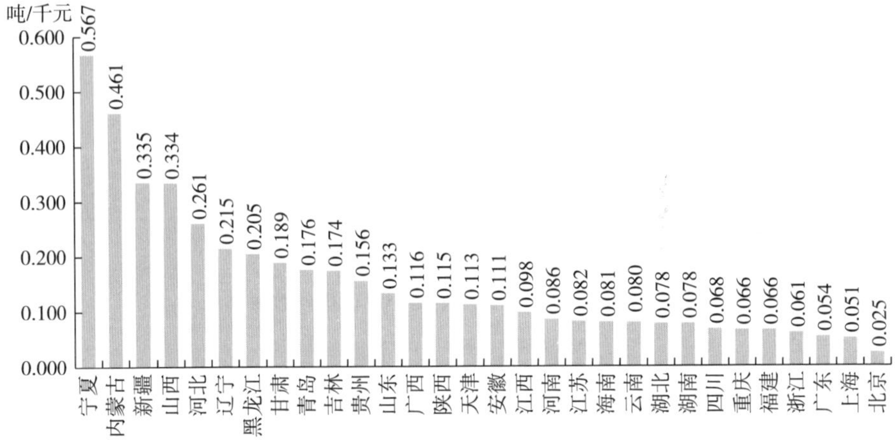

图 7　2019 年全国主要省份二氧化碳排放强度

（资料来源：根据 CEADs 数据整理）

从排放源结构考虑，原煤及其相关产品在多数省份的能源结构中仍占主导地位，2019 年原煤消耗产生的二氧化碳排放量占比总量中宁夏达 81.52%、内蒙古达 81.42%、新疆达 71.29%、黑龙江达 67.94%、吉林达 67.52%。这可能主要是由自然禀赋和产业结构导致的。相比之下，天然气消耗产生的二氧化碳排放量占比总量较高的地区主要有北京、青海、天津、四川、上海，其中天然气消耗产生的二氧化碳排放量占比总量分别为 44.35%、20.96%、14.58%、13.92% 和 10.21%（见图 8）。

参考方法对上述数据进一步印证。根据参考方法计算所得，1997—2019 年原煤消耗排放二氧化碳占比最大，其中 2019 年原煤消耗排放二氧化碳为 72.08 亿吨；其次是原油 20.88 亿吨；天然气消耗排放二氧化碳 4.57 亿吨，水泥生产排放二氧化碳 6.81 亿吨，共计 104.35 亿吨，略高于部门方法核算值（见图 9）。

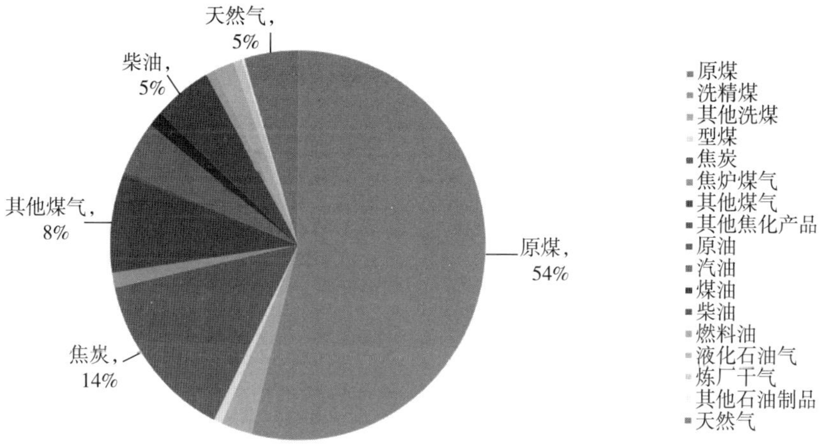

图 8　2019 年全国化石燃料二氧化碳排放量饼图

（资料来源：根据 CEADs 数据整理）

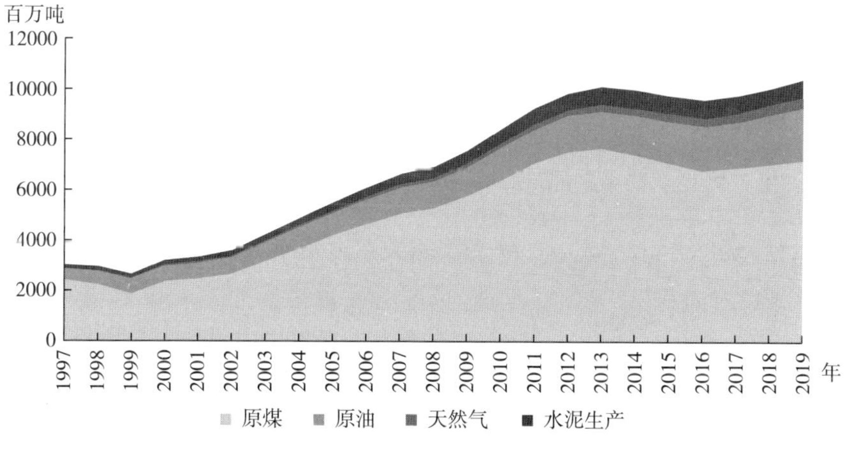

图 9　2019 年全国参考方法化石燃料二氧化碳排放量

（资料来源：根据 CEADs 数据整理）

（五）江西省碳排放情况分析

从江西省来看，1997—2019 年碳排放量一直是稳步上升。2019 年达到 2.42 亿吨（见图 10）。

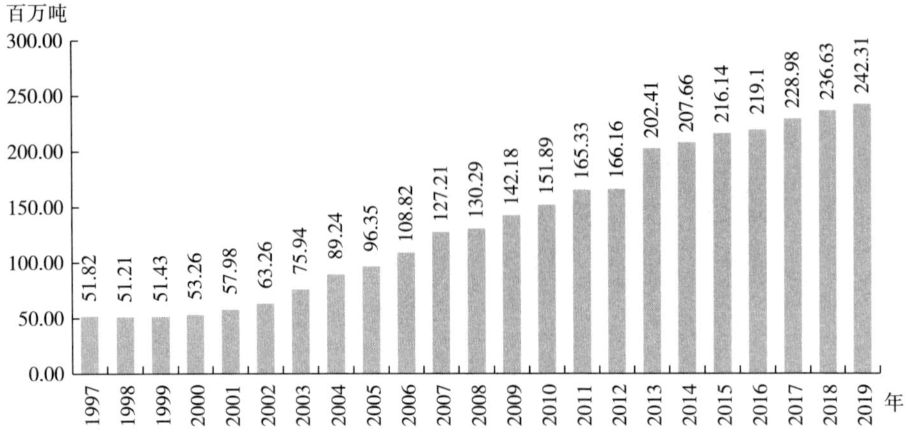

图 10　江西省二氧化碳历年排放量

（资料来源：根据 CEADs 数据整理）

与江西周边省份对比来看，江西碳排放量最少，2019 年从高到低依次是江苏、安徽、浙江、湖北、湖南、福建、江西。与中部六省对比来看，江西碳排放量也是最少，2019 年依次是山西、河南、安徽、湖北、湖南、江西（见图 11 和图 12）。

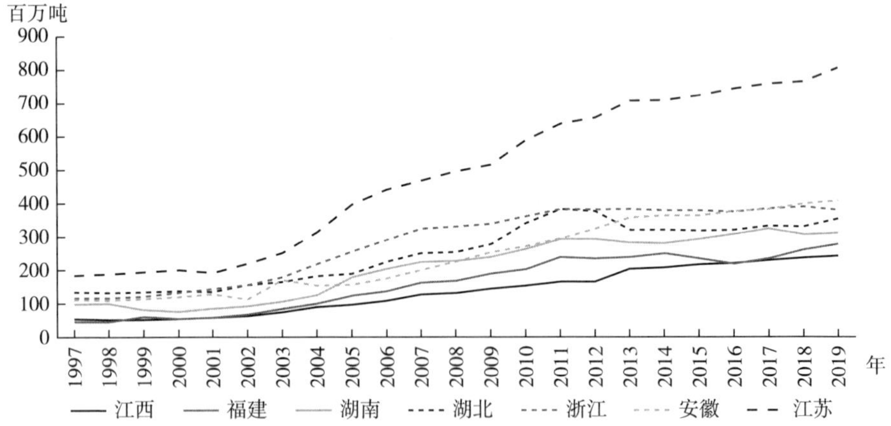

图 11　江西周边省份二氧化碳历年排放量

（资料来源：根据 CEADs 数据整理）

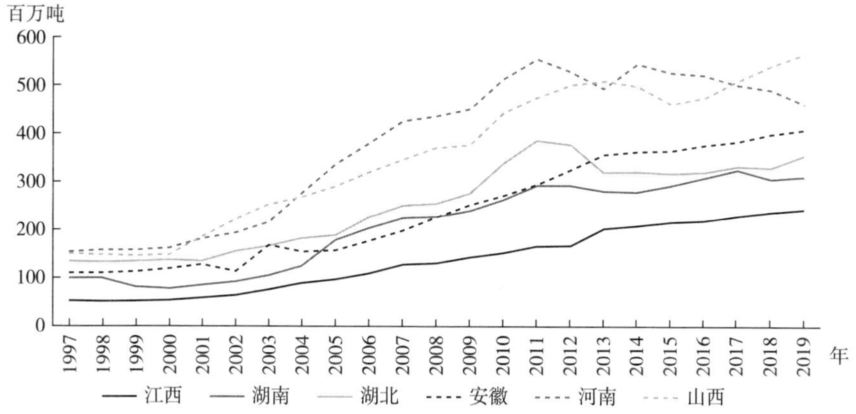

图12　中部六省二氧化碳历年排放量

（资料来源：根据CEADs数据整理）

从排放强度来看，江西（0.098）排放强度较周边省份仅次于安徽（0.111），在中部六省中（山西0.334、河南0.086、安徽0.111、湖北0.078、江西0.098、湖南0.078）仅次于山西、安徽，全国排名17。这说明，江西在经济结构相较周边省份工业强度较大。

从排放源结构来看，江西原煤、工业过程及焦炭产生的二氧化碳占比较大。2019年，原煤消耗排放二氧化碳1.18亿吨，占全省二氧化碳排放量的47%，其次是工业过程（主要为生产水泥）二氧化碳排量0.28亿吨，占全省二氧化碳排放量的14%；再次是焦炭，其消耗排放二氧化碳0.27亿吨，占全省二氧化碳排放量的11%（见图13）。

上述数据也得到了参考方法计算结论的印证。2019年江西省参考方法计算结果为二氧化碳总排放量为1.86亿吨，其中原煤占比69%，其次是水泥生产，再次是原油。（说明：参考方法仅考虑三种主要化石燃料：原煤、原油和天然气）

从江西省各地市情况来看，2017年南昌排放量最大达到0.38亿吨，其次是赣州0.36亿吨，具体如图15所示。

总体来看，虽然江西省总体二氧化碳排放量全国占比较小，但江西省正处于高速发展期，二氧化碳排放强度相较其他周边省份较大，工业强度也较

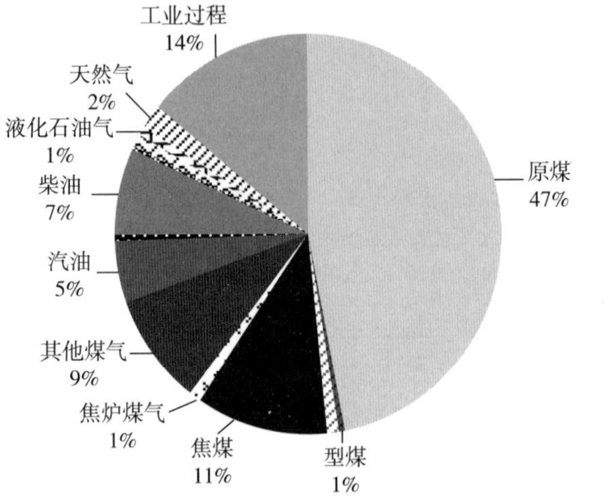

图 13　2019 年江西省化石燃料二氧化碳排放量饼图

（资料来源：根据 CEADs 数据整理）

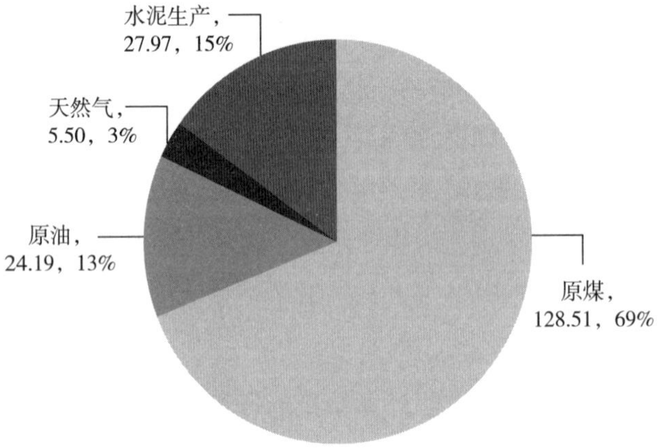

图 14　2019 年江西省参考方法化石燃料二氧化碳排放量饼图（单位：百万吨）

（资料来源：根据 CEADs 数据整理）

大，并以原煤消耗为主。未来二氧化碳排放量将出现大幅上升态势，对原煤等化石能源的需求量也将上升，并主要以南昌、赣州为首，以九江、上饶、宜春为“第二梯队”。

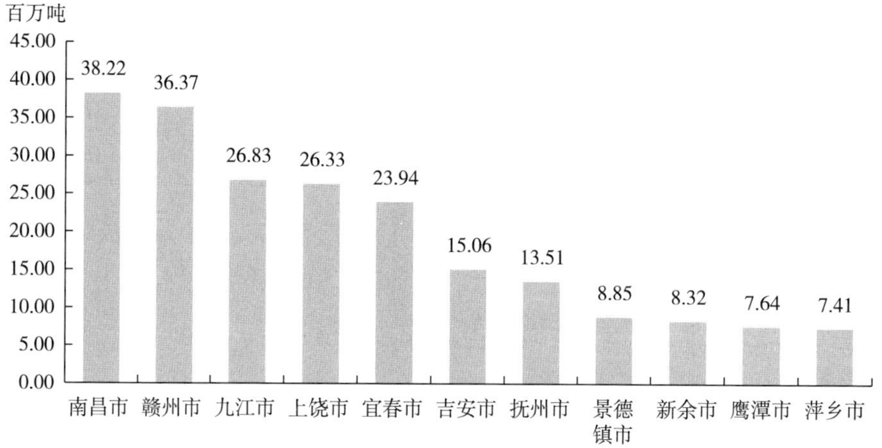

图 15　2017 年江西省 11 个地级市二氧化碳排放量

（资料来源：根据 CEADs 数据整理）

三、碳达峰碳中和目标下碳排放交易的主要机遇

（一）高碳排放的冲击亟待经济转型

江西省作为国民经济欠发达地区，在谋求经济总量平衡和增长目标的过程中，高能耗产业也难免占比过高，对实现碳达峰碳中和的目标带来了一系列挑战，也带来了促进国民经济向绿色发展方向转变的新机遇。“碳达峰碳中和”目标不仅仅是环保问题，其背后涉及的产业将影响经济的转型，在走向碳达峰碳中和的过程中，必将涉及经济结构性转变。

碳排放交易体系的建立，就是在各排放主体之间相互调剂排放量，最终实现碳减排的目的。所以，在这样的目标下，未来依赖传统能源的企业的发展将受到一定阻碍，以新能源为主体的企业将得到有力推动。如近年来发展迅速的新能源汽车和发电行业，其已经明显对传统能源企业形成挑战。很明显，在碳排放交易体系下，“绿色经济”将获得巨大的机遇。在高碳排放冲击下，从生产端角度来看，碳排放交易体系一方面将带动社会资本由碳密集型的化石能源产业向洁净能源行业流转，另一方面也将促进产业加强对低碳排放关键技术领域的科研发展力度，为低碳发展提供科技保障；从消费端角度来看，低碳消费偏好以及商业伙伴的碳中和行为将对商业格局产生一些变化，推动经济结构的转型。

在目前高碳排放的这一背景下，江西能够把握这一机会，积极带动资本和科技力量向低碳发展领域的流转，并强调低能耗低污染，促进企业新旧动能转换，倒逼企业消除滞后产能、化解超额产能、优化存量产能，实现生态效益和经济效益双提升。

在碳达峰碳中和背景下，绿色低碳理念将对经济产生正面积极的效果，一方面体现在新能源和其他绿色产业的投资加速增长；另一方面则是新能源成本的下降和企业在减排过程中产业效率的提升。

（二）碳排放权交易的政策利好（见表1）

表1　碳排放政策梳理

部门/地区	时间	政策名称	内容及影响
中共中央办公厅、国务院办公厅	2020 年 3 月	《关于构建现代环境治理体系的指导意见》	到 2025 年，形成导向清晰、决策科学、执行有力、激励有效、多元参与、良性互动的环境治理体系
生态环境部	2021 年 1 月	《全国碳排放权交易管理办法（试行）》	明确将建设全国碳排放权交易市场，并对碳排放交易中配额分配及交易等内容作出详细规定：明确可再生能源属于 CCER（国家核证自愿减排量），可对其“温室气体减排效果进行量化核证”后，用于重点排放单位“抵消碳排放配额的清缴”
		《全国碳排放权登记结算交易管理办法（试行）》	
		《关于统筹和加强应对气候变化与生态环境保护相关工作的指导意见》	到 2030 年前，应对气候变化与生态环境保护工作整体合力充分发挥，生态环境治理体系和治理能力稳步提升，为实现二氧化碳排放达峰目标与碳中和愿景提供支撑，助力美丽中国建设

续表

部门/地区	时间	政策名称	内容及影响
国务院	2021年2月	《关于加快建立健全绿色低碳循环发展经济体系的指导意见》	到2025年，市场导向的绿色技术创新体系更加完善，法律法规政策体系更加有效，绿色低碳循环发展的生产体系、流通体系、消费体系逐步形成
全国人大	2021年3月	《中华人民共和国国民经济和社会发展第十四个五年规划和2035年远景目标纲要》	“十四五”期间，单位国内生产总值二氧化碳排放降低18%的目标，落实2030年应对气候变化国家自主贡献目标，锚定努力争取2060年前实现碳中和
中共中央 国务院	2021年9月	《中共中央 国务院关于完整准确全面贯彻新发展理念做好碳达峰碳中和工作的意见》	到2025年，绿色低碳循环发展的经济体系初步形成，重点行业能源利用效率大幅提升，单位国内生产总值能耗比2020年下降13.5%；单位国内生产总值二氧化碳排放比2020年下降18%；非化石能源消费比达到20%左右：森林覆盖率达到24.1%。森林蓄积量达到180亿立方米，为实现碳达峰、碳中和奠定坚实基础

在“十四五”规划开局之年，中国政府部门便将碳交易视为完成碳达峰、碳中和目标的最主要手段，着重致力于推动全国碳交易市场的建成与运行。一方面，我国一直积极推进碳交易市场的整体运行，为其发展给予了一定的资金、技术、信息的支持；另一方面，我国一直在逐步完善、优化碳交易领域的方针政策，在不同阶段为碳交易颁布了适合的办法与规则。从2021年就启动并出台了四项新法规，其中，《碳排放交易管理办法（试行）》就从监督管理原则、交易主体、机制框架等方面作出了规定；《碳排放权登记管理规则》将逐步对我国碳排放权登记、交换、结算工作活动和参与方权益进行了相关规定。碳交易体系的建立任重道远，毫无疑问，政策利好将为江西碳交易整体的发展创造了良好的契机。

（三）产业转型蕴藏着资金需求

为实现“碳达峰”“碳中和”目标，能源消费转型、产业绿色转型需有巨大的资金投入支持。目前，中国金融学会绿色金融专业委员会和清华大学气候变化与可持续发展研究院都进行了资金需求的预测值（见表2）。

表2 能源消费转型、产业绿色转型资金需求预测值 单位：万亿元

机构	资金需求预测值
中国金融学会绿色金融专业委员会	487
清华大学气候变化与可持续发展研究院	174

通过整理各机构的预测值，可以看出未来面临巨大的投资数额时，公共财政支出可能无法完全覆盖，其产生的差额则需要社会资本来进行补充，这便产生了巨大的资金需求。绿色金融提供的金融服务就可以对这一缺口进行弥补。

四、碳达峰碳中和目标下碳排放交易的制约条件

（一）碳排放交易市场风险防范机制不健全

碳排放交易市场的风险，是碳排放权特点结合金融市场共性产生的。从政策上来说，碳排放市场的出现，是全世界各国基于全球共同利益、各国自身利益考虑，相互博弈形成的结果。达成碳中和共识是第一步，通过市场交易方式优化碳排放资源配置是第二步。对于碳排放交易市场来说，前述每一步都是事关存亡的。此外，碳排放权的分配政策、交易规则等也是重要的政策风险。

从法律上来说，碳排放权的法律属性仍然处于未完全明确的地位。在一种完全的民事权利和仅仅是一种行政许可这两极之间，碳排放权可以有很多种法律安排，而法律安排将决定其是否可以获得法律救济，决定其可交易性、流动性、流通性和市场价值的大小，直接决定了这个市场的大小。这就急需我国通过全国人大立法或国务院行政法规对碳排放权及其交易进行赋权和规范。

碳交易市场还需防范投机、舞弊等风险。和其他一般的金融交易底层

资产不同，碳排放权的出现有着遏制全球性生存危机的深厚背景。或者说，归根结底，碳排放权交易制度设计的初衷和归宿都是在碳中和总体目标下追求最优资源配置，最终目标是遏制全球变暖、实现生态文明，而不是凭空创造一个可以进行投机获利的金融市场。因此，防范碳交易市场的投机和舞弊也应当是重要的风险防范。从目前现状来看，区域化分割的碳交易市场存在投机交易、舞弊牟利的潜在风险，这和碳排放交易政策初衷是背道而驰的。

风险防范呼唤稳定的政策环境、明确的法律定位、统一的基础设施和规范规则。区域性市场可以作为起步阶段的试点，但区域分割所造成的问题同样不容忽视。碳交易市场未来的发展方向必然是国家层面的立法、集中统一的市场（可以考虑现有省市市场作为全国统一市场的节点和分市场）、互联互通的挂牌登记竞价系统等基础设施。最终目标应当是形成全球市场，在全球范围内实现碳排放资源最优配置。

（二）碳排放交易区域性和全国性标准不统一

2011 年 10 月 29 日，国家发展和改革委员会同意在北京市等七省区市实施碳排放权交易试点工作。除以上试点地区之外的省市，也相继设立了区域性的碳排放交易体系。通过地方试点开展小范围试验后推广全国，是我国改革开放成功的重要经验，但试点初期也可能造成一定程度的问题。各省市以地方性法规、地方政府规章等形式制定自身区域内碳交易权交易规则，政策不一致导致的使用混乱甚至套利空间等问题一定程度上是存在的。

经过国家组织机构改革，将碳排放权贸易的管辖权统一至自然资源部之后，中国国内统一的碳排放权交易市场已经呼之欲出。按照《碳排放权交易管理办法（试行）》（自然资源部令第 19 号）的规定，由自然资源部主管建立全球碳排放权交易，主管机构设置全球碳排放权注册登记机关和全球碳排放权交易组织，管理组织建立全球碳排放权注册登记体系和全球碳排放权交易系统。推动建立全国统一的交易规则和标准，已经提上了日程。

（三）碳金融产品和服务方式创新难以满足要求

《国务院关于进一步促进资本市场健康发展的若干意见》（国发〔2014〕17号）和《关于构建绿色金融体系的指导意见》（银发〔2016〕228号）提出，使用国家基金积极地推进碳排放权等贸易工具发展技术创新，积极地扶持各种碳融资产品的研究发展，有序推进碳融资产品和衍生工具的研发，合理探索对碳排放权期货交易的发展研究等。实践中，碳交易市场创新的碳金融工具已经有十余种。但由于碳交易权的法律地位、碳交易市场现状等方面的原因，碳交易市场的创新产品仍存在“雷声大、雨点小”的尴尬局面，很多产品仅有一单，难见后续发力，创新满足实际需求还需市场各方继续探索，发现一条适合碳交易特点和中国国情的创新之路。

（四）碳金融理念和专业人才欠缺

碳金融理念，顾名思义，就是碳中和、碳排放等专业性理念、目标与金融相结合产生的理念，是通过金融手段实现碳达峰碳中和最终总体目标的理念。碳金融理念贯穿碳达峰碳中和整个链条，包括碳节能生产、碳交易、碳消费等，要求在整个碳达峰碳中和链条中嵌入适当的金融产品和理念，利用金融工具更好地实现碳达峰碳中和目标。

碳金融理念又和碳金融人才的充裕程度、成熟程度、专业程度密切相关。碳金融人才应当是复合型人才，既具备碳相关专业的知识，又具备金融方面的实践能力，能够将两者融合起来。从目前的人才储备来看，碳专业和金融专业兼具的复合型人才是紧缺的，目前碳金融实践中，创新不足，或创新“雷声大、雨点小”，不能满足实际需求，也从侧面印证了碳行业和金融行业缺乏良好沟通协作。

为更好地推广碳金融理念，更好地培养碳金融人才，需要多措并举，加大力度。首先，在大学金融学科课程设置上，增加碳中和、碳排放等专业基础知识的培训，必要时可设置跨专业学位。其次，加大对金融从业者碳相关专业知识的培训和指导，建立碳行业和金融行业之间的沟通桥梁。最后，加大社会宣传力度，在全社会范围内推广碳金融理念。

五、碳交易助力江西碳中和目标的创新路径

（一）江西省碳排放交易体系的现状（见图16）

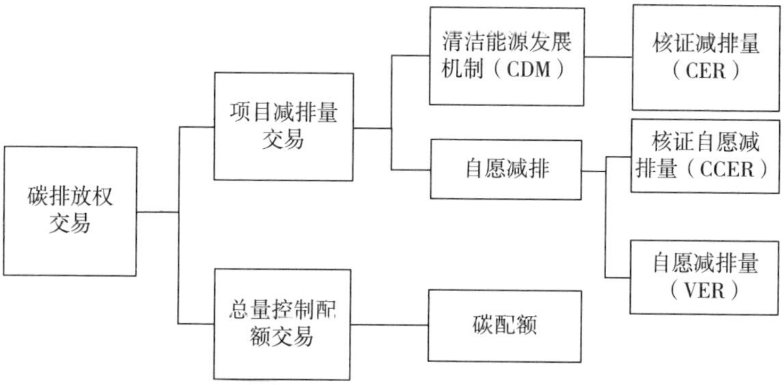

图16　碳排放交易体系

我国碳排放交易的两种类型分别是总量控制配额和项目减排量交易。碳排放交易市场的交易对象有排放权配额和国家核证自愿减排量。

江西省制定了《江西省林业碳汇项目管理暂行办法》《江西省林业碳汇交易规则》《江西省森林经营碳汇项目方法学》，规范全省林业碳汇管理体系。率先出台《关于推动开展大型活动碳中和工作的指导意见》，累计开展碳中和10次，使用江西本省林业碳汇抵消碳排放5900吨。在赣南打造“贫困村开发——大型活动消纳”的林业碳汇参与碳交易模式，使林业碳汇在生态价值转换、生态扶贫等方面发挥了积极作用。2021年5月，通过全国碳排放权注册登记系统，对全省纳入碳市场的45家发电行业重点排放单位进行碳排放配额预分配，共分配6448.6474万吨二氧化碳配额。2021年5—6月，通过公开招标方式，委托技术服务机构对发电行业重点排放单位进行核查，督促企业完成清缴履约。

江西省目前的碳排放权交易产品与其他地区相比，种类较为单一，交易的覆盖行业范围较小。江西省应循序渐进地推进碳排放权交易市场的建设，逐步把重点排放行业纳入碳排放权交易市场，助力实现江西节能减排、绿色低碳发展的目标。

（二）基础的碳排放交易体系的创新

1. 完善区域性的碳排放交易立法

关于国际碳市场交易的立法层次，国家目前多是法律或规范性的文件，而在地方层面上则更多表现为地方的行政条例或法规，权威性较弱。立法是规范交易的基础，碳排放交易市场是虚拟市场，必须通过法律法规来对交易进行合法制约和监督，确保碳排放交易有法可依。我国在多年的实践中，已经确立了相对完善的法律体系。江西也应结合本省的发展阶段和特点，扩大和完善与自身情况相匹配的碳排放交易机制，完善区域性的立法。一方面，对碳排放权交易规则加以明确；另一方面，针对可能存在的碳排放权交易中可能存在的争议问题，建立相关纠纷的预防和争议解决制度，充分发挥法治对实现碳中和目标和应对气候变化的促进保障作用。

2. 加快并有序扩大行业覆盖范围

相较指令性的减排要求，碳排放交易的优势就在于企业之间形成市场化的碳排放体系，那么参与市场交易的企业和行业多少，就在很大程度上影响碳交易市场的成熟度和流动性。

首先，覆盖多个行业降低全社会整体减排成本。将更大范围的行业纳入碳市场进行排放管控，那么可交易的市场主体就越多，更多减排成本较高的企业可以通过购买碳配额来有效降低减排成本，减排成本较低的企业也可以降低排放形成碳配额结余来进行出售，从而实现全市场减排成本的总体降低。显而易见，当参与的主体增加，其减排成本的降低效率就越高，全社会的减排成本就可以进一步降低。其次，纳入更多行业可以防止跨行业企业的“钻空子”行为。在工业生产中，有些行业由于制造流程复杂，工艺涉及的链条和时间较长，涉及多个行业，如果碳交易中只涉及其中部分行业，那么这类企业就可能在某些工序上脱离管控，对碳排放交易体系的发展造成不利影响。最后，加大行业覆盖范围可以进一步促进节能减排目标的实现，行业覆盖范围的增加必然带来参与者数量和类别的增加，从而促进市场效率的提高，增加市场流动性。

3. 改进碳排放配额分配方法

碳排放配额直接决定企业的排放空间和发展，发放配额多少直接影响市场碳排放权的稀缺性，也就影响市场的碳价格，碳排放配额如何分配，是价格形成的第一步。碳市场要在交易市场上进行真正合理地流通，就需要符合各个行业碳排放配额的等价性。国际上主流的分配方法有祖父法、基准线法、拍卖法以及混合法。中国碳排放配额分担方法主要为初期的免费配额方式，即由国家环境部向重污染单位免费核发配额，日后再适当引进有偿分担方式，并逐渐增大有偿分担比重。

免费分配是政府主管部门将碳排放权免费发放给控排对象，但其缺陷也比较明显，比如过多的免费分配可能减少市场的流动性，从而对价格管控造成影响，基于不同的分配结构，免费分配可能降低对投资者的价格信号，减缓向低碳经济的过渡。此外，如果企业将配额的成本转嫁到消费者身上，那么免费配额相当于企业的意外之财，无法产生对其减排的激励作用。而有偿分配则是指通过拍卖，或者以固定价格卖出的方法实现。国际上一般认为有偿分配可形成一定收入，并通过该部分收入专门用于支持企业开展节能改造和发展新能源，从而激励企业创新排放方式，提高能源效率，实现良性循环。

碳排放配额的分配方法改进过程中需要遵循差异化、公平性和可操作性三个原则。市场化与政府调控并不是矛盾的，差异化的配额分配方式可以与市场相互补充和促进；公平性对政策的可行性和生命力具有重要影响，即在分配过程中既要考虑新老企业和不同能力的企业，也要考虑在排放交易区域内的企业与外部的竞争关系。最后，设计分配机制时，应考虑简单化，避免过长或过于烦琐的前期准备，以便分配方案可以得到迅速实施。

4. 稳定碳价释放价格激励信号

碳交易市场中碳减排量资源的优化分配可以利用市场价格信息来指导，

进而使全社会的减排成本大大地降低。由于碳价是通过市场交易形成的，其价格主要由供给与需求决定，出现波动是正常现象，但剧烈波动将不利于碳交易市场的稳定运行。如果碳价过高，将导致部分高碳企业的负担过重，碳价过低则难以起到促进减排的作用，企业减排转型的积极性则无法被调动。因此，为保障碳排放交易有序进行，政府应释放价格激励信号，将碳价稳定在合理区间内，从而引导碳减排资源的合理配置。

一方面，政府应该将其对碳交易的主导权逐步交给市场，转而发挥自身宏观调控的作用，为市场提供引导和规范，激励更多的机构和个人参与到碳交易市场中，鼓励碳交易市场在合法情况下更自由、蓬勃地发展；另一方面，市场则充分发挥其聚敛、配置、调节和反映的功能，促成合理的定价，发出正确的价格信号，传递真实的价格信息，对全社会生产消费活动形成牵引。政府与市场配合，发挥各自的功能，形成合理的碳交易产品价格。

5. 惩罚和激励并举完善碳交易市场

在中国现行碳交易制度下，不能单靠惩罚机制，同时，引入激励机制，促进企业自主参与碳交易。一方面，在信息无法保持充分对称的情形下，若仅靠惩罚制度，将无法确定惩罚数额和履约成本之间的差额，但如果履约成本超过了惩罚时，那么理性的经济人必然会选择违约，以此来逃避更高的履约成本，那么处罚机制就显然失效了。另外，政府部门将出台若干与排污单位长远发展有关的鼓励举措，使之可以切实激活碳交易市场，活跃碳贸易，促进自身发展。例如，地方政府部门可将碳交易与税收政策挂钩，并向积极开展节能减排工作和创新技术的污染控制单位，进行相应的财政补助和税收政策奖励。

中国在碳配额分配上采取的基准办法，反映的正是奖励先进、惩戒落后的基本原则，碳排放由于基础一线的企业受到奖励，而小于基础一线的企业则遭到处罚，进一步推动碳交易市场的发展。

6. 培育碳金融、环境治理综合性人才

相较国际上其他国家的碳交易市场发展，不可否认的是，我国这一领域在起步阶段时间相对落后，在培育碳金融和环境治理综合性人才方面还有欠缺。碳交易市场一方面是环境保护问题，另一方面又需要用到金融领域的运行和监管理念，同时其交易产品——碳排放权的性质特殊，交易流程复杂，所以需要专业知识掌握度较高的人才。目前，中国碳交易中正缺少这样的人才，因为这些主体通常只是环保或金融等某一领域的专家学者，缺少对碳交易的全面了解，对中国碳交易的发展造成了一些障碍。因此，要将碳交易做广、做深、做实，人才队伍的建设是基础，首先，培养一批碳金融、环境治理综合性人才是目前的要事；其次，专业知识的普及也是碳交易推广的一大举措。江西应加大专业化尤其是综合专业化人才队伍和知识普及的力度，建立一支综合性人才队伍，助力碳排放交易体系的发展和创新。

（三）碳排放交易产品和服务的创新

1. 探索开展碳汇交易

碳汇，是指在大气环境中吸收储存或排除二氧化碳的流程、活动和制度，涉及林业、农业、牧业和海洋等行业。碳汇交易是指企业之间将碳汇作为交易的标的物，在碳排放单位之间进行交易。碳汇交易本质上是一种重要经济调节工具，主要通过政府宏观调控与市场配置去提升自然生态本底质量和自恢复力，对自然资源产权、国土空间规划和用途管制进行市场化的配额管理，其作用在于促进自然资源节约保护、优化配置与高效利用。

在部分地方，碳汇已形成了可见的效益，并形成“绿水青山就是金山银山”的生动案例。但碳汇交易毕竟发展过程并不长，在政策支持顶层设计和技术路线方面还需要进一步的探索，江西应着手解决碳汇交易发展过程中的“瓶颈”，大力推进碳汇交易，丰富碳交易市场的产品和服务。

2. 允许碳配额、碳资产质押融资

碳排放交易产品的创新一大角度就是大力发展基于碳排放权等环境权益的融资工具。在碳贸易中，碳排放配额、国家政府核证自愿减排量和碳汇等贸易标的物成了企业的一项资产。既然是资产，便可以作为质押物来进行融资，当前已经有多个省市和金融机构开展了碳配额质押融资项目，在很大程度上推动了绿色金融产品的创新。

探索开展碳配额质押融资可以在很大程度上将金融、碳交易和实体经济之间架起互联互通的渠道。首先，其盘活了低排放企业的碳配额资产，为中小企业融资提供了新的渠道和方法；其次，低排放的企业才会有多余的“碳资产”来进行质押，这也促进了企业改进工艺流程来节能减排；最后，在碳配额质押贷款中，可以根据相关绿色指标来灵活设置金额指标，进一步发挥碳交易在绿色金融交易中的作用。

3. 提供碳交易财务顾问

碳交易涉及碳排放的环境问题，也涉及金融的监管问题，在交易的过程中，交易主体可能由于缺乏专业知识而对交易产生负面作用，所以在创新碳交易产品和服务的过程中，可以在碳交易产品中探索提供碳交易专门财务顾问，为碳交易的规范有效进行提供一定的专业保障。

4. 逐步推出碳金融衍生产品

碳排放交易过程中引入的金融监管理念，将极大提升价值发掘、预测指引、风险管理等方面的功能。所以，完善碳市场贸易业务产品、制度以及参与者的金融属性，通过积极发展碳价格指数、碳保险、碳现货、碳远期、碳掉期等贸易操作工具，以及碳债券、碳基金、碳质押、碳回购、碳租赁、碳委托等投资操作技术工具，进一步发挥市场风险管理能力，增强各大金融产业创新能力，尤其是要建立市场化、专业化碳贸易体系的基础。

与碳金融相关的金融产品越丰富，基于碳配额的融资渠道越多，越能体现碳配额资源的稀缺性和价值性，越能吸引企业参与到碳交易中，碳交易市场的规模就能不断壮大，交易机制也会更加灵活并日趋完善。

课题组组长：潘淦

课题组成员：周小舟、吴敏、刘慧旻、黄梦姿